国家自然科学基金面上项目（41977001，41071145）资助

土地利用与水稻土演变

章明奎　麻万诸 主编

中国农业科学技术出版社

图书在版编目（CIP）数据

土地利用与水稻土演变 / 章明奎，麻万诸主编. --北京：中国农业科学技术出版社，2023. 7
ISBN 978-7-5116-6359-7

Ⅰ. ①土… Ⅱ. ①章… ②麻… Ⅲ. ①土地利用－研究 ②水稻土－演变－研究 Ⅳ. ①F301.2 ②S155.2

中国国家版本馆CIP数据核字（2023）第 129779 号

责任编辑 闫庆健
责任校对 贾若妍 李向荣
责任印制 姜义伟 王思文

出 版 者 中国农业科学技术出版社
北京市中关村南大街 12 号 邮编：100081
电 话 （010）82106632（编辑室）（010）82109702（发行部）
（010）82109709（读者服务部）
网 址 https: //www.castp.cn
技术策划 冯智慧
经 销 者 各地新华书店
印 刷 者 北京建宏印刷有限公司
开 本 185 mm × 260 mm 1/16
印 张 17.5 彩插 16 面
字 数 377 千字
版 次 2023 年 7 月第 1 版 2023 年 7 月第 1 次印刷
定 价 98.00 元

主编简介

章明奎　1964年生，浙江绍兴人。1985年毕业于浙江大学土壤学与农业化学系，1991年获土壤学博士学位。浙江大学环境与资源学院教授、博士研究生导师，主要从事土壤发生分类与耕地质量管理研究。在国内外学术刊物上发表论文450余篇，主编《中国土系志·福建卷》《中国土系志·贵州卷》《中国土系志·浙江卷》；著有《浙江省土系概论》《杭州城市土壤研究》《土壤地理学与土壤调查技术》《资源调查与评价》和《农业系统中氮磷的最佳管理实践》等著作和教材；获浙江省科技进步奖二等奖3项、三等奖1项。现任《中国农业科学》《Journal of Integrative Agriculture》《土壤学报》《土壤通报》《茶叶科学》《环境污染与防治》《浙江农业学报》和《环境科学研究》等刊物编委，第三次全国土壤普查专家技术指导组专家。曾任中国土壤学会土壤发生分类与土壤地理专业委员会副主任。

麻万诸　1977年生，浙江宁海人。2000年毕业于浙江大学土壤学专业。浙江省农业科学院数字农业研究所副研究员，从事土壤分类、土壤养分管理、数字土壤信息平台研发等方面的科研工作。先后主持科技部基础性研究子专项、国家重点研发子课题、浙江省优先主题重点农业项目、浙江省第三次全国土壤普查试点项目以及参与国家“863计划”子课题、“973计划”子课题、浙江省重大、重点等相关重要课题10余项；建设了浙江省1∶5万数字化二普土壤图、土壤养分信息等大比例尺省级土壤基础信息数据库和智慧施肥平台；主编《中国土系志·浙江卷》《中国土系志·福建卷》等专著；获浙江省科技进步奖二等奖2项、三等奖1项，第1完成人相关软件著作权10余项；发表相关论文20余篇。

《土地利用与水稻土演变》

编 委 会

主　　编　章明奎　麻万诸

副 主 编　廖益民　石其伟　陶娟花

编写人员　（以姓氏笔画为序）

丁志峰　任白琳　吴梦洁　邱志腾　陈小梅

陈航宇　杨东伟　姚玉才　徐秋桐　徐颖菲

水稻土上种植茶树

水稻土上种植苗木

水稻土上种植果树（柑橘）

水稻土上种植果树（葡萄、桃子）

水稻土上种植蔬菜

水稻土上种植蔬菜（大棚）

水稻土上种植草莓

水稻土上种植莲藕

水稻土上种植茭白

水稻土上种植雷竹

水稻土上种植大棚果树

长期种植茭白水稻土剖面特征

前 言

水稻土（水耕人为土）是各种起源土壤（母土）或其他母质经过平整造田和淹水种稻，进行周期性灌溉、排水、施肥、耕耘、轮作下逐步形成的、具有独特发生学性质的一类土壤。其具有人为调控的水分状况、均衡的温度状况、深刻的人为影响和变动的氧化还原作用等独特的成土条件，具有独特的土壤演变规律，与植稻前的起源土壤有着本质的差异。水稻土的性状随地形、成土母质、植稻时间和种植制度等的变化有较大的差异，其中植稻时间的增加可加大其与起源土壤间的差异，主要表现在有机质、氧化铁及形态特征等的剖面垂直分异上。

考古发现，中国是国际公认的水稻起源地之一。位于长江下游的浙江省上山考古遗址调查表明，中国于1万年前已开始培育水稻。现代水稻土是指当前仍在种植水稻并满足水耕人为土诊断要求的土壤，区别于传统的"水田"。中国土壤系统分类把水稻土归设为独立的亚纲，对其有严格的定义，要求同时具备"水耕表层（含耕作层和犁底层）"和"水耕氧化还原层"2个诊断土层，满足犁底层的容重明显高于耕作层、耕作层和犁底层的总厚度大于18 cm及大多数年份至少具有3个月的人为滞水水分状况等条件。根据浙江省第二次土壤普查获得的调查数据估算，浙江全省水耕人为土面积约200万 hm^2，占耕地的3/4；在省域内的水网平原、滨海平原、河谷平原和丘陵山地上均有水稻土分布，在粮食生产中有着重要的地位。

20世纪80年代以来，中国南方地区水稻土的利用方式发生了很大的变化，特别是由原来长期种植水稻的农田改为种植蔬菜、果树、苗木、竹子或长期改种茭白、莲藕等水生作物后改变了土壤原有的水分条件，从而对土壤发生层和发生学性状产生了明显的影响，水耕表层与水耕氧化还原层的特征发生退化，犁底层逐渐消失或变薄。利用方式的改变也导致了土壤发生性状的演变及土壤的归属。为了全面了解水稻土在不同利用方式的演变规律，课题组于2010年开始在国家自然科学基金资助下开展了系列调查与研究，以浙江省为研究样区，探讨了长期植稻环境下水稻土发生学性状和土壤碳库的演变规律，分析了水田长期改种蔬菜、茶树和草莓后土壤理化性状的演变，剖析了水田改林地、雷竹林、果园和长期淹水种植茭白后土壤发生学性状和类型的演变以及对土壤碳库等的影响，并对水稻土在不同利用和施肥模式下酸化进行了模拟。本书是对这方面研究的全面总结。

由于本书内容涉及较广，作者水平有限，错误之处在所难免，敬请读者给予指正。

编 者

2023年3月

目录

Mulu

第1章 土地利用对土壤影响概述

随着社会经济的高速发展和城市化进程的不断加快，土地的利用方式、结构和分布特征也在不断改变。农用地是有限且不可再生的自然资源，通过生产食物、纤维和燃料使其在提供生态系统服务方面发挥着至关重要的作用（Mcbratney *et al.*，2014；Guo *et al.*，2018）。对于农用地，过去相当长历史中以水稻田和旱地为主，而近年来由于农业生产成本持续上升、种植粮食收益低等原因，不少农民为增加农业收入纷纷种植起经济效益更高的作物。不同的土地利用方式通常具有不同的地表覆被类型，对当地的土壤肥力水平、土壤性状及生物多样性等产生不同程度的影响。合理的土地利用有利于改善土壤结构，保持土壤肥力水平，提高土壤的自我修复能力；不合理的土地利用则会导致土壤养分流失和质量退化，甚至可能对土地资源造成不可修复的污染和破坏。因此，为了实现土地资源的可持续利用，国内外学者就不同土地利用方式和农业管理措施下土壤质量的变化展开了大量的研究（Li *et al.*，2020；周际海等，2020）。

1.1 土地利用变化

土地利用变化（LUCC）是研究全球气候变化和环境变迁需要关注的重点内容之一。它与地表物质循环息息相关，对生物圈－大气圈交互、生物多样性以及生物地球化学循环等产生重要影响（Meyfroidt *et al.*，2013）。

土地利用变化表现为一种土地利用类型向其他土地利用类型的转换。通常利用遥感（RS）和地理信息系统（GIS）等研究手段来检测土地利用的变化。在国外，Marco等

（2021）运用高空间分辨率图像及谷歌地球引擎（GEE）分析了1985—2015年澳大利亚土地覆盖的时空变化，发现建筑用地面积在逐年增大，而耕地和森林主要转化为草地，面积在逐年减少。Haque和Basak（2017）利用RS和GIS技术监测了孟加拉国Tanguar Haor的土地覆盖变化，结果表明，Tanguar Haor超过40%的土地覆盖已经改变，深水水体减少，森林和高原植被消失，湿地转为农田。Homer等（2020）利用美国国家土地覆盖数据库分析了2001—2016年美国土地覆盖变化模式，近8%的景观至少经历了一次土地覆盖变化，最显著的变化是城市建设用地的扩张，此外，森林面积减少占总体变化的50%，受火灾、病虫害等因素驱动；农业变化占15.9%，农牧场面积出现了大幅下降（7.94%），主要转向种植作物；水和湿地变化占总体变化的15.2%，受降水的影响很大；草和灌木面积减少占总变化的14.5%，主要是由火灾引起。此外，有学者调查了欧洲历史上的土地变化，发现1902—2003年奥地利、丹麦、德国、意大利、荷兰、罗马尼亚、瑞典和英国的耕地及牧场面积缩小，而林地面积增加（Gingrich *et al.*，2015）。从以上研究结果可知，在城市化、工业化进程的快速发展下，建设用地的急剧扩张成为大部分国家近几十年来土地利用变化最显著的特征。

研究表明，1990—2010年中国土地利用变化明显。其中，2000年前耕地面积增加$2.83\times10^4 km^2$，2000年后耕地面积减少$1.02\times10^4 km^2$，耕地内部利用类型变化规律为旱地面积大幅增加，而水田面积逐渐减少；建设用地面积增加，主要由耕地转换而来；同期林地、草地和未利用地面积均减少（刘纪远等，2014）。而在之后的5年间，建设用地扩张速率进一步加快，约$2.57\times10^4 km^2$的建设用地由其他土地利用类型转换而来；同期耕地面积增加，主要由林草用地转换而来；旱地和水田互相转换，水域面积的收缩和扩大现象也较明显（刘纪远等，2018）。总体来看，中国耕地面积增加和减少存在年份交替，但耕地流失的速度逐渐放缓。城市扩张被认为是中国耕地流失的主要原因之一（Liu *et al.*，2017；Yang *et al.*，2018）。经济增长也被认为是中国耕地流失的主要驱动力之一（Liu and Guo，2015）。

中国土地利用类型在空间分布格局上的变化也较显著。1995—2000年，中国土地利用剧变区主要集中于华北地区、黄土高原农牧交错带、东北地区、东南沿海地区、长江中下游和东部沿海地区（刘洛，2012）。其中，华北地区和黄土高原农牧交错带主要表现为草地向农田的转换，部分地区出现了退耕还林、还草的现象；在东北地区，由于比较利益的驱动，加上耐寒稻种的引进及农田水利设施提供保障，水田面积明显扩大，主要由旱地转换而来，而局部地区也存在水田改为旱地的现象（刘纪远等，2018）；东南沿海地区、长江中下游和东部沿海地区是人口密集区域，城镇规模扩大明显，88%的城镇用地由耕地转换而来。此外，滩地与水库坑塘间的相互转换也比较明显，沪宁杭地区还存在着水田转换成水域类型的情况（刘洛，2012）。21世纪前10年，中国土地利用变化在空间格局上呈现出新的特点：黄淮海平原、四川盆地及东南部沿海地区的建设用地规模扩大且增速较快，大面积优质耕地资源被占用；北方地区的耕地重心出现转移，向西北方向移动了约70km，西北绿洲农业区成为新的耕地开垦重心；东北地区的旱地面积不断减少，并持续转换成水田；黄土高原及西南山地地区主要表现为退耕还林、还草，草地造林的趋势更为明显；青藏高原区的土地利用类型变化较小，以局部水域面积增加为主（刘纪远等，2014）。值得注意的是，尽管全国耕地总面积保持了动态平衡，但是耕地质量总体呈下降趋势，中、低等质量耕地替换优质耕地资源的现象明显。

1.2　土地利用变化对土壤肥力状况的影响

国内外学者对不同土地利用类型下土壤的肥力状况及养分含量分布特征进行了大量研究，且研究区域甚广，包括喀斯特地区、平原地区、高原地区、丘陵区、干旱半干旱地区、流域尺度等。研究发现，不同土地利用方式下土壤肥力指标存在明显差异，表明土地利用方式与土壤肥力密切相关。郑杰（2019）的研究结果表明，土壤氮、磷在空间上的分布特征和土地利用类型具有较好的一致性：林地及灌草地的氮、磷含量较低，而氮、磷含量在城镇居民用地及耕地分布区域较高。傅伯杰等（1999）结合野外采样和GIS技术分析了黄土丘陵沟壑区3种代表性土地利用方式对土壤养分状况的影响，表明坡耕地－草地－林地土地利用结构在0～70cm土层含水量为15.7%，水土流失风险较低，且其全磷、有机质和有效氮的平均含量最高，蓄水保土能力较好，是当地较理想的土地利用类型。訾伟等（2013）研究了贵州中部典型喀斯特高原地貌类型土壤养分的空间变化特征，结果发现，不同土地利用方式下土壤养分含量具有较大差异：林地的有机碳和全氮含量最高，其次是草地，而旱地和裸地的有机碳和全氮含量最低。Gao等（2014）对中国南部的亚热带地区土地利用研究表明，果园及农田土壤中的碳、氮密度和储存量显著高于森林土壤。

当土地利用类型发生变化时，随之改变的施肥、灌溉、管理方式等会影响土壤肥力状况。当森林被转变成农田时，伴随着的林木砍伐及耕作方式的变化往往会使得土壤有机碳含量大幅下降，继而导致土壤养分流失及土壤质量退化。在天然林改造成次生林后，土壤中的有机碳、全氮、有效磷、全磷及离子交换量也显著降低。有研究发现，林地转变为农用地后，土壤全磷和有效磷含量却不减反增（Saikh *et al.*，1998）。

不同土地利用方式的转变常伴随着内部利用类型的变化，如我国种植业结构在经济快速发展和人口日渐密集的过程中发生了深刻变化。种植结构变化主要体现在：蔬菜、水果等经济作物种植面积的不断扩大和谷物等粮食作物种植面积的缩小，粮经比发生显著变化；由过去主要种植粮食作物逐渐转变为粮食作物与经济作物共同发展。潘霞等（2013）对浙江富阳土壤的研究表明，当水田改成葡萄园后，土壤表层养分积累明显，土壤全磷含量较对照土提高1.5倍，有效磷含量提高46.7倍（$P<0.05$）。李辉信等（2004）对南京市郊近20年土地利用研究表明，水田、旱坡地转变为蔬菜地后，土壤耕层（0~20cm）pH呈下降趋势。陈明智等（2008）研究发现，在水田改作香蕉园后，0~20cm的耕层土壤pH趋于中性，土壤全磷、有效磷、全钾、速效钾及碱解氮含量均显著提高；土壤有机碳和全氮无显著变化；土壤有效性锰含量显著增加，而有效性铁含量明显下降。此外，不同的耕作模式和种植施肥模式也会对土壤养分含量产生显著影响（郁鑫和王旭东，2018；陈浩等，2019）。

1.3 土地利用变化对土壤酶活性的影响

土壤中大部分酶来源于微生物的胞外酶，植物根系及微生物等产生的胞外酶直接参与到土壤的养分循环过程中，进而调节土壤肥力状况和微生物代谢水平。土壤酶促使土壤中有机物的分解和矿化进程加快，明晰土壤酶的特性有助于进一步研究土壤养分元素循环的过程和机制。

不同土地利用类型通过直接改变土壤性质、生物群落以及有机质的输入、输出来影响土壤酶活性（Silva *et al.*，2019）。李冰等（2019）研究发现，沈北新区不同土地利用类型下土壤的过氧化氢酶活性差异较大，其中，水田土壤的过氧化氢酶活性最高，其次为城市绿地，再次为天然林地，而旱地土壤的过氧化氢酶活性最低，主要受土壤pH、含水量及土壤容重的影响；土壤脲酶活性分布规律则相反，由低到高依次为：水田＜城市绿地＜天然林地＜旱田，土壤含水量和总磷是主要影响因素。田静等（2019）对贵州喀斯特峡谷4种不同土地利用方式下的凋落物及土壤展开研究，结果表明，原生林土壤的淀粉酶（AMY）、蔗糖酶（SUC）、碱性磷酸酶活性（ALP）及脲酶（UE）活性最高，其次为灌木林；坡耕地土壤的AMY、SUC及UE酶活性最低，与草地无显著差异；草地土壤的ALP酶活性最低，与坡耕地无显著差异；坡耕地土壤酶活性整体处于低水平的原因可能是采样时正值作物收获季，耕地上的作物已基本收割，土壤较为紧实，通气不良，不利于土壤酶的生存，或者是因为长期单一的耕作方式使得土壤养分流失及土地质量下降，导致坡耕地酶活性整体处于较低水平。

有机质的持续输入不仅为土壤微生物的生长提供充足的营养物质，还加强了酶及其基质对有机质表面和土壤团聚体的吸附，从而促进团聚体对土壤酶的保护。研究表明，土壤的整体酶活性随土壤有机碳含量的增加而提高（Moeskops *et al.*，2012）。但也有学者发现，旱地向水稻土的转化导致土壤有机碳含量增加，而土壤β-葡萄糖苷酶、脲酶及纤维素酶活性降低，且土壤有机碳含量随着两种土地利用类型下团聚体的减小而降低（Li *et al.*，2020），说明土壤酶活性还可能受到土地利用方式、土壤pH和土壤质地等因素的影响。

此外，干湿循环等水分变化也会改变微生物的胞外酶活性。李娜等（2019）以青海湖东岸的湖滨湿地、退化草地及沙地为对象开展研究，结果表明与湿地土壤相比，草地土壤的甘氨酸氨基肽酶（GAP）、β-葡萄糖苷酶（BGL）及亮氨酸氨基肽酶（LAP）活性均显著下降；而沙地土壤的GAP、BGL及LAP酶活性又较草地土壤显著下降；此外，沙地土壤的N-乙酰氨基葡萄糖苷酶（NAG）及酸性磷酸酶（ACP）活性均显著低于湿地和草地土壤。王振芬（2019）也有类似发现：湿地草甸改种作物后，土壤酶活性整体下降，其中ACP、SUC和UE酶活性平均分别降低了44.28%、32.69%和50.00%；当旱地转变为湿地草甸后，土壤ACP、SUC和UE酶活性平均分别提高了43.84%、26.68%和48.19%。

人为干扰程度会显著影响土壤酶活性，Yu等（2019）研究了中国东北部盐碱化地区5种土地利用方式下土壤酶活性的变化，发现退耕还林提高了过氧化氢酶（2.8%）、转化酶（99.0%）、脲酶（14.3%）和碱性磷酸酶（14.0%）的活性，原生土壤或受干扰程度较低的土壤酶活性高于农田。乔赵崇等（2019）对冀北坝地区土壤的研究表明，与林地和农用地土壤相比，草地土壤的脲酶活性最高（0.08mg/g/h）；3种土地利用方式下土壤的蔗糖酶活性呈现草地＞林地＞农用地的分布规律。而在干旱地区，耕作、收割等人为因素加速了土壤侵蚀进程，造成土壤肥力的流失和土壤质量的退化，从而导致土壤酶活性下降（黄静等，2015）。种植农作物的土壤酶活性低于天然林土壤，可能与反复施用无机肥及耕作土壤中较低的有机碳含量有关，施用化肥在一定程度上会降低土壤酶活性水平。

土地利用方式中内部利用类型的变化也对土壤酶活性产生较大影响。当水田改种经济作物后，土壤酶活性发生变化。李欣等（2021）研究发现，水田土壤的过氧化氢酶活性和脲酶活性显著高于蔬菜大棚土壤（$P<0.05$），而中性磷酸酶活性显著低于蔬菜大棚土壤，水解酶活性在不同耕作管理方式下无显著差异（$P>0.05$），土壤养分、呼吸通量、pH和阳离子交换量是影响农田土壤酶活性的关键因素。刘骞等（2021）研究表明，农耕水田表层土壤（0~10cm）蔗糖酶活性显著高于种植玉米的农耕旱田土壤（$P<0.05$），而土壤脲酶和过氧化氢酶活性显著低于农耕旱田土壤，2种土地利用方式下农田土壤的碱性磷酸酶活性无显著差异，其中，土壤蔗糖酶、脲酶主要受土壤pH和容重调控，土壤碱性磷酸酶、过氧化氢酶主要受土壤含水量和电导率调控。施林林等（2007）研究发现，在同一纬度梯度带不同种植年限的土壤，水田土壤的芳基硫酸酯酶

活性均显著高于旱地土壤，主要受土壤耕作制度的影响。

1.4 土地利用变化对土壤微生物的影响

土壤微生物种类繁多，由细菌、真菌和放线菌等主要类群组成，是陆地生态系统的重要组分，参与土壤碳、氮、磷、钾及其他元素生物地球化学循环过程。同时，它们还具有多种生态功能，如加速土壤中有机物质的矿化、腐殖质化进程和净化土壤环境污染物等，对维持土壤生态平衡具有深远意义。土壤微生物对土壤环境变化具有敏感性，因此，也被认为是能有效评价土壤肥力和生态质量的重要生物指标之一。

不同类型的土地利用方式具有不同的地表植被类型，它们与土壤微生物存在复杂的关系，直接或间接地影响着地下群落，如植物能为微生物提供根系分泌物等碳源，且随着时间的推移，植物会使土壤性质如有机质、土壤结构及土壤养分状况等发生变化，进而对土壤微生物产生影响。土壤 pH 是影响土壤细菌群落分布的关键因子。研究表明，细菌通常比真菌更能适应较高的土壤 pH（Grosso *et al.*，2016）；此外，适合生存于某些pH 范围的细菌细胞会直接受到超出其阈值的土壤 pH 施加的压力，在淘汰掉一部分细菌细胞的同时，也使得某些特定的土壤细菌类群得以存活。土地利用方式的改变使物质循环过程发生明显变化，土壤中有机物质的输入和输出量随之改变，对土壤质量产生显著影响。陈晓娟等（2013）对稻田、水旱轮作地及旱地下发育土壤的微生物数量、群落结构特征和活性进行研究，结果表明，稻田土壤的细菌磷脂脂肪酸、真菌磷脂脂肪酸及总磷脂脂肪酸数量最高，其次为水旱轮作地，而旱地土壤的微生物数量最低。贾远航等（2019）也发现，稻田及天然湿地的细菌多样性均高于旱地，可能是因为稻田利用方式常伴随着较高水平的施肥量和管理措施，加速土壤有机碳的矿化，使得土壤微生物生物量和代谢活性提高，微生物群落功能多样性丰富。此外，土壤微生物活性及其群落结构也会受到土壤水分条件的深刻影响，如稻田长期淹水后，土壤微生物的底物利用能力提高，土壤碳周转速率加快，从而促进微生物的繁殖生长。但纪立东等（2020）研究发现，盐化旱田、果园和常年旱田下，土壤肥力水平较高，土壤微生物生物量碳、氮保持较高水平，而长期淹水的水稻田土壤养分含量较低，微生物生物量水平低下。

由于不同的微生物类群对土壤环境因子的反应不同，农业管理在改变土壤微生物群落的结构、生物量、活性和功能方面具有很大的潜力。长期免耕的耕作模式有利于表土中残余磷含量的积累（Jansa *et al.*，2003），而磷含量越高，越不利于菌根共生（Grant *et al.*，2005）。Lopes 和 Fernandes（2020）研究发现，与保护性耕作相比，传统耕作方式增加了土壤中丛枝菌根真菌的数量，可能是因为耕作稀释表土的磷浓度，从而增加这些共生真菌的数量。Legrand等（2018）研究表明，少耕下的农田土壤物种丰富度和均匀度显著高于传统耕作。Lin等（2020）也研究发现，土地整理区物种丰富度和多样性显著高于非土地整理区，对于土地整理中的细菌群落，其功能多样性也显著提高，尤其是氮循环；结果还表明，在施用有机肥的土地整理措施下，稻田微生物丰富度和多样性均较其他措施有所提高。

不同功能微生物在土壤生态系统中充当着重要角色，如铁还原菌、硝化细菌、反硝化菌及解磷菌等因其功能性而备受关注。不同土地利用方式下的土壤环境变化，也对微生物的生态功能产生显著影响。铁还原菌通常是指具有异化还原Fe（Ⅲ）功能的微生物。厌氧环境下，水稻土中Fe（Ⅲ）还原及甲烷生成过程被认为是电子传递链末端一个非常关键的进程。铁还原菌种类多样，现已发现的异化铁还原微生物分布于细菌域的9个门，15个纲，27个目，37个科，65个属，以及古细菌域的2个门，5个纲，7个目，7个科，10个属中（王媛媛，2014）。水稻土中最为常见的5类铁还原菌分别为：地杆菌、梭菌、芽孢杆菌、假单胞杆菌和厌氧黏细菌（王晓彤等，2019）。水稻田改种其他作物使得土壤原有的温度环境和pH发生变化，影响土壤异化还原Fe（Ⅲ）过程，继而改变铁还原微生物的类群、数量及活性。解磷微生物亦也一种重要的功能微生物，可以通过自身的代谢产物或与其他生物协同溶解土壤里的难溶无机磷，因此，解磷微生物在磷素转化中起着重要的作用。解磷微生物主要包括细菌、真菌和放线菌，分为有机磷微生物和无机磷微生物两大类群。研究表明，水稻根际分布有很多有机磷微生物和无机磷微生物（臧威等，2009）。陶涛等（2011）研究发现，水稻根际的解磷优势菌属是芽孢杆菌属。而旱地作物玉米的根际土壤中有机磷微生物的数量比无机磷微生物多，其中有机磷微生物菌属有7个，主要为假单胞菌属和黄杆菌属；无机磷微生物有4个菌属，其中主要是欧文氏菌属（赵小蓉等，2001）。菜地土壤中解磷微生物种类更为丰富，其中无机磷微生物主要为欧文氏菌属；有机磷微生物种类较多，如芽孢杆菌属、微球菌属、沙雷铁氏菌属、变形杆菌属、假单胞菌属。

综上所述，当前针对不同土地利用方式对土壤质量的影响的研究成果丰硕，研究方法也在不断进步和完善。然而，由于资料的获取及研究方法的准确性，以及全球和地区情况的多样性和复杂性，仍有许多问题需要进行深入的研究。存在的不足主要有以下3点：一是国内外学者针对土地利用变化影响单一因素如大气、土壤和水等已有较多的研究，但计算模型大多局限于对单一因素或某一过程的静态模拟，而动态模拟不足；二是我国土地利用变化监测点位较少，获取长期连续观测资料的难度大，而且在分析和讨论中较多关注对客观现象的描述，但对现象之外的机理和预测等方面的研究较少；三是有关土地利用方式变化对土壤质量的影响研究较多关注于林地、水田和旱地之间的比较，而对其他特殊用地研究较少。

第2章

水稻土的性状、演变及其发生分类的研究现状

水稻土起源于各种自然土壤，经过土地平整造田及淹水种稻，经历年复一年的灌溉与排水、施肥与耕耘、轮作，逐渐形成具有独异发生学性状的一类土壤。其具有人为可调控的水分状况，年内土壤温度状况较为均衡，同时，受人为影响深刻、氧化还原作用变化明显，与种植水稻前的起源土壤性状有着本质的差异。中国水稻土分布广泛，其水平分布可从热带延伸至高纬度的寒冷地区，纬度跨越数个热量带；在平原、丘陵、山地及高原上均有分布；以长江中下游平原、四川盆地和珠江三角洲地区分布最为集中。近年来，东北地区水稻种植面积逐年加大。

在中国土壤学科形成初期，已有学者关注种植水稻土壤的发生和分类问题。20世纪30年代，老一辈土壤学家就提出把其作为独立的土壤类型，称之为“水稻土”；在之后的80多年中，土壤学家对各地的水稻土进行了全面的调查研究，研究内容包括土壤的发生与演变、土壤肥力特征、高质量水稻土的培育、水田生态环境功能以及土壤分类和田间鉴定等各个方面，研究成果除展示在一些地方的土壤志、国内外刊物上，徐琪的《中国太湖地区水稻土》、朱鹤健的《水稻土》和李庆逵的《中国水稻土》3部专著还专门对该类土壤的不同时期研究成果进行了全面的总结。尽管有关水稻土的研究已积累了大量的文献资料，但由于其分布广泛、成土环境复杂、土壤性状多变，对这类土壤的分类一直存在不同的观点，各地的水稻土划分中经常出现“同土异名”和“异土同命”等现象。20世纪80年代，中国引进诊断层和诊断特性的概念，开展中国系统分类研究（中国科学院南京土壤研究所土壤分类课题组和中国土壤系统分类课题协作组，1995），提出了以水耕表层和水耕氧化还原层及人为滞水水分状况等特性来诊断鉴别水稻土，把此类土壤命名为“水耕人为土”，下分为4个土类和21个亚类。本章从水稻土的发生与演

变、分类方法演进及影响土壤性状的因素等多个方面总结了水稻土的研究历史与进展，对土壤发生与分类中存在的一些问题进行了初步分析。

2.1 水稻土的成土特点

水稻土形成的主要作用包括强烈的氧化还原交替、盐基淋溶与复盐基及显著的有机质积累。

2.1.1 周期性的氧化还原交替与铁、锰淋淀

周期性的氧化还原交替是水稻土形成最为主要的成土作用。水稻生产过程中因水稻生长需要不断改变土壤的水分条件，水稻生长前期农田处于淹水状态，水稻生长后期需要排水烤田，水分条件的季节性变化导致土壤氧化还原的交替，随之伴随物质的淋溶、淀积，形成了特有的剖面形态特征。淹水期间，由于施入土壤中的有机肥及根茬等有机物的分解，耕作层可发生强烈的还原作用，Eh值迅速下降，可达到负值；但犁底层以下多处氧化状态，根际Eh值高于四周土体。耕层中的部分氧化铁、锰可以易溶态亚铁、锰存在，并随土壤孔隙中的水分在土壤中迁移。由于土壤中可显色明显的铁、锰氧化物被还原，并形成相当数量的铁、锰的有机络合物，因此，长期种植水稻后土壤的基色可发生显著的变化。当土壤排水后或受从稻根中分泌氧气的影响，亚铁、亚锰又会被氧化成氧化铁、锰沉淀，形成锈斑、锈纹，因此，长期种植水稻的耕作层和犁底层常常可见棕红色的氧化铁、锰斑纹。

在有机质较为丰富的土壤中经常可形成有机物络合态铁，其颜色鲜明，称之为“鳝血斑”，这一特点也成为诊断水稻土的依据之一。与此同时，淹水期间，部分活性低价铁、锰化合物可随耕作层的静水压力向下淋移，在下部土体中被重新氧化、淀积在结构体或孔隙的表面，其化学成分主要为无定形铁、氢氧化物凝胶及隐晶或微晶针铁矿、纤铁矿；低价的锰易被氧化为黑褐色的氧化锰，这一过程的长期结果可导致氧化铁、锰在土壤剖面中的分异，表现为耕作层和犁底层位置土壤氧化铁、锰数量的下降而心土层位置土壤氧化铁、锰的积聚。由于高价锰（Mn^{4+}、Mn^{3+}）比高价铁（Fe^{3+}）更易接受电子而降低化学价，故高价锰先于高价铁被还原；反之，低价铁先于低价锰被氧化。受这种氧化还原序列的制约，水稻土剖面上就会出现氧化锰迁移淀积在剖面下部，而氧化铁迁移淀积在上层的“铁、锰分层”现象。铁、锰的垂直迁移涉及还原溶解迁移和有机物络合迁移等机理。铁、锰在剖面中的淋失特征已被认为是水稻土发生特点之一，排水良好的平原地区水稻土常具备这一特征，随着种稻时间的延长，剖面中铁、锰分异将越来越明

显，而滞水水稻土铁、锰淋失层多是黏化层长期滞水造成的。

一般认为，铁、锰淋溶淀积是判别水稻土发生过程的标志之一。水稻土中不同形态的氧化铁发生垂直迁移的潜能有所差异。但随着植稻时间的增加，丘陵区的水稻土中的硅酸盐铁变化较小，相对稳定，而耕作层晶态氧化铁有明显的下降趋势。稻作可提高土壤氧化铁的活性，与种植水稻前的土壤比较，水耕人为土的活性氧化铁和铁的活化度都显著高于种植水稻前的土壤。对于铁铝土起源的土壤，种植水稻过程中还可导致赤铁矿向针铁矿的转变，种植水稻后红色可向黄色转变。在地下水位较高或局部层位滞水的水稻土剖面中，还可出现还原性亚铁、亚锰的积聚，导致青灰色的还原土层。由于种植水稻年限的差异，土壤地下水位、地形与灌溉条件的不同及土壤剖面上下层间质地的变化，不同类型水稻土中氧化铁、锰发生淋失与淀积的部位、强度可有较大的空间变异性，造成了多种类型的氧化铁、锰剖面分布模式，这种分布模式的差异已被用于水稻土类型的鉴别上。

2.1.2 盐基淋溶与复盐基作用

种植水稻后，由于施肥和含盐基物质的灌溉水灌溉，土壤溶液中离子及酸碱物质平衡可发生明显的变化，随之引起土壤酸碱度及盐基饱和度的变化，长期种植水稻可促使土壤酸碱度向中性方向演变。对于形成于盐基丰富或石灰性母质的水稻土，随着水稻种植时间的增加，母土中的盐基物质和 $CaCO_3$ 将因淋失呈现下降的趋势，这与淹水条件下土壤中 CO_2 浓度较高、促进 $CaCO_3$ 溶解有关。例如，对于滨海滩涂土上形成的水稻土，种植水稻后剖面钙、镁、钠等元素快速淋失，植稻1 000年土壤剖面中 $CaCO_3$ 已淋失殆尽（Chen等，2011）。而对于发育于南方低丘铁铝土的水稻土，受灌溉、施肥等人为因素影响，其pH和盐基组分增加而发生复盐基现象，盐基离子在剖面中不断分异。另外，淹水期间因土壤中铁、锰的还原及质子的消耗，导致土壤溶液中氢离子浓度降低，从而促使水稻土pH的上升。近期的研究也表明，过量施用化学肥料、特别是氮肥以及增加旱作时间，可引起土壤的明显酸化。

2.1.3 有机碳的固定与积累

种植水稻后，由于土壤水分条件发生了质的变化，土壤有机质的分解与积累速率发生了显著地改变。与母土相比，水稻土由于水温条件较为稳定，有利于有机质累积，故耕作层土壤有机质含量比母土均有不同程度的增加。随着水稻种植时间的增加，水稻土有机质的积累可逐渐向剖面下部发展。研究认为，水稻土的固碳与稻田土壤碳矿化潜力较低及团聚体对有机碳的物理保护有关，水稻土有机质输入量、稳定性和固碳效率均明显强于旱地土壤；长期植稻有利于心土层土壤有机质的积累（Zhang 和 He ，2004）。水稻土有机质的积累也受母质、地形等因素影响，黏质母质、低洼的地区水稻土具有较强的有机质积累潜力。

2.2 水稻土分类方法历史演进

水稻土特定的成土条件对土壤性态的影响在一定程度上超越了自然成土因素的影响。淹水耕种、施肥、灌溉等活动可使原有土壤形成过程加速或被阻滞甚至改变，使水稻土的性状有别于同一地带或地区其他土壤。水分条件的季节性变化使土壤剖面中氧化还原状况的分布也发生了明显的改变，逐渐在土壤剖面中形成耕作（表）层、犁底层、铁锰斑纹层（渗育层、潴育层）或水耕淀积层等发生层，其中水耕表层（包括耕作层、犁底层）和水耕氧化还原层（包括渗育层和铁锰斑纹层等）是水稻土区别于其他土壤的最重要的诊断层，并已被用于水稻土的诊断分类。

2.2.1 水稻土的定性分类

中国水稻土分类研究非常活跃，研究者从不同的角度对水稻土分类提出了多个方案，归纳起来主要有水分类型发生分类、地理发生分类和氧化还原发生分类3种。

水分类型发生分类：1938年，朱莲青等提出了水稻土"三育"分类，此分类根据水稻土的起源把水稻土区分为沼泽土、草甸土与地带性土壤起源的水稻土，其不足之处是过分强调了起源本身，而忽视水稻土形成发育的阶段性。同时，因缺乏具体指标，该分类方法在田间应用中存在较多的困难。与"三育"相应还有"三水"分类原则，把水稻土分为地下水型、地表水型和过渡水型，其中的地下水型即为沼泽土起源，地表水型即为地带性土起源，过渡水型即草甸土起源。徐琪（1980）提出的"五水"分类（侧渗水稻土、爽水型水稻土、囊水型水稻土、漏水水稻土、滞水水稻土）实际上也是在"三育"的基础上提出的。

地理发生分类：第二次土壤普查中采用了传统的地理发生学分类，把种植水稻的土壤归纳为一个土类，命名为"水稻土"，并归属为人为土土纲与人为水成土亚纲，土类下进一步续分为潴育、淹育、渗育、潜育、脱潜、漂洗、盐渍和咸酸等水稻土亚类，各个亚类之间的差别主要体系在水分条件的不同，并依据土壤剖面发生层构型及积盐状况等进行鉴定。其中，淹育水稻土的发生层构成为A-Ap-C，认为它是植稻时间较短、氧化还原程度较弱的一类水稻土，Ap初步形成。渗育水稻土是分布地势稍高，以降水和灌溉水自上而下渗透淋溶为主，其剖面发生层类型为A-Ap-P-C，它的关键诊断依据是具有铁锰分层分布的P层。潴育水稻土种植水稻时间较长，是在受灌溉水与地下水同时影响下形成的，这类土壤中氧化还原作用剧烈、交替频繁，其发生层构成为A-Ap-P-W-C，它的关键诊断依据是具有斑点状或斑纹状铁锰新生体密集淀积且铁锰呈叠加分布的W层。潜育水稻土是水分长期汇集滞留土体中发育而成，其发生层构成为A-(Ap)-G-C，它的关键诊断依据是具有氧化还原电位较低的G层。脱潜水稻土被认为是由潜育水稻土排水条件改善后演变而来的，其发生层的构成为A-Ap-Wg-C，它具有少量铁锰淀积的Wg，而不同于G层。而漂洗水稻土一般分布在地形倾斜区域，剖面中某些层次发生了强度淋移漂洗作用，从而导致铁和黏粒的淋失而形成白土层，其发生层构成为A-Ap-E-C，其诊断依据是具有铁锰发生淋失的漂白E层。另外，为了把一些新的水稻土也置于水稻土的分类系统之内，在水稻土分类中还设立了沼泽型水稻土、盐渍型水稻土等类型，其中，盐渍水稻土是指土体中仍有较高盐分的一类水稻土。

我国水稻土在全国各地都有分布，耕作制度比较复杂。有学者着眼于熟制对水稻土形成的影响，提出了地带性与三源相结合的分类系统。有些学者根据水稻土的地理分布不同以及由此引起的性质差异将水稻土分为南方水稻土、鳝血水稻土和北方水稻土3类。由于同一个地区水稻熟制也可变化，而且水稻土的形成发育究竟主要受熟制影响还是受起源土壤影响尚无定论，所以，采用生物气候带作为水稻土类型划分可能会忽视土壤本身性状的影响。因此，在后来的相关分类中地区仅用于水稻土分布的概括，如红壤（南方）、黄棕壤与北方地区的水稻土，主要采用“三水”或“三源”续分亚类。

氧化还原发生分类：氧化还原作用是基于水稻土形成的本质特点，将水稻土划分为氧化型、氧化还原型和还原型。

以上各种分类观点虽对水稻土及其所属土壤分类单元进行定义，并提出了一定的鉴定依据，但对用于鉴定以上发生层的厚度及其形态特征缺乏严格的规定，鉴定依据中只有中心概念而无明确的边界，或不同地区（省份）应用时的标准有所差异，从而产生了异土同名或同土异名的问题。

2.2.2 水稻土的量化分类

自20世纪80年代以来，以诊断层与诊断特性为基础的土壤分类逐渐在国际上流行，因其具有定量化和标准化的特点，得到了世界各国认同。其间，中国也开始了以诊断层和论断特性为基础的系统分类研究，建立了“中国土壤系统分类”。在这个分类系统中系统地建立了人为土的诊断层和诊断特性，并构建了人为土的分类框架，提出了以水耕表层、水耕氧化还原层与人为滞水水分状况等作为长期种植水稻土壤的诊断鉴别依据。在中国土壤系统分类检索（第三版）中，把“水耕人为土”作为人为土土纲的一个亚纲，并依据土壤中是否存在潜育特征、铁渗淋亚层及（铁聚）水耕氧化还原层（即水耕氧化还原层的DCB浸提性铁高出表层50%以上）等诊断层、诊断特性，分别把水耕人为土划分为潜育、铁渗、铁聚和简育等水耕人为土的土类，并进一步依据剖面不同深度出现潜育特征、铁渗淋亚层与（铁聚）水耕氧化还原层的情况及存在变性现象、含硫层、盐积现象和石灰反应等相关性状，续分为变性潜育水耕人为土等21个亚类。在这个分类系统中，因采用了具有严格定义的诊断层/诊断特性，避免了异土同名及同土异名等问题，但这个分类系统对土壤类型的鉴定也提出了更为严格的要求。

2.2.3　基层分类现状

第二次土壤普查建立的“中国土壤分类系统”中，基层分类包括土属和土种二个级别，土属主要根据成土母质类型进行归类，重点考虑了母质质地（颗粒组成）等性状对土壤性状的影响；而对土属下土种的划分主要根据土壤剖面构型及表土性状的差异进行划分。“中国土壤系统分类”改变了这种分类思路，提出了新的分类方法，对其下属的土族划分主要基于土壤利用管理、土壤性质相关的地域性土壤理化性质分异，并根据土壤颗粒大小级别、温度状况、矿物类别和酸碱度的组合来确定土族类型；对土族下设立的土系定义为发育在相同母质、相同景观部位、相同土层排列和相似土壤属性的土壤集合，主要根据剖面构型、特征土层层序及层位的异同等进行划分。近10年国家科技基础性工作专项项目——我国土系调查与《中国土系志》编制项目，在全国范围内建立了典型的水耕人为土土族和土系，完善了“中国土壤系统分类”的基层分类。

2.3　成土因素对水稻土发生学特性的影响

气候对水稻土的发育有一定的影响，气候条件差异可影响水稻一年的种植次数从而影响水稻土剖面的发育强度。温带地区每年只能生长一季水稻，干湿交替时间相对较短，水稻土剖面发育较弱，氧化铁、锰在剖面中的分异较弱，以发育为简育水耕人为土为主；热带地区一年可种植2~3季水稻，受氧化还原交替影响时间长，有利于水稻土剖面的发育和氧化铁、锰在剖面中的分异，有利于向铁聚水耕人为土发展。

水稻土的水分状况及水分在土壤剖面的运动深受地形条件的影响，平原地区地下水位较浅，水稻土同时受灌溉水和地下水的双重影响，水分在剖面中上下运动频繁，氧化还原强烈，从而更易导致氧化铁、锰在剖面中的分化；在平原低洼区域因地下水位较高，土体发生潜育化而向潜育水耕人为土发育；缓坡地带地下容易形成侧渗水，土壤剖面中容易形成漂白层，容易形成铁渗水耕人为土。而在地势较高的丘陵和山体，因地下水位埋藏较深，灌溉条件较差，土壤中水分下移较不明显，土壤剖面中氧化铁、锰的分化较弱，土壤主要保留在简单发育状态。

成土母质可对水稻土产生多个方面的影响，其中，最为直接的影响是土壤质地，而质地的不同可影响土壤剖面中氧化铁、锰的垂直迁移。一般来说，质地为壤土和沙壤土的水稻土，铁、锰的垂直迁移较易发生，其比黏质土壤更易发生铁锰的剖面垂直分化。剖面上下质地的差异有时可改变土壤水分运动的方向，当土壤剖面中出现黏化层次时，可改变土壤水分的下移并发生侧渗，可有利于铁、锰的侧向流失。母质特殊成分有时可导致特殊的土壤性状，浅海沉积物发育的水稻土，有时盐分较高可形成盐积现象，形成盐积型的水稻土；一些由红树林浅海沉积物改变而来的水稻土因含有较高的硫酸盐，土壤酸度较高，可发育为硫积型水稻土；而一些由玄武岩风化或湖积物发育的水耕人为土有时因含有高量的蒙脱石，土壤具变性特征，可发育为变性型水稻土。植稻时间可改变水耕人为土的演变，随着种植水稻时间的增加，水稻土剖面发育及氧化铁、锰在剖面中的分化逐渐明显。

2.4 水稻土类型的分布规律

土壤是一个“历史自然体”，它是特定地理环境下的产物，因此，土壤的形成、演变与地理环境密切相关，从而促使土壤类型的分布具有地理规律性。水稻土是一种人为土壤，属非地带性土壤，其在空间上的分布主要受地形、水文地质、成土母质与人为管理等的影响，常常呈现中域组合分布和微域分布。常见的变化模式有丘陵山区的梯田式土壤复域、平原地区的棋盘式土链和低洼圩区与湖荡地区的云朵式土链。在第二次土壤普查以前及期间，我国土壤工作者对水稻土各亚类的分布特点作过较多的探讨。一般认为，淹育水稻土主要分布在丘陵岗地、沟谷上坡，不受地下水影响的区域；渗育水稻土主要分布在丘陵坡地、平原高处，一般无地下水影响或受地下水影响时间较短的区域；潴育水稻土主要分布在平原和沟谷下部，受上下波动的地下水影响的地区；潜育水稻土主要分布在洼地，剖面下部常年受地下水影响的区域；脱潜水稻土主要分布在河湖平原，历史上剖面下部常年受地下水影响，但后来由于排水条件改善，地下水位下降的农田；漂洗水稻土主要分布在缓坡地，土壤受侧渗水影响；而盐渍水稻土和咸酸水稻土主要分布在植稻时间较短的滨海平原。

中国土壤系统分类由于创建历史相对较短，对其中的土壤类型的空间分布规律 / 模式探讨较少。龚子同等（1996）根据土壤发生学原理及土壤地理发生分类研究中积累的经验，对中国土壤系统分类高级单元的分布规律进行过探讨，认为受人类活动影响大、历史久等因素影响，不同类型的土壤在空间上呈现规则性连续分布、区域性间断分布及垂直分布的特征。土壤的规则性连续分布取决于由主要成土过程产生的诊断层与诊断特性的情况。以系统分类为基础的土壤类型分布模式远比以发生分类为基础的土壤类型分布复杂，前者更多显示出组合分布规律。据调查，典型的铁聚水耕人为土一般出现在河谷平原与水网平原的高地及洪积扇、丘陵坡岗地和滨海平原与水网平原的交接区等地貌类型区（章明奎和邱志腾，2021）；相反，典型潜育水耕人为土一般出现在水网平原的洼地、洋心田和河谷平原与丘陵过渡地带及山垄等地貌中，出现潜育特征的可能性随地下水位下降而减小。而典型铁渗水耕人为土出现的地貌主要为丘陵缓坡与河漫滩高地。

2.5 有待进一步研究完善的问题

2.5.1 土壤氧化铁垂直分异的机理

以上分析表明，剖面中铁、锰分离是水稻土发生的重要特征，也是区别水稻土与其他土壤类型的主要依据。传统认为，水稻土剖面下部氧化铁、锰淀积数量明显高于表层是上层铁、锰淋失下移的结果。即淹水期间部分活性低价铁、锰化合物随耕作层的静水压力向下淋移并在下部土体中被重新氧化、淀积在结构体或孔隙表面的结果。但从文献上大量的水稻土剖面氧化铁的分析结果来看，水稻土淀积层的氧化铁含量常常非常接近其母土（种植水稻前的土壤），许多水稻土演变过程中淀积层的氧化铁含量并没有明显增加；同时，一些研究也表明，旱地改为水田后，表层土壤黏粒含量可发生明显的下降。据此推断：水稻土剖面中铁、锰垂直分离可能是多种过程综合作用的产物，包括植稻过程中因表层黏粒流失和地表排水过程中还原性铁、锰的流失导致耕作层氧化铁下降、淀积层本身长期氧化还原交替导致铁、锰原位分离并在结构体表面淀积及少量表层铁、锰还原下移在淀积层淀积。

2.5.2 中国土壤分类系统中水稻土亚类类别的设定

第二次土壤普查的中国土壤系统分类中，水稻土续分为潴育、淹育、渗育、潜育、脱潜、漂洗、盐渍和咸酸等水稻土亚类。其中，潴育、淹育、渗育、潜育、脱潜等水稻土亚类的划分主要考虑了因水分状况及植稻时间的差异导致了土壤中铁、锰氧化物的类型与垂直分异的差别，是水稻土主要成土过程作用的结果，符合土壤发生学原则。但其中的盐渍水稻土和咸酸水稻土等亚类主要依据土壤盐分和酸度来划定，这些特征形成于种植水稻前的母土，并不是淹水种稻的结果，可归结为受母土性状影响，与水稻土的形成过程关系不大。同时，盐渍水稻土和咸酸水稻土与淹育水稻土、渗育水稻土、潜育水稻土的主要发生特点是重叠的，因此，把它们并列为亚类，在一定程度上会导致土壤分类的混乱。另外，由于现代水稻土形成年龄一般较短，多数在1 000年以内（章明奎等，

2019），在这么短时间的植稻条件下形成漂白层的可能性较小，因此，某些水稻土中的漂白层可能是地质过程或母土的成土过程的产物，与种植水稻无关。因此，设置的漂洗水稻土亚类在某种程度上也是不能体现当今水稻的成土环境和成土过程。为此，建议把盐渍、咸酸和漂洗等水稻土亚类并在相应的潴育、淹育、渗育、潜育和脱潜等水稻土亚类中，其盐分、酸化及漂白特性可在土属一级考虑。

2.5.3　系统分类中水稻土鉴定的标准问题

中国目前的土壤系统分类的水耕人为土亚纲中，设有潜育、铁渗、铁聚和简育4个水耕人为土土类，并分别设立了鉴定标准。其中，对潜育水耕人为土的鉴定标准明确，在实际应用时较易操作；但有关铁渗水耕人为土和铁聚水耕人为土的鉴定标准在实际应用时存在一些不足（不确定性），还需要完善。

根据《中国土壤系统分类检索》（第三版），铁渗水耕人为土是指水耕人为土中紧接于水耕表层之下有一灰色铁渗淋亚层的土壤；检索中对“铁渗淋亚层”的定义是“厚度≥10cm，离铁基质占85%以上”的土层，并认为铁渗水耕人为土相当于中国土壤分类系统中的“渗育水稻土”；检索对“铁渗淋亚层”的田间鉴定说明为：“其不符合漂白层的鉴定条件，土壤离铁基质的色调在10YR ~7.5Y，润态明度为5~6，润态彩度≤2，或者有少量锈纹锈斑。”这样的定义或说明存在两个方面的问题：第一，中国土壤分类系统（即地理发生分类）中的“渗育水稻土”范围很广，只要剖面发生层类型构成为A-Ap-P-C就可归入其中，但极大部分的“渗育水稻土”水耕表层之下（即Ap层以下）并不存在铁淋失的特征，因此，有关“铁渗水耕人为土相当于中国土壤分类系统中的‘渗育水稻土’”的说明容易引起误解。第二，检索对“漂白层”的定义要点是：“漂白物质占土体体积≥85%”、其颜色为“彩度≤2，以及或是润态明度≥3，干态明度≥6，或是润态明度≥4，干态明度≥5；”或“彩度≤3，以及或是润态明度≥6或干态明度≥7”。可见，根据以上对“铁渗淋亚层”颜色的定义，实际上“铁渗淋亚层”颜色范围包含在“漂白层”之内，即“铁渗淋亚层”颜色范围不可能“不符合漂白层的条件”。为此，建议在水耕人为土鉴定时，把“铁渗淋亚层”定义为紧接于水耕表层之下颜色符合上述要求的浅色土层；而把“漂白层”规定为非紧接于水耕表层之下颜色符合上述要求的浅色土层，这样可避免“铁渗淋亚层”与“漂白层”的混淆。

根据《中国土壤系统分类检索》（第三版），铁聚水耕人为土是指水耕人为土中水耕氧化还原层的DCB浸提性铁（即游离氧化铁）至少为表层的1.5倍。可见，这一土类的主要鉴定依据是剖面中游离氧化铁已发生了非常显著的垂直迁移，也就是说把水耕人为土中发生强烈的“周期性的氧化还原交替与铁、锰淋淀”的土壤作为一个土类，以区别于其他发生较弱的“周期性的氧化还原交替与铁、锰淋淀”的土壤。这样的划分应该是符合水耕人为土发生上的特点。但水耕人为土与其他自成土不同，许多是经过人为堆翻、平整后形成的，堆翻、平整过程难免造成土壤剖面上下层间成土物质的差异（即母质异源），因此，采用化学分析测定的上下层间游离氧化铁的差异有时并不一定是成土过程（氧化铁垂直迁移）的产物，即有些土壤“水耕氧化还原层的DCB浸提性铁（即游离氧化铁）至少为表层的1.5倍”的情况是母质残留的结果，因此，直接采用化学标准可能会夸大“铁聚水耕人为土”的范围。因此，在鉴定铁聚水耕人为土时，除了化学指标外，还需要补充其他形态学指标，这不仅可避免上述问题，也有利于铁聚水耕人为土的田间快速鉴定。

2.5.4 建立水稻土分类单元的田间识别模式

定量分类已是国际上土壤分类的主流，因此，建立在定量分类基础上的中国土壤系统分类将是今后土壤分类和调查研究所采用的主要分类系统。虽然过去几十年中国土壤定量分类和土壤数字制图技术已有了长足的进展，但至今由于缺少对水耕人为土各分类单元鉴定依据的潜育特征、（铁聚）水耕氧化还原层、铁渗淋亚层和漂白层及变性现象、含硫层、盐积现象和石灰反应等相关性状成因及其在空间分布特征与识别模式的深入研究，有关这一土壤所属土类、亚类单元的田间调查仍需依赖于十分费时的剖面观察与室内分析，在田间对土壤类型的变化趋势难以把握。深入、系统地研究水耕人为土中潜育特征、铁渗淋亚层、（铁聚）水耕氧化还原层和漂白层等诊断层/诊断特性的成因及其成土环境特征，剖析这些诊断层/诊断特性的发育及出现层位与成土要素的定量关系，构建这些诊断层/诊断特性的地理空间分布格局与演化机制是水稻土类型调查中一个十分重要的基础性问题。

2.5.5 利用方式改变引起的土壤类型变化

20世纪80年代以来，中国许多植稻农田的利用方式发生了很大的变化，特别是由原来长期种植水稻的农田改为种植蔬菜和果树或长期改种茭白、莲藕等水生作物后改变了土壤原有的水分条件。已有一些研究表明，利用方式的改变，对土壤发生层和发生学性状产生了明显的影响，水耕表层与水耕氧化还原层的特征发生退化，犁底层逐渐消失或变薄。因此，因利用方式改变导致水稻土发生性状的变化是否会影响土壤归属也是一个需要进一步研究的问题。

第3章

长期植稻环境下水稻土的演变

由于受强烈人为改造，植稻土壤其剖面特征特殊，不同于起源土壤。一般认为水稻土的形成过程涉及氧化还原、腐殖质的积累和分解、复盐基和盐基淋溶及黏粒的积累和淋失等过程。其中，氧化还原过程为土壤中铁、锰的还原淋溶和氧化淀积创造了条件，导致土壤剖面中铁、锰的垂直分异。腐殖质的积累和分解与施肥及作物秸秆还田等有关，但淹水植稻改变了腐殖质的积累和分解强度，有利于腐殖质积累。水田淹水的还原态环境加速了土壤中盐基的淋失，但通过施肥与灌溉水中所引入的盐基物质却又有利于土壤复盐基。虽然早已认为水稻土的发育随时间发生变化，但有关植稻时间、地形对水稻土性状的影响一直较为薄弱。近年来的研究表明，成土时间可对土壤产生多个方面的影响，包括土壤风化强度、有机质和养分元素的积累、元素的生物有效性、土壤生物多样性和交换性阳离子的种类与数量。为了解浙江省典型低丘红壤地区水稻土演变的特点，本章观察研究了水耕（植稻）时间和地形等对水田土壤类型与性状的影响。

3.1 水耕时间对低丘水田土壤发育的影响

3.1.1 材料与方法

基于第四纪红土母质形成水稻土的空间分布特点，在对金华市金东区和衢州市龙游县两区（县）相邻地区调查及访问的基础上，分别在坡麓和岗地两种地貌类型上确立了由第四纪红土母质种稻形成的时间序列水稻土。其中，坡麓时间序列水稻土由水耕时间分别为0、8、35、60、150和300年6个剖面组成；岗地时间序列水稻土剖面由水耕时间分别为0、15、30和50年4个剖面组成（岗地开发时间较短，缺少更长时间植稻的农田）；种植时间0年指未种水稻的旱地（作为对照）。研究土壤的水耕时间通过走访当地农户估算。研究区位于北纬28° 44′ ~29° 19′，东经119° 02′~119° 30′；属亚热带季风气候，年平均气温17.5℃左右，7月平均气温约29℃，1月平均气温约5℃；年均降水1 400~1 500 mm；年无霜期250 d左右，日照2 028 h，主要种植双季水稻。剖面观察与描述、分层土样的采集及土壤形态观察均按中国土壤系统分类研究的相关要求进行，并按发生层采集了分层土样。采样点海拔高度在30~50 m。

采集的土样经充分混匀、风干处理后磨细过2 mm土筛，用于分析土壤颗粒组成、pH值、CEC、交换性酸、有机质形态及微生物生物量碳；部分土壤进一步研磨，过0.149 mm土筛，用于分析土壤有机质、全氮、全磷、全铁、全锰、有效磷、氧化铁形态。土壤理化性状采用常规方法测定，其中，颗粒组成采用比重计法测定，pH用电位法测定，CEC用醋酸铵（pH7）交换法测定，交换性酸用氯化钾提取－标准碱滴定法测定；有机质用重铬酸钾－硫酸氧化法测定；全氮用重铬酸钾－硫酸消化－蒸馏法测定；全磷和全铁采用三酸消化测定；有效磷用 Olsen法测定；游离氧化铁、无定形氧化铁和络合态铁分别采用 DCB法、草酸－草酸铵缓冲液和焦磷酸盐提取，邻啡罗啉比色法测定铁。土壤全铁和全锰采用氢氟酸－高氯酸消化，原子吸收法测定；土壤容重采用容重圈法直接在剖面中取样测定。土壤有机质形态采用密度分组与筛分法相结合的方法进行分组，把有机质分为游离态轻组、粗颗粒有机质（＞0.25 mm）、细颗粒有机质（0.25~0.053 mm）、矿物结合态有机质（＜0.053 mm）。微生物生物量碳采用氯仿熏蒸－硫酸钾提取法提取，提取液中可溶性总碳的含量用 Shimadzu TOC 自动分析仪测定。

3.1.2　结果与分析

3.1.2.1　土壤形态特征的变化

无论是坡麓还是岗地，第四纪红土垦造水田后土壤颜色均由表土至下逐渐发生变化（表3－1）。在种植水稻之前，土壤颜色主要为亮红棕色，色调分别为5 YR和2.5 YR；种植水稻后，土壤红色逐渐变浅，其中耕作层和犁底层的色调逐渐向7.5 YR和10 YR转变，彩度值变小（由7~8转变为3~4）。颜色的变化先由表层土壤开始，随着水耕时间的延长，颜色变化向土壤深层发展。在坡麓地带，水耕150年以上的土壤色调各层均转变为10 YR。在相近的水耕时间下，颜色变化的深度总体上坡麓大于岗地。

随着水耕时间的延长，土壤结构也发生了一定的变化。种植水稻之前的旱地表层主要为屑粒状结构，心土主要为块状结构；种植水稻后，表层土壤的结构逐渐由屑粒状结构转变为大块状结构，最后演变为小块状结构或碎块状，心土层结构也由大块状结构向块状发展，最后形成棱块状结构。同时，随着水耕时间的延长，剖面深层的网纹层的颜色也由红白网纹逐渐转变为黄白网纹，Br层结构面上由氧化铁、氧化锰淀积形成的斑纹和结核逐渐增加；当水耕时间超过8年后，水耕表层逐渐形成了锈纹，其丰度随水耕时间有增加的趋势。

所有剖面的土壤容重均由表土向下增加，即土壤紧实度随深度增加。但表3-1的结果也表明，随着水耕时间的延长，表土容重逐渐降低，土壤变得疏松，土壤总孔度增加，通透性有所改善。

3.1.2.2 土壤颗粒组成的变化

由表3-1可知，第四纪红土母质上形成的土壤黏粒含量较高，黏粒含量一般由表土向下增加，而砂粒含量一般是表土高于下层土壤。随着水稻种植时间的增加，无论是坡麓还是岗地，上层土壤黏粒含量逐渐下降。黏粒含量呈现下降的土层随水耕时间的增加也有向深层发展的趋势，相应地表层土壤的砂粒或粉砂含量呈现增加的趋势，即土壤呈现砂化的现象。坡麓处土壤的质地较岗地土壤细，其质地一般由上层的黏壤土向下层的黏土或粉砂质黏土转变；而岗地土壤除水耕50年的农田表土为壤土外，其他质地主要属黏壤土。

表3-1 土壤剖面的形态特征、颗粒组成、质地与有机质的积累

地形	水耕时间（年）	发生层	深度（cm）	颜色	结构	新生体	容重（g/cm^3）	砾石（g/kg）	细土颗粒组成（g/kg）			质地	有机质（g/kg）
									砂粒	粉砂	黏粒		
坡麓	0	A	0～16	5YR5/8	屑粒状	/	1.28	12	258	343	399	黏壤土	14.23
		B1	16～30	2.5YR5/8	大块状	/	1.33	5	253	336	411	黏土	3.11
		B2	30～50	2.5YR5/8	大块状	/	1.39	0	214	358	428	黏土	1.74
		B3	50～85	2.5YR6/6	大块状	/	1.44	0	181	376	443	黏土	1.23
		Bv	85～120	2.5YR5/7	块状	红白网纹	1.42	46	198	364	438	黏土	1.31
	8	Ap1	0～16	5YR5/7	块状结构	少量锈纹	1.22	23	268	354	378	黏壤土	19.32
		Ap2	16～23	5YR5/8	块状结构	少量锈纹	1.28	11	191	423	386	粉砂质黏壤土	5.67
		Br1	23～50	2.5YR5/7	大块状	少量斑纹	1.37	5	183	389	428	黏土	1.65
		Br2	50～80	2.5YR5/8	大块状	/	1.39	0	148	398	454	黏土	1.34
		C	80～110	2.5YR5/6	块状	红白网纹	1.40	55	174	388	438	黏土	1.45
	35	Ap1	0～15	7.5YR5/3	碎块状	少量锈纹	1.21	34	190	443	367	粉砂质黏壤土	23.45
		Ap2	15～24	7.5YR6/3	块状	少量锈纹	1.36	14	163	465	372	粉砂质黏壤土	7.68
		Br1	24～45	5YR6/6	块状	少量斑纹	1.38	8	134	412	454	黏土	3.54
		Br2	45～79	5YR6/8	大块状	少量斑纹	1.35	2	166	388	446	黏土	2.38
		C	79～105	5YR7/8	块状	红白网纹	1.39	45	154	398	448	黏土	1.23

（续表）

地形	水耕时间（年）	发生层	深度（cm）	颜色	结构	新生体	容重（g/cm^3）	砾石（g/kg）	细土颗粒组成（g/kg）			质地	有机质（g/kg）
									砂粒	粉砂	黏粒		
坡麓	60	Ap1	0～16	10YR5/3	小块状	中量锈纹	1.19	45	233	465	302	黏壤土	27.67
		Ap2	16～27	7.5YR5/3	块状	中量锈纹	1.39	21	233	455	312	黏壤土	12.34
		Br1	27～48	7.5YR6/8	棱块状	中量斑纹	1.41	11	208	448	344	黏壤土	5.45
		Br2	48～81	7.5YR6/6	棱块状	少量斑纹	1.38	8	181	463	356	粉砂质黏壤土	3.05
		C	81～105	7.5YR7/6	小块状	黄白网纹	1.42	55	131	437	432	黏土	1.68
	150	Ap1	0～14	10YR5/3	小块状	中量锈纹	1.15	56	288	504	208	粉砂壤土	29.22
		Ap2	14～28	10YR6/2	块状	中量锈纹	1.38	32	283	488	229	粉砂壤土	11.43
		Br1	28～52	10YR8/4	棱块状	中量斑纹	1.36	22	149	453	398	粉砂质黏壤土	9.67
		Br2	52～83	10YR8/5	棱块状	中量斑纹	1.34	11	142	447	411	粉砂质黏土	5.34
		C	83～110	10YR7/7	小块状	黄白网纹，少量结核	1.42	65	139	463	398	粉砂质黏壤土	3.89
	300	Ap1	0～13	10YR5/2	小块状	中量锈纹	1.14	51	317	499	184	壤土	26.25
		Ap2	13～24	10YR5/3	块状	中量锈纹	1.36	28	321	476	203	黏壤土	12.32
		Br1	24～58	10YR8/4	棱块状	多量斑纹	1.35	25	178	463	359	粉砂质黏壤土	9.67
		Br2	58～87	10YR8/5	棱块状	中量斑纹	1.43	17	124	468	408	粉砂质黏土	7.65
		C	87～110	10YR7/7	块状	黄白网纹，少量结核	1.41	98	140	471	389	粉砂质黏土	5.74
岗地	0	A	0～15	5YR6/8	屑粒状	/	1.25	7	267	435	298	黏壤土	11.24
		B1	15～35	2.5YR5/7	大块状	/	1.34	6	281	405	314	黏壤土	3.02
		B2	35～63	2.5YR5/7	大块状	/	1.41	2	279	432	289	黏壤土	0.85
		B3	63～90	2.5YR6/8	大块状	/	1.45	0	284	429	287	黏壤土	0.34
		Bv	90～125	2.5YR5/6	块状	红白网纹	1.39	13	269	437	294	黏壤土	0.24
	15	Ap1	0～17	5YR5/6	块状结构	/	1.18	14	257	439	304	黏壤土	17.54
		Ap2	17～24	5YR5/6	块状结构	少量锈纹	1.29	9	264	412	324	黏壤土	4.85
		Br1	24～53	2.5YR5/6	大块状	少量斑纹	1.34	8	277	405	318	黏壤土	1.25
		Br2	53～77	2.5YR5/8	大块状	/	1.35	2	274	430	296	黏壤土	0.52
		C	77～125	2.5YR5/6	块状	红白网纹	141	32	279	410	311	黏壤土	0.32
	30	Ap1	0～14	5YR5/4	小块状	少量锈纹	1.18	17	269	444	287	黏壤土	18.65
		Ap2	14～22	5YR6/6	块状	少量锈纹	1.35	12	261	421	318	黏壤土	6.52
		Br1	22～51	2.5YR6/4	块状	少量斑纹	1.36	5	267	411	322	黏壤土	3.21
		Br2	51～82	2.5YR5/8	大块状	少量斑纹	1.38	0	268	428	304	黏壤土	0.65
		C	82～124	2.5YR5/6	块状	红白网纹	1.34	28	264	438	298	黏壤土	0.35

（续表）

地形	水耕时间（年）	发生层	深度（cm）	颜色	结构	新生体	容重（g/cm³）	砾石（g/kg）	细土颗粒组成（g/kg）			质地	有机质（g/kg）
									砂粒	粉砂	黏粒		
岗地	50	Ap1	0～15	7.5YR5/3	小块状	少量锈纹	1.17	19	287	459	254	粉砂壤土	23.54
		Ap2	15～23	7.5YR6/4	块状	中量锈纹	1.35	23	288	434	278	黏壤土	11.54
		Br1	23～54	5YR6/4	棱块状	少量斑纹	1.38	4	254	392	354	黏壤土	4.25
		Br2	54～85	2.5YR5/8	棱块状	少量斑纹	1.39	12	259	427	314	黏壤土	1.12
		C	85～129	2.5YR5/6	小块状	红白网纹	1.43	32	274	424	302	黏壤土	0.41

3.1.2.3 土壤有机质和磷素积累的变化

由表3-1可知，水耕时间对剖面土壤有机质积累影响很大。随着水耕时间的增加，坡麓和岗地土壤有机质含量均呈现增加，其中，对表层土壤的影响最为明显；同时，随着水耕时间的增加，土壤有机质的积累也逐渐向深层土壤发展。但对于水耕时间特别长的水稻土（坡麓水耕300年），表土有机质又呈现下降的迹象。计算表明，在100cm深度范围内，坡麓地带水耕时间为0、8、35、60、150和300年6个剖面中每平方米的有机质贮量分别为4.88、5.85、7.67、10.61、13.23和14.40kg，水耕时间为8、35、60、150和300年的土壤有机质贮量分别比对照增加19.88%、57.17%、117.42%、171.11%和195.08%。岗地水耕时间0、15、30和50年4个剖面100cm深度范围内，每平方米的有机质贮量分别为3.42、4.71、5.41和7.77kg，水耕时间为15、30和50年的土壤有机质贮量分别比对照增加37.72%、158.19%和127.19%。可见，低丘水稻土具有较强的固碳（有机质）潜力，且固碳速率在水耕前期大于后期。另外，虽然水耕时间为300年的水稻土表土有机质呈现下降，但其全剖面贮碳量还是呈现增加的趋势。从表3-1有机质含量在土壤剖面中的垂直分布可知，水稻土深层土壤也具有较强的固碳潜力，固碳量随种植水稻时间逐渐增加。随着水耕时间的增加，表层土壤的C/N呈现下降趋势（表3-1），水耕时间较长的土壤，表土C/N比一般在12以下，可能与长期施用氮素有关。

由表3-2可知，随着种植水稻时间和有机质积累的增加，土壤表层有机质形态也发生了明显的变化，主要表现在游离态轻组有机质、粗颗粒有机质和细颗粒有机质占有机质的比例逐渐增加，相应地矿物结合态有机质占有机质的比例逐渐下降。游离态轻组有机质、粗颗粒有机质和细颗粒有机质是土壤中活性较高的有机质，其稳定性较低，是土壤中矿质氮等养分的主要来源，因此，活性组分比例的增加表明土壤中有机碳循环逐渐加强，表3-2中微生物生物量碳随植稻时间的增加也证明了这一现象。

表3-2　耕作层土壤有机质的形态组成

地形	水耕时间（年）	深度（cm）	有机质（g/kg）	微生物生物量碳（mg/kg）	游离态轻组有机质（%）	粗颗粒有机质（%）	细颗粒有机质（%）	矿物结合态有机质（%）
坡麓	0	0～16	14.23	23.52	3.39	6.52	6.87	83.22
	8	0～16	19.32	35.48	7.35	8.77	5.23	78.65
	35	0～15	23.45	34.52	8.65	9.82	8.84	72.69
	60	0～16	27.67	38.59	11.24	9.08	9.15	70.53
	150	0～14	29.22	44.15	9.78	11.35	8.44	70.43
	300	0～13	26.25	42.14	10.25	9.74	8.56	71.45
岗地	0	0～15	11.24	19.58	2.58	5.32	7.12	84.98
	15	0～17	17.54	29.65	5.59	8.41	9.62	76.38
	30	0～14	18.65	36.54	8.25	10.45	11.08	70.22
	50	0～15	23.54	38.66	9.58	9.54	10.35	70.53

由表3-3可知，随着水耕时间的增加，剖面各土层土壤全磷也呈现增加的趋势，同时磷积累土层也随着水耕时间的增加而加深。这表明第四纪红土母质上形成的水稻土具较强的固磷作用。随着全磷的增加，土壤有效磷呈现加倍的增加，速效磷的增加速率远大于全磷的增加。在坡麓地带，水耕300年的水稻土由上至下5个土层土壤全磷分别比对照土壤（0年）增加85.11%、126.32%、61.54%、75.00%和96.43%，土壤有效磷分别增加338.77%、477.57%、477.44%、1 559.26%和1 562.50%。在岗地地带，植稻50年的水稻土由上至下5个土层全磷分别比对照土壤增加143.75%、89.29%、41.18%、29.63%和17.24%，有效磷分别增加169.73%、222.27%、39.48%、293.10%和373.21%。

表3-3　土壤剖面的氧化铁组成、酸碱度和阳离子交换量

地形	水耕时间（年）	深度（cm）	氧化铁（g/kg）				全锰（mg/kg）	pH	交换性酸（cmol/kg）	CEC（cmol/kg）	全磷（g/kg）	Bray P（mg/kg）
			全铁	游离铁	活性铁	络合铁						
坡麓	0	0～16	48.43	33.12	3.23	0.23	323	4.43	6.23	10.26	0.47	4.23
		16～30	51.22	34.23	2.12	0.087	397	4.54	5.04	8.30	0.38	2.14
		30～50	50.76	34.17	1.63	0.023	446	4.39	5.45	8.22	0.39	1.33
		50～85	53.24	35.68	1.65	0.011	356	4.28	6.02	9.12	0.32	0.54
		85～120	46.54	32.76	1.58	0.013	316	4.37	6.55	10.35	0.28	0.32
	8	0～16	47.76	32.88	4.65	0.43	276	5.11	4.21	11.62	0.51	7.76
		16～23	50.54	33.66	3.34	0.11	322	5.02	3.98	8.24	0.42	3.54
		23～50	51.32	34.56	2.12	0.054	432	4.98	4.12	8.37	0.39	1.87
		50～80	54.23	35.98	1.98	0.043	378	4.78	4.55	9.16	0.34	0.63
		80～110	47.77	33.54	1.66	0.028	312	4.53	6.11	10.82	0.31	0.52

（续表）

地形	水耕时间（年）	深度（cm）	氧化铁（g/kg）				全锰（mg/kg）	pH	交换性酸（cmol/kg）	CEC（cmol/kg）	全磷（g/kg）	Bray P（mg/kg）
			全铁	游离铁	活性铁	络合铁						
坡麓	35	0～15	44.23	28.77	6.68	0.67	244	5.74	2.85	12.07	0.59	9.87
		15～24	48.97	31.44	3.89	0.12	287	5.53	3.54	8.11	0.46	4.87
		24～45	50.54	33.76	2.22	0.07	398	5.87	2.11	9.11	0.43	3.22
		45～79	56.34	36.67	2.13	0.11	448	5.56	2.87	9.23	0.38	2.14
		79～105	47.11	32.22	1.67	0.042	328	4.98	4.88	10.65	0.33	0.87
	60	0～16	38.23	21.43	5.44	1.05	176	6.12	0.54	12.02	0.82	25.24
		16～27	40.54	24.23	4.11	0.19	221	6.23	0.46	9.69	0.52	7.34
		27～48	47.98	31.12	2.33	0.12	287	6.23	0.89	9.11	0.49	4.33
		48～81	58.66	37.35	1.43	0.08	454	6.31	0.67	9.63	0.43	3.23
		81～105	48.54	32.66	1.22	0.034	396	6.18	1.32	11.13	0.38	1.12
	150	0～14	30.43	12.76	5.03	0.98	132	6.07	1.98	11.24	0.89	22.66
		14～28	36.32	19.43	4.23	0.23	187	5.98	2.27	9.39	0.73	11.54
		28～52	44.23	29.12	1.98	0.11	218	6.14	0.76	10.10	0.59	5.67
		52～83	61.88	39.66	1.21	0.078	387	6.22	0.34	9.47	0.52	6.43
		83～110	53.28	36.67	1.18	0.045	455	6.12	0.65	10.81	0.43	2.33
	300	0～13	26.52	10.23	5.14	1.13	104	6.23	0.78	10.23	0.87	18.56
		13～24	32.14	18.48	4.65	0.32	165	6.14	0.98	8.89	0.86	12.36
		24～58	42.16	28.66	2.14	0.14	198	6.08	0.96	9.50	0.63	7.68
		58～87	59.78	38.25	1.08	0.069	379	6.34	0.34	10.61	0.56	8.96
		87～110	54.12	35.26	1.04	0.053	412	6.36	0.46	10.85	0.55	5.32
岗地	0	0～15	41.12	28.24	2.24	0.19	287	4.65	4.98	10.65	0.32	5.65
		15～35	42.23	27.65	1.34	0.11	301	4.59	5.23	10.14	0.28	2.56
		35～63	40.58	29.14	0.87	0.081	267	4.48	5.14	9.25	0.34	2.33
		63～90	43.32	27.65	0.56	0.032	297	4.49	4.98	10.44	0.27	0.87
		90～125	41.67	26.58	0.49	0.017	288	4.51	4.76	10.65	0.29	0.56
	15	0～17	42.21	27.41	3.65	0.24	256	5.14	3.14	11.98	0.42	13.56
		17～24	42.68	26.35	2.23	0.15	289	5.08	4.12	10.23	0.35	6.52
		24～53	41.87	29.34	1.12	0.11	274	4.89	4.65	10.89	0.32	2.65
		53～77	40.68	28.41	0.48	0.046	284	4.51	4.74	10.65	0.29	2.41
		77～125	42.23	27.46	0.53	0.023	276	4.53	4.81	10.79	0.32	0.69
	30	0～14	39.78	25.41	4.12	0.29	221	5.52	2.41	12.22	0.51	11.65
		14～22	41.32	25.46	2.89	0.14	275	5.24	3.29	10.14	0.42	8.54
		22～51	40.88	28.34	1.45	0.12	268	4.98	4.24	10.23	0.34	2.65
		51～82	41.32	29.34	0.64	0.054	273	4.68	4.67	9.68	0.35	3.26
		82～124	43.22	28.14	0.59	0.018	281	4.73	4.73	10.96	0.32	1.65

（续表）

地形	水耕时间（年）	深度（cm）	氧化铁（g/kg）				全锰（mg/kg）	pH	交换性酸（cmol/kg）	CEC（cmol/kg）	全磷（g/kg）	Bray P（mg/kg）
			全铁	游离铁	活性铁	络合铁						
岗地	50	0～15	35.24	23.41	5.32	0.31	204	5.62	1.25	12.54	0.78	15.24
		15～23	37.48	24.65	3.14	0.15	243	5.41	2.48	9.86	0.53	8.25
		23～54	39.67	27.35	1.65	0.11	254	5.12	3.87	10.13	0.48	3.25
		54～85	42.14	29.14	0.87	0.048	271	4.12	4.42	10.23	0.35	3.42
		85～129	42.35	27.33	0.64	0.021	291	4.68	4.53	10.66	0.34	2.65

3.1.2.4　土壤剖面中氧化铁的垂直迁移

水耕对土壤氧化铁的组成及剖面垂直分布影响较大。由表3－3可知，种植水稻前的旱地土壤氧化铁全量在上下层之间的差异较小，但随着水耕时间的增加，表土与心土之间全铁和游离铁含量差异逐渐增加，水稻土上层土壤全铁和游离铁含量呈现持续下降，而心土层土壤的全铁和游离铁含量呈现增加的趋势，游离铁的变化大于全铁的变化。同时，表土和心土层活性铁和络合铁含量随水耕时间的增加逐渐增加。坡麓地带水稻土随水耕时间氧化铁组成的变化明显大于岗地地带。水耕对水稻土剖面85 cm以下土层的活性铁和络合铁含量影响较小。土壤剖面中全锰的分布及随水耕时间的变化与土壤游离氧化铁的变化相似。

3.1.2.5　土壤酸碱度和阳离子交换量的变化

由表3－3可知，第四纪红土种植水稻后，土壤酸碱度发生了明显的变化。种植水稻前的旱地土壤基本上呈强酸性至酸性，随着水耕时间的增加，土壤酸碱度逐渐演变为酸性、弱酸性，土壤pH逐渐增加，向中性方向转变。水耕对土壤酸碱度的影响最初表现在上层土壤，随后逐渐影响心土至深层土壤。与此同时，土壤交换性酸也发生了显著的变化，随水耕时间增加而下降。表3－3的结果还表明，水耕对表土阳离子交换量（CEC）也有明显的影响。在水耕时间150年以下，随着水耕时间的增加，表土CEC呈现增加的趋势，但水耕时间超过150年后，表土CEC又呈现下降的趋势。

3.1.2.6　土壤类型变化

中国土壤系统分类的水耕人为土亚纲中设有潜育水耕人为土、铁渗水耕人为土、铁聚水耕人为土和简育水耕人为土4个土类，《中国土壤系统分类检索》（第三版）对这4个土类的鉴定分别设立了标准。根据研究土壤剖面形态特征和游离氧化铁的垂直分布，本研究的第四纪红土上形成的水稻土中没有出现潜育水耕人为土和铁渗水耕人为土。水耕时间超过150年的两个剖面，其心土层（水耕氧化还原层）的游离氧化铁含量已超过了表土的1.5倍，满足了铁聚水耕人为土的诊断要求；其他剖面可归属于简育水耕人为土。

3.1.3 讨论

3.1.3.1 土壤颗粒组成与有机质的变化

以上结果表明，随着水耕时间的增加，土壤表层黏粒和游离氧化铁含量逐渐下降，而心土层游离氧化铁含量明显增加，但心土层黏粒含量增加较小或不明显。一般认为，水稻土中表层黏粒的减少与黏粒淋失有关，而黏粒的淋失可以是黏粒从耕层沿孔隙随水分下渗移向剖面中部，也可以是灌溉水串灌引起的耕层黏粒流失的结果，但从本研究的结果来看，黏粒的垂直淋失较弱，引起表土黏粒的下降在较大程度上是黏粒随排水径流迁移引起的。这一结果也表明，虽然水田地表平整，但其水土流失也不可忽视，长期水耕可引起土壤明显的砂化（章明奎等，2018）。

同时结果也表明，在旱地种植水稻初期土壤表层土壤有机质含量和全剖面有机质贮量均呈快速增加，这显然与种植水稻后土壤水分状况发生变化和有机物质的输入增加有关。旱地改水田后，土壤淹水时间增加、通气性变差限制了土壤有机物质的分解，促进了土壤有机质的积累；同时，种植水稻后，地表秸秆和土壤中根系增加，为土壤提供了更多的有机物料，增加了进入土壤有机物质的数量。至水耕时间50~60年时，土壤有机质积累随水耕时间的变化逐渐下降，这可能与土壤有机质基本达到平衡有关。而对于水耕时间为300年的水稻土表土有机质呈现下降，可能与表土黏粒含量下降、减弱了土壤对有机物质的保持作用有关。从水田土壤心土层有机质含量明显高于旱地土壤及其随水耕时间增加的结果可知，低丘水田土壤心土也具有较强的固碳潜力，这种固碳能力在种植水稻时间较久的农田中非常明显。心土层有机质的积累一方面与水田土壤水分垂直迁移明显、表土部分可溶性有机质随垂直迁移的水分一起进入心土层有关，另一方面，也可能与部分水稻向下延伸的根系有关。

3.1.3.2 土壤氧化铁、酸碱度和 CEC 的变化

黏粒的横向迁移也可把表层土壤中的氧化铁带出水田，因此，随着水耕时间的增加水田土壤中表层全铁和游离氧化铁的下降在一定程度上也与黏粒的径流迁移有关。但从表土游离氧化铁下降速率大于全铁的下降速率来推测，水田表层土壤游离氧化铁的下降还存在垂直迁移的途径。这显然与水稻生产过程中土壤氧化还原交替有关。在水稻种植的前期，土壤淹水导致表层土壤中氧化铁的还原，形成较多的亚铁、亚锰，后者可随土壤水分的垂直迁移至心土层，由于心土层多呈现水分不饱和状态、氧化还原电位较高，进入心土层的亚铁、亚锰被重新氧化，淀积在心土层，从而导致心土层游离氧化铁和全锰的增加。而水稻土中无定形氧化铁含量高于对照的旱地土壤与长期淹水种植水稻土壤湿度较高和有机质的积累有关，过多的水分和有机质的积累可促进无定形氧化铁的形成，而络合态氧化铁的增加与土壤有机质的积累有关。南方地区的丘陵山地区虽然降

水丰富，但由于地势较高，大部分降水通过地表径流方式迁移到低洼区域，因此，仅仅依靠自然降水常常难以保证这些区域水稻的正常生产，而地形条件和灌溉条件在一定程度上影响了丘陵梯田水分状况。位于岗地的梯田，由于地势较高，降水不易停留，同时人为灌溉设施较差，土壤缺水较为明显，因此，其土壤剖面中水的垂直迁移数量相对较弱；同时，由于缺少水分，其受水饱和的时间较短，受水饱和的深度相对较浅，而通气性相对较高，因此，岗地水稻土剖面中游离氧化铁和全锰在上下土层之间的差异及随水耕时间的变化要小于坡麓水稻土，即岗地水稻土剖面中不易形成铁聚层（氧化铁明显增加的土层）。而在坡麓地带，由于相对位置较低，降水时其获得的水分也较多，同时灌溉条件也相对较好，容易发生氧化铁、锰的还原及向下迁移。

种植水稻后土壤pH的增加一方面与旱地改田水初期施用石灰中和土壤酸性物质及长期通过肥料与灌溉水输入盐基物质有关，另一方面与种植水稻后产生了一些还原性物质，增加了对酸的缓冲作用有关。而种植水稻后土壤CEC的增加可能与有机质的积累有关，因有机质本身具有较高的CEC值，有机质含量的提高增加了土壤的CEC。

3.1.3.3 水稻土类型的演变

田间调查表明，水耕8年后，耕作层、犁底层和心土层（相当于水耕氧化还原层）均可形成铁锈纹或铁锰斑，并且随着水耕时间的增加，铁锈纹或铁锰斑的数量逐渐增加，氧化还原特征越来越明显。对比犁底层与耕作层的容重发现，水耕8年的剖面中，犁底层与耕作层的容重比为1.04，远低于1.10；而水耕15年的剖面的犁底层与耕作层的容重比为1.09，接近于1.10；而水耕30年以上的所有剖面的犁底层与耕作层的容重比均大于1.10。这些结果表明，在第四纪红土种植水稻，一般要水耕时间在15年以上才能形成真正意义上的水稻土（水耕人为土）。水耕时间较短的土壤，其水稻土的特征尚不明显。根据研究土壤剖面形态特征和游离氧化铁的垂直分布，本研究的第四纪红土上形成的水稻土中没有出现潜育水耕人为土和铁渗水耕人为土。水耕时间超过150年的两个剖面，其心土层（水耕氧化还原层）的游离氧化铁含量已超过了表土的1.5倍，满足了铁聚水耕人为土的诊断要求；其他剖面可归属于简育水耕人为土。

3.1.4 结论

对浙江省金衢盆地内坡麓和岗地两种地貌单元中由第四纪红土发育的不同水耕时间水田土壤理化性状分析表明：

（1）由于水分条件的差异，水耕时间对坡麓地带水田土壤性状的影响大于岗地水田。旱地改为水田后，坡麓地带水稻土随时间的演变明显快于岗地地带的水稻土。

（2）随着水耕时间的增加，土壤颜色由红转黄，色调由2.5 YR向7.5 YR或10 YR演变；表层土壤黏粒含量逐渐下降，有机质与全磷及有效磷积累、pH、CEC和活性铁逐渐增加，土壤游离氧化铁逐渐下移淀积；水耕时间对土壤性状的影响由表层向心土层发展。

（3）随着水稻种植时间的增加，活性有机质占有机质的比例随有机质积累同步增加；水稻土心土层具有较强的固碳潜力。

（4）由第四纪红土旱地改为水田，形成典型水耕人为土的时间约15年，形成铁聚水耕人为土的时间约150年以上；水耕时间低于150年时主要形成简育水耕人为土。

3.2 地形部位对亚热带低丘梯田土壤性态与类型的影响

地形是土壤形成的五大自然成土因素之一，其可通过影响土壤水热状况和改变地表风化物/沉积物的性态影响土壤的形成和演变。已有研究表明，地貌类型、坡度、坡向和海拔高度等地形因素可影响土壤的颗粒组成、有机质的积累、土壤湿度、土壤颜色、土体厚度及水土流失状况；不同海拔高度的山体其土壤分布模式可有较大的差异，产生不同的土壤垂直分布规律。以往的研究较多关注海拔高度对地带性土壤的影响，对不同地貌区土壤性状的影响也有较多的研究，但有关微地形对人为土壤，特别是对水耕人为土的发育和演变影响的研究较少。水稻土性状受到人为活动和自然成土因素的双重作用。与旱地土壤不同，灌溉与排水对水稻土剖面发育及土壤特性有很大的影响，而地形部位微小的差异可改变土壤水分状况，从而影响水耕人为土中氧化与还原作用的强度以及土壤剖面中氧化铁、锰物质的淋溶、淀积与垂直分布，但这种差异在我国以往的研究中还没有被引起足够的重视。在我国第二次土壤普查中，有关丘陵山地梯田上的植稻土壤一般都归为铁、锰淋溶淀积不明显的淹育水稻土，但实地调查已表明，某些山地丘陵梯田上的部分植稻土壤剖面分异也非常明显，其可能与地形部位有关。为了了解地形部位对亚热带山地丘陵地区水稻土壤发育的影响，在浙江省衢州市和杭州市分别选择了由第四纪红土和凝灰岩风化物发育的梯田，比较分析了岗背、高坡、缓坡和坡麓等不同地形部位稻田土壤发生学性状和土壤类型的差异。

3.2.1 材料与方法

在浙江省衢州市龙游县和杭州市建德市选择造田时间分别约55年和50年的第四纪红土和凝灰岩低丘，按分布部位（岗背、高坡、缓坡、坡麓）采集了土壤剖面（表3-4），并按发生层采集了分层土样。剖面观察与描述、分层土样的采集及土壤形态观察均按中国土壤系统分类研究的相关要求进行。研究区为典型的中亚热带季风气候，年均温16.5~17.5℃，年降水量1 500~1 650mm。采集的分层土样经充分混匀、风干处理后磨细过2 mm土筛，部分土壤进一步研磨，过0.125 mm土筛。分析内容包括土壤颗粒组成、pH、CEC、交换性氢和铝、交换性盐基、有机碳、全氮、全钾、全磷、有效磷、氧化铁形态、黏土矿物类型，用标准方法测定。其中，颗粒组成采用比重计法测定，pH用电位法测定，CEC用乙酸铵（pH7）交换法测定，交换性铝和氢用氯化钾提取－标准碱滴定法测定；交换性盐基本用醋酸铵（pH7）交换法提取，火焰光度计法测定钠和钾、原子吸收法测定钙和镁；有机碳用重铬酸钾－硫酸氧化法测定；全氮用重铬酸钾－硫酸消化－蒸馏法测定；全钾、全磷和全铁采用XRF法（X射线荧光分析法）测定；有效磷用Olsen法测定；游离氧化铁和无定形氧化铁分别采用DCB法和草酸－草酸铵缓冲液提取，邻啡罗啉比色法测定铁；土壤黏粒（＜2 μm）用沉降法提取；黏土矿物类型采用镁甘油饱和定向片及钾饱和定向片－XRD法鉴定。

表3-4　采集土壤剖面的基本信息

剖面号	采样地点	海拔（m）	土地利用	土壤温度状况（℃）	土壤水分状况	成土母质	地形	坡度（°）	地下水位（cm）
Q1	衢州市龙游县	87	水田（梯田）	热性	人为滞水	Q2红土	岗背	<5	>125
Q2	衢州市龙游县	73	水田（梯田）	热性	人为滞水	Q2红土	高坡	20	>125
Q3	衢州市龙游县	61	水田（梯田）	热性	人为滞水	Q2红土	缓坡	10	>125
Q4	衢州市龙游县	53	水田（梯田）	热性	人为滞水	Q2红土	坡麓	<3	93
H1	杭州市建德	178	水田（梯田）	热性	人为滞水	凝灰岩风化物	高坡	20	>125
H2	杭州市建德	154	水田（梯田）	热性	人为滞水	凝灰岩风化物	缓坡	10	>125
H3	杭州市建德	145	水田（梯田）	热性	人为滞水	凝灰岩风化物	坡麓	<3	86

3.2.2　结果与分析

3.2.2.1　土壤形态特征

两个研究区土壤在种植水稻之前均为富铝化土壤，酸性较强，其颜色主要为亮红棕色和亮棕色，色调分别为5 YR和7.5 YR。长期种植水稻后，土壤红色逐渐变浅，其中耕作层和犁底层的色调逐渐向7.5 YR和10 YR转变（表3－5）。衢州样区处于岗背（Q1）和高坡（Q2）的表层为7.5 YR，而处于缓坡（Q3）和坡麓（Q4）的表层色调为10 YR；杭州样区处于高坡（H1）的表层为7.5 YR，而处于缓坡（H2）和坡麓（H3）的表层色调为10 YR。红色的深浅与赤铁矿物含量有关，土壤色调由5 YR、7.5 YR向10 YR转变，说明长期种植水稻后土壤中赤铁矿物含量明显下降，向针铁矿转化。从表3－5还可知，发生颜色变化的土层由岗背经缓坡至坡麓逐渐加深，在岗背位置的土壤剖面中，颜色发生明显变化的影响范围约为20 cm，在缓坡部位土壤剖面中的影响深度超过了40 cm，而在坡麓的土壤剖面中其全剖面土壤颜色均发生了变化。

地形位置不同，它们的土体厚度及相应的诊断层厚度和铁、锰新生体的分布也有差异，由岗背至坡麓，土体厚度、水耕氧化还原层厚度及其铁、锰新生体的数量都呈现明显增加，显示出其受水耕作用逐渐加强。岗背和高坡位置的土壤中铁、锰新生体数量较少，其中，衢州样区岗背位置的土壤只在43 cm以内的土层中出现少量的锈纹，其水耕表层和水耕氧化还原层的厚度分别为20 cm和23 cm，高坡位置的土壤剖面中铁、锰新生体数量也较少，但其水耕表层和水耕氧化还原层的厚度分别为22 cm和43 cm，水耕氧化还原层明显加厚；杭州样区高坡位置的土壤剖面中铁、锰新生体数量也较少，其水耕表层和水耕氧化还原层的厚度分别为20 cm和21 cm。缓坡和坡麓位置的土壤剖面中氧化铁、锰新生体明显高于岗背和高坡地水田，衢州样区的这两个土壤剖面中水耕氧化还原层厚度分别达60 cm和118 cm以上，杭州样区的这两个剖面中水耕氧化还原层厚度分别达31 cm和76 cm以上。

表3-5　土壤剖面的形态特征与有机碳、养分的积累

剖面号	发生层	深度（cm）	颜色（湿润）	结构	新生体	容重（g/cm^3）	有机碳（g/kg）	全氮（g/kg）	全磷（g/kg）	有效磷（mg/kg）	全钾（g/kg）
Q1	Ap1	0 ~ 14	7.5YR5/4	块状	少量锈纹	1.18	10.23	0.71	0.51	8.65	13.25
	Ap2	14 ~ 20	7.5YR6/4	大块状	少量锈纹	1.42	7.56	0.54	0.47	4.23	12.88
	Br	20 ~ 43	5YR6/6	大块状	少量锈纹	1.43	2.65	0.32	0.38	1.36	13.54
	C	43 ~ 125	5YR6/8	块状	/	1.38	1.88	0.18	0.36	2.14	11.98
Q2	Ap1	0 ~ 15	7.5YR5/3	块状	少量锈纹	1.17	13.25	0.87	0.52	7.52	11.65
	Ap2	14 ~ 22	7.5YR6/3	块状	少量锈纹	1.35	8.65	0.59	0.43	4.98	13.24
	Br	20 ~ 65	5YR6/4	大块状	大量锈纹	1.43	3.52	0.43	0.31	4.32	12.87
	C	65 ~ 125	5YR6/6		/	1.37	1.56	0.22	0.33	2.56	12.74
Q3	Ap1	0 ~ 16	10YR5/3	小块状	少量锈纹	1.19	14.54	1.13	0.59	12.35	13.52
	Ap2	16 ~ 23	10YR5/4	块状	大量锈纹	1.42	8.17	0.71	0.47	5.34	12.84
	Br1	23 ~ 46	7.5YR6/6	棱柱状	大量铁锰斑纹	1.39	5.32	0.48	0.39	4.32	10.65
	Br2	46 ~ 83	7.5YR6/6	棱柱状	少量铁锰斑纹	1.45	4.23	0.41	0.41	2.88	11.35
	C	83 ~ 125	5YR6/4	块状	/	1.43	2.35	0.29	0.34	2.14	12.49
Q4	Ap1	0 ~ 19	10YR5/2	小块状	少量锈纹	1.13	17.32	1.43	0.68	15.65	12.41
	Ap2	19 ~ 27	10YR5/3	块状	大量锈纹	1.39	10.28	0.76	0.49	6.58	12.87
	Br1	27 ~ 48	10YR8/4	大块状	大量铁锰斑纹	1.41	8.74	0.57	0.46	3.52	13.14
	Br2	48 ~ 89	10YR8/5	棱柱状	少量铁锰结核和中量斑纹	1.38	6.52	0.53	0.38	4.56	11.65
	Br3	89 ~ 125	7.5YR7/6	棱柱状	中量铁锰斑纹	1.37	4.35	0.41	0.32	2.85	12.33
H1	Ap1	0 ~ 12	7.5YR5/1	小块状	少量锈纹	1.07	14.78	1.34	0.51	5.47	18.65
	Ap2	12 ~ 20	7.5YR5/1	小块状	少量锈纹	1.26	10.63	0.89	0.38	3.25	15.64
	Br	20 ~ 41	7.5YR6/8	块状	少量锈纹	1.38	4.3	0.34	0.32	1.76	16.38
	C	41 ~ 100	7.5YR6/8	小块状	/	1.46	2.2	0.18	0.38	2.14	17.38

（续表）

剖面号	发生层	深度（cm）	颜色（湿润）	结构	新生体	容重（g/cm^3）	有机碳（g/kg）	全氮（g/kg）	全磷（g/kg）	有效磷（mg/kg）	全钾（g/kg）
H2	Ap1	0～13	10YR4/2	小块状	少量锈纹	1.09	15.63	1.39	0.53	9.54	17.68
	Ap2	13～22	10YR4/3	小块状	少量锈纹	1.22	9.43	0.87	0.46	6.32	20.22
	Br1	22～43	10YR8/1	块状	漂白层	1.29	2.23	0.28	0.27	3.25	16.52
	Br2	43～53	7.5YR6/8	块状	少量铁锰斑纹	1.47	2.13	0.24	0.36	3.14	17.74
	C	53～100	7.5YR6/8	小块状	/	1.44	1.12	0.13	0.41	2.15	18.54
H3	Ap1	0～12	10YR4/2	小块状	中量锈纹	1.11	18.24	1.51	0.59	14.52	19.35
	Ap2	12～24	10YR4/2	小块状	中量锈纹	1.29	13.65	1.28	0.48	10.23	17.66
	Br1	24～38	10YR6/8	块状	大量铁锰斑纹	1.28	8.63	0.79	0.42	6.54	18.34
	Br2	38～61	10YR6/6	块状	少量铁锰斑纹	1.31	6.49	0.63	0.38	3.24	19.51
	C	61～100	10YR6/6	小块状	少量铁锰斑纹	1.38	3.60	0.29	0.34	4.13	16.38

3.2.2.2 土壤有机碳和养分的积累

由表3-5可知，地形部位对梯田土壤有机碳和养分积累也有明显的影响。由岗背至坡麓，表土有机碳含量逐渐增加；与此同时，表层以下土体有机碳也有不同程度的增加，说明有机碳的积累不仅表现在表层，也体现在整个土壤剖面中。计算表明，衢州样区在125 cm深度范围内，岗背、高坡、缓坡和坡麓4个土壤剖面中每平方米的有机碳贮量分别为5.33、6.81、8.96和13.28 kg。同时，土壤全氮、全磷、有效磷均有增加的趋势，在125 cm深度范围内，岗背、高坡、缓坡和坡麓等4个剖面中每平方米的全氮贮量分别为0.47、0.67、0.83和1.06 kg，全磷贮量分别为0.66、0.61、0.71和0.71 kg，但全钾无明显的变化趋势。杭州样区在100 cm深度范围内，高坡、缓坡和坡麓等3个土壤剖面中每平方米的有机碳贮量分别为6.11、5.24和10.42 kg，对应的全氮贮量分别为0.52、0.53和0.93 kg，全磷和全钾无明显的变化趋势。

3.2.2.3 土壤剖面中质地和复盐基的垂直变化

由表3-6可知，地形部位对土壤剖面中颗粒组成的垂直分异也产生了影响。由岗背至坡麓，表土黏粒含量呈下降趋势，同时，表层与心土层间黏粒含量的差异也有所增加（即黏化率增加），表明坡麓地带稻田土壤中黏粒的垂直迁移逐渐增强。酸性富铝化土壤上种植水稻，土壤pH和盐基饱和度可逐渐增加，但它们的变化因地形部位不同也有差异，岗背和高坡梯田土壤的pH和盐基饱和度相对较低，而坡麓地带土壤的pH接近中性，盐基趋于饱和。与此同时，土壤受复盐基影响的深度也由岗背、高坡向缓坡和坡麓逐渐加深。

表3-6 土壤剖面的颗粒组成和酸碱度

剖面号	发生层	砾石(g/kg)	砂粒(g/kg)	粉砂(g/kg)	黏粒(g/kg)	黏化率	质地(美国制)	pH值(H_2O)	pH值(KCl)	盐基饱和度(%)
Q1	Ap1	14	201	447	352	1.00	黏壤土	5.47	4.66	68.54
	Ap2	23	189	463	348	0.99	粉砂质黏壤土	5.38	4.58	63.25
	Br	18	198	438	364	1.03	粉砂质黏壤土	5.13	4.48	58.74
	C	9	175	467	358	1.02	粉砂质黏壤土	4.68	4.11	38.56
Q2	Ap1	15	237	439	324	1.00	黏壤土	5.58	4.71	69.56
	Ap2	7	200	465	335	1.03	黏壤土	5.63	4.82	72.45
	Br	12	204	448	348	1.07	黏壤土	5.48	4.87	71.33
	C	11	211	438	351	1.08	黏壤土	4.98	4.32	43.25
Q3	Ap1	25	222	461	317	1.00	黏壤土	5.49	4.68	67.24
	Ap2	32	228	449	323	1.02	黏壤土	5.52	4.79	70.05
	Br1	11	201	457	342	1.08	黏壤土	5.63	4.82	74.65
	Br2	21	195	443	362	1.14	粉砂质黏壤土	5.34	4.66	61.25
	C	6	208	438	354	1.12	粉砂质黏壤土	5.21	4.59	59.78
Q4	Ap1	19	282	487	231	1.00	壤土	5.54	4.87	76.52
	Ap2	32	278	476	246	1.06	壤土	6.05	5.64	83.25
	Br1	12	222	453	325	1.41	黏壤土	6.21	5.73	94.23
	Br2	6	189	432	379	1.64	粉砂质黏壤土	6.08	5.58	92.56
	Br3	9	215	429	356	1.54	黏壤土	6.32	5.69	95.74
H1	Ap1	78	303	474	223	1.00	黏壤土	5.81	5.23	81.23
	Ap2	53	290	468	242	1.09	黏壤土	5.93	5.32	80.66
	Br	47	305	477	218	0.98	黏壤土	6.11	5.49	86.21
	C	211	428	396	176	0.79	壤土	5.24	4.64	61.24
H2	Ap1	63	367	427	206	1.00	壤土	5.74	5.08	67.58
	Ap2	78	380	433	187	0.91	壤土	5.81	5.23	76.25
	Br1	54	391	406	203	0.99	壤土	5.43	4.82	51.32
	Br2	46	318	404	278	1.35	黏壤土	5.84	5.17	74.12
	C	148	416	398	186	0.90	壤土	5.24	4.52	52.24
H3	Ap1	74	391	411	198	1.00	壤土	5.84	5.03	68.95
	Ap2	53	350	434	216	1.09	壤土	5.96	5.11	73.25
	Br1	36	331	406	263	1.33	壤土	6.27	5.64	94.52
	Br2	38	379	387	234	1.18	壤土	6.33	5.79	95.88
	C	195	401	403	196	0.99	壤土	6.24	5.56	95.12

3.2.2.4 土壤剖面中氧化铁的垂直迁移和黏粒矿物类型

由岗背、高坡至缓坡、坡麓，土壤剖面中氧化铁垂直分布也发生了一定的变化（表

3-7）。从表中数据可知，岗背部位的土壤剖面中，无论是全铁还是游离氧化铁，表土与心土之间差异均较小，而在坡麓地带，这种差异逐渐明显，其中，剖面Q4和H3的水耕氧化还原层的Fh（各土层与表土层游离氧化铁的比值）超过了1.50，具明显的铁聚特点。Fh较高的土层，相应的铁游离度也较高，说明其游离铁富集比全铁更为明显，证明了这些剖面中存在氧化铁由上至下的淋淀。而在杭州样区的缓坡剖面（H2）的Br1层，颜色明显变浅，相对的全铁、游离铁和无定形铁均有下降，说明存在氧化铁的明显淋失，具有铁渗现象。

另外，从表层土壤黏粒矿物的鉴定结果可知，由岗背、高坡至缓坡、坡麓，土壤黏粒矿物组合也发生了一定的变化，逐渐出现蛭石甚至绿泥石等矿物，其中绿泥石主要出现在坡麓部位的土壤中，这在一定程度上也说明了不同部位土壤成土环境的差异。

表3-7　土壤剖面的氧化铁组成

剖面号	发生层	全铁(g/kg)	游离铁(g/kg)	铁游离度(%)	Fh值	活性铁(g/kg)	铁活化度(%)	土壤CEC	表土黏粒矿物
Q1	Ap1	34.71	24.25	69.87	1.00	6.98	28.78	8.65	高岭石、伊利石
	Ap2	35.25	25.14	71.32	1.04	4.69	18.66	8.13	
	Br	39.67	28.78	72.54	1.19	2.45	8.51	8.74	
	C	41.79	29.35	70.23	1.21	1.87	6.37	7.56	
Q2	Ap1	34.32	22.45	65.41	1.00	7.23	32.20	9.14	高岭石、伊利石、蛭石
	Ap2	33.16	21.08	63.58	0.94	4.14	19.64	8.05	
	Br	37.24	27.65	74.25	1.23	3.25	11.75	7.98	
	C	40.24	28.88	71.76	1.29	1.35	4.67	8.14	
Q3	Ap1	33.74	21.34	63.25	1.00	4.65	21.79	9.23	高岭石、伊利石、蛭石，少量绿泥石
	Ap2	36.07	22.17	61.47	1.04	3.58	16.15	8.33	
	Br1	39.41	28.87	73.25	1.35	1.56	5.40	8.96	
	Br2	38.76	27.67	71.38	1.30	0.68	2.46	7.65	
	C	38.61	26.98	69.87	1.26	0.73	2.71	8.14	
Q4	Ap1	31.56	18.56	58.81	1.00	4.23	22.79	8.67	高岭石、伊利石、蛭石，少量绿泥石
	Ap2	34.65	20.34	58.70	1.10	3.25	15.98	7.28	
	Br1	41.35	33.25	80.41	1.79	0.48	1.44	8.25	
	Br2	47.32	35.74	75.53	1.93	0.39	1.09	8.66	
	Br3	46.14	32.66	70.78	1.76	0.38	1.16	7.98	
H1	Ap1	33.16	17.66	53.25	1.00	3.84	21.74	8.14	伊利石、高岭石、蛭石
	Ap2	30.76	15.83	51.47	0.90	2.96	18.70	8.23	
	Br	35.24	19.14	54.32	1.08	2.74	14.32	7.54	
	C	29.46	14.33	48.65	0.81	2.63	18.35	7.23	

（续表）

剖面号	发生层	全铁(g/kg)	游离铁(g/kg)	铁游离度(%)	Fh值	活性铁(g/kg)	铁活化度(%)	土壤CEC	表土黏粒矿物
H2	Ap1	27.49	13.65	49.65	1.00	4.12	30.18	8.96	伊利石、高岭石、蛭石
	Ap2	31.17	12.88	41.32	0.94	2.14	16.61	8.12	
	Br1	19.94	5.63	28.24	0.41	0.32	5.68	7.69	
	Br2	29.07	16.35	56.24	1.20	2.65	16.21	8.45	
	C	36.53	15.47	42.35	1.13	2.13	13.77	7.23	
H3	Ap1	23.40	9.67	41.32	1.00	2.14	22.13	10.63	伊利石、高岭石、蛭石、绿泥石
	Ap2	23.11	10.48	45.35	1.08	1.87	17.84	9.74	
	Br1	45.17	27.66	61.24	2.86	1.22	4.41	9.58	
	Br2	39.09	23.28	59.56	2.41	1.06	4.55	9.93	
	C	33.80	16.33	48.32	1.69	0.74	4.53	8.14	

3.2.3 诊断层和土壤类型的变化

研究的7个土壤剖面中耕作层和犁底层都具有锈纹，它们的总厚度超过18 cm，它们的犁底层与耕作层的容重比大于1.10，全部满足水耕表层的诊断要求；各剖面的水耕表层以下存在超过20 cm的具有锈纹锈斑、铁锰结核或铁淋失的土层，也都满足水耕氧化还原层的诊断要求，因此，研究的所有7个剖面都属于水耕人为土亚纲。但它们的土类有所差别，Q1、Q2、Q3和H1等4个剖面，在矿质土表至60 cm范围内无潜育特征，也无铁渗淋亚层，它们的氧化还原层与表层的游离氧化铁的比例小于1.5，按中国土壤系统分类检索，属于简育水耕人为土土类、普通简育水耕人为土亚类；剖面H2在矿质土表至60 cm范围内无潜育特征，但水耕表层以下具颜色灰白的铁渗淋亚层，其氧化铁明显低于上下土层，该土壤的整个氧化还原层与表层的游离氧化铁的比例小于1.5，按中国土壤系统分类检索，属于铁渗水耕人为土土类、普通铁渗水耕人为土亚类；Q4和H3等2个剖面，在矿质土表至60 cm范围内无潜育特征，也无铁渗淋亚层，它们的氧化还原层与表层的游离氧化铁的比例高于1.5，按中国土壤系统分类检索，属于铁聚水耕人为土土类，普通铁聚水耕人为土亚类。由此可见，在衢州样区第四纪红土丘陵上，从岗背、高坡、缓坡至坡麓，土壤类型由普通简育水耕人为土演变为普通铁聚水耕人为土；在杭州样区凝灰岩坡积物丘陵上，从高坡、缓坡至坡麓，土壤类型由普通简育水耕人为土演变为、普通铁渗水耕人为土和普通铁聚水耕人为土。

3.2.4 讨论

水稻土是由各种自然土壤经过人为水耕熟化、淹水种稻而形成的耕作土壤。因平原地区水利设施良好，因此，我国的水稻土主要集中分布在平原地区。但我国南方山地丘陵地区耕地资源紧缺，为了扩大粮食播种面积，人们通过垦造梯田方式逐渐扩大水稻种植面积，形成了特色的丘陵山地水田。这些土壤在长期种稻条件下，经人为的水耕熟化和自然成土因素的双重作用，通过长期的水耕熟化和交替的氧化还原作用逐渐产生了具有水耕表层和水耕氧化还原层的土壤剖面。由于水分条件在水稻生产中的重要性，因此，水分条件也在一定程度上影响了水稻土的形成和剖面发育。同时，正是由于水在水耕人为土形成中的重要性，一直以来水分或水分对土壤形成剖面的影响作为水耕人为土（水稻土）分类的主要依据。在我国的土壤分类中，曾有人建议采用土壤中水分运移的类型（爽水型、囊水型、滞水型、漏水型、侧渗型）、氧化还原过程（氧化型、氧化还原型和还原型等）、水分条件对土层发育的影响（淹育、渗育、潴育、潜育、脱潜、漂洗等）来划分土壤。在中国土壤系统分类中，根据潜育特征、铁渗层和铁聚层的出现与否，把水耕人为土亚纲划分为潜育水耕人为土、铁渗水耕人为土、铁聚水耕人为土和简育水耕人为土4个土类，这些诊断特征（潜育特征、铁渗层和铁聚层）的形成都与土壤水分状况存在联系。

我国南方地区的丘陵山地区虽然降水丰富，但由于地势较高，大部分降水通过地表径流方式迁移到低洼区域，因此，仅仅依靠自然降水常常难以保证这些区域水稻的正常生产，而地形条件和灌溉条件在一定程度上影响了丘陵山地梯田水分状况。位于岗背和高坡部位的梯田，由于地势较高，降水不易停留，同时人为灌溉设施较差，土壤缺水较为明显，因此，土壤剖面中水的垂直迁移数量相对较弱，这在一定程度上影响了黏粒、盐基等物质的淋溶，因此，这些剖面中黏粒的垂直分异相对较弱，同时，其下层土壤盐基获得较少，土壤盐基饱和度较低。同时，由于缺少水分，其受水饱和的时间较短，受水饱和的深度相对较浅，而通气性相对较高，影响了土壤中铁、锰氧化物的还原迁移，所以这些部位的土壤具氧化还原特征的土层较薄，氧化还原特征（形成铁、锰新生体）相对不明显，氧化铁发生垂直迁移的数量较少，土壤剖面中不易形成铁聚层。因此，形成的土壤主要为剖面分化相对较弱的简育水耕人为土。而在缓坡和坡麓地带，由于相对位置较低，降水时其获得的水分也较多，同时灌溉条件也相对较好，因此，在水稻生产过程中，其水分较为充足，其受水饱和的时间较长，受水饱和的深度相对较深，而通气性相对较差，容易发生氧化铁、锰的还原及向下迁移，所以黏粒、盐基、铁锰等还原性物质的垂直迁移较为明显，因此，它们受水耕熟化影响的深度和程度都较强，同时，这些部位地下水位较浅，季节性氧化还原交替明显，可形成明显的铁聚层，可形成剖面垂直分化明显的铁聚水耕人为土。另外，在杭州样区的H2剖面中，由于剖面深度43 cm上下土壤质地和容重发生了明显的变化，上部为坡积母质，较为疏松，下部为残积母质，较为坚实，土壤水分不易向下渗透，在43 cm上下形成了一个隔水层，由于地处缓坡，水分相对较为充足，遇隔水层的水分主要沿下坡侧向运动，长此以往，在下降水或侧渗水影响和强烈的还原离铁作用下形成了白色还原淋洗层，即铁渗层（氧化铁明显下降，见表3-7)，成为铁渗水耕人为土。

3.2.5 结论

通过对由第四纪红土和凝灰岩风化物发育的2个由岗背、高坡、缓坡和坡麓等部位构成的地形系列梯田水耕人为土的比较研究证实，地形部位对水耕人为土的发育和类型有较大的影响。由岗背经高坡、缓坡至坡麓，土壤受人为耕作影响的程度增强，其氧化还原层厚度和铁、锰新生体数量逐渐增加，剖面中氧化铁垂直分异逐渐明显，表土有机质、全氮、全磷、有效磷的积累也呈现增加趋势。坡麓地带的梯田有利于铁聚水耕人为土的形成；但岗背和高坡部分的梯田因水分下移较少，剖面发育相对较弱，主要形成简育水耕人为土；而缓坡地梯田中可发生铁的渗移，可发育为铁渗水耕人为土。

3.3 滨海水田土壤碳库随时间的演变

土壤是地球表层系统中最大且最活跃的碳库之一，其约为大气碳库的2倍，植被碳库的3倍，土壤碳库的增长或减少都可对大气中二氧化碳浓度产生很大的影响，因此，土壤碳库及其演变已日益受到广泛的关注。土壤中的碳库包括有机碳和无机碳两大类，二者都是陆地生态系统重要的碳库，对温室效应与全球气候变化同样有着重要的控制作用。土壤中的有机碳库是一个不均质的碳库，根据其稳定性可分为活性碳库、缓性碳库和惰性碳库，根据颗粒大小不同可分为颗粒态有机碳和非颗粒态有机碳。不同类型的碳库理化性质不同，它们随时间变化的尺度可能也有所差异。土壤碳库的大小与成土环境、土地利用方式、土壤耕作方式及土地管理方式等有关，可随时间发生变化。由于成土条件的差异，不同类型土壤碳库也可有很大的差异。有关人为活动对土壤碳库演变的影响、土壤碳库随时间的变化已有较多研究，但研究主要考虑的是有机碳库且研究的时间跨度相对较短，对成土母质中同时含有一定数量的有机碳和无机碳的全新世沉积物发育土壤在演化过程中不同类型有机碳和无机碳库的长期演变的研究很少。为此，本节选择了物质来源较为稳定的浙东滨海平原，研究了海涂围垦时间对土壤碳库及其组成的影响。

3.3.1 研究区概况

研究区位于浙东杭州湾南岸，介于北纬30° 02 '~ 30° 24 ' 和东经121° 02 '~121° 42 ' 。该海积平原系近1 000年以来新成陆土地，组成物质为亚黏土、亚沙土和粉砂。平原以北为凸入杭州湾的扇形三北浅滩，面积约为500 km^2。研究区沉积物主要来自长江入海的泥沙，由于沉积环境较为稳定，在小范围内不同区块的新老海积物及同一地点海积物剖面上下颗粒组成非常接近。海积母质与其他基岩风化的母质不同，它在土壤形成初期已同时包含一定数量的有机碳和无机碳，其中的有机碳来源于沉积物的母土，而无机碳主要与海积环境有关。

研究区地处北亚热带南缘，属季风型气候。四季分明，冬夏稍长，春秋略短。平均年日照时数2 038h，年日照百分率47%。年平均气温16.0℃，7月最高，平均28.2℃，1月最低，平均3.8℃。历史极端最高气温38.5℃，最低气温－9.3℃。雨量充足，年平均降水量1 272.8mm，降水高峰月为9月，平均占年降水量14%。冬季盛行西北至北风，夏季盛行东到东南风，全年以东风为主，年平均风速3m /s，年平均大风日数9.6d。夏、秋间多热带风暴。研究区外围海面居杭州湾主流隐蔽区，水层浅薄，海水咸度低于外海，海岸地貌形态变化和泥沙搬运的主动力为潮汐和潮流。潮汛属不规则半日潮，历年平均潮位2.1m，历史最高潮位5.33m，历史最低潮位－0.55m。

与其他地区不同，浙东地区海涂有悠久的围垦历史，围垦后，沉积物脱离海水的影响，土壤开始形成发育。由不同时期围垦的海涂构成了不同成土年龄的系列土壤，因此，区内不同区块土壤的形成年龄（土壤出露地表时间）可根据围垦时间或海塘修建时间推算，这为研究海涂围垦时间对土壤性质演变的影响提供了可能。围垦地越靠近海边，围垦时间越短。利用方式为水田，采用水旱轮作。

3.3.2　采样与分析方法

3.3.2.1　样品的采集

研究同时采集了表层土样和剖面分层土样2类土壤样品。样品按由海岸至内陆沿成土时间梯度设置。1980年前围垦区的土壤围垦时间按采样区外侧海塘时间确定，1980年以后围垦区的土壤围垦时间根据田间访问当地居民确定。研究共采集了42个表层土样和7个土壤剖面，表层土壤采样深度为0~20cm，为多点混合样，由采样地附近10个采样点混合而成，围垦时间在0~970年。选择的7个土壤剖面采自相应围垦时间的代表性地段，围垦时间分别为0、17、45、86、310、560和970年，通过挖掘标准剖面按10cm间隔采集分层土样，剖面样采集深度至100cm。在采集分析土样的同时，用环刀法测定分层土样的容重。

3.3.2.2　土样分析方法

土样经室温风干后，过2mm土筛，部分土样进一步研磨，过0.125mm土筛。土壤颗粒组成用比重计法测定；土壤pH用电位计测定，土水比为1∶2.5；土壤中碳酸钙用气量法测定；水溶性盐用去离子水提取，烘干重量法测定；土壤有机碳用重铬酸钾外加热法测定；颗粒态有机碳指粒径大于53μm的土壤有机碳，主要由部分分解的植物残体组成，其周转时间短，代表着易变土壤有机碳的组分。颗粒态有机碳用5 g/L焦磷酸钠溶液振荡分散土样过53 μm土筛分离获得（Zhang和He，2004），其数量用重铬酸钾外加热法测定。碳黑指土壤用0.1 mol/L重铬酸钾+2 mol/L H_2SO_4在55 ℃下氧化60 h后残余的碳，用总碳与以上可氧化的碳量差值计算。测定方法简述如下：称2份各约0.5 g过0.15 mm筛土样分别置于硬质试管中，加入0.1 mol/L重铬酸钾+2 mol/L H_2SO_4混合液25 mL，在55 ℃水浴中加热60 h，用标准硫酸亚铁滴定法测定残余的重铬酸量，计算被氧化的有机碳量；有机碳总量与以上被0.1 mol/L重铬酸钾+2 mol/L H_2SO_4氧化碳的差值即为碳黑含量。水溶性碳用去离子水提取（土水比2∶1，25 ℃下提取30 min），提取液经离心后用0.45 μm滤膜抽滤，用TOC分析仪测定水溶性有机碳。微生物生物量碳采用氯仿熏蒸－K_2SO_4提取法提取，TOC测定有机碳。土壤各类碳的贮量根据各土层各类碳的含量和容重计算。

3.3.3 结果分析

3.3.3.1 土壤类型的变化

研究区成土母质均为海积物，自海边向内依次有盐土、潮土和水稻土土类。其中，未围垦区（堤坝外）属滨海盐土土类，潮滩盐土亚类；围垦时间在50年以内主要分布潮土，灰潮土亚类；围垦时间在50年以上主要分布水稻土土类。研究区土壤颗粒匀细，质地均一，粉砂含量高，黏粒、粉砂和砂粒含量分别在23%～26%、40%～45%和29%～34%，平均分别为24.8%、43.3%和31.9%。

3.3.3.2 表土碳库的变化

由图3－1可知，随着围垦时间的增加，表层土壤（0～20 cm）中有机碳、无机碳、颗粒态有机碳、黑碳和总碳均发生了较大的变化。在围垦初期，土壤有机碳和颗粒态有机碳随时间迅速增加，至约100年后，土壤有机碳和颗粒态有机碳虽有波动，但基本趋向稳定，其中土壤有机碳保持在23 g/kg上下，而颗粒态有机碳保持在6 g/kg上下。表土无机碳也以围垦前期变化较快，在成土时间为100年前，无机碳的下降速率较快；至100年后，无机碳的下降速率逐渐减小，但仍保持持续下降的趋势。黑碳是化石燃料或生物有机体不完全燃烧形成的一种含有芳香环的高聚物，因颜色呈黑色，故称之。由于黑碳的高度芳香化结构，其具有较高的生物和化学稳定性。由图3－1可知，随着围垦时间的增加，土壤中黑碳含量也明显增加，在围垦时间前100年，增加速率较快，之后增加速率有所减弱。土壤中黑碳的积累可能与大气沉降和有机肥的施用等有关。表层土壤总碳在成土初期（100年内）与有机碳相似，呈迅速增加，但至100年左右时，达到了较高的水平（约26 g/kg）。之后，随无机碳的淋失，总碳呈现下降的趋势。

3.3.3.3 土壤剖面pH与可溶性盐的变化

在围垦初期，剖面各土层土壤pH在8.5左右，处于8.3～8.7（图3－2），剖面上下

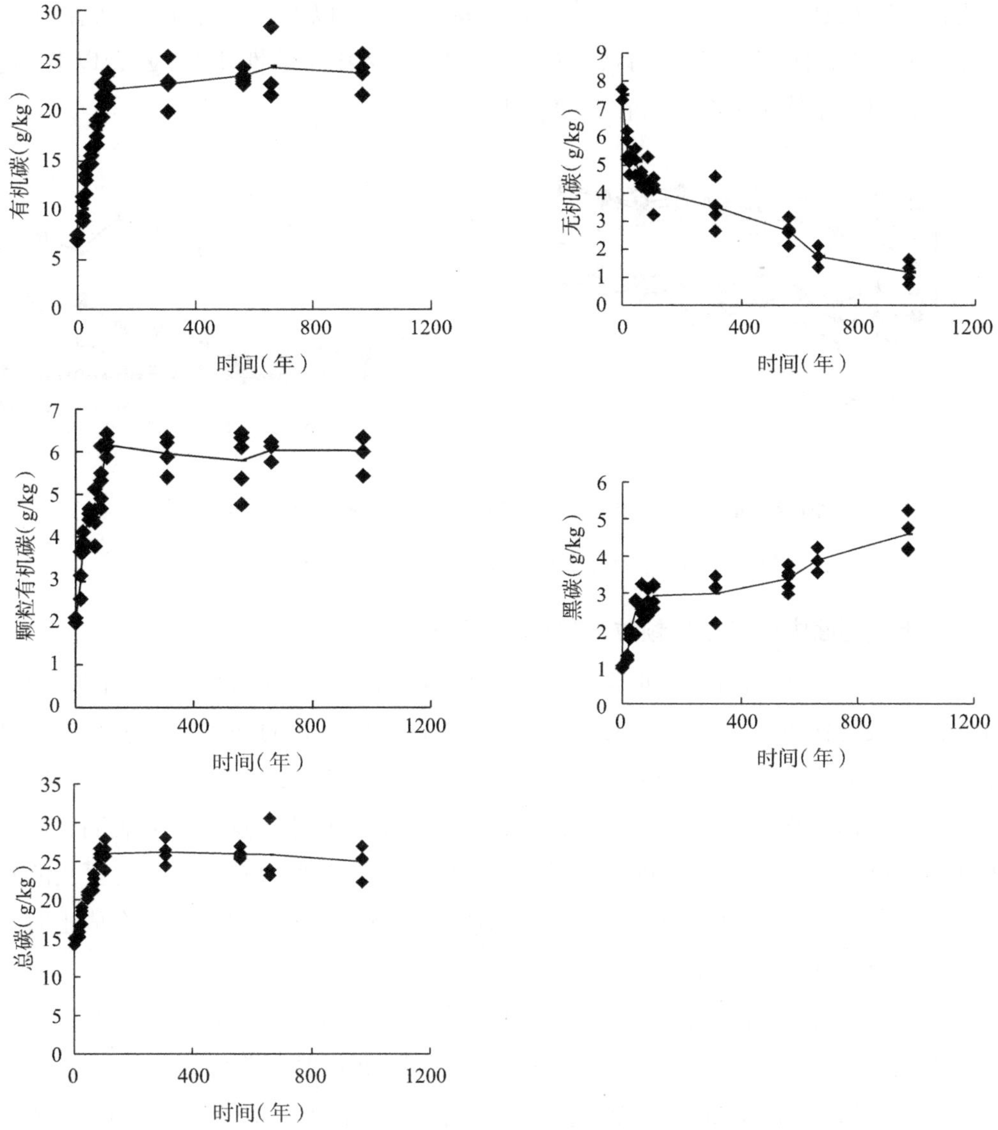

图3-1　表层土壤（0~20cm）中有机碳、无机碳、颗粒态有机碳、黑碳和总碳随围垦时间的变化

差异较小。随着围垦时间的增加，土壤pH值自上而下逐渐下降，至45年时，表层土壤pH值已表现出显著的下降。约560年后，表土pH值已下降至7.0以下，剖面下部的pH值也降至7.0左右。

由于研究区地处亚热带，降水丰富，土壤剖面中的可溶性盐分的淋失较为迅速（图3-2）。围垦初期，表土可溶性盐分高达23.6g/kg，剖面下部土壤可溶性盐分也高达20g/kg左右。当围垦时间为约17年时，表土可溶性盐分已下降至5g/kg左右，但此时土壤剖面下部可溶性盐分仍可保持在较高水平。当围垦时间为约86年后，全剖面可溶性盐均在1.5g/kg以下，剖面平均可溶性盐含量在1g/kg以下，脱盐基本完成，土壤也由潮滩盐土（围垦前）转变为滨海盐土（围垦后1m土体中可溶性盐在1g/kg以上）进而转变为潮土（1m土体中可溶性盐在1g/kg以下）。

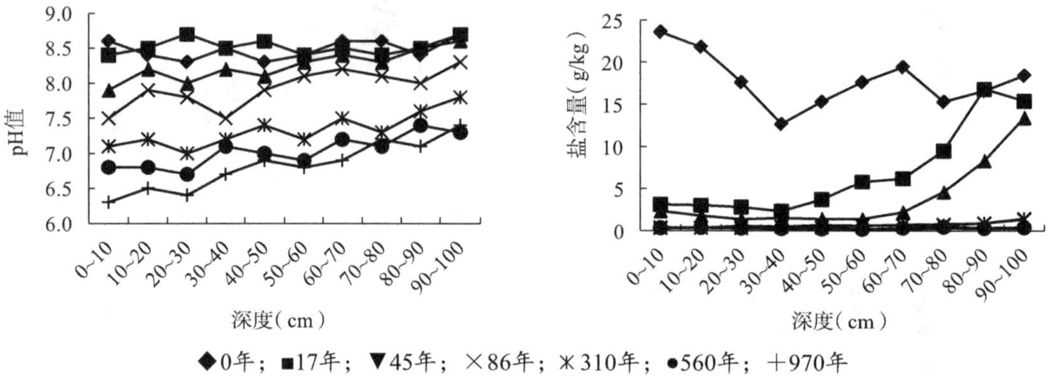

图3-2　围垦后土壤剖面中pH值和可溶性盐含量的变化

3.3.3.4　土壤剖面中有机碳和颗粒态有机质的变化

由图3-3所示可知，围垦初期，整个土壤剖面的有机碳含量均较低，剖面上下的有机碳含量较为接近，在4.3~7.9g/kg波动。随着围垦时间的增加，表土有机碳迅速增加，至86年时表土有机碳的变化已基本趋向平稳，保持在20~28g/kg。但从86~970年，表层以下10~60cm土层的有机碳还保持持续增加的趋势。这一结果表明，虽然表层土壤的有机碳可在较短的时间内达到平衡，但表层以下土壤有机碳需要更长的时间才能达到平衡，达到平衡时间随土层深度的增加而增加。30cm以下土层在成土时间为560年时还没有达到动力学平衡。

随着土壤有机质的积累，土壤颗粒态有机质（POM）也呈增加的趋势，至围垦时间为86~310年时，30cm土壤的POM数量已基本达到动力学平衡（图3-3）。与有机质不同的是，POM随围垦时间的增加主要出现在表土，而40cm以下土层的POM随时间趋向下降。围垦初期，研究土壤中的POM在整个剖面相似，其来源于母质（浅海沉积物）；而随着围垦时间的增加，表层土壤POM逐渐积累，至86~310年时基本接近动力学平衡；而剖面下部来源于母质中的POM随时间逐渐降解而下降，这表明研究土壤中由表土向下迁移的POM较少或向下迁移的POM速率低于POM的降解损失速率。

3.3.3.5　土壤剖面中无机碳的变化

土壤剖面中无机碳随围垦时间的变化较慢（图3-3）。在围垦初期，土壤剖面上下无机碳差异不大，在6.17~8.83g/kg波动。之后，表层土壤无机碳逐渐下降，并呈现向下迁移；至86~310年时，表层土壤无机碳已有明显的下降，但60cm以下土壤的无机碳仍保持较高的水平。至560年后，整个土壤剖面无机碳呈显著的下降。在各土壤发育

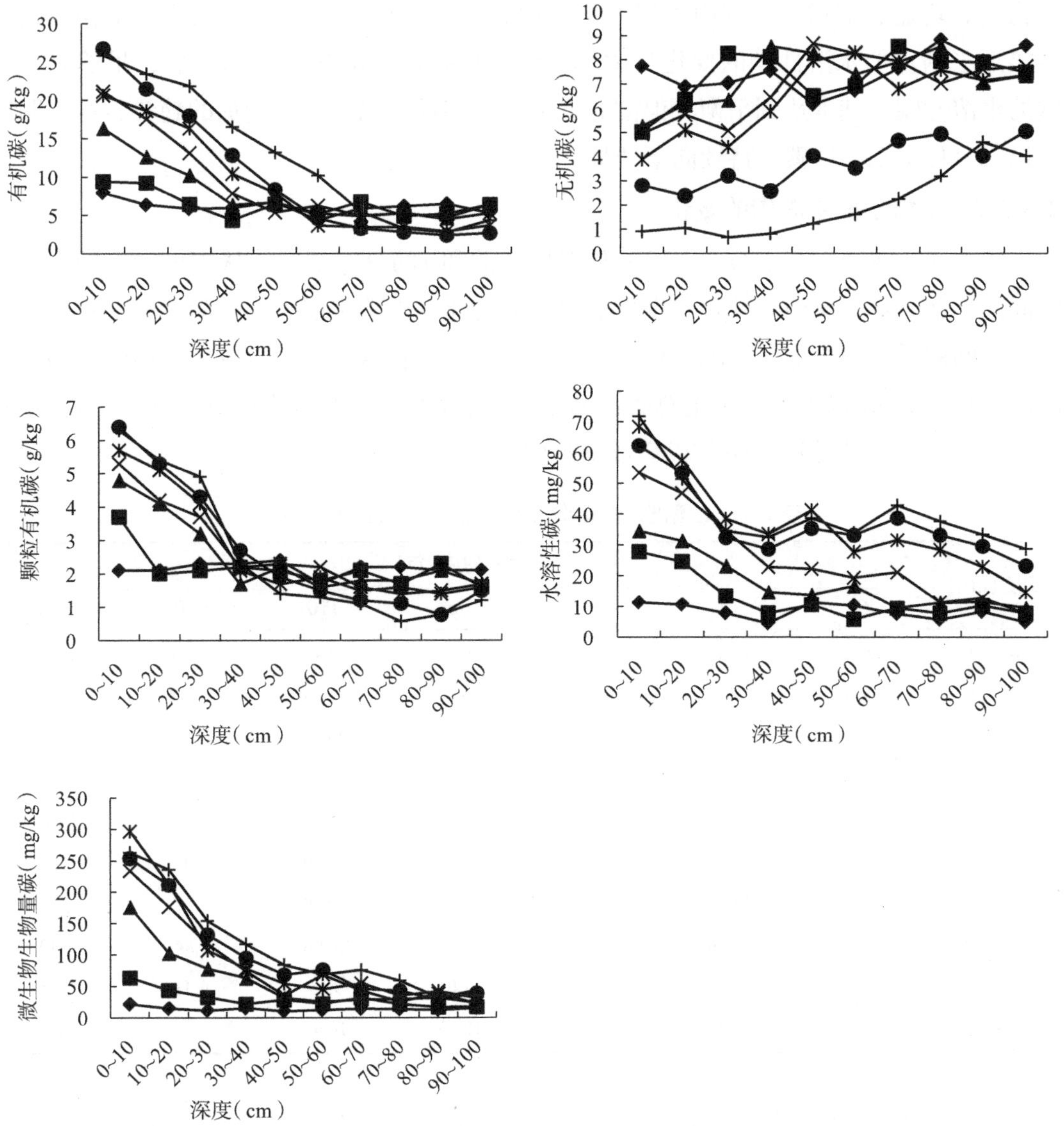

◆0年；■17年；▼45 年；×86年；⋇310年；●560年；＋970年

图3–3　围垦后土壤剖面中各类碳的变化

时段，土壤剖面中无机碳含量始终呈上低下高的特征。

3.3.3.6　土壤剖面中活性有机碳的变化

土壤中活性有机碳是土壤中移动快、稳定性差的有机碳，虽然它占土壤碳的比例较小，但它对土壤碳库平衡和土壤化学、土壤肥力保持有重要意义。水溶性碳和微生物生物量碳是土壤中重要的活性碳。研究结果表明(图3-3)，在围垦初期，整个剖面活性碳水平很低，剖面上层略高于下层，随着围垦时间的增加，表层土壤水溶性碳和微生物生物量碳均显著的增加，剖面下层增加幅度较小。至86年后，表层土壤微生物生物量碳接近平衡。但水溶性碳的变化与微生物生物量碳略有不同，至86年后，虽然表层土壤的水溶性碳已基本达到平衡，但剖面下部的水溶性碳仍有继续增加的趋势，这表明土壤形成过程中水溶性碳可持续向下迁移。

3.3.3.7 土壤剖面中总碳的变化

表3-8为各土层中总碳（无机碳和有机碳的和）的分布情况。从中可知，随着围垦时间的增加，各土层中总碳含量发生了很大的变化，上下土层土壤之间总碳含量的差异也随时间的增加而增加。在围垦初期，剖面各土层的总碳含量差异较小，但随着围垦时间的增加，40 cm以上土层土壤总碳逐渐增加，而60 cm以下总碳却趋向减少。0~20 cm土壤的总碳在围垦时间为86年以后逐渐趋向平稳。

表3-8 土壤剖面总碳分布随围垦时间的变化（g/kg）

深度（cm）	围垦时间（年）						
	0	17	45	86	310	560	970
0~10	15.62	14.43	21.56	26.04	24.49	29.51	26.71
10~20	13.18	15.56	18.74	23.24	23.69	23.78	24.45
20~30	12.83	14.67	16.54	18.18	20.70	21.10	22.46
30~40	13.44	12.41	14.84	14.24	16.27	15.37	17.31
40~50	12.87	12.92	14.87	13.99	15.87	12.33	14.44
50~60	11.04	12.04	12.60	14.47	11.90	8.04	11.81
60~70	13.44	15.27	12.70	12.86	10.20	7.87	7.64
70~80	14.93	12.76	13.74	12.23	10.98	7.64	6.40
80~90	14.34	13.00	11.67	12.01	9.95	6.33	7.31
90~100	13.79	13.79	13.66	12.93	10.96	7.66	8.34

图3-4为1 m土体中各类碳总量随时间的变化，从中可知，在围垦初期（0~86年），1 m土体颗粒态碳（POM-C）随围垦时间的增加有明显的增加，从31 t/hm^{2}增加到37 t/hm^2，86年后1 m土体中POM-C基本稳定在38 t/hm^{2}左右。1 m土体中有机碳随时间持续增加，其中，在前86年有机碳增加非常迅速；86年后，1 m土体中有机碳的增加速率逐渐减弱。表土层（0~20 cm）的有机碳基本趋向稳定，这表明围垦时间达到86年后，1 m土体中有机碳的增加主要发生在土壤较深的土层。1 m土体中无机碳随时间下降，在前310年，无机碳下降幅度较小，但310年后，下降幅度明显增加，这可能由于前310年无机碳的迁移主要由表层逐渐向下迁移，但大部分迁移的无机碳仍保留在1 m土体中，310年后，下迁的无机碳逐渐迁出1 m土体，因此总量明显降低。总碳的变化较为特别，在围垦初期，总碳呈现增加的趋势，这在前86年最为显著，但至310年后，总碳

却呈现下降的趋势。这显然与围垦前期，有机碳的积累速率高于无机碳的淋失速率，而后期土壤有机物质的矿化和腐殖化速率基本相等，有机碳积累量明显减少，而无机碳的淋失还在进行，促使总碳呈下降的趋势。

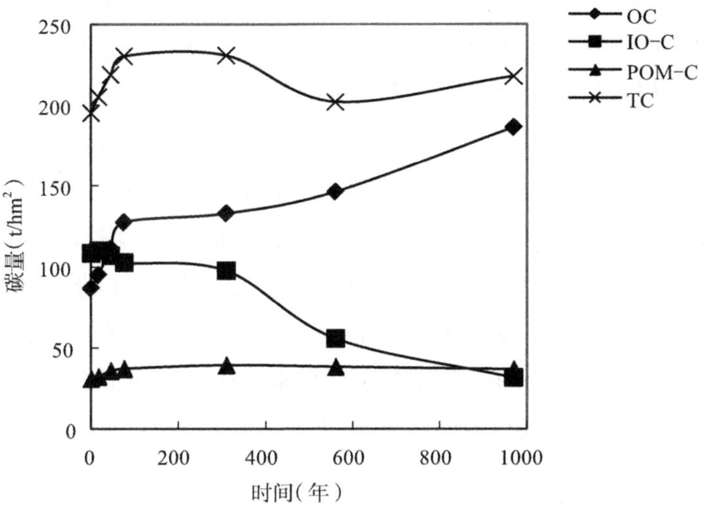

OC：有机碳；IO-C：无机碳；POM-C：颗粒态有机碳；TC：总碳

图3-4　围垦后1m土体内各类碳库的变化

表3-9为根据7个剖面70个分层土样统计的各碳库之间的相关性。从中可知，POM-C、DO及MBC的变化基本与土壤总碳，特别是有机碳的积累一致，且各类有机碳库之间也存在显著的相关。而无机碳的变化与有机碳库和总碳却相反，呈反方向变化。

表3-9　各碳库之间的相关系数（n =70）

	OC	IOC	POM-C	DOC	MBC
TC	0.936 3**	−0.316 0*	0.942 4**	0.557 8**	0.831 2**
OC		−0.628 9**	0.923 2**	0.728 3**	0.917 4**
IOC			−0.408 0**	−0.733 0**	−0.638 6**
POM-C				0.627 7**	0.875 8**
DOC					0.877 7**

注：（1）TC：总碳；OC：有机碳；IO-C：无机碳；POM-C：颗粒态有机碳；DOC：水溶性有机碳；MBC：微生物生物量碳。（2）* 和 ** 分别代表 $P<0.05$ 和 $P<0.01$ 统计显著水平。

3.3.4　讨论

3.3.4.1　无机碳的淋失

土壤形成过程中土壤总碳量的变化实际上是有机碳的积累和无机碳的淋失共同作用的结果。在湿润亚热带环境下，地表土壤或母质中的游离碳酸钙是不稳定的，它们在一定条件下可发生迁移。但由于海积平原分布于特殊的地理位置，在未经围垦筑塘以前，这一地区的土壤因受到海水浸渍的反复影响，脱钙作用不能得以持续发展。在低潮时，土壤露出地表，此时可发生轻微的脱钙作用；但在高潮位时，土壤又被海水淹没，海水中的碳酸钙等物质将侵入土壤，致使土壤发生复钙作用，脱钙和复钙的交替进行使土壤难以进行明显的脱钙，因此，其中的无机碳也不会发生显著的淋失。围垦后，由于脱离了海水浸没的影响和水利设施的完善，土壤排水条件逐渐得以改善。在自然降雨、人工灌溉和开沟排水等综合作用下，土壤中的碳酸钙逐渐从土壤上部向下发生迁移，使表层土壤中的碳酸钙逐渐下降。由于碳酸钙的溶解度较低（$<0.1\,g/L$），在土壤剖面中碳酸钙并没有直接发生迁移。因此，碳酸钙的淋溶主要是通过与土壤溶液中的碳酸作用，形成溶解度较高的重碳酸钙，从而发生淋迁。一般是CO_2的浓度越高，碳酸钙溶解度愈大。海涂围垦后，植物的生长和植物残体的分解，提高了土壤空气中CO_2的浓度和分压，大大促进土壤上部碳酸钙的溶解并在垂直水流的作用下向下迁移。由于海积平原地下水位较高，且地下水的pH也较高（一般在7以上），地下水中具有较高浓度的碳酸根离子，这些碳酸根离子较易与从土壤剖面下移的钙离子发生作用，在一定条件下可重新形成碳酸钙，积累在深层的土壤中。由此可知，海积平原土体内碳酸钙淋失过程中无机碳并不是直接进入大气，主要是发生了下移。因此，土壤中无机碳的淋失是一个缓慢的过程，由上至下逐渐减少。

3.3.4.2 有机碳的积累

围垦后，由于滨海平原出露地表，土壤开始形成。在降雨和灌溉水的双重作用下，土壤盐分逐渐淋失，植物生长条件得到了很大的改善、生物量逐渐增加，土壤有机质逐渐积累，而土壤有机质的积累在一定程度上促进了陆地系统对大气中CO_2的吸收固定。当土壤脱盐至一定程度后，土壤将被开垦为农业用地，肥料的施用（特别是有机肥料的施用）更大程度地提高了该区土壤上生长植物的生物量，进而大大促进了土壤有机质的积累。从以上结果可知，随着围垦时间的增加，无论是剖面上部还是下部，土壤中有机碳总量、水溶性有机碳均呈增加的趋势，而颗粒态有机碳的增加主要出现在表土层（0~40cm），这一结果表明，海积平原土壤形成过程中，还可发生有机碳的垂直迁移，而发生迁移的有机碳主要为水溶性碳，颗粒态碳的迁移不明显。有机碳的发生迁移可能与这一地区土壤pH较高有关，因为在较高的土壤pH值条件下，土壤中有机物质的溶解度较高，容易发生迁移。

3.3.5 结论

（1）随着围垦时间的增加，有机碳库从围垦初期的剖面波状分布演变为上高下低；无机碳库由波状分布转变为上低下高进而逐渐消失；而土壤剖面中颗粒态有机碳趋向上高下低的特征，同时，土壤活性有机碳（水溶性碳和微生物生物量碳）也逐渐积累最后趋向平衡。黑碳随围垦时间的增加呈持续增加。

（2）在土壤演变过程中，土壤活性有机碳可发生垂直下迁。

（3）由于有机碳和无机碳以不同方式消长，在海涂围垦后前86年，1 m土体中总碳呈现增加；至310年后，1 m土体中总碳呈现逐渐下降的趋势。

第4章

水田长期改种蔬菜后土壤的演变

由于城市的发展，我国原有的城郊蔬菜地转变为建设用地，相应的原有远郊水田逐渐演变为蔬菜基地，蔬菜种植面积逐年扩大，有些县市的种植面积已超过了粮食作物。蔬菜生产因复种指数高，肥料投入量大，对土壤性质可产生较大的影响。长期种植蔬菜可引起土壤养分的积累，引发土壤性质恶化，并可对农田周围水体质量产生影响。为了解水田长期种植蔬菜后土壤的演变，以浙江省为例，分析了水稻土长期种植蔬菜对土壤肥力、结构、连作障碍等的影响。

4.1 土壤肥力变化

4.1.1 土壤样品采集与研究方法

4.1.1.1 土壤样品的采集和预处理

本研究共从浙江省10个地市（除舟山市外）选择了蔬菜种植年限在5年以上的代表性农田353块，分别采集耕层土壤样品。采样深度为0~15 cm。采集的土壤样品为同一采样田块的多点混合采样，每个样品由8~10个分样点混合而成。样品基本覆盖了全省各地的主要蔬菜地。其中，露天蔬菜地样308个，大棚蔬菜地样45个。采样同时调查蔬菜种植年限。另在蔬菜地附近随机选择了25块水田进行采样用于比较，采样与分析方法同蔬菜地。

土壤样品经室内风干后，用木棍碾压，过2 mm孔径土筛，用于 pH 及有效养分等项目的测定。将通过2 mm孔径筛的土样用四分法取出一部分继续碾磨，使之全部通过

0.25mm孔径土筛，供有机质等项目的测定。

4.1.1.2 分析方法

pH用土液比1∶2.5浸提液，电位法测定；有机质采用油浴加热-重铬酸钾容量法测定；全氮用重铬酸钾-硫酸消化、扩散法测定；有效磷采用碳酸氢钠法提取比色法测定；速效钾采用乙酸铵提取，火焰光度计法测定。用SPSS（V18.0）软件对所测数据进行统计与分析。

4.1.2 结果与分析

4.1.2.1 土壤酸碱度

据353个样品统计，全省蔬菜地土壤酸碱度有很大的变化，土壤pH值最低为3.80，最高为8.10，相差达4.30个pH单位，中值为6.83。土壤pH值主要分布在4.5~7.5，其中，中性（6.5~7.5）和酸性（4.5~5.5）的蔬菜地土壤分别占30.9%和23.5%，二者共占54.4%。pH值为微酸性（5.5~6.5）和碱性（＞7.5）的蔬菜地土壤样品比例分别占19.0%和19.3%。另有7.4%的土壤pH值呈强酸性（4.5以下）。总体上，浙江省蔬菜地土壤酸碱度差异很大，酸性（pH＜5.5）土壤比例达30.9%。

4.1.2.2 土壤有机质

全省蔬菜地土壤有机质含量在5.84~61.20g/kg，平均为25.94g/kg，变异系数为42.02%。土壤有机质含量主要处于10~30g/kg；有机质含量在10~20g/kg的样品比例最高，占33.7%；其次是20~30g/kg的占27.5%；有机质含量在30~40g/kg的样品比例也较高，占24.1%；而有机质含量在＜10g/kg和＞40g/kg的样品比例较低，分别占3.1%和11.6%。总体上，浙江省蔬菜地土壤有机质以中量以下为主，有机质含量低于30g/kg的蔬菜地土壤样品占总样品的64.3%。

4.1.2.3 土壤全氮

全省蔬菜地土壤全氮含量在0.10~4.15g/kg，平均为1.47g/kg，变异系数为57.8%。全氮处于中等（1~2 g/kg）的样本比例最高，达44.8%；其次为低于1g/kg和大于2.5g/kg，分别占28.6%和26.6%。总体上，浙江省蔬菜地土壤全氮含量基本处于中下水平。

4.1.2.4 土壤有效磷

全省蔬菜地土壤有效磷较高，土壤Olsen P含量在5.7~716.6mg/kg，平均达66.9mg/kg，变异系数达134.1%。Olsen P含量主要在20mg/kg以上，其中，Olsen P很高（＞40mg/kg）的样品占42.8%，处于高（20~40mg/kg）的样品占28.0%；处于中等（10~20mg/kg）的样品占24.9%；而处于低（5~10mg/kg）的样品只占4.2%。可见，浙江省蔬菜地土壤有效磷已达到了很高的水平。

4.1.2.5 土壤有效钾

全省蔬菜地土壤有效钾含量在18~601mg/kg，平均为152.3mg/kg，变异系数为62.8%。总体上，全省蔬菜地土壤有效钾以中、上水平为主。低级别（<80mg/kg）的约占26.0%，其中低于50mg/kg的比例为4.8%；处于中等（80~150mg/kg）的占33.9%；处于高级别（>150mg/kg）的达39.3%。

4.1.2.6 土壤可溶性盐

全省蔬菜地土壤可溶性盐含量在0~4.6g/kg，平均为0.88g/kg，变异系数为84.1%。可溶性盐低于1g/kg的占69.4%，处于中等（1~2g/kg）的占24.1%；处于高（>2g/kg）的也有6.5%。

4.1.2.7 不同类型蔬菜地的土壤比较

表4-1为大棚与露天2类蔬菜地土壤养分的分类统计结果。由于不同采样点蔬菜种植年限及土壤性质的差异，2类蔬菜土壤养分状况有较多的重叠。但从平均值来看，大棚蔬菜土壤的有机质、全氮、有效磷、速效钾和可溶性盐高于露天蔬菜地，而pH则是露天的高于大棚的，这可能与大棚蔬菜地受雨水淋溶作用较弱有关。

表4-1 大棚与露天蔬菜地土壤养分的比较

类型	统计值	pH	有机质(g/kg)	全氮(g/kg)	Olsen-P(mg/kg)	速效钾(mg/kg)	可溶性盐(g/kg)
大棚	范围	3.8~8.0	7.52~47.4	0.18~3.69	11.9~716.6	39.0~386.0	0~1.33
（n=45）	平均 ± 标准差	6.08±1.11	27.47±10.31	1.72±0.72	195.6±153.6	181.4±89.3	0.50±0.39
露天	范围	4.1~8.5	5.84~61.2	0.10~4.15	5.7~412.2	18~601	0~4.6
（n=308）	平均 ± 标准差	6.42±1.21	25.71±10.99	1.44±0.85	48.13±55.44	148.1±95.93	0.90±0.77

相关分析表明（表4-2），除土壤有机质和全氮外，无论是大棚还是露天蔬菜地，土壤养分状况与蔬菜种植年限均存在一定的相关性，随蔬菜种植年限的增加，土壤pH趋向下降，而土壤有效磷、速效钾和盐分的积累趋向增加。

表4-2 蔬菜种植年限与土壤性质之间的关系

	pH	有机质	全氮	Olsen-P	速效钾	可溶性盐
大棚（n=45）	-0.452 3*	0.001 8	0.221 3	0.523 1*	0.375 8*	0.318 7*
露天（n=308）	-0.256 8*	-0.032 0	0.280 3*	0.392 7*	0.293 9*	0.214 5*

4.1.2.8 蔬菜地与水田土壤肥力的比较

与水田土壤比较（表4-3），蔬菜地土壤有效磷积累明显，可溶性盐和速效钾也较高；但蔬菜地的有机质和全氮略低于水田土壤，土壤酸化程度也比水田土壤明显。

表4-3　蔬菜地与水田土壤肥力的比较

土壤类别	pH 值	有机质（g/kg）	全氮（g/kg）	Olsen-P（mg/kg）	速效钾（mg/kg）	可溶性盐（g/kg）
水田（n=25）	7.24±0.87	27.14±6.90	1.59±0.62	20.30±8.82	107.68±35.52	0.49±0.42
蔬菜地（n=353）	6.69±1.21	25.94±10.90	1.48±0.85	66.92±89.76	152.34±95.64	0.85±0.75

4.1.3　结论

对浙江省10个地市（除舟山市外）的代表性蔬菜地耕层土壤有机质、pH值、全氮、有效磷和有效钾的状况调查表明，全省蔬菜地土壤pH值在3.80~8.10，土壤中性（6.5~7.5）和酸性（4.5~5.5）的分别占30.9%和23.5%，二者共占54.4%；土壤pH值为微酸性（5.5~6.5）和碱性（＞7.5）的比例分别占19.0%和19.3%；另有7.4%的土壤pH值呈强酸性（4.5以下）。土壤有机质含量在5.84~61.20g/kg，平均为25.94g/kg。土壤全氮含量在0.10~4.15g/kg，平均为1.47g/kg。土壤Olsen-P较高，在5.7~716.6mg/kg，平均达66.9mg/kg。土壤有效钾含量在18~601mg/kg，平均为152.3mg/kg。可溶性盐含量在0~4.6g/kg，平均为0.88g/kg。大棚蔬菜土壤的有机质、全氮、有效磷、有效钾和可溶性盐高于露天蔬菜地，而pH则是露天的高于大棚的。随蔬菜种植年限的增加，土壤pH趋向下降，而土壤有效磷、速效钾和盐分的积累趋向增加。与水田比较，蔬菜地土壤有效磷积累明显，可溶性盐和速效钾也较高，其有机质和全氮略低于水田，酸化程度也高于水田土壤。

4.2　蔬菜不同种植模式水稻土性状及连作障碍演变

研究表明，蔬菜连作条件下，根系分泌物的有毒物质可积累于土壤中，同时，蔬菜地过量施肥可导致土壤性状变差，逐渐产生蔬菜生长不良、僵苗、叶片枯焦、茎叶果畸形，甚至死苗等现象，引起蔬菜整体长势变弱，品质和产量下滑。连作障碍已成为制约蔬菜产业可持续发展的瓶颈。滨海涂地蔬菜种植模式多样，主要有设施栽培、露天栽培，也有与水稻连作或轮作。为了解不同种植模式下蔬菜地土壤质量演变规律及其对蔬菜生长障碍的影响，以浙东滨海涂地为例，探讨了蔬菜种植模式和种植年限对土壤性状及蔬菜生长障碍发生的影响。

4.2.1　材料与方法

4.2.1.1　研究地概况和蔬菜种植模式

研究地位于浙江省东部滨海平原区，涉及绍兴市越城区、柯桥区和上虞区。区内年均气温16.0~16.5℃，降水量1 300~1 400 mm，土壤类型均一，主要为淡涂泥田（属水稻土）。在广泛调查的基础上，按蔬菜种植年限（5~10年和10~20年）和5种蔬菜种植模式分组进行调查与采样。5种种植模式：一是水稻+蔬菜年内连作，即春、夏季种植水稻，秋、冬季种植蔬菜；二是露天蔬菜-水稻轮作，以种植蔬菜为主，每2~3年轮种水稻1次；三是露天蔬菜，长期露天种植蔬菜；四是冬季大棚蔬菜+夏季露天蔬菜，秋、冬季节用大棚种植蔬菜，春、夏季节揭膜露天种植蔬菜；五是常年大棚蔬菜，长期（一年四季）大棚种植蔬菜。以长期种植水稻等粮食作物（水稻+油菜或小麦）的农田作为对照。

4.2.1.2 蔬菜障碍因素调查

文中所指的蔬菜生长障碍是指在同一块地多年栽培蔬菜后蔬菜作物出现长势变弱、产量下滑和品质下降的现象。据调查，研究区内蔬菜地的生长障碍原因主要有土壤中病原累积性病害（病害）、生理性病害（缺素）、地下害虫和土壤理化性质恶化等方面。根据以上划分的蔬菜种植年限（5~10年和10~20年）和种植模式分组进行调查，分别调查观察蔬菜地产量变化情况及病害、地下害虫、生理性病害（缺素）、土壤理化性质恶化发生情况。调查方式包括田间实地观察与走访农户相结合，调查鉴别蔬菜地所属连作障碍类型，用目测法评估土壤理化性质的恶化，最后计算连作障碍发生的比例。

4.2.1.3 土样采集

在以上调查的基础上，分别选择以上每一组蔬菜地各5个代表性田块，采集耕层（0~15 cm）和（15~30 cm）土壤样品各5个，每一个土样由同一农田内相同采样深度的7个分样充分混合而成（采样方法为S形布点法）。容重采用原状土测定，重复5次。

4.2.1.4 分析方法

采集土壤样品的分析内容包括pH、有机质、全氮、碱解氮、全磷、有效磷、全钾、速效钾、交换性酸、盐基饱和度、盐分和水稳定性团聚体，采用常规法测定；土壤磷饱度可反映土壤中有效磷的积累状况，测定见章明奎等（2006）；土壤酶活性测定方法见周礼恺等（1980）。所有数据采用Microsoft Excel 2003处理，统计分析采用软件SPSS 12.0完成。

4.2.2 结果与分析

4.2.2.1 土壤物理性质变化

种植蔬菜后，土壤容重有增加的趋势（表4-4）。无论是0~15 cm还是15~30 cm土层，土壤容重一般是：常年大棚蔬菜地、冬季大棚蔬菜+夏季露天蔬菜地、露天蔬菜地＞露天蔬菜-水稻轮作地＞水稻+蔬菜年内连作地＞长期水稻，并随着蔬菜种植年限的增加略有增加的趋势。种植蔬菜后，土壤中＞5 mm和2~5 mm水稳定性结构体增加，而0.25~0.5mm的水稳定性结构体则有下降的趋势。田间观察表明，蔬菜地土壤中＞5mm的结构体多呈块状结构。＜0.25mm的水稳定性结构体数量的变化较为复杂，露天蔬菜地、露天蔬菜－水稻轮作地和水稻＋蔬菜年内连作地的＜0.25mm的水稳定性结构体低于长期种植水稻的用地，而冬季大棚蔬菜＋夏季露天蔬菜地和大棚蔬菜地的＜0.25mm的水稳定性结构体则高于或接近于长期种植水稻的用地。一般来说，旱地土壤中0.25~2mm级的水稳定性结构体可反映其通透性。因此，与长期种植水稻的用地相比，露天蔬菜地、露天蔬菜－水稻轮作地和水稻＋蔬菜年内连作地有利于土壤结构的改善，但长期大棚蔬菜地则可能导致土壤结构的恶化，2~0.25mm级的水稳定性结构体的减少。

表4-4 种植模式与年限对蔬菜地土壤物理性质的影响（n=5）

利用年限	种植模式	容重（g/cm³）		0~15cm 土层水稳定性团聚体组成（%）					
		0~15cm	15~30cm	>5mm	2~5mm	1~2mm	0.5~1mm	0.25~0.5mm	<0.25mm
对照	长期水稻	0.83c	1.06c	0d	4.14b	7.76c	21.32a	32.14a	38.78b
5~10年	水稻＋蔬菜年内连作	0.87c	1.03c	2.12cd	6.54b	11.32b	20.13a	30.76ab	35.67bc
	露天蔬菜－水稻轮作	0.99b	1.19ab	4.65c	8.76ab	12.43ab	23.44a	27.65b	31.83c
	露天蔬菜	1.16a	1.21ab	9.45b	10.21a	11.63b	20.43a	26.38b	32.11c
	冬季大棚蔬菜＋夏季露天蔬菜	1.12a	1.22ab	13.43ab	11.32a	8.76bc	15.43b	23.65bc	38.73b
	常年大棚蔬菜	1.11ab	1.19ab	16.76a	12.43a	7.69c	14.76b	18.54c	42.25ab
10~20年	水稻＋蔬菜年内连作	0.91bc	1.02c	6.35c	7.86ab	13.43ab	19.76a	27.65b	32.81c
	露天蔬菜－水稻轮作	1.11ab	1.16b	7.87bc	9.56ab	14.65a	18.45ab	26.75b	32.28c
	露天蔬菜	1.14a	1.31a	10.43b	10.54a	15.76a	21.44a	25.45b	26.92d
	冬季大棚蔬菜＋夏季露天蔬菜	1.14a	1.30a	9.45b	12.43a	12.45ab	15.56b	20.65bc	41.89ab
	常年大棚蔬菜	1.16a	1.23ab	12.32ab	11.65a	11.28b	13.46b	17.68c	45.26a

注：表中同一列统计平均值后英文字母相同表示差异不显著（P>0.05）。下同。

4.2.2.2 土壤pH、养分和盐分变化

（1）表土层。蔬菜种植模式对表层（0~15cm）土壤CEC影响不明显（表4-5），但种植蔬菜后，表层土壤酸度增加（pH和盐基饱和度下降，交换性酸增加），并随着蔬菜种植年限的增加而增加。土壤酸化程度由高至低依次为常年大棚蔬菜地＞冬季大棚蔬菜＋夏季露天蔬菜地＞露天蔬菜地＞露天蔬菜－水稻轮作地＞水稻＋蔬菜年内连作地。种植蔬菜后，表层土壤有机碳呈现下降的趋势（表4-5），以露天蔬菜地、冬季大棚蔬菜＋夏季露天蔬菜地和大棚蔬菜地的下降较为明显。但种植蔬菜后土壤磷素（全磷、有效磷和磷饱和度）和氮素（全氮和碱解氮）均有明显的增加。表层土壤磷素和氮素由低至高大致为：水稻＋蔬菜年内连作地＜露天蔬菜－水稻轮作地＜露天蔬菜地＜冬季大棚蔬菜＋

夏季露天蔬菜地<常年大棚蔬菜地，大棚条件下更有利于氮素和磷素的积累。利用模式对表层土壤全钾影响不明显，但对土壤有效钾则产生了显著的影响（表4-5）。常年大棚蔬菜地表层土壤有效钾含量明显高于露天蔬菜地，并随着种植年限的增加而增加。种植蔬菜增加了表层土壤中可溶性盐分的积累，但在露天条件下，盐分积累较弱（盐分低于1g/kg）；而大棚条件下，盐分积累非常明显，土壤盐分多在2g/kg以上。与相同种植年份的露天蔬菜地相比，大棚蔬菜地表层土壤盐分积累、土壤酸化、土壤磷素、氮素的积累更为明显。这些结果表明，长期大棚种植蔬菜不利于表土地力的改善，而采用水稻蔬菜轮作的种植模式对土壤质量的不良影响较小。

（2）15~30cm土层。种植蔬菜可对15~30cm土层土壤的酸度产生影响，这种影响在种植年限较长的蔬菜地尤为明显。种植蔬菜后，pH和盐基饱和度下降，交换性酸增加。土壤酸化程度：大棚蔬菜地>露天蔬菜地>水稻+蔬菜轮作地，但15~30cm土层土壤的酸度低于相应利用模式的表土层。与表层土壤相似，种植蔬菜后，15~30cm土层土壤有机碳也有下降的趋势（表4-6），但下降程度低于表土层，以露天蔬菜地的下降最为明显。种植蔬菜同样影响了15~30cm土层土壤磷素（全磷、有效磷和磷饱和度）和氮素（全氮和碱解氮），它们均呈增加的趋势，其中，大棚蔬菜地尤为明显。种植模式对15~30cm土层土壤有效钾和可溶性盐分积累也产生了显著的影响（表4-6）。常年大棚蔬菜地15~30cm土层土壤有效钾和盐分含量明显高于露天蔬菜地，并随着种植年限的增加而增加。与表层土壤相似，种植模式对15~30cm土层土壤CEC和全钾含量均无显著的影响。

以上结果表明，土壤中磷素、氮素、有效钾的积累和土壤酸化具有明显的累加性，随着蔬菜地种植年份的增加逐渐呈现增加的趋势；随种植时间的增长，影响也相应地由表土向15~30cm土层扩展。

4.2.2.3 土壤酶活性

表4-7结果表明，蔬菜种植时间为5~10年的土壤过氧化氢酶、磷酸酶、脲酶和脱氢酶活性比对照有显著提高。但对于转化酶，露天蔬菜地高于水稻田，大棚蔬菜地则低于水稻田。与蔬菜种植时间5~10年的土壤相比，蔬菜种植时间为10~20年的土壤除露天蔬菜地的转化酶趋向降低外，其他酶的变化趋势较为相似。除个别情况外，相同种植模式不同利用年限之间酶活性的差异较小。

表4-5　种植模式与年限对蔬菜地表层土壤化学性质的影响（n=5）

利用年限	利用模式	pH 值	CEC（cmol/kg）	交换性酸（cmol/kg）	盐基饱和度（%）	有机碳(g/kg)	全磷(g/kg)	速效磷(mg/kg)	磷饱和度（%）	全钾(g/kg)	速效钾(mg/kg)	全氮(g/kg)	碱解氮(mg/kg)	盐含量(g/kg)
对照	长期水稻	7.13a	15.65a	0.23f	98.53a	18.74a	0.83e	14.32d	5.12e	21.91a	176de	1.48bc	124e	0.53e
5～10年	水稻＋蔬菜年内连作	7.02ab	16.11a	0.34f	97.89a	16.03ab	0.97de	16.43d	6.66e	20.13a	158e	1.45c	133de	0.63de
	露天蔬菜－水稻轮作	6.64b	14.87a	0.58ef	96.10ab	16.38ab	1.05d	17.32d	8.23e	21.46a	183de	1.39c	142de	0.75de
	露天蔬菜	6.35bc	15.63a	1.13b	92.77b	14.65b	1.13cd	26.34	11.25d	22.43a	192d	1.42c	138de	0.87d
	冬季大棚蔬菜＋夏季露天蔬菜	5.87cd	16.12a	2.49bc	84.55c	16.86ab	1.35bc	46.32bc	21.51c	20.18a	231c	1.53b	198c	1.65c
	常年大棚蔬菜	5.67cd	15.87a	3.28b	79.33cd	15.98b	1.46b	62.13b	27.56bc	22.65a	276b	1.66ab	242b	2.42b
10～20年	水稻＋蔬菜年内连作	6.87ab	16.48a	0.46	97.21a	16.72ab	1.06d	18.99d	8.21e	22.68a	166e	1.61ab	145d	0.61de
	露天蔬菜－水稻轮作	6.57b	17.12a	0.87e	94.92ab	16.13ab	1.13cd	23.14cd	9.56de	23.14a	193d	1.69ab	149d	0.68de
	露天蔬菜	6.12c	16.32a	2.03c	87.56c	13.24c	1.22c	31.22c	17.65cd	22.86a	211cd	1.58b	158cd	0.97d
	冬季大棚蔬菜＋夏季露天蔬菜	5.57cd	15.89a	3.95a	75.14d	15.21bc	1.49b	74.65ab	32.28b	21.68a	247bc	1.69ab	231b	2.14b
	常年大棚蔬菜	5.37d	16.13a	4.12a	74.46d	15.13bc	1.73a	97.63a	41.23a	23.16a	314a	1.83a	295a	3.54a

表4-6　种植模式与年限对蔬菜地15～30cm 土壤化学性质的影响（n=5）

利用年限	利用模式	pH 值	CEC (cmol/kg)	交换性酸 (cmol/kg)	盐基饱和度(%)	有机碳 (g/kg)	全磷 (g/kg)	速效磷 (mg/kg)	磷饱和度(%)	全钾 (g/kg)	速效钾 (mg/kg)	全氮 (g/kg)	碱解氮 (mg/kg)	盐含量 (g/kg)
对照	长期水稻	7.32a	16.12a	0.00d	100.00a	11.32a	0.67d	5.46d	3.12d	20.43a	154bc	0.98bc	56d	0.46c
5～10年	水稻＋蔬菜年内连作	7.34a	14.63a	0.00d	100.00a	10.32a	0.72d	6.12d	3.12d	21.34a	138c	0.89c	52d	0.53c
	露天蔬菜－水稻轮作	7.12ab	15.23a	0.12d	99.21a	11.02a	0.71d	5.98d	2.89d	22.14a	154bc	0.93bc	63cd	0.56c
	露天蔬菜	6.76c	15.12a	0.46c	96.96b	9.65ab	0.83c	11.85c	4.18cd	21.54a	142c	0.88c	59d	0.48c
	冬季大棚蔬菜＋夏季露天蔬菜	6.05d	15.47a	1.54b	90.05c	10.12ab	0.98b	27.65ab	13.46ab	21.54a	209ab	1.21ab	127b	1.32b
	常年大棚蔬菜	6.14d	16.23a	1.48b	90.88c	9.76ab	0.94b	21.13b	10.17b	22.68a	169b	1.08b	97bc	1.38b
10～20年	水稻＋蔬菜年内连作	7.18ab	15.87a	0.08d	99.50a	10.32a	0.78cd	6.12d	3.87cd	20.14a	138c	1.04b	67cd	0.48c
	露天蔬菜－水稻轮作	7.04b	16.66a	0.18cd	98.92a	10.09a	0.82c	9.65cd	5.03c	22.67a	148bc	1.12b	59d	0.43c
	露天蔬菜	6.87c	15.32a	0.31c	98.31a	8.76b	0.89bc	17.68b	8.66bc	23.65a	165b	1.21ab	73c	0.56c
	冬季大棚蔬菜＋夏季露天蔬菜	6.03d	16.98a	1.87a	88.99c	9.24ab	1.17a	31.24a	16.13a	20.65a	211a	1.32a	176a	1.65ab
	常年大棚蔬菜	6.12d	17..32a	1.66ab	90.42c	9.54ab	1.03ab	24.68ab	13.56ab	22.18a	178ab	1.28ab	145ab	1.76a

表4-7　种植模式与年限对蔬菜地表层土壤酶活性的影响

利用年限	利用模式	转化酶[葡萄糖 mg/(g·d)]	过氧化氢酶(mL/g)	磷酸酶[mg/(g·d)]	脲酶[mg/(g·d)]	脱氢酶活性[mg/(g·d)]
对照	长期水稻	8.56ab	1.08c	1.43c	3.12c	33.24d
5～10年	水稻+蔬菜年内连作	9.78a	1.32bc	1.87bc	3.43c	39.87cd
	露天蔬菜-水稻轮作	9.38a	1.54b	1.96bc	3.58c	42.36c
	露天蔬菜	8.62ab	1.87ab	2.54b	4.78b	38.79cd
	冬季大棚蔬菜+夏季露天蔬菜	7.66b	1.98a	3.11a	6.87bc	49.78bc
	常年大棚蔬菜	7.40bc	2.08a	3.24a	8.79a	57.96a
10～20年	水稻+蔬菜年内连作	10.07a	1.28bc	2.13b	3.65c	41.23c
	露天蔬菜-水稻轮作	8.43ab	1.49b	2.22b	4.68b	44.87c
	露天蔬菜	8.27ab	1.87ab	3.14a	4.37b	51.47ab
	冬季大棚蔬菜+夏季露天蔬菜	7.33bc	1.94a	3.46a	8.67a	52.48ab
	常年大棚蔬菜	6.84c	2.13a	3.28a	8.87a	55.67a

4.2.2.4　连作障碍类型及发生率

对5种利用模式的76块蔬菜地调查统计，发生不同程度连作障碍的田块共有26块，发生率为34.2%。连作障碍类型主要有病害、地下虫害、理化性质恶化和缺素症等，出现的田块数分别为16、8、5、2，分别占调查田块数的21.0%、10.5%、6.6%和1.3%。调查区蔬菜连作障碍主要是由土壤传染性病虫害所引起的，蔬菜连续种植提供了根系周围病害赖以生存的寄主及繁殖的场所，促使蔬菜地土壤中病原微生物数量不断增加；同时，近年来由于过量地使用化肥带来土壤中病原拮抗菌的减少，两者共同作用加重了土传病虫害的发生。研究区主要的病害有根腐病、根肿病、枯萎病、青枯病、软腐病、猝倒病、蔓枯病、疫病、枯萎病、青枯病、黄萎病、线虫病、炭疽病、菌核病、根肿病和黑腐病等。根腐病、根肿病主要发生在十字花科蔬菜上，涉及的蔬菜作物主要有大白菜、小白菜、甘蓝、花椰菜、青花菜等。疫病主要发生在瓜类的黄瓜、冬瓜和茄果类的番茄、茄子、辣椒及葱蒜类的韭菜等蔬菜作物上。而枯萎病、蔓枯病、青枯病和黄萎病等多发生在茄果类和瓜类作物上。虫害主要有小地老虎、大地老虎、蛴螬、蝼蛄、金针虫等。土壤理化性质恶化主要表现在地表积盐、土壤板结、通透性变差。蔬菜缺素主要有缺钾、缺硼和缺铁等，这与连作条件下特定作物对某些养分的选择性吸收有关，某些营养元素特别是微量元素的缺乏可加剧蔬菜的生育障碍。连作障碍导致了蔬菜长势变弱、产量和品质均发生下降的现象。表4-8表明，连作障碍发生的比例随蔬菜种植年限明显增加，不同种植模式的蔬菜地连作障碍发生的比例由低至高依次为：水稻+蔬菜年内连作＜露天蔬菜-水稻轮作＜露天蔬菜＜冬季大棚蔬菜+夏季露天蔬菜＜常年大棚蔬菜。水旱轮作田块的连作障碍发生比例明显低于其他用地。

表4-8 利用模式与种植年限对蔬菜地连作障碍发生的影响

利用年限	利用模式	调查田块数	连作障碍发生田块数	连作障碍发生比例(%)	连作障碍类型
5～10年	水稻+蔬菜年内连作地	7	1	14.3	缺素、地下害虫
	露天蔬菜-水稻轮作地	9	1	11.1	地下害虫、缺素
	露天蔬菜地	7	2	28.6	病害、地下害虫
	冬季大棚蔬菜+夏季露天蔬菜地	7	3	42.9	病害、地下害虫
	常年大棚蔬菜地	10	4	40.0	病害、地下害虫
10～20年	水稻+蔬菜年内连作地	7	2	28.6	地下害虫、缺素
	露天蔬菜-水稻轮作地	7	2	28.6	地下害虫、缺素
	露天蔬菜地	8	3	37.5	病害、地下害虫、土壤理化性质恶化
	冬季大棚蔬菜+夏季露天蔬菜地	7	3	42.9	病害、地下害虫、土壤理化性质恶化
	常年大棚蔬菜地	7	5	71.4	病害、地下害虫、土壤理化性质恶化

4.2.3 讨论

4.2.3.1 对土壤物理与化学性状的影响

蔬菜地的连作障碍问题是影响国内蔬菜产业可持续发展的重要限制因素。随着蔬菜地蔬菜栽种年限的增加，可逐渐产生蔬菜生长滞缓、蔬菜抗病虫害能力下降、产量和品质下滑等问题，其结果是轻则减产，重则绝收。例如，苏北沿海地区设施蔬菜地连作障碍的损失一般在5%～50%(韩华平和陈志元，2010)。引起设施蔬菜地连作障碍的原因较为复杂，一般认为是作物和土壤等诸多因素综合作用的结果。本研究的结果也表明，长期种植蔬菜可改变土壤物理性状，增加土壤酸度，降低土壤有机碳，增加磷素、氮素、有效钾和盐分的积累，改变土壤酶的活性，增加病虫害的发生。种植蔬菜后，土壤容重有增加的趋势，其中，以常年大棚蔬菜地、冬季大棚蔬菜+夏季露天蔬菜地的增幅较为明显。蔬菜地土壤容重的增加可能与蔬菜地采摘时间长、田间人工作业频繁、对土壤踩踏严重有关，这在常年大棚蔬菜地反映最为明显。研究发现，与长期种植水稻的用地相比，露天蔬菜地、露天蔬菜-水稻轮作地和水稻+蔬菜年内连作地有利于土壤大粒径团聚体的形成，这可能与这些种植模式下土壤干湿交替频率增加、有利于土壤水稳定性团聚体的形成有关。但以上研究结果也表明，长期大棚蔬菜地则可能导致土壤结构的恶化，0.25～2mm级的水稳定性结构体的减少，这可能是常年大棚条件下土壤有机质和酸度下降特别明显共同作用的结果，具体原因还有待进一步研究。

种植蔬菜后，土壤酸度和盐分均随蔬菜种植年限的增加而增加，并以大棚蔬菜地和冬季大棚蔬菜+夏季露天蔬菜地最为明显。蔬菜地土壤酸度和水溶性盐分的增加显然与蔬菜生产中化肥用量超出土壤自身的调节平衡能力，导致大量的水溶性盐类物质在土壤中持续积累有关。另外，设施大棚中的高湿和高温环境不仅加快了土壤中有机物质的分解速度与胶体上盐基离子的释放，也促进了盐分在表层土壤的积累。而土壤酸化即pH值下降，一是由于化学肥料的过量施用（特别是酸性肥料）破坏了土壤的缓冲能力和离子平衡能力；二是因为连作蔬菜作物的残根或枯叶矿化过程中可产生甲酸、乙酸、草酸等有机酸。因此，随着蔬菜地连作年限的增加，土壤酸性也不断增强。与其他报道类似，长期种植蔬菜（特别是大棚蔬菜）可加剧土壤养分的不平衡现象，在本研究中表现为土壤有机碳下降，磷素和氮素均有明显的增加，这显然与蔬菜生产中长期高量施用磷肥和氮肥、有机肥料施用不足有关。

4.2.3.2 对土壤生物学性状的影响

土壤酶参与了土壤中碳、氮、硫、磷等元素的生物循环及有机物质的分解转化、腐殖质的形成等过程，它是土壤微生物活性的一个重要指标。土壤中各类酶活性的高低可以反映土壤养分（尤其是氮、磷）转化的强弱。其中，土壤脲酶直接参与了土壤中含氮有机化合物的转化，脲酶的作用是极为专性的，它主要是水解尿素生成氨；脲酶活性常随尿素施用量的增加而增大。以上研究中长期种植蔬菜显著增加了土壤过氧化氢酶、磷酸酶、脲酶和脱氢酶活性，这可能与蔬菜地施用大量的磷肥和氮肥及土壤磷素、氮素积累有关。申卫收等（2008）的研究表明，随着栽培年限的增加，土壤脲酶活性与氨氧化细菌数量明显增加。唐咏等（1999）和吴风芝等（1998）的研究也表明，在pH中性或接近中性的土壤，中性磷酸酶活性一般随土壤使用年限的增加呈现出增大的趋势。但土壤中脲酶活性过高，容易引起氨的挥发损失。申卫收等（2008）认为，蔬菜塑料大棚土壤脲酶活性和氨氧化细菌数量明显增加，可能增加地下水与地表水硝酸盐含量超标的生态风险。因此，从养分利用看，脲酶活性过高不利于养分的高效利用。蔬菜种植时间10~20年的土壤酶活性基本上与蔬菜种植时间5~10年的土壤接近，这可能与土壤酶活性对种植蔬菜和利用模式较为敏感，在较短的时间内就发生明显变化有关。

长期种植蔬菜后导致了土壤物理、化学和生物学性状的恶化，从而引起病害、地下虫害、理化性质恶化和缺素等连作障碍类型的发生、加重。连作障碍可引起蔬菜生长势变弱、产量和品质下降的现象。蔬菜与水稻轮作的田块的连作障碍发生比例明显低于其他用地，这与水作能够杀死大量的旱作蔬菜在土壤中残留的病原菌和地下害虫，及种植水稻还能够清洗旱作残留地土壤中的盐分，改善土壤的理化性状有关。

4.2.4 结论

研究结果表明，长期种植大棚蔬菜易导致土壤板结及结构的恶化；但露天蔬菜、露天蔬菜－水稻轮作和水稻＋蔬菜年内连作比长期种植水稻更有利于土壤结构的改善。种植蔬菜后，因化肥用量增加及有机肥投入减少，土壤磷素、氮素、有效钾和盐分明显增加，土壤酸化明显，有机碳呈现下降，这种变化随种植时间增加而增强。水田改种蔬菜后，土壤过氧化氢酶、磷酸酶、脲酶和脱氢酶活性均呈现增加趋势。长期连作蔬菜易发生病害、地下虫害、土壤理化性质恶化和缺素等连作障碍；由于水作能够杀死大量的旱作蔬菜在土壤中残留的病原菌和地下害虫，及种植水稻还能够清洗旱作残留地土壤中的盐分，因此，水稻+蔬菜年内连作地和露天蔬菜-水稻轮作地的连作障碍发生不明显，蔬菜与水稻轮作可减少蔬菜连作障碍的发生。

4.3 长期种植大棚蔬菜后水稻土氮素形态的变化

氮素是作物生长发育所需的重要营养元素。国内外研究表明，即使在施用大量氮肥的前提下，作物吸收的氮素至少有50%以上来自土壤（朱兆良和文启孝，1992）。由于土壤中的氮素主要以有机态形式存在，在多数情况下，土壤向当季作物供应的氮素，一部分来自作物种植时土壤中矿质态氮（硝态氮和铵态氮），一部分来自作物生长期间土壤有机氮的矿化。因此，土壤中氮素的存在形态、土壤氮素的矿化能力对土壤供氮能力有很大的影响。土壤氮素的积累与形态组成不仅与土壤类型有关，同时它也因环境条件、土地利用方式及施肥等的不同而有很大的变化。水田改种蔬菜不仅改变了土壤水分状况，同时也很大程度地改变了施入土壤的肥料种类和肥料用量。为了了解水田改种蔬菜对土壤氮素的影响，本节以浙江省几种代表性土壤为例，采用 Schomberg等（2009）提出的氮素形态分析方法探讨了长期种植大棚蔬菜后水稻土氮素形态的变化。

4.3.1 材料与方法

4.3.1.1 供试土壤

研究共采集了32个耕层土样，包括16个大棚蔬菜地土样和16个水田土样，采样深度为0~15 cm。这些土样分别采自浙江省四大地貌类型区的典型区域：绍兴市柯桥区（代表水网平原）、慈溪市（代表滨海平原）、杭州市富阳区（代表河谷平原）和龙泉市（代表丘陵山区），相应的土壤类型分别为青紫泥田、淡涂泥田、培泥砂田和黄泥田土属。每一地貌类型区（相同土壤类型）各分别选择4块大棚蔬菜地和4块水田，采集相应的蔬菜地土样和水田土样。每一地貌类型区采集的蔬菜地与水田落在相同村庄，每一田块的土样由10个分样混合而成。选择的水田长期种植水稻，而相应的蔬菜地已连续种植大棚蔬菜10年以上。

4.3.1.2 分析方法

土样经混匀、风干处理后全部磨细过2 mm土筛，部分样品进一步磨细，过0.15 mm土筛，用于分析土壤有机碳、氮的含量及其形态组成。土壤 pH用电位计测定，土水比为1∶2.5；土壤中的有机碳用重铬酸钾外加热法测定；微生物生物量氮采用氯仿熏蒸-硫酸钾提取法测定。土壤全氮采用开氏法测定。

土壤氮素有效性分级（矿质氮、易矿化氮、缓效氮、难利用态氮）采用Schomberg法测定。其中，矿质氮（速效态氮，包括NH_4^+-N和NO_3^--N）用冷2mol/L KCl溶液提取，纳氏试剂比色法和紫外分光光度法测定；易矿化氮用热的2mol/L KCl溶液提取的NH_4^+-N（称3g土壤于50ml离心管中，加20ml 2mol/L KCl溶液，在100℃水浴中培养4 h）与以上冷2mol/L KCl溶液提取NH_4^+-N差值计算；缓效氮用碱解氮与以上热的2mol/L KCl溶液提取的NH_4^+-N差值计算；难利用态氮用全氮与碱解氮、冷2mol/L KCl溶液提取的NO_3^--N差值计算。

4.3.2　结果分析

4.3.2.1　研究土壤氮素组成

研究的32个耕层土样（包括16个蔬菜地土样和16个水田土样）氮素组成有较大的变化。土壤全氮在1.01~1.77g/kg，平均为1.30g/kg，变异系数为12.88%。在测定的四种氮素中，难利用态氮占绝对优势，占全氮的90.16%~94.27%（平均为92.60%）。这一结果表明，对当季作物而言，土壤中大部分氮难以在短时间内矿化释放，需要较长的时间才能逐渐被矿化。易矿化氮比例最低，占全氮的0.37%~2.58%（平均为1.35%）；矿质氮比例稍高，占全氮的0.43%~4.62%（平均为1.63%）；缓效氮是三种有效态氮中比例较高的一种氮形态，其占全氮的3.39%~7.29%（平均为4.85%）。

不同形态氮素因土壤全氮的变化也有较大的变化，其中土壤矿质氮在5.97~46.76mg/kg，平均为20.13mg/kg，变异系数为64.13%。易矿化氮在4.35~33.87mg/kg，平均为17.64mg/kg，变异系数为39.39%。缓效氮在44.21~111.08mg/kg，平均为62.95mg/kg，变异系数为24.63%。难利用态氮在0.91~1.64g/kg，平均为1.20g/kg，变异系数为13.03%。从以上变异系数可知，有效性越高的土壤氮素，它们在不同土壤间的差异也越明显。

4.3.2.2　蔬菜地与水田土壤氮素组成的差异

长期种植大棚蔬菜后，水稻土壤氮素形态发生了明显的变化（表4-9）。种植大棚蔬菜后，土壤全氮呈现下降趋势，其中，培泥砂田和淡涂泥田的大棚蔬菜地土壤全氮明显低于相应的水田。难利用氮也呈现与全氮相似的趋势。种植蔬菜后土壤全氮的下降可能与长期施用化肥及旱耕促进有机质降解导致有机质下降有关，而土壤氮素主要存在于有机质中，有机质的下降势必导致氮素的下降。据分析，研究的蔬菜地土壤有机碳在12.54~17.56g/kg，平均为14.72g/kg；而水田土壤有机碳在14.33~23.33g/kg，平均为16.76g/kg。所有研究的4类土壤中，矿质氮均是蔬菜地明显地高于水田，其中前者主要以NO_3^--N形式存在，后者主要为NH_4^+-N。但易矿化氮一般是水田高于蔬菜地，其中，培泥砂田、黄泥砂田的蔬菜地土壤易矿化氮明显地高于水田。对于缓效氮，除黄泥田的蔬菜地明显高于水田外，其他土壤的蔬菜地与水田之间差异不明显。

表4-9　蔬菜地与水田土壤各态氮素含量的比较（n=4）

土壤类型	利用方式	全氮(g/kg)	矿质氮(mg/kg)	易矿化氮(mg/kg)	缓效氮(mg/kg)	难利用氮(mg/kg)
青紫泥田	水田	1.57±0.20 a	9.42±2.45 b	28.81±5.50 a	70.50±19.08 a	1.46±0.19 a
	蔬菜地	1.36±0.12 a	24.20±7.54 a	19.75±3.08 b	78.33±23.39 a	1.25±0.11 a
培泥砂田	水田	1.33±0.06 a	8.42±2.06 b	22.82±2.63 a	51.90±9.68 a	1.24±0.06 a
	蔬菜地	1.17±0.11 b	36.90±8.44 a	16.61±2.48 b	63.93±16.35 a	1.07±0.11 b
淡涂泥田	水田	1.31±0.17 a	9.90±1.38 b	18.83±4.23 a	62.55±17.65 a	1.21±0.15 a
	蔬菜地	1.13±0.06 b	31.13±6.90 a	12.39±2.39 a	56.75±1.57 a	1.04±0.06 b
黄泥田	水田	1.24±0.07 a	8.02±2.09 b	15.16±2.14 a	51.68±7.52 b	1.16±0.06 a
	蔬菜地	1.26±0.08 a	33.07±8.80 a	6.78±2.08 b	67.72±5.86 a	1.17±0.08 a

注：表中同一列相同土壤统计数据后字母不同说明处理之间差异显著（下同）。

从各态氮素组成的比例来看（表4-10），只有土壤矿质氮都是蔬菜地明显高于水田。易矿化氮的比例只有淡涂泥田和黄泥田中显示出明显差异，即水田高于蔬菜地。蔬菜地与水田之间矿质氮、难利用氮素的比例差异不明显。

表4-10　蔬菜地与水田土壤各态氮素组成的比较（n=4）

土壤类型	利用方式	矿质氮（%）	易矿化氮（%）	缓效氮（%）	难利用氮（%）
青紫泥田	水田	0.62±0.21 b	1.88±0.56 a	4.42±0.70 a	92.76±0.34 a
	蔬菜地	1.78±0.56 a	1.47±0.30 a	5.69±1.22 a	91.58±0.98 a
培泥砂田	水田	0.63±0.15 b	1.72±0.21 a	3.92±0.85 a	93.50±0.84 a
	蔬菜地	3.21±1.01 a	1.43±0.22 a	5.47±1.24 a	91.32±1.29 a
淡涂泥田	水田	0.77±0.16 b	1.43±0.15 a	4.73±0.85 a	92.82±0.69 a
	蔬菜地	2.78±0.74 a	1.09±0.17 b	5.03±0.37 a	92.11±0.27 a
黄泥田	水田	0.65±0.19 b	1.22±0.17 a	4.16±0.44 a	93.78±0.33 a
	蔬菜地	2.63±0.68 a	0.53±0.14 b	5.39±0.50 a	92.96±0.43 a

注：表中同一列相同土壤统计数据后字母不同说明处理之间差异显著（下同）。

4.3.2.3　影响土壤不同有效态氮素的因素

相关分析表明，土壤中难利用态氮水平主要取决于土壤全氮含量，其与土壤全氮、微生物生物量氮的相关系数分别为0.996**和0.532*（n＝32）。土壤中的易矿化态氮主要取决于土壤微生物生物量氮，其与土壤全氮、微生物生物量氮的相关系数分别为0.552*和0.992**（n＝32）。土壤缓效氮受土壤全氮影响，其与土壤全氮、微生物生物量氮的相关系数分别为0.570*和0.050($n=32$)。土壤矿质氮不受土壤全氮和微生物生物量氮的影响，其与土壤全氮、微生物生物量氮的相关系数分别为-0.463和-0.340($n=32$)；这表明矿质氮的多寡主要与化肥施用有关。

4.3.3　小结

研究结果表明，长期种植蔬菜后水稻土中有效性最高的矿质氮明显地增加，但有效性中等的易矿化氮和有效性较低的难利用氮含量有所下降。总体上，种植大棚蔬菜后，植物可直接利用的氮明显地改善，但种植蔬菜后土壤潜在氮素供应能力因土壤有机质和全氮的下降也有所减弱。

4.4　长期种植蔬菜对城郊水稻土团聚体组成的影响

土壤团聚体是由有机物质和无机物质胶结而成的结构单位，其数量与性状直接影响土壤的肥力特性和作物的生长，同时也是决定土壤侵蚀、压实、板结等物理过程与作用的关键指标之一，它是土壤肥力的基础和评价土壤质量的重要指标。土壤团聚体的形成机制复杂，它既受土壤本身物质组成的影响，又受人类活动等因素的影响，土地利用方式、耕作方式、土壤微生物活性、施肥、种植制度和轮作方式等人类活动都会对土壤团聚体的稳定性产生不同程度的影响。由水田改变过来的蔬菜地既不同于以往城郊地区的蔬菜地，也明显不同于长期人为淹水环境下形成的水田，它们的土壤物质组成、土壤性质存在较大的差异。本节以杭州市郊区为例，采样观察了水田改种蔬菜后土壤团聚体组成的变化。

4.4.1　材料与方法

在浙江省杭州市萧山区选择青粉泥田土属(属脱潜型水稻土亚类)作为研究对象，通过采集系列土壤样品，对比分析了由水田改种植蔬菜等几种土地利用方式下的土壤团聚体组成及其稳定性的变化。用于比较的对照土壤(稻田，水旱轮作)与蔬菜地、苗木地分布相邻，距离在3km之内，土壤类型属于第二次土壤普查的相同制图单元(青粉泥田土属，发育于老海相沉积物上)，每一观察类型各选择5个重复样地(田块)。根据利用方式的不同，可分为9组土壤：即水旱轮作稻田(对照，植稻时间在65年以上)、3~5年大棚蔬菜地、10~15年大棚蔬菜地、20~30年大棚蔬菜地、3~5年露天蔬菜地、10~15年露天蔬菜地、20~30年露天蔬菜地、3~5年苗木地和10~15年苗木地。大棚蔬菜地每年种植的蔬菜在4~6季，露天蔬菜地每年种植的蔬菜在3~4季。

研究土样采集于2012年1月，采样深度为0~15cm，每一样地的土样由5~8个点的原状土混合而成。混合前剥去土块外面与土铲接触变形部分，最后保留土样约5 kg。原状结构土样在室内自然风干过程中沿自然断裂面掰成10mm大小的土块。待土壤样品完全风干后，把样品分为两部分：一部分用于团聚体分析；另一部分过2mm和0.15mm土筛用于理化分析。土壤团聚体分为机械稳定性和水稳定性两种。机械稳定性团聚体组成用干筛法测定，取1kg风干的土样用孔径分别为5mm、2mm、1mm、0.5mm、0.25mm筛子进行筛分（筛子附有底和盖），计算干筛的各级团聚体占土样总量的百分含量。水稳定性团聚体组成用湿筛法测定（Y / T1121.19—2008），按干筛法获得机械稳定团聚体百分组成配成2份（重复）质量为50g的土样进行水稳定团聚体分析。将每份土样置于5mm土筛上，蒸馏水浸泡10min，然后将土样依次通过5mm、2mm、1mm、0.5mm、0.25mm的土筛。团聚体的分离通过上下移动筛子3cm，重复50次（2min内），将留在每个筛子上面的土壤冲洗到铝盒中，在50℃温度下烘干、称重。然后，将分离的各粒级土壤团聚体磨碎后过100目筛，测定各级团聚体中的化学组成。水筛过程中团聚体的破坏率可反映土壤中团聚体的水稳定性，其计算公式为：团聚体破坏率（%）=（>0.25mm机械稳定团聚体比例－>0.25mm水稳定团聚体比例）×100%/>0.25mm机械稳定团聚体比例。团聚体的平均质量直径（MWD，mm）= $\Sigma X_i \times W_i$，式中，X_i为每一级别的团聚体的平均直径，W_i为每一级别团聚体的百分含量。土壤pH、有机质、CEC、交换性钙、颗粒组成、游离氧化铁和无定形氧化铁采用常规方法测定。文中报道的结果为5个重复样地分析结果的平均值。

4.4.2 结果分析

4.4.2.1 土壤机械稳定团聚体组成的变化

由表4-11可知，研究土壤的机械稳定团聚体均较高，并以>2mm的为主。>0.25mm和>5mm机械稳定团聚体均以水田为最高。水田改旱种植蔬菜后，土壤中>5mm和>0.25mm机械稳定团聚体呈现持续降低，>5mm机械稳定性团聚体的变化比>0.25mm的变化更为明显，其中大棚蔬菜地的变化比露天蔬菜地更为明显。苗木地>5mm和>0.25mm机械稳定性团聚体的下降程度比蔬菜地略小。大棚蔬菜种植10~15年和20~30年后，土壤的>5mm机械稳定团聚体分别比水田下降了36.05%和44.74%；>0.25mm机械稳定团聚体分别比水田下降了5.24%和7.82%。露天蔬菜种植10~15年和20~30年后，土壤>5mm机械稳定团聚体分别比水田下降了32.61%和39.09%；>0.25mm机械稳定团聚体分别比水田下降了5.24%和6.33%。苗木种植3~5年和10~15年后，土壤>5mm机械稳定团聚体分别比水田下降了18.48%和31.56%；>0.25mm机械稳定团聚体分别比水田下降了0.87%和2.68%。

表4-11　水改旱后土壤机械稳定团聚体的变化（%）

利用方式	利用时间（年）	机械稳定团聚体					
		>5mm	2～5mm	1～2mm	0.5～1mm	0.25～0.5mm	<0.25mm
稻田（对照）	>65	81.99 a	7.97 c	5.12 d	3.34 b	1.13 c	0.45 e
大棚蔬菜地	3～5	60.29 c	14.21 a	13.76 bc	5.66 a	2.76 b	3.32 c
	10～15	52.44 de	16.55 a	14.73 bc	6.28 a	4.33 a	5.67 b
	20～30	45.31 f	15.33 a	19.45 a	7.56 a	4.12 a	8.23 a
露天蔬菜地	3～5	64.16 b	15.76 a	12.43 c	3.66 b	2.32 b	1.67 d
	10～15	55.25 d	17.02 a	15.33 b	4.98 ab	3.88 a	3.54 c
	20～30	49.94 e	16.22 a	16.45 b	6.77 a	3.87 a	6.75 b
苗木地	3～5	66.84 b	11.54 b	14.66 bc	3.76 b	1.88 bc	1.32 d
	10～15	56.11 cd	14.66 a	16.45 b	6.57 a	3.09 ab	3.12 c

注：同一列数据后英文字母不同者差异显著（$P<0.05$）。

4.4.2.2　不同利用方式土壤水稳定性团聚体的差异

＞5mm和＞0.25mm的水稳定性团聚体比例明显低于对应的机械稳定团聚体（表4-11和表4-12）。水田改旱种植蔬菜、苗木后，土壤水稳定性团聚体发生了很大的变化，变化程度大于机械稳定团聚体的变化。水田改旱种植大棚蔬菜10～15年和20～30年后，土壤＞5mm水稳定性团聚体分别比水田下降了75.03%和80.50%，＞0.25mm水稳定性团聚体分别比水田下降了20.44%和21.85%；而改旱种植露天蔬菜10～15年和20～30年后，土壤中＞5mm水稳定性团聚体分别比水田下降了63.57%和72.91%，＞0.25mm水稳定性团聚体分别比水田下降了15.06%和18.11%。苗木种植3～5年和10～15年后，土壤＞5mm水稳定团聚体分别比水田下降了35.05%和47.53%；＞0.25mm水稳定团聚体分别比水田下降了6.57%和9.24%。与机械稳定团聚体的变化相似，＞5mm和＞0.25mm的水稳定性团聚体比例变化一般是：苗木地＞露天蔬菜地＞大棚蔬菜地。

表4-12　水改旱后土壤水稳定性团聚体的变化（%）

利用方式	利用时间（年）	水稳定性团聚体					
		>5mm	2～5mm	1～2mm	0.5～1mm	0.25～0.5mm	<0.25mm
稻田（对照）	>65	24.51 a	19.78 a	9.67 d	4.36 d	4.23 c	37.45 c
大棚蔬菜地	3～5	6.44 d	21.23 a	12.23 c	7.34 c	5.33 bc	47.43 ab
	10～15	5.90 de	13.33 b	14.32 bc	8.34 bc	7.88 ab	50.23 a
	20～30	4.78 e	9.56 c	12.34 c	12.76 a	9.44 a	51.12 a
露天蔬菜地	3～5	11.32 c	18.78 a	14.34 bc	6.78 c	5.13 bc	43.65 b
	10～15	8.93 cd	14.43 b	16.34 a	6.98 c	6.45 b	46.87ab
	20～30	6.64 d	8.45 c	17.23 a	10.23 ab	8.67 a	48.78 a

（续表）

利用方式	利用时间（年）	水稳定性团聚体					
		>5mm	2~5mm	1~2mm	0.5~1mm	0.25~0.5mm	<0.25mm
苗木地	3~5	15.92 b	17.55 a	12.54 c	7.56 c	4.87 c	41.56 b
	10~15	12.86 cb	15.98 ab	15.45 ab	7.03 c	5.45 bc	43.23 b

注：同一列数据后英文字母不同者差异显著（$P<0.05$）。

4.4.2.3 土壤团聚体水稳定性的变化

土壤团聚体水稳定性可用团聚体的平均质量直径（MWD）和湿筛过程中土壤中＞0.25mm团聚体破坏率来表示。MWD越大，团聚体破坏率越小，团聚体越稳定。计算表明（表4-13），水田土壤团聚体的稳定性一般高于改旱后种植蔬菜和苗木的土壤，其中露天蔬菜地的土壤团聚体的稳定性高于大棚蔬菜地。无论是大棚蔬菜地还是露天蔬菜地，随着蔬菜种植年限的增加，其土壤团聚体的稳定性有所下降。长期种植水稻的农田，土壤团聚体的破坏率为37.17%；而改旱种植大棚蔬菜3~5年、10~15年和20~30年后的土壤团聚体的破坏率分别为45.64%、47.24%和46.73%；改旱种植露天蔬菜3~5年、10~15年和20~30年后的土壤团聚体的破坏率分别为42.69%、44.92%和45.08%；改旱种植苗木3~5年和10~15年后的土壤团聚体的破坏率分别为40.78%和41.40%。机械稳定团聚体的MWD值和水稳定团聚体的MWD值也有类似的变化趋势。这一结果表明，改旱后随着蔬菜种植年限的增加，土壤团聚体抵抗灌水浸泡和降雨击打的能力有所下降。

表4-13 水改旱后土壤团聚体的MWD值与破坏率的变化

利用方式	利用时间（年）	机械稳定团聚体MWD（mm）	水稳定团聚体MWD（mm）	破坏率（%）
稻田（对照）	>65	6.53	2.77	37.17
大棚蔬菜地	3~5	5.28	1.54	45.64
	10~15	4.80	1.28	47.24
	20~30	4.31	1.07	46.73
露天蔬菜地	3~5	5.59	1.85	42.69
	10~15	5.03	1.56	44.92
	20~30	4.63	1.22	45.08
苗木地	3~5	5.67	2.12	40.78
	10~15	5.03	1.88	41.40

4.4.3 讨论

土壤团聚体的组成与稳定性同时受土壤内在物质组成与外部机械作用等因素影响，不同土地利用类型的土壤团聚体分布及其变化常常与植被覆盖状况和人类活动强度等关系密切。因此，在水田改旱过程中土壤内在物质组成与外在相关条件的变化都有可能影响土壤团聚体组成与稳定性。从表4-14分析结果可知，水田改旱种植蔬菜、苗木后土壤有机质、pH、交换性钙均呈现不同程度的下降，无定形氧化铁略有下降，但土壤黏粒、CEC和游离氧化铁变化不明显。这一结果表明，水田改旱后种植蔬菜、苗木后，土壤无机胶结物质的总量（包括黏粒胶体和氧化铁胶体）没有发生明显变化，但有机胶体发生了明显的下降，无机胶体的活性也略有下降。因此，团聚体组成及其稳定性的变化可能与土壤有机质、无定形氧化铁和pH的变化有关。相关分析（表4-15）进一步表明，土壤有机质、pH和交换性钙的变化是影响土壤团聚体变化的主要原因，土壤CEC和无定形氧化铁含量对土壤团聚体的形成也有一定的影响。有机质含量的下降直接降低了土壤中的有机胶结物质，而无定形氧化铁的下降减小了土壤氧化铁的比表面积，从而降低土壤颗粒之间的结合强度，降低了团聚体的数量和稳定性。而土壤pH的下降可引起土壤中钙的活度下降，钙可作为阳离子桥在稳定性团聚体的形成中有着重要的作用，因此土壤pH的下降也可能影响土壤团聚体的稳定性。

此外，当水田改为旱地种植蔬菜后，由于复种指数的增加，土壤耕作频率也明显增加，这在一定程度上加大了对土壤团聚体破坏的强度。

表4-14 水改旱后土壤性状的变化

利用方式	利用时间(a)	有机质(g/kg)	pH值	CEC(cmol/kg)	交换钙(cmol/kg)	Fed(g/kg)	Feo(g/kg)	黏粒(g/kg)	粉粒(g/kg)	砂粒(g/kg)
稻田（对照）	>65	34.56 a	6.15 a	15.45 a	7.45 a	17.32 a	9.20 a	234 a	402 a	364 b
大棚蔬菜地	3～5	30.66 b	5.67 b	15.98 a	6.68 b	16.38 a	9.02 a	265 a	387 a	348 b
	10～15	28.45 c	5.33 c	14.66 a	5.33 c	19.45 a	8.66 a	254 a	411 a	335 b
	20～30	25.56 d	4.67 d	14.87 a	4.77 d	18.34 a	7.56 b	223 a	379 ab	398 a
露天蔬菜地	3～5	29.56 bc	5.87 ab	16.12 a	7.23 ab	17.65 a	8.87 a	245 a	387 a	368 ab
	10～15	28.02 c	5.69 b	15.33 a	6.68 b	18.21 a	9.03 a	238 a	379 ab	383 b
	20～30	24.69 d	5.36 c	14.23 a	5.65 c	17.98 a	8.32 a	265 a	356 b	379 ab
苗木地	3～5	30.13 b	5.98 ab	15.88 a	7.12 b	18.74 a	8.38 a	254 a	376 ab	370 ab
	10～15	28.66 c	5.76 b	16.12 a	7.08 b	17.68 a	8.87 a	233 a	359 b	408 a

注：同一列数据后英文字母不同者差异显著（$P<0.05$）。

表4-15 团聚体含量与土壤性状的相关性（n=45）

	有机质	pH值	CEC	交换钙	Fed	Feo	黏粒
>5mm 机械稳定团聚体	0.850 5**	0.829 6**	0.253 7	0.697 3**	−0.218 4	0.338 6*	−0.007 5
>0.25mm 机械稳定团聚体	0.739 9**	0.927 7**	0.500 5**	0.822 6**	−0.206 0	0.359 7*	0.014 0
>5mm 水稳定团聚体	0.668 3**	0.736 3**	0.244 3	0.654 4**	−0.149 7	0.255 0	−0.195 3
>0.25 水稳定团聚体	0.663 1**	0.770 2**	0.770 2**	0.622 0**	−0.177 1	0.255 5	−0.044 0

4.4.4 结论

研究结果表明，水田改旱种植蔬菜、苗木后改变了土壤中有机质含量和氧化铁的形态。改旱后，土壤中大于5mm和大于0.25mm的机械稳定性团聚体和水稳定性团聚体均呈现下降，其中，水稳定性团聚体的下降比非水稳定性团聚体的更为明显。水田改旱种植蔬菜和苗木，土壤中有机质矿化增加、土壤中无定形氧化铁向晶态氧化铁转化及pH值下降是导致土壤中大于5mm和大于0.25mm机械稳定性团聚体、水稳定性团聚体及团聚体的稳定呈持续下降的主要原因。

第 5 章

水田改林地和果园后土壤的演变

为追求更高经济利益或缺水原因，中国部分地区有一定规模的耕地用于果园和苗木生产，水稻播种面积呈下降趋势。为了解水田改林地和果园后土壤的变化，国内外学者开展了水田改林地和果园对土壤微生物群落结构、形态及性状影响的研究。

5.1 水田改果园对土壤微生物群落结构的影响

土壤微生物群落结构主要指土壤中各主要微生物类群（包括细菌、真菌、放线菌、原生动物等）在土壤中的数量以及相对丰度，可以通过其特征脂肪酸的相对含量表征，其结构的变化与土壤理化性质的变化有关，土壤的通气性、水分状况、养分状况等对土壤微生物群落均有重要影响。土壤微生物群落被认为是评价自然或人为干扰引起土壤生态系统变化的预警及敏感指标，能够指示土壤质量变化，决定土壤的生态功能，因此，研究土壤微生物群落在维持生态服务功能及促进土壤持续利用方面具有重要意义。随着人们对土壤健康质量的重视，近年来，一些学者对水田转变为其他利用方式后土壤理化性质和生物学性质的变化进行了研究，水田改为蔬菜地或果园后 pH、有机质、微生物生物量及活性下降。Sparling 等（1992）的研究表明，如果土壤被过度使用，土壤生物量碳库将会以较快的速率下降，最终造成土壤有机质和微生物商的降低。Xue 等（2008）采用 Biolog 微平板技术、磷脂脂肪酸生物标记法和变性梯度凝胶电泳法对比了不同利用方式和同一利用方式不同时间对微生物群落结构的影响，结果表明，前者对微生物群落结构产生更大影响。也有研究认为，水田与其他利用方式相比微生物群落结构差异不大（姚槐应等，2003），发现稻田土壤经常处于淹水的条件下，一些厌氧微生物特征脂肪酸与其他土壤并没有太大的差异，认为水田中微生物可能对淹水这类环境胁迫有一定的抗性。

目前有关不同土地利用方式的研究主要集中在土壤理化性质和生物学性质的差异方面，而在土壤微生物对土地利用方式和环境因子变化的响应和适应机制方面尚缺乏系统研究，限制了有关土地利用方式改变对土壤微生物群落动态变化过程、影响因素和机理的深入了解。本节以浙江水网平原为研究区，选取典型水稻土及其改果园后的系列土壤为研究对象，采用时空互代法，分析了水田与果园两种不同利用方式和果园不同利用年限对土壤环境因子和微生物群落结构的影响，探讨了水田改果园后土壤微生物群落结构对环境因子变化的响应和适应机制。

5.1.1 材料与方法

5.1.1.1 研究区概况

研究区位于浙江省杭州市余杭区瓶窑镇窑北村，地理坐标位于30° 24′21″~30° 24′27″N，119° 56′15″ ~119° 56′26″E，面积在10.0 hm^2的范围内，海拔3 m，属于杭嘉湖平原，母质为湖相沉积物，质地为粉黏壤土，该研究区为亚热带季风气候，年平均气温15~17.7℃，≥10℃积温为4 700~5 700℃。

5.1.1.2 样品采集与处理

本研究共采集了18个土样（对应18块农田），其中水稻田样品2个，果园样品16个；水稻田样品采集时，水稻尚未收获，田面落干；每一样品采用梅花样采样法由多点采样混合而成，一般不少于5个点，采集深度为0~15 cm。将采集的土壤样品去除可见的根系等动植物残体和石块，混匀分成3份，取一份原状土壤沿自然破碎面轻轻将大块掰开，自然风干，测定土壤水稳定性团聚体，余下部分分别过2 mm和100目孔径筛，测定其他理化指标；另一份新鲜土样带回实验室后过2 mm孔径筛，放4°C冰箱后一周内完成土壤微生物量、土壤呼吸强度等指标测定；第三份土样冷冻干燥，放－80°C冰箱保存，测定土壤微生物磷脂脂肪酸含量。土壤样品信息详见表5－1。

表5-1　土样采样信息

样品类型	编号	改果园年限（年）	土地类型	利用方式	作物
水稻田（n=2）	S1、S2	0	青粉泥田	水田	单季稻
果园土壤（n=16）	S3	4	改果园前为青粉泥田	果园	桃树
	S4	6	改果园前为青粉泥田	果园	桃树
	S5	11	改果园前为青粉泥田	果园	桃树
	S6、S7、S8	12	改果园前为青粉泥田	果园	桃树

（续表）

样品类型	编号	改果园年限（年）	土地类型	利用方式	作物
果园土壤（n=16）	S9、S10、S11	14	改果园前为青粉泥田	果园	桃树
	S12	15	改果园前为青粉泥田	果园	桃树
	S13	16	改果园前为青粉泥田	果园	桃树
	S14、S15、S16	17	改果园前为青粉泥田	果园	桃树
	S17	18	改果园前为青粉泥田	果园	桃树
	S18	19	改果园前为青粉泥田	果园	桃树

5.1.1.3 土壤理化性质分析

土壤颗粒组成采用吸管法；质地采用国际制；水稳定性团聚体采用湿筛法；pH采用土液比1∶2.5水浸提法；有机质含量采用重铬酸钾－硫酸外加热法；交换性盐基采用原子吸收光谱法；全氮采用凯氏定氮法；碱解氮采用碱解扩散法；全磷采用NaOH熔融－钼锑抗比色法；速效磷采用0.05 mol/L HCl和0.025 mol/L（1/2）H_2SO_4提取－钼锑抗比色法；全钾采用NaOH熔融－火焰光度法；速效钾采用NH_4OAc浸提－光焰光度计法。供试土壤理化性质详见表5－2。

表5-2 供试土壤理化性质

项目	水稻土（均值 ± 标准差）（n=2）	果园土壤（均值 ± 标准差）（n=16）
田间含水量（%，干基）	76.20±0.14a	32.62±3.74b
>0.25mm 水稳性团聚体（%）	72.44±2.59a	56.01±7.46b
水稳定性团聚体破坏率（%）	18.80±0.56b	41.73±7.72a
盐基饱和度（%）	51.86±0.69a	37.58±6.30b
pH 值	5.66±0.23a	4.95±0.23b
有机质 (g/kg)	38.76±3.05a	25.17±3.10b
全氮 (g/kg)	2.32±0.29a	1.61±0.23b
碱解氮 (mg/kg)	176.06±25.86a	119.03±15.73b
全磷（g/kg，P）	0.52±0.00b	1.04±0.15a
有效磷（mg/kg，P）	17.86±1.10b	221.88±113.84a
全钾（g/kg，K）	13.55±1.19a	14.59±2.28a
有效钾（mg/kg，K）	48.88±12.36b	191.63±57.16a
黏粒（g/kg）	22.92±0.17a	23.32±0.39a

注：同一行不同字母表示差异显著（P <0.05）。

5.1.1.4 土壤生物学性质分析

土壤微生物生物量碳、氮采用氯仿熏蒸－K_2SO_4浸提，TOC自动分析仪测定；土壤呼吸量采用静态气室法。土壤微生物磷脂脂肪酸测定采用Wu等（2009）的方法：称取3 g冷冻干燥后的土壤样品于特氟龙管内，用氯仿－甲醇－柠檬酸盐缓冲液提取总脂类，通过硅胶柱层析法分离得到磷脂脂肪酸，然后经碱性甲酯化后用气相色谱分析土壤微生物磷脂脂肪酸的含量，气相色谱分析仪为Agilent 6890N（FID检测器），结合MIDI Sherlock 微生物鉴定系统（Version 4.5），对各成分脂肪酸进行鉴定，内标为正十九烷酸甲酯（19：0）。

5.1.1.5 数据处理

采用Microsoft Excel 2003软件处理数据并作图；采用SPSS 17.0软件进行相关性分析（Pearson法）和方差分析（LSD法）；采用Canoco 4.5软件进行冗余分析后采用Origin 8.5软件制图。

5.1.2 结果与分析

5.1.2.1 土壤微生物生物量和土壤呼吸强度的变化

土壤微生物生物量碳（Microbial biomass carbon，MBC）比土壤有机质对环境变化的响应更为迅速，是评价土壤质量更具敏感性的生物学指标。微生物商的变化可反映土壤中输入的有机质向微生物量碳的转化效率、土壤中碳损失和土壤矿物对有机质的固定。水田改果园后，土壤微生物生物量碳、氮和微生物商都随着改果园年限的延长明显降低，并与改果园年限呈极显著负相关（图5-1和图5-2）。微生物生物量变化的主要原因是：一方面，水田改果园后有机质含量降低，能利用有关碳源底物的微生物数量减少，本研究中MBC与有机质呈极显著正相关（$r=0.82^{**}$，$n=18$）；另一方面，改果园后，土壤pH降低，抑制了微生物活性，特别是占土壤微生物多数的细菌的活性，本研究中MBC与pH也呈极显著正相关（$r=0.60^{**}$，$n=18$）。

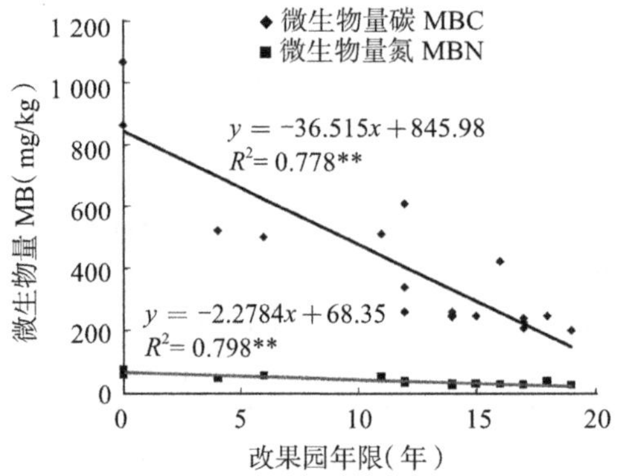

图5-1 土壤微生物生物量碳、氮与改果园年限的关系

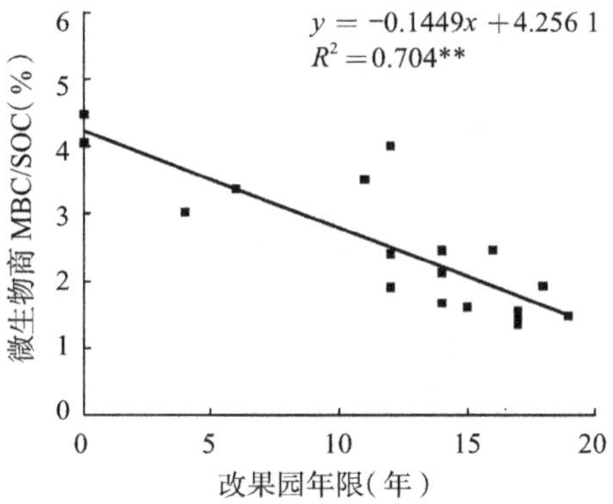

图5-2 微生物商与改果园年限的关系

土壤微生物活动是土壤呼吸的主要来源，人们习惯把土壤呼吸作用强度看作是衡量土壤微生物整体活性的重要指标。水田改果园后，土壤呼吸强度平均由0.05ml/g·d降

低到0.02 ml/g · d，与改果园年限呈极显著负相关（表5-3），并与MBC呈极显著正相关（$r=0.81^{**}$，$n=18$）；以上结果与李忠佩等关于不同利用方式下微生物量及土壤呼吸强度差异方面的结论基本一致；研究中土壤呼吸强度降低与微生物量减少、土壤田间含水量和pH的降低有很大关系。

表5-3　土壤性质与改果园年限相关系数矩阵（n=18）

	>0.25mm 水稳性团聚体	水稳性团聚体破坏率	盐基饱和度	pH 值	有机质	全氮
改果园年限	-0.69**	0.76**	-0.49*	-0.53*	-0.69**	-0.72**
	碱解氮	全磷	有效磷	全钾	有效钾	土壤呼吸强度
改果园年限	-0.69**	0.70**	0.87**	0.20	0.77**	-0.81**

注：* $P<0.05$；，** $P<0.01$，下同。

5.1.2.2　土壤微生物磷脂脂肪酸的变化

磷脂是所有生物活细胞重要的膜组分，在真核生物和细菌的膜中磷脂分别占约50%和98%。不同的微生物体拥有不同的酶体系，使得有些生物个体的特定脂肪酸已经稳定遗传，因此，对于一些微生物来说，其特定的磷脂脂肪酸（phospholipid fatty acid，PLFA）是唯一的。由于磷脂脂肪酸存在于所有活体细胞膜中且随菌体死亡而迅速降解，与微生物量之间具有高度相关性，因此，被广泛作为土壤微生物量和微生物群落的生物标记。本研究采用PLFA生物标记法分析微生物群落结构的变化，用12:00、i14:0、14:00，a15:0、15:00、i15:0、15:0 2OH、15:0 3OH、a16:0、16:1w9c、16:1w5c、16:00、16:0 Nalcohol、17:00、a17:0、17:0 cycl o、18:00、18:1w7c、18:1w5c、17:0 ISO 3OH、i19:0和19:0 cyclo w8c表征细菌的特征脂肪酸；用18:1w9c、18:2w6c、18:3w6c（6，9，12）和20:1w9c表征真菌的特征脂肪酸；用16:0（10Me）、17:0（10Me）、18:0（10Me）、19:0（10Me）表征放线菌的特征脂肪酸；用20:2 w6，9c和20:4 w6，9，12，15c表征原生动物的特征脂肪酸；用16:1w5c、17:1w8c、18:1w5c、18:1w7c、cy17:0表征革兰氏阴性细菌的特征脂肪酸；用i14:0、a15:0、i15:0、a16:0、i16:0、a17:0、i17:0、a18:0表征革兰氏阳性细菌的特征脂肪酸；用a15:0、i15:0、15:0、i16:0、a17:0、i17:0、17:0表征好氧细菌的特征脂肪酸；用18:1w7c表征厌氧细菌的特征脂肪酸；用16:1w5c表征甲烷氧化菌的特征脂肪酸；用16:0（10Me）表征硫酸盐还原菌；用环丙烷脂肪酸和其单体之比 [（cy17:0+cy19:0w8c）:（16:1+w9c+18:1w7c+18:1w9c）]以及异构 PLFAS ：返异构 PLFAS[（i14:0+i15:0+i16:0+i17:0）:（a14:0+ a15:0+a16:0+a17:0）]表征微生物对养分胁迫的响应。

如表5-4所示，水田改果园后，PLFA总量呈降低趋势，并与改果园年限呈极显著负相关（$r=-0.86^{**}$，$n=18$），并与微生物量碳呈极显著正相关（$r=0.83^{**}$，$n=18$）；土壤中细菌、真菌、放线菌的含量减少；真菌 / 细菌逐渐降低；原生动物 / 细菌呈逐渐增加趋势；放线菌与细菌比例出现阶段性波动；革兰氏阴性细菌 / 革兰氏阳性细菌（Gram positive bacteria/ Gram negative bacteria，G^-/G^+）有降低的趋势，并与改果园年限呈极显著负相关（图5-3）。表征土壤微生物的PLFA总量下降，表征细菌、真菌、放线菌、原生动物的PLFA降低，这与田间水量、有机质含量和土壤微生物生物量下降有很大关系。受改果园后土壤通气性增强等因素的影响，原生动物 / 细菌增加，甲烷氧化菌 / 细菌显著增加（$r=0.74^{**}$，$n=18$），好氧细菌 / 厌氧细菌（Aerobic bacteria/ Anaerobic bacteria，Aerobic /Anaerobic）显著增加（图5-4），硫酸盐还原菌 / 细菌减少。

表5-4　土壤微生物磷脂脂肪酸含量及其比率

样品类型	总磷脂脂肪酸（nmol/g）	细菌（nmol/g）	真菌（nmol/g）	放线菌（nmol/g）	原生动物（nmol/g）
水稻土（n=2）	236.55±30.79a	135.84±19.39a	31.45±4.77a	27.27±0.03a	2.46±0.66a
果园土壤（n=16）	70.42±11.58b	38.47±5.30b	6.20±1.35b	7.24±0.77b	1.25±0.93a
样品类型	**真菌 / 细菌**	**放线菌 / 细菌**	**原生动物 / 细菌**	**甲烷氧化菌 / 细菌**	**硫酸盐还原菌 / 细菌**
水稻土（n=2）	0.23±0.00a	0.20±0.03a	0.02±0.00a	0.03±0.00b	0.15±0.03a
果园土壤（n=16）	0.16±0.03b	0.19±0.02a	0.03±0.02a	0.05±0.01a	0.12±0.01a

注：同一指标同一列不同字母表示差异显著（$P<0.05$），下同。

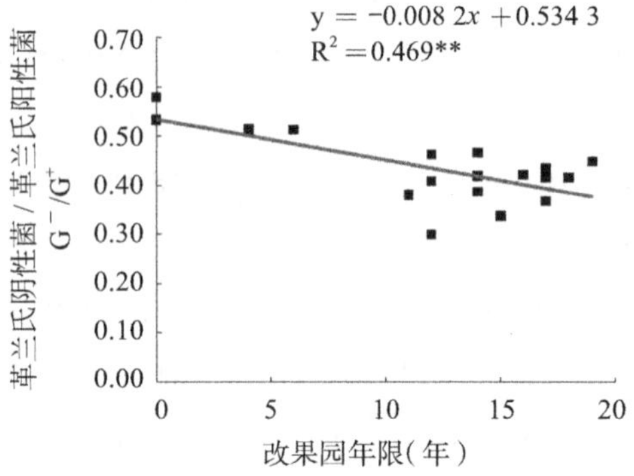

图5-3　G^-/G^+与改果园年限的关系

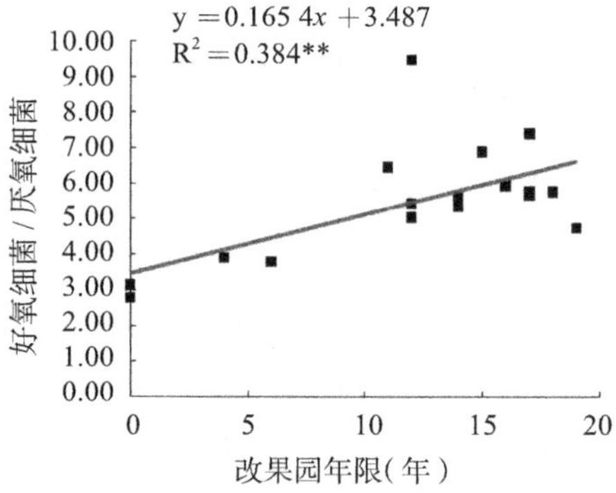

图5-4　好氧细菌/厌氧细菌与改果园年限的关系

在饥饿压力下，革兰氏阴性菌会把某些单烯PLFA转化为环丙基脂肪酸，因此，环丙基脂肪酸和前体物的比值（cyclo/precurso，Cy/Pre）也可以用来指示微生物所处的压力状态。研究中，表征养分胁迫的Cy /Pre呈增加趋势，并与改果园年限呈极显著正相关（图5-5），与PLFA总量呈极显著负相关（$r=-0.55^{*}$，$n=18$）。另外也有研究表明，用异式脂肪酸（Iso fatty acids，Iso）和反异支链脂肪酸（Anteiso fatty acids，Anteiso）比值可以表征养分胁迫，本研究中Iso /Anteiso增加，并与改果园年限呈极显著正相关

（图5-6），与PLFA总量呈极显著负相关（$r=-0.79^{**}$，$n=18$）。以上结论说明，水田改果园后，养分对微生物的胁迫增加，并引起微生物数量的减少，这主要与改果园后土壤中碳、氮含量的降低有关。

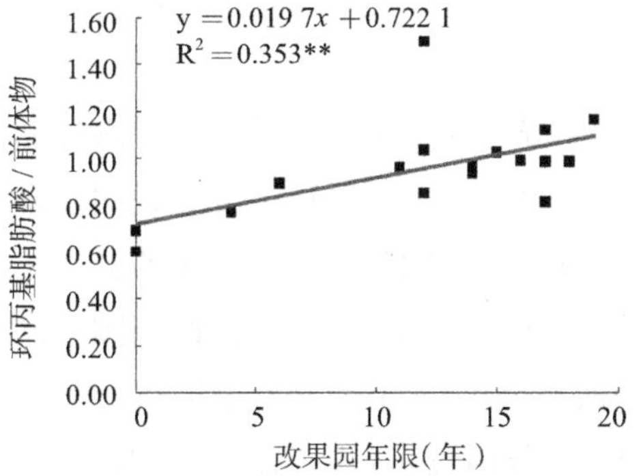

图5-5　环丙基脂肪酸/前体物与改果园年限关系

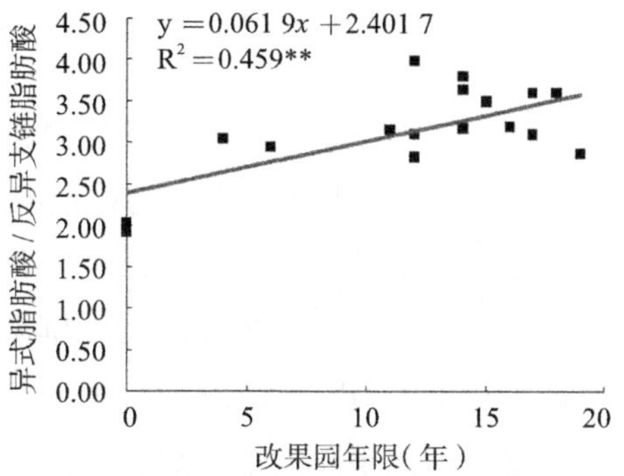

图5-6　异式脂肪酸/反异支链脂肪酸与改果园年限关系

5.1.2.3　土壤微生物结构的RDA分析

以表征土壤微生物种类（以下简称物种）的PLFA和环境因子矩阵为基础数据，应用冗余分析（Redundancy Analysis，RDA）方法分别对两个系列土壤样品的74种PLFAs进行二维排序，得到RDA二维排序图。

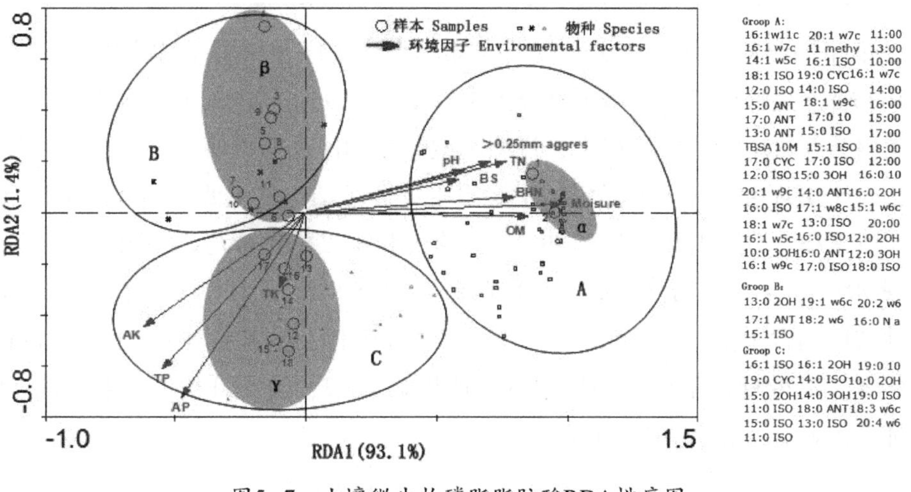

图5-7　土壤微生物磷脂脂肪酸RDA排序图

注：图中数字为样品号（各样品改果园时间详见表1）。不同种类PLFA在A、B、C三个区域中分别用方形、叉形和三角形表示出来（名称详见图右侧），18个不同改果园年限样本用圆圈表示，11个环境影响因子用带有箭头的线段表示。水田样本及其最适物种分别集中在α（阴影区）和A区域内；≤14年果园土壤样本及其最适物种分别集中在β（阴影区）和B区域内；＞14年果园土壤样本及其最适物种分别集中在γ（阴影区）和C区域内。物种之间或样本之间连线，表示它们之间亲疏或相似关系，越短表示它们之间差异性越小。样本与物种之间连线表示物种在样方内相对

多度的变化，连线越短，则样本中含有该物种越多。带箭头线段与排序轴之间或带箭头线段之间夹角余弦值表示该环境因子与排序轴之间或的环境因子之间相关性大小，箭头所指的方向表示该环境因子的变化趋势。样本与环境因子所表线段的垂直线，交点到环境因子箭头的距离，表示该样本对应的环境变量值的大小。物种与环境因子所表线段的垂直线，交点离环境因子箭头越近，表示此时该物种在该环境因子作用下越具最适值。

如图5-7所示，由于土壤微生物群落结构的差异，水田和不同改果园年限样品分别在阴影区α、β、γ聚集，不同物种在区域A、B、C聚集，并明显区分开，说明改果园后土壤微生物群落结构发生了阶段性变化，水田与改果园不同阶段土壤微生物群落结构存在较大差异性，同一改果园阶段土壤微生物区系存在很多相似性。依据改果园不同时间土壤样本在RDA排序图中聚集的结果，将水田改果园≤14年划分为改果园前期，>14年果园划分为改果园后期，那么α、β、γ和A、B、C分别代表对照（水田）、改果园前期、改果园后期三个阶段土壤样品和该阶段最适物种。

表5-5　冗余分析结果

项目	特种轴1	特种轴2	特种轴3	特种轴4
特征值	0.931	0.014	0.007	0.004
物种－环境相关系数	0.989	0.972	0.854	0.821
物种累积百分比变化率	93.1	94.5	95.2	95.6
物种－环境累积百分比变化率	96.6	98.1	98.8	99.2

第一排序轴解释了样本中93.1%的变异，第二排序轴解释了样本中1.4%的变异，前4个排序轴合并解释了土壤微生物群落结构演替中95.6%的变异。前2个排序轴的物种－环境相关系数均达到0.97以上，说明土壤微生物区系与土壤环境因子之间存在很强的关联性，土壤环境因子改变是影响土壤微生物群落结构的主要原因。前4个排序轴的物种－环境累积百分比变化率达到99.2%。第一和第二排序轴与改果园年限相关性都达到极显著水平（$r=-0.70^{**}$，$n=18$）和（$r=-0.59^{**}$，$n=18$）。如表5-6所示，第一排序轴与田间含水量、大于0.25mm水稳定性团聚体、盐基饱和度、pH、有机质、全氮、碱解氮、有效钾都呈显著（$P<0.05$）或极显著（$P<0.01$）相关，第二排序轴与全磷和全钾呈极显著负相关（$P<0.01$）。

表5-6　排序轴与环境因子的相关系数矩阵

项目	物种轴1	物种轴2	物种轴3	物种轴4
田间含水量	0.96**	0.03	−0.07	−0.02
>0.25mm 水稳性团聚体	0.60**	0.16	−0.15	0.04
盐基饱和度	0.57*	0.13	0.18	−0.09
pH 值	0.70**	0.20	0.16	−0.08

（续表）

项目	物种轴1	物种轴2	物种轴3	物种轴4
有机质	0.84**	−0.01	−0.20	0.03
全氮	0.76**	0.20	−0.37	0.17
碱解氮	0.79**	0.06	−0.40	0.08
全磷	−0.54*	−0.60**	−0.13	−0.17
有效磷	−0.47	−0.70**	0.07	−0.13
全钾	−0.10	−0.29	−0.31	0.37
有效钾	−0.61**	−0.43	−0.16	0.00
指标组合	田间含水量，＞0.25mm水稳性团聚体，盐基饱和度，pH，有机质，有机质，碱解氮，有效钾	全磷，有效磷		全钾

注：* $P<0.05$；** $P<0.01$。

5.1.3　讨论

土壤微生物群落结构与土壤环境因子密切相关，一方面由于土壤环境的改变，本身会影响微生物的群落结构和功能；另一方面土壤微生物不同的群落结构和功能，必然会影响土壤中各种养分的循环转化过程，从而影响土壤养分等环境因子的数量及形态。水田改为果园后，土壤微生物群落结构发生阶段性变化，土壤环境因子的改变对土壤微生物群落结构产生重要影响。RDA分析显示，水田与改果园不同阶段的土壤样本在排序图中不同区域聚集，并明显区分开，说明改果园后土壤微生物群落结构发生了阶段性变化，水田土壤微生物群落与改果园不同阶段土壤具有较大差异性，改果园同一阶段土壤微生物群落具有很多相似性。改果园不同阶段样本聚集区域β、γ距离较近，而与水田样本聚集区α相隔较远，说明不同利用方式对微生物群落结构的影响，要大于同一利用方式不同耕作时间对微生物群落结构的影响，这与Xue等（2008）关于不同利用方式和同一利用方式不同时间对微生物群落结构影响的研究相似。微生物群落与环境因子之间相关性在0.97以上，前4个排序轴共解释了土壤微生物群落结构演替中95.6%的变异，说明土壤环境因子改变是土壤微生物群落结构变化的主要原因。田间含水量、有机质和碱解氮沿水田样本聚集方向（α区域）增加最明显，它们与第一排序轴（解释了样本中93.1%的变异）正方向夹角最小，夹角余弦值最大，且线段较长，与相第一排序轴相关性分别为0.96**、0.84**和0.79**，这说明这三种环境因子与水田微生物群落关系最密切，A区域中土壤微生物生长对水分、碳素和氮素需求量相对较大，这三种因子是决定水田和果园微生物群落结构差异的最重要因子。＞0.25mm水稳性团聚体、pH、全氮和盐基饱和度也在水田样本方向增加，但方向略微向改果园前期（β区域）方向偏移，说明这四种环境因子与水田和改果园前期土壤微生物关系相对密切，这与水田和改果园前期土壤含较多水稳性团聚体可能会促进土壤中水气平衡，有利于微生物生长，相对较高的pH对微生物活性抑制较小，较高含量氮素和盐基离子为微生物提供了更多生长需要的元素等因素有关。钾素和磷素在改果园后期（γ区域）增加较明显，说明这两种元素含量及其有效态与改果园后期土壤微生物有更加密切的关系。一般而言，不同种类微生物对水田和果园等环境具有不同适应机制，表征厌氧细菌的特征脂肪酸18:1 w7c和硫酸盐还原菌的特征脂肪酸16:0（10 Me）分布在Group A区域中（图5-7），表明厌氧细菌和硫酸盐还原菌已适应于水田中的厌氧环境；表征原生动物特征脂肪酸的20:2 w6和20:4 w6，9，12，15 c分别分布在Group B和Group C区域中（图5-7），表明原生动物更适宜在果园土壤中生存。另外，水田改果园后表征养分胁迫的Cy/Pre和Iso /Anteiso增加，对土壤质量的下降有一定预警作用。此外，关于A、B、C区域中不同最适微生物对不同元素生态过程的相关功能方面还需要进一步深入研究。

近年来，不合理的土地利用所引起的土壤退化问题逐渐受到人们的关注。土壤退化是在自然或人为措施影响下，其物理、化学及生物等性质的退化，是人类对土壤的不合理利用而导致土壤质量和生产力下降的过程。土壤退化包括有机质的分解或含量下降、土壤养分的消耗（包括养分供应比例失调）、土壤酸化、微生物量和微生物商下降、生物活性降低、不合理的耕作管理（如连作）引起有害生物（如病原菌）的增加等，其中，有机质下降是土壤退化的重要标志。土壤微生物生长有赖于土壤的肥力水平和环境状况，土壤微生物和土壤肥力等环境因子之间具有相互促进作用和协同发展的关系。土壤微生物能够直接参与土壤中碳、氮等营养元素循环和能量流动，其数量和活性直接关系到土壤肥力高低，对土壤退化具有预警作用。水田改果园后，大于0.25 mm水稳定性团聚体、盐基饱和度、pH、有机质、全氮、碱解氮、微生物生物量、土壤呼吸强度等降低，并与改果园年限呈显著（$P<0.05$）或极显著（$P<0.01$）负相关（表5-2），这与以往许多报道基本一致。土壤通气性增强后，有机碳矿化速度加快，加之进入土壤的植物残体减少，引起土壤有机质含量下降，土壤固碳能力减弱；土壤有机质下降，致使水稳性团聚体减少，土壤结构变差，引起部分果树幼苗出现扎根不稳；有机质含量降低还引起全氮的降低，硝化作用增强致使碱解氮减少，导致土壤中氮素及其有效性降低，土壤肥力下降；由于酸性肥料的大量施用，硝化作用增强等原因使致酸H^+增加，土壤逐渐酸化；微生物生物量碳氮减少，生物活性减弱，导致养分供应能力减弱；由于土壤有机质和氮素含量降低等原因，致使养分胁迫增强；另外，由于果树生长期平均1~2个月使用一次除草剂和杀虫剂，也对土壤微生物和土壤质量产生不利影响。研究认为，水田改果园后，土壤质量下降，土壤逐渐退化。改果园后，应有针对性地采取措施，如增施有机肥，补充氮肥，施用适量石灰以防止土壤进一步酸化，避免或减少使用除草剂和杀虫剂，合理轮作等，以克服水田改果园后的障碍因子，实现土地健康发展与可持续利用。

5.1.4 结论

本研究表明，土壤微生物群落结构与土壤环境因子密切相关，水田改果园后土壤环境因子改变是引起土壤微生物群落结构变化的主要原因，其中田间含水量、有机质和碱解氮是决定水田和果园微生物群落结构差异的最重要因子。改果园后，微生物群落结构发生变化：土壤微生物磷脂脂肪酸总量，以及细菌、真菌、放线菌和原生动物的PLFAs减少，原生动物/细菌增加，G^-/G^+减小，硫酸盐还原菌在细菌中所占比例减少，好氧细菌和甲烷氧化菌在细菌中所占比例增加。随着改果园年限的延长，土壤微生物群落结构发生了阶段性变化，但不同利用方式与同一利用方式不同耕作年限相比，微生物群落结构对前者的响应程度更加明显。

水田改果园后，水稳定性团聚体、pH、有机质、全氮、碱解氮、微生物量碳、氮及活性等土壤环境因子和生物学指标随着改果园年限的延长而显著降低，导致土壤结构变差，碳汇作用减弱，养分胁迫增强，土壤向酸化方向发展，从而对土壤的健康发展和可持续利用产生不利影响。通过对比得出，水田是土壤（地）可持续利用的一种有效方式。

5.2 水田改林地后土壤形态及性状的演变

水田改林地后，促进土壤水耕熟化的人为滞水条件不复存在，土体的氧化还原环境也随之发生变化，土体由还原过程占优势向氧化过程为主过渡，由此引起土壤性态的演变。以往一些学者对水田改为其他利用方式后土壤基本性质的演变进行了研究，结果表明水田改为旱地后土壤pH、有机质、微生物生物量碳、氮及活性下降（Takahashi et al., 1999；张华勇等，2005；李太魁等，2013），而有关水田改为其他利用方式后土壤形态特征以及微生物群落结构演变趋势方面尚缺乏系统研究。本节选择并构建一个由水田改樟树林时间系列土壤剖面，采用时空互代法，探讨水田改樟树林后土壤剖面形态学特征、土壤理化性质，土壤微生物学性质的演变规律及其对土壤生态环境带来的影响。

5.2.1 材料与方法

5.2.1.1 研究区情况

采集地点为在浙江省绍兴市柯桥区福全镇赵家畈村，位于宁绍河网平原，属于中北亚热带季风气候过渡带，多年平均降水量在1 200~2 000 mm，降水日150~190 d，研究区域成土母质为湖相沉积物，海拔平均为4.8 m。

5.2.1.2 样品采集

样品在水稻已收获、田面落干时采集。土壤剖面分别在3个不同土地利用历史的农地采集，包括长期种植水稻的农地，水田改旱种植樟树12年和19年的农地。每一类农地各设置3个重复平行剖面，进行观察与采样，各相距5m，3个重复平行剖面构成一个等边三角形，所有剖面之间直线距离均不超过200m。每个剖面的挖掘深度均不少于120cm，依据土壤剖面发育状况，确定发生层及其深度，分层采集土壤样品。为增强可比性，在采集土壤剖面样品时，做了一定技术处理，即3块农田中采集的9个土壤剖面的相似发生层取土深度尽可能保持一致。土壤剖面0~12cm相当于改林地前水田土壤的耕作层，12~22cm相当于改林地前水田土壤的犁底层，22~47cm和47~88cm土层分别相当于改林地前水田土壤的淀积层（氧化还原层），88~130cm土层相当于改林地前水田土壤的脱潜层（图5-1），将3个重复平行剖面的对应发生层的土壤混合，构成一个混合土壤样品进行分析。水田施肥状况如下：平均每亩单季稻要施用尿素15 kg，过磷酸钙30 kg，氯化钾8 kg，以及复合肥15 kg；樟树林平均每亩施用尿素20 kg，过磷酸钙30 kg，氯化钾20 kg，复合肥20 kg。供试土壤信息详见表5-7。

田间采集的分层土样分为三部分，一部分带回实验室采用常规方法风干处理，分别过2mm、0.25mm和0.15mm土筛，用于土壤理化指标测定；另外两份置于塑料袋中，用冰块冷藏带回实验室，放入4℃冰箱；一部分尽快测定土壤微生物量，另一部分冷冻干燥后，放-80℃冰箱保存，测定土壤微生物磷脂脂肪酸含量。

表5-7 土壤剖面样品基本信息

剖面号	采样地点	发生分类土壤类型	改林地年限(年)	纬度	经度	利用方式	植被
ZJP_{33}	绍兴市柯桥区福全镇赵家畈村	青紫泥田	0	29°58'27"	120°30'2"	水田	单季稻
ZJP_4		改旱作前为青紫泥田	12	29°58'28"	120°30'1"	林地	香樟树
ZJP_6			19	29°58'27"	120°30'0"	林地	香樟树

5.2.1.3 样品测定和数据分析

自然含水量采用烘干法；颜色鉴定采用芒塞尔土壤标准比色卡法（新版标准土色帖，日本）进行比色；土壤pH采用电位法（土液比1∶2.5水浸提）；土壤颗粒组成采用吸管法；土壤有机质采用重铬酸钾-硫酸外加热法；全氮采用凯氏定氮法；碱解氮采用碱解扩散法；全磷采用NaOH熔融-钼锑抗比色法；速效磷采用0.05 mol/L HCl和0.012 5 mol/L H_2SO_4提取-钼锑抗比色法；全钾采用NaOH熔融-火焰光度法；速效钾采用NH_4OAc浸提-光焰光度计法，以上指标详细测定步骤参见文献（张甘霖和龚子同，2012）。土壤微生物生物量碳、氮采用氯仿熏蒸-K_2SO_4浸提，TOC自动分析仪测定。土壤微生物磷脂脂肪酸测定方法，结合MIDI Sherlock微生物鉴定系统（Version 4.5）对各成分脂肪酸进行鉴定。采用 Microsoft Excel 2007 软件进行数据分析。

5.2.2 结果与分析

5.2.2.1 土壤形态

水田改樟树林后，土壤结构体类型发生变化，结构体直径增加(表5-8)。改樟树林后，根孔、根系和植物茎叶等残体数量明显减少，根孔的连续性遭到破坏，尤其是原犁底层土壤变化最明显(表5-7)。随着种植香樟树年限的增加，耕作层和犁底层土壤中锈色斑纹逐渐失去鲜亮色泽、逐步淡化，甚至消失(图5-8、图5-9和表5-8)，其他发生层土壤中铁、锰斑纹变化不明显。本研究中，水田土壤剖面(ZJP33)的犁底层中有鳝血斑(图9f)，水田改樟树林后，鳝血斑逐渐减少，最后消失(图5-9和表5-8)。

表5-8 水田改樟树林系列土壤剖面形态特征

剖面号	发生层深度(cm)	土壤结构	土壤颜色(润)	新生体		
				类型	占结构体表面比例(%)	大小(mm)
ZJP_{33}	0~12	团块状(5~30 mm 为主)	棕黑色(2.5Y3/1)；暗赤褐色(2.5YR3/3，锈斑)	铁锈斑纹	30	2~5
	12~22	块状(20~50 mm 为主)	橄榄黑色(5Y3/1)	铁锈斑纹	25	2~5
				鳝血斑	20	10~50
	22~47	棱块状(50~100 mm 为主)	灰色(7.5Y4/1)	铁锈斑纹	12	1~4
	47~88	棱块状(40~100 mm 为主)	黑色(2.5GY2/1)；赤褐色(5YR4/3，铁锰斑)	铁锰斑纹	25	2~5
				铁锰密集	12	1~2
	88~130	软糊无结构(脱潜层下部)	灰色(N5/0)	铁锈斑纹	0	—
ZJP_4	0~12	块状(15~40 mm 为主)	暗灰黄色(2.5Y4/2)	铁锈斑纹	5	1~2
	12~22	大块状(>40 mm 为主)	灰色(5Y4/1)	铁锈斑纹	15	1~3
	22~47	大棱块状(60~130 mm 为主)	灰色(7.5Y4/1)	铁锈斑纹	10	1~5
	47~88	大棱块状(50~120mm 为主)	黑色(2.5GY2/1)；赤褐色(5YR4/4，铁锰斑)	铁锰斑纹	30	2~5
				铁锰密集	15	1~2
	88~130	15cm 块状(30~60 mm)(脱潜层上部)	灰色 N5/0	锈色气孔	10	2~10
		软糊无结构(脱潜层下部)		铁锈斑纹	0	—
ZJP_6	0~12	块状(30~60 mm 为主)	暗灰黄色(2.5Y4/2)	铁锈斑纹	0	—
	12~22	大块状(>50 mm 为主)	暗灰黄色(2.5Y4/2)	铁锈斑纹	5	1~2
	22~47	大棱块状(80~150 mm 为主)	灰色(7.5Y4/1)	铁锈斑纹	10	1~5
	47~88	大棱块状和片状(70~140 mm 为主)	黑色(2.5GY2/1)；赤褐色(5YR4/4，铁锰斑)	铁锰斑纹	30	2~5
				铁锰密集	15	1~2
	88~130	15cm 块状(40~80 mm)(脱潜层上部)	灰色(N5/0)	锈色气孔	15	2~20
		软糊无结构(脱潜层下部)		铁锈斑纹	0	—

图5-8　水田和樟树林土壤剖面

图5-9　水田改樟树林系列土壤剖面形态特征对比

注：土壤剖面的耕作层（a：从左至右依次为水田、改樟树林12年、19年，下同）、犁底层（b）、淀积层上部（c）、淀积层下部（d）和脱潜层（e）斑纹及色彩对比照；水田犁底层鳝血斑（f）。

5.2.2.2　土壤物理性质

水田改为樟树林后，土壤人为滞水水分状况不再存在，水分状况由人为滞水水分状况向潮湿水分状况转变，耕作层和犁底层土壤自然含水量明显降低，其他发生层自然含水量变化不明显（表5－9）。水田中地下水位为95 cm，在改樟树林12和19年后地下水位分别下降到105 cm和112 cm（图5－8）。

水田改樟树林后，剖面土壤基质的色值基本保持不变或有轻微变化，耕作层和犁底层土壤明度和彩度增加；其他发生层土壤颜色变化不明显。改樟树林后，耕作层和犁底层土壤容重和坚实度明显增加，孔隙度明显下降。水田改樟树林后，剖面中各发生层土壤颗粒组成变化不明显，黏粒含量在水田和樟树林土壤剖面中的分布很相似，可知在研究的尺度范围内（19年内），土壤质地不会有明显变化（图5－8、图5－9和表5－8）。

5.2.2.3　土壤化学性质

水田改樟树林后，耕作层土壤pH明显下降，其他发生层土壤pH变化不明显。土壤剖面中有机质含量随着种植樟树时间的延长和土壤剖面深度的增加呈降低趋势，并以耕作层和犁底层降低最为明显。水田改樟树林后，耕作层土壤中全氮和碱解氮含量明显下降，有效磷含量明显增加，全钾含量略微增加，全磷和有效钾含量变化不明显（表5－9、表5－10）。

表5-9　水田改樟树林系列剖面土壤基本理化性质

剖面号	发生层深度（cm）	自然含水量（%）	坚实度（kg/cm^3）	容重	孔隙度（%）	黏粒（<0.002mm）（g/kg）	pH 值	有机质（g/kg）
ZJP_{33}	0～12	59.20	0.38	0.95	64.03	293.67	5.57	47.17
	12～25	56.89	1.86	1.07	59.62	255.83	5.78	38.54
	25～47	29.78	2.8	1.50	43.25	270.08	7.37	11.94
	47～88	31.36	1.37	1.42	46.29	354.34	7.40	20.26
	88～130	32.24	1.07	1.37	48.14	314.71	6.05	4.01
ZJP_4	0～12	38.87	2.06	1.18	55.29	308.19	5.09	31.59
	12～25	43.91	2.8	1.20	54.71	252.11	6.32	29.99
	25～47	25.13	4.58	1.53	42.19	269.74	7.50	6.33
	47～88	28.65	3.29	1.41	46.88	371.04	7.39	14.59
	88～130	32.20	1.24	1.37	48.16	300.80	6.30	3.96
ZJP_6	0～12	34.78	2.96	1.27	52.25	309.64	4.55	27.32
	12～25	35.47	3.29	1.29	51.49	252.50	6.32	16.55
	25～47	25.91	6.08	1.55	41.34	266.41	7.34	6.16
	47～88	32.77	3.65	1.40	46.84	378.53	7.47	14.02
	88～130	32.04	1.37	1.37	48.38	317.08	6.11	3.97

表5-10　水田改樟树林系列剖面耕作层土壤养分

剖面号	发生层深度(cm)	TN(g/kg)	NH_4^+-N(mg/kg)	TP(g/kg)	AP(mg/kg)	TK(g/kg)	AK(mg/kg)
ZJP_{33}	0～12	2.63	241.84	0.69	3.26	14.62	80.77
ZJP_4	0～12	2.21	228.86	0.62	8.36	15.11	51.33
ZJP_6	0～12	1.56	178.25	0.85	25.30	17.12	66.96

5.2.2.4　土壤微生物性质

水田改樟树林后，土壤微生物生物量碳和氮随着种植樟树年限的延长而降低，在水田中土壤微生物生物量碳和氮含量分别为876.1mg/kg和60.4mg/kg，改种樟树12年后分别降低到603.6mg/kg和44.8mg/kg，种植樟树19年后分别降低到344.8mg/kg和22.9mg/kg。PLFA生物标记法分析表明，水田改樟树林后耕层土壤微生物种类整体比较相似，而总PLFAs含量及不同种类微生物含量均呈下降趋势（表5-11）。土壤微生物群落结构发生显著变化，好氧细菌与厌氧细菌比例明显增加，革兰氏阴性细菌与革兰氏阳性细菌比例明显下降，放线菌/细菌和原生动物/细菌略微增加，真菌与细菌比例先增加后下降（表5-11）。

表5-11　耕层土壤中不同种类土壤微生物比例

剖面号	总PLFAs (nmol)	真菌/细菌	放线菌/细菌	原生动物/细菌	革兰氏阴性细菌/革兰氏阳性细菌	好氧细菌/厌氧细菌
ZJP_{33}	198.14	0.110	0.156	0.018	0.636	2.816
ZJP_4	127.14	0.126	0.165	0.021	0.436	3.887
ZJP_6	109.82	0.085	0.168	0.021	0.348	5.429

注：本研究采用一种或多种特征脂肪酸之和表示土壤微生物的绝对含量和相对丰度。细菌的特征脂肪酸：12:00、i14:0、14:00、a15:0、15:00、i15:0、15:0 2OH、15:0 3OH、a16:0、16:1ω9c、16:1ω5c、16:00、16:0 Nalcohol、17:00、a17:0、cy 17:0、18:00、18:1ω7c、18:1ω5c、17:0 ISO 3OH、i19:0和cy19:0ω8c（Frostegård *et al*.，1996；钟文辉和蔡祖聪，2004；陈振翔等，2005；McKinley *et al*.，2005；颜慧等，2006；Liang *et al*.，2012）；真菌的特征脂肪酸：18:1ω9c、18:2ω6c、18:3ω6c（6，9，12）和20:1ω9c；放线菌的特征脂肪酸：16:0（10Me）、17:0（10Me）、18:0（10Me）和19:0（10Me）；原生动物的特征脂肪酸：革兰氏阴性细菌的特征脂肪酸：20:2 w6，9c和20:4 w6，9，12，15c；16:1ω5c、17:1ω8c、18:1ω5c、18:1ω7c和cy17:0；革兰氏阳性细菌的特征脂肪酸：i14:0、a15:0、i15:0、a16:0、i16:0、a17:0、i17:0和a18:0；好氧细菌的特征脂肪酸：a15:0、i15:0、15:0、i16:0、a17:0、i17:0和17:0；厌氧细菌的特征脂肪酸：18:1ω7c（Frostegård *et al*.，1996；钟文辉和蔡祖聪，2004；陈振翔等，2005；McKinley *et al*.，2005；颜慧等，2006；Liang *et al*.，2012）。

5.2.3　讨论

5.2.3.1　水田改樟树林后土壤形态特征的演变

水田改樟树林后，由于翻耕减少等原因，土壤结构体类型发生变化，结构体直径增加，同时耕作层和犁底层土壤容重和坚实度明显增加，孔隙度明显下降。改樟树林后，由于土体变干，土粒收缩过程中产生一些裂隙，根孔的连续性遭到破坏，尤其是犁底层土壤变化最明显，同时，根孔数量明显减少。此外，改樟树林后，土壤剖面耕作层和犁底层土壤中根系和植物茎叶等残体明显减少，这也是水田改樟树林后土壤有机质含量降低的重要原因。随着改旱年限的延长，地下水位逐渐下降，推测这与缺少地表灌溉水的补给有关。

随着种植香樟树年限的增加，耕作层和犁底层土壤中锈色斑纹逐渐失去鲜亮色泽、逐步淡化；并逐渐减少、破碎，最后与整个土体混合；其他发生层土壤中铁锰斑纹，变化不明显。本研究中，水田土壤剖面（ZJP33）的犁底层中有鳝血斑。水田改樟树林以后，由于土壤表层水分含量的减少，反复的耕作，使这些水耕条件下形成的鳝血斑逐渐减少，最后消失。

5.2.3.2　水田改樟树林后土壤理化性质的演变

水田改樟树林后，耕作层和犁底层土壤颜色变化主要与土壤有机质下降及氧化铁化学形态变化有关。水田改樟树林后，剖面中各发生层土壤颗粒组成变化不明显，这主要是由于土壤颗粒组成主要决定于成土母质，利用方式的改变在短时间内对其影响不大。

水田改樟树林后，土壤水分状况和施肥量等土壤环境和土地耕作制度的改变，使土壤性质产生显著变化。水田改樟树林后，由于土壤透气性改善，土壤硝化作用增强，土壤中大量 Mn^{2+}、Fe^{2+} 等离子被氧化，这些过程释放出大量质子（H^+）使土壤变酸；另外，水田改樟树林后，氯化钾等酸性肥料施用量增加也会加速土壤的酸化。此外，水田改樟树林后垂直淋洗增强也会对耕作层土壤 pH 产生影响。

水田改樟树林后，由于土壤通气性增强，土壤微生物对有机质的分解速度加快，土壤有机质的化学氧化加速，使土壤剖面有机质含量下降；此外，水田改樟树林后植物残体进入土壤的数量减少，也会引起土壤有机质含量降低。水田改樟树林后，表下层土壤有机质含量略微降低，主要与水田改樟树林后，随黏粒淋溶并淀积到表下层的有机质减少有关。水田改樟树林后，土壤有机质含量的降低还引起土壤全氮和碱解氮含量的下降。水田改樟树林后，土壤钾肥施用量比水田增加，使土壤中全钾含量增加，而钾素需求量随樟树树体增长而变化，因而土壤中有效钾含量出现波动。水田改樟树林后，磷肥施用量差异不明显，因而耕作层土壤全磷含量变化不明显；水稻土在淹水过程中形成难溶性的 $FePO_4$，增加了土壤对磷的吸附，降低了磷的解析和有效性；另外，改樟树林后土壤有机质含量明显降低，微生物通过矿化有机质使磷释放，转化为作物可用的磷，因而改樟树林后，土壤有效磷含量增加较明显。

5.2.3.3　水田改樟树林后生物学性质的演变

受水田改樟树林后土壤微生物的主要营养物质（水分、碳源和氮源）下降等因素的影响，土壤微生物生物量碳氮、土壤微生物总 PLFAs 和不同种类微生物 PLFAs 含量降低(表5-11)。土壤微生物群落结构发生显著变化，由于土壤通气性改善，因而好氧细菌与厌氧细菌比例明显增加，放线菌和原生动物与细菌的比例略微增加。水田改樟树林后，由于土壤通气性改善，种植香樟树前期真菌与细菌比例增加；改樟树林一段时间后，随着水分和有机质的进一步降低，真菌与细菌比例下降。

5.2.3.4 水田改樟树林带来的环境效应

温室气体的排放是水田改旱作后带来的最主要环境问题。全球气候变化的主要原因是由于人类活动向大气中排放过量的 CO_2、CH_4 和 N_2O 等温室气体而引起的。全球1 m深土层中有机碳含量约为植被碳含量的3倍、大气碳含量的2倍，每年进入土壤的贮存和以 CO_2 形式释放的碳量大约占土壤有机碳总量的4%，每年因土地利用变化所释放的 CO_2 约占全球 CO_2 释放量的25%，因而土壤中的有机碳既是碳汇又是碳源，我国农业源碳占温室气体排放总量的17%(董红敏等，2008)。在淹水植稻条件下，耕层土壤处于厌氧还原状态，产甲烷细菌以 CO_2 和 CH_3COOH 等含碳小分子化合物为电子受体，合成 CH_4。水田改樟树林后，土壤氧化还原状况发生改变，产甲烷菌不能在好氧条件下生存，因而 CH_4 排放明显降低甚至消失，取而代之的是，大量的土壤有机碳被氧化，以 CO_2 的形式释放到大气中，增加了温室气体 CO_2 的排放。

有研究表明，水田改玉米地后表层土壤(0~15 cm)有机碳损失率(1.9 t/hm^2·a)(李志鹏等，2007)。依据单正军等(1996)和中国土壤系统分类检索(2001)估算温室气体排放的方法，根据土壤有机碳的剖面分布特征，分层计算土壤有机碳损失量的计算公式为 $C = 0.58 * H \cdot B \cdot O$，其中0.58为土壤有机碳与土壤有机质的转换系数，C为土壤有机碳密度(kg/m^2)，H为土层厚度(m)，B为土壤容重(kg/cm^3)，O为有机质含量(kg/kg)(具体数据见表5-9)。依据上述计算方法将计算出的各土层有机碳相加，就是一定深度土壤中有机碳总量。水田和种植樟树19年的土壤1 m以内土体有机碳总量的差值，即水田改樟树林19年期间，1 m以内土体固定的有机碳的减少量。通过计算，本研究中水田改樟树林19年后，1 m内土体固碳量减少5.37 kg/m^2(53.7 t/hm^2)。

水田在渍水嫌气条件下，土壤有机态氮的矿化过程主要停留在氨化阶段，以铵态氮形态积累，水田改樟树林后土壤硝化作用增强，NH_4^+ 由于被消耗而下降(表4)，该过程同时释放出NO和 N_2O，造成氮素的损失，反应过程如下：$NH_4^+ \rightarrow NH_2OH \rightarrow NO \rightarrow NO_2^- \rightarrow NO_3^- + N_2O$。水田改樟树林后土壤有机质矿化释放的大量氮素，被农作物吸收、随水土流失或进入大气，引起有机氮含量的下降，最终引起全氮含量的降低(吴文斌等，2007)，并对大气和水体带来一定影响。

5.2.4 结论

研究表明，水田改樟树林后，土壤含水量、有机质、全氮、碱解氮及微生物量碳、氮等土壤理化指标和生物学指标随着种植香樟树年限的延长而显著降低，并引起土壤酸化，土壤结构变差，碳汇作用减弱，土壤综合肥力下降，从而对土壤的健康发展和可持续利用产生不利影响。土壤微生物群落结构不仅受土壤环境因子变化影响，而且能够对土壤环境产生重要影响。水田改樟树林后，土壤微生物磷脂脂肪酸总量和不同种类土壤微生物数量减少，微生物群落结构发生显著改变，土壤生态功能减弱。结果表明，供试土壤环境因子的改变是引起土壤微生物群落结构变化的主要原因。研究表明，监测土壤微生物群落结构的变化是评价土地利用变化及土壤可持续利用的一种有效方法，水田改樟树林后，土壤性态发生显著变化，并对土壤生态环境带来显著影响。

5.3 土壤黏土矿物及氧化铁的变化

黏土矿物种类和含量受气候、地形、植被、基岩类型等综合因素制约，是常用的示踪标记物，可以反映土壤成土环境、相应的成土作用过程及土壤发生机制。黏土矿物组合的变化反映了气候冷、暖周期性旋回，记录了搬运、再沉积和环境演化的重要信息，因此，黏土矿物在物质来源及运移、沉积环境等研究中具有重要意义。氧化铁是土壤物质的重要组分，是土壤中性质较为活泼的变价元素，在氧化还原条件波动的情况下，铁可因得失电子而淋溶或淀积。土壤中氧化铁的氧化还原作用是水稻土形成过程中重要的化学过程，其在水稻土剖面的发生和特征层的形成中起着重要的作用。土壤中铁氧化物可以多种形态存在，它们之间的相互转化可归纳为两个相反的过程，即老化和活化，前者沿着“离子态－非晶质态－弱晶质态－晶质态”的方向转化，后者沿着前者相反的方向转化。土壤氧化铁形态的转化与温度、水分、pH、Eh、有机质等环境条件有关。水田改旱后，促进土壤水耕熟化的人为滞水条件不复存在，土壤剖面的氧化还原环境随之发生了明显的变化，土壤剖面形态和发生学特性也相应地发生改变。以往的研究中已注意到水田改旱后土壤形态及游离铁、活性铁含量的变化，但对改旱后土壤氧化铁和黏土矿物动态演变规律的研究较少。为此，本研究在浙江省水网平原地区选择并构建4个改林地土壤剖面系列，采用时空互代法，研究了水田改林地后土壤剖面中氧化铁分布和黏土矿物的变化。

5.3.1 材料与方法

5.3.1.1 供试土壤

在浙江省范围内选择并构建了4个水田改林地的不同年限土壤系列，共12个土壤剖面，分别采自12个独立的田块。每个系列包含一个长期种植水稻的土壤剖面和2个改林地不同年限的土壤剖面（表5-12）。4个系列的土壤类型分别为腐心青紫泥田、青紫泥田、青粉泥田和小粉泥田（分别用QYP、TSP、TJP和JYP表示），属于水稻土土类，其中QYP、TSP、TJP属于脱潜水稻土亚类；JYP属渗育水稻土亚类。土壤母质为湖沼相淤积物、湖海相沉积物或河海相沉积物。4个系列土壤地形均为平原，海拔为2.7~5.2m。

根据土壤剖面发育状况，确定发生层及其深度，分层采集土壤样品。为增强可比性，样品在采集时，同一系列的土壤剖面样品空间距离尽量靠近，原则上同一系列的任意2个剖面直线距离不超过400m。在采集改林地的土壤剖面分层样品时，做一定技术处理，即同一系列不同剖面相似发生层取土深度尽可能保持一致。田间采集的分层土样分为两部分，一部分带回实验室采用常规方法风干处理，分别过2mm、0.25mm和0.15mm土筛，用于土壤理化指标测定；另一份置于塑料袋中，用冰块冷藏带回实验室，尽快提取亚铁，同时用烘干法测定含水率，矫正分析结果。

表5-12　土壤剖面样品基本信息

剖面系列	地点	剖面号	地理位置	植树年限（年）	利用方式	植被
腐心青紫泥田改林地系列	嘉兴市南湖区大桥镇江南村	QYP_1	30°44'50"N、120°51'47"E	0	水田	单季稻
		QYP_2	30°44'52"N、120°52'9"E	7	果园	葡萄树
		QYP_3	30°45'1"N、120°51'56"E	15		
青紫泥田改林地系列	绍兴市柯桥区福全镇赵家畈村	TSP_1	29°58'27"N、120°30'2"E	0	水田	单季稻
		TSP_2	29°58'28"N、120°30'1"E	12	林地	香樟树
		TSP_3	29°58'27"N、120°30'0"E	19		
青粉泥田改林地系列	杭州市余杭区瓶窑镇窑北村	TJP_1	30°24'27"N、119°56'24"E	0	水田	单季稻
		TJP_2	30°24'26"N、119°56'23"E	8	果园	桃树
		TJP_3	30°24'24"N、119°56'18"E	20		
小粉泥田改林地系列	杭州市萧山区新塘街道霞江村	JYP_1	30°8'43"N、120°19'26"E	0	水田	双季稻
		JYP_2	30°8'42"N、120°19'22"E	8	林地	香樟树
		JYP_3	30°8'30"N、120°19'26"E	15		

5.3.1.2　研究方法

研究的分析内容包括土壤pH、有机质、黏土矿物组成和不同氧化铁形态等。分析方法如下：含水量采用烘干法测定；pH测定采用电位法（土液比1∶2.5水浸提）；有机质采用重铬酸钾-硫酸外加热法测定；全量铁采用HF-$HClO_4$-HNO_3消化，游离态铁采取DCB（即连二亚硫酸钠-柠檬酸钠-碳酸氢钠）法提取，无定形态铁采用草酸铵-草酸缓冲液（pH3.2）提取，络合态铁采用焦磷酸钠溶液提取，亚铁采用$Al_2(SO_4)_3$溶液提取，采用邻菲啰啉比色法测定。黏土矿物组成：去除土壤中的有机质和游离铁后，用沉降–虹吸法提取＜2 μm的黏粒组分，用 $MgCl_2$ 和甘油饱和，制成定向片，X射线衍射仪测定。

5.3.2　结果与分析

5.3.2.1　土壤水分条件和地下水位的变化

土壤 QYP_1、TSP_1、TJP_1 和 JYP_1 所在田块长期种植水稻，大多数年份土温＞5℃时至少有3个月被灌溉水饱和，并呈还原状态，这些土壤具有人为滞水水分状况。改林地后，水田土壤人为滞水水分状况不再存在，由于缺少地表水的补给，地下水位逐渐下降（图5–10）。

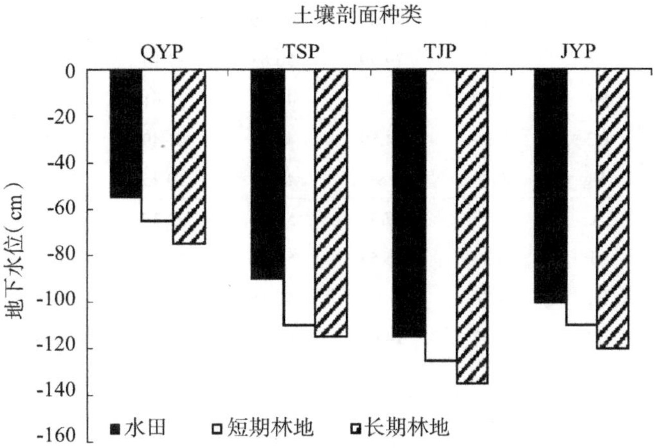

图5–10　水田和林地土壤剖面地下水位

注：QYP，TSP，TJP和JYP分别代表腐心青紫泥田、青紫泥田、青粉泥田和小粉泥田改林地系列土壤剖面，下同。

5.3.2.2　土壤 pH 和有机质的变化

水田改林地后，耕作层土壤pH明显下降，腐心青紫泥田、青粉泥田和小粉泥田系列犁底层土壤pH呈下降趋势。改林地后，土壤淀积层、母质层和潜育层土壤受施肥及地表灌溉水影响较小，这些发生层土壤pH轻微降低或无明显变化（表5–13）。

表5–13　水田和林地土壤剖面中铁氧化物组成

土壤剖面	采样深度(cm)	土层	pH 值	有机质(g/kg)	全铁(g/kg)	游离铁(g/kg)	活化度(%)	晶胶比	络合铁(g/kg)
QYP_1	0～14	A	6.36	37.47	44.52	16.79	52.37	0.91	2.53
	14～30	AP	7.13	30.61	45.52	16.39	43.21	1.31	1.55
	30～75	Wg	7.74	26.80	48.18	22.91	27.93	2.58	1.42
QYP_2	0～14	A	6.08	29.06	47.24	18.08	42.90	1.33	1.58
	14～30	AP	7.10	22.16	47.59	17.80	27.79	2.60	1.43
	30～75	Wg	7.59	24.55	50.94	19.74	30.91	2.23	1.53

（续表）

土壤剖面	采样深度(cm)	土层	pH 值	有机质(g/kg)	全铁(g/kg)	游离铁(g/kg)	活化度(%)	晶胶比	络合铁(g/kg)
QYP_3	0 ~ 14	A	5.67	24.68	46.97	18.46	29.52	2.39	1.76
	14 ~ 30	AP	6.33	21.25	46.15	18.18	21.99	3.55	1.65
	30 ~ 75	Wg	7.50	23.31	48.57	17.45	35.52	1.82	1.55
TSP_1	0 ~ 12	A	5.57	47.17	47.05	20.58	59.75	0.67	2.15
	12 ~ 25	AP	5.78	38.54	49.42	21.17	49.29	1.03	1.77
	25 ~ 47	B1	7.37	11.94	50.32	22.87	12.88	6.77	0.81
	47 ~ 88	B2	7.40	20.26	43.58	21.29	13.71	6.29	0.64
	88 ~ 130	Wg	6.05	4.01	43.44	10.30	93.63	0.07	0.17
TSP_2	0 ~ 12	A	5.09	31.59	49.75	22.04	48.51	1.06	1.54
	12 ~ 25	AP	6.32	29.99	50.83	22.15	34.47	1.90	0.82
	25 ~ 47	B1	7.50	6.33	47.57	21.61	13.51	6.40	0.66
	47 ~ 88	B2	7.39	14.59	44.40	21.49	15.26	5.55	0.57
	88 ~ 130	Wg	6.30	3.96	43.49	10.25	93.04	0.07	0.14
TSP_3	0 ~ 12	A	4.55	27.32	50.55	22.37	44.97	1.22	1.37
	12 ~ 25	AP	6.32	16.55	51.41	22.59	24.16	3.14	0.73
	25 ~ 47	B1	7.34	6.16	47.15	21.23	12.38	7.08	0.62
	47 ~ 88	B2	7.47	14.02	45.66	22.11	17.58	4.69	0.27
	88 ~ 130	Wg	6.11	3.97	43.79	10.35	93.24	0.07	0.14
TJP_1	0 ~ 17	A	5.82	40.23	55.88	20.13	38.73	1.58	1.83
	17 ~ 30	AP	5.71	27.00	65.65	26.40	13.83	6.23	1.54
	30 ~ 65	B1	6.71	7.95	89.37	44.40	2.64	36.85	0.08
	65 ~ 85	B2	7.00	7.23	104.92	53.89	1.84	53.35	0.06
	85 ~ 140	Wg	6.97	7.88	77.69	31.81	4.99	19.04	0.06
TJP_2	0 ~ 17	A	5.63	30.63	60.72	22.06	29.59	2.38	1.56
	17 ~ 30	AP	5.45	21.01	60.64	23.73	14.58	5.86	1.27
	30 ~ 65	B1	6.66	7.93	85.59	42.51	2.89	33.57	0.06
	65 ~ 85	B2	6.79	6.82	100.10	46.90	2.10	46.66	0.06
	85 ~ 140	Wg	6.76	7.23	77.60	30.17	4.94	19.24	0.56
TJP_3	0 ~ 17	A	5.12	23.30	61.14	24.24	19.81	4.05	1.44
	17 ~ 30	AP	5.05	15.64	60.26	22.21	15.61	5.40	0.86
	30 ~ 65	B1	5.85	7.70	83.74	39.96	3.02	32.09	0.41
	65 ~ 85	B2	6.34	6.85	106.35	54.32	2.38	41.02	0.05
	85 ~ 140	Wg	6.88	7.24	77.55	29.40	4.83	19.71	0.55
JYP_1	0 ~ 12	A	6.51	37.07	47.35	12.20	63.76	0.57	2.95
	12 ~ 22	AP	6.54	20.10	49.59	11.29	71.12	0.41	2.39
	22 ~ 67	B	7.97	9.93	43.06	10.19	26.57	2.76	1.26
	67 ~ 120	C	8.30	5.98	56.74	16.57	7.69	12.01	0.75

（续表）

土壤剖面	采样深度(cm)	土层	pH 值	有机质(g/kg)	全铁(g/kg)	游离铁(g/kg)	活化度(%)	晶胶比	络合铁(g/kg)
JYP_2	0 ~ 12	A	6.08	27.80	47.72	12.26	55.55	0.80	2.04
	12 ~ 22	AP	6.42	16.63	50.86	11.46	58.35	0.71	1.58
	22 ~ 67	B	7.89	7.62	46.21	11.36	17.98	4.56	1.04
	67 ~ 120	C	8.26	4.72	56.40	16.50	7.17	12.95	0.75
JYP_3	0 ~ 12	A	4.72	23.37	47.93	12.68	50.34	0.99	1.96
	12 ~ 22	AP	5.75	14.22	51.56	12.49	43.38	1.30	1.24
	22 ~ 67	B	7.88	6.78	48.34	11.58	14.75	5.78	0.68
	67 ~ 120	C	8.20	4.41	56.30	16.17	7.03	13.22	0.63

注：各形态铁均以 Fe_2O_3 计。

水田改林地后，4个系列土壤有机质随着植树时间延长整体呈现下降趋势，并以耕作层和犁底层有机质降低最为明显（表5－14），此外土壤剖面中有机质含量随着土层深度的增加逐渐降低。

5.3.2.3　土壤黏土矿物组成的变化

研究选取受人为干扰相对较小的犁底层土壤，通过X射线衍射技术（X-ray diffraction analysis，XRD）对水田改林地系列犁底层土壤黏土矿物类型进行半定量鉴定，衍射图谱见图5－11。黏土矿物的相对含量采用伊利石、高岭石、绿泥石和蒙脱石特征

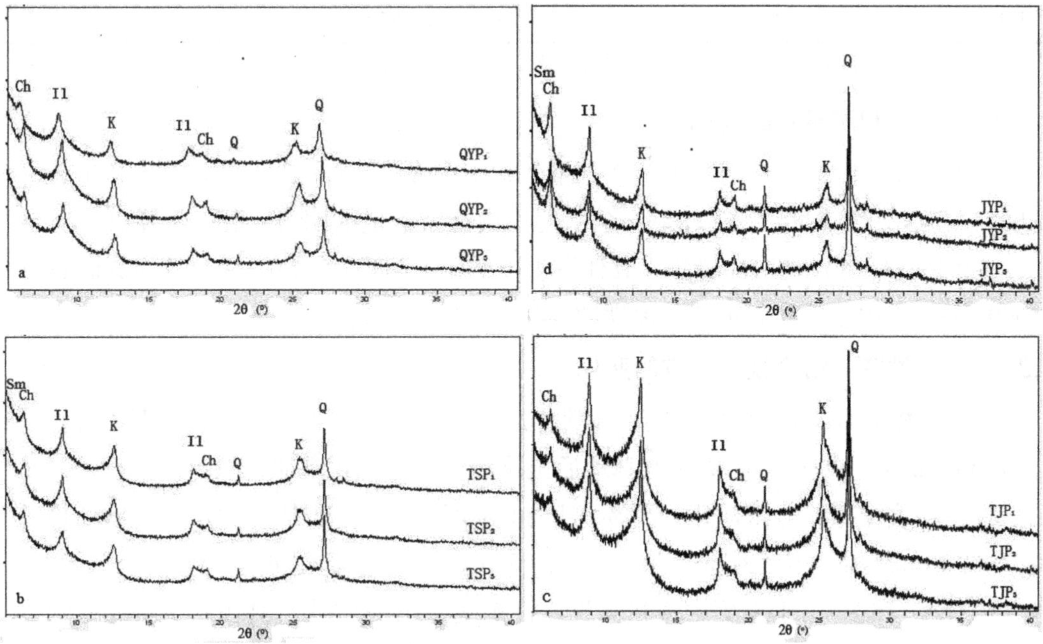

图5－11　水田和林地犁底层土壤黏土X射线衍射图谱

注：a、b、c和d分别代表腐心青紫泥田、青紫泥田、青粉泥田和小粉泥田改林地系列剖面；Q：石英；K：高岭石；Ch：绿泥石；Il：伊利石；Sm：蒙皂石。

衍射峰的面积百分比求出，将4种矿物的总含量校正为100%后，得出各矿物的相对含量（表5-14）。结果表明，4个水田改林地系列土壤黏土矿物均以高岭石和伊利石为主，含量分别在29.2%~54.2%和27.1%~55.2%；其次为绿泥石和蒙脱石，含量分别在3.0%~20.5%和13.7%~22.9%。水田改林地后由于自然含水量等因素的影响，犁底层土壤中绿泥石相对含量有轻微降低趋势，同时绿泥石与高岭石的比值降低，其他黏土矿物类型及相对含量变化规律不明显。

表5-14　水田和林地土壤剖面犁底层土壤主要黏土矿物相对比例

土壤剖面	高岭石（%）	绿泥石（%）	伊利石（%）	蒙皂石（%）	绿泥石 / 高岭石	伊利石 / 高岭石	蒙脱石 / 高岭石
QYP_1	43.8	6.8	49.4	–	0.16	1.13	–
QYP_2	40.7	6.8	52.5	–	0.17	1.29	–
QYP_3	40.3	4.6	55.2	–	0.11	1.37	–
TSP_1	42	5.5	29.7	22.8	0.13	0.71	0.54
TSP_2	38.4	5.2	34.3	22.2	0.14	0.89	0.58
TSP_3	47	3	27.1	22.9	0.06	0.58	0.49
TJP_1	52.2	15.6	32.2	–	0.30	0.62	–
TJP_2	54.2	15.9	29.9	–	0.29	0.55	–
TJP_3	50.8	13.9	35.3	–	0.27	0.69	–
JYP_1	29.2	20.5	34.2	16.2	0.70	1.17	0.55
JYP_2	35.3	15	35.7	14	0.42	1.01	0.40
JYP_3	38.5	14.9	32.9	13.7	0.39	0.85	0.36

注："–"表示"无"；石英（是原生矿物残留）不属于黏土，因而未参与计算。

5.3.2.4　全铁和游离铁的变化

水田改林地后，土壤剖面中全铁含量变化不明显（表5-13），这表明在研究的时间尺度范围内（20年），水田改林地不会引起土壤全铁含量的明显变化。土壤耕作层和犁底层游离氧化铁有轻微增加趋势，其他发生层变化不明显（表5-13），这与Takahashi等（1999）关于水田改旱作后土壤游离铁的变化规律基本一致。

5.3.2.5　活性铁、络合铁和亚铁的变化

水田改林地后，4个系列土壤剖面耕作层和犁底层土壤中活性铁含量明显降低，这与Takahashi等（1999）关于水田改林地后土壤活性铁的变化规律一致。改林地15~20年后，腐心青紫泥田、青紫泥田、青粉泥田和小粉泥田改林地系列耕作层土壤活性铁分别下降38.0%、18.2%、38.4%和18.0%，活化度分别下降43.6%、24.7%、48.9%和34.9%（表5-15）。由于土壤中大量活性铁逐渐老化为晶质铁，耕作层土壤铁氧化物的晶胶比分别增加了1.62、0.82、1.56和0.73倍（表5-13）。

络合铁（Fep）是游离铁与有机质结合形成的，属于无定形物质。土壤中络合铁的形

成是引起铁离子在土壤中移动的重要原因之一。改林地15~20年后，4个系列土壤剖面中络合铁含量有降低的趋势（表5-13），其中，耕作层络合铁分别下降30.4%、36.2%、21.3%和33.6%，且其含量随剖面深度的增加而降低，这与土壤剖面中有机质的剖面分布一致。相关性分析显示，4个系列土壤剖面中络合铁和有机质呈显著正相关，相应的相关性系数分别为$r_1=0.74^{*}$（$n_1=9$）、$r_2=0.92^{**}$（$n_2=15$）、$r_3=0.94^{**}$（$n_3=15$）和$r_4=0.96^{**}$（$n_4=12$），表明水田改林地后，土壤有机质含量变化是引起土壤络合铁含量变化的重要原因。

水田改林地后，氧化还原电位升高，化学氧化速率明显加快，大量Fe(Ⅱ)在化学氧化和微生物的作用下，重新被氧化为Fe(Ⅲ)。改林地后4个系列土壤剖面中Fe(Ⅱ)含量都呈现降低趋势，其中耕作层和犁底层土壤中亚铁含量降低最明显（表5-15）。改林地后4个系列土壤亚铁总量的变化趋势和活性铁的变化趋势基本一致，亚铁与活性铁相关系数分别为$r_1=0.72^{*}$（$n_1=90$）、$r_2=0.75^{**}$（$n_2=15$）、$r_3=0.82^{**}$（$n_3=15$）和$r_4=0.62^{*}$（$n_4=12$），其中耕作层亚铁含量变异较大，介于78.70%~143.88%。

表5-15 水田改林地系列土壤剖面中亚铁的描述性统计

土壤剖面号	土层（cm）	平均值 ± 标准差（mg/kg）	最大值（mg/kg）	最小值（mg/kg）	变异系数（%）
QYP	0 ~ 14	318.98 ± 251.03	607.46	150.24	78.70
	14 ~ 30	273.36 ± 170.77	446.58	105.16	62.47
	30 ~ 75	204.73 ± 106.29	281.08	83.34	51.92
TSP	0 ~ 12	390.54 ± 471.28	932.69	78.74	120.68
	12 ~ 25	112.94 ± 134.05	267.50	28.33	118.69
	25 ~ 47	12.02 ± 0.20	12.25	11.89	1.64
	47 ~ 88	12.79 ± 2.58	15.59	10.51	20.15
	88 ~ 130	585.44 ± 29.44	615.10	556.22	5.03
TJP	0 ~ 17	175.62 ± 161.48	360.69	63.36	91.95
	17 ~ 30	190.16 ± 174.02	387.80	59.93	91.51
	30 ~ 65	29.79 ± 6.12	36.10	23.87	20.56
	65 ~ 85	27.04 ± 3.05	29.70	23.70	11.30
	85 ~ 140	33.65 ± 10.26	45.39	26.41	30.49
JYP	0 ~ 12	610.16 ± 877.90	1 623.07	68.89	143.88
	12 ~ 22	335.66 ± 451.29	855.47	43.90	134.45
	22 ~ 67	16.75 ± 4.49	21.84	13.33	26.82
	67 ~ 120	16.06 ± 2.01	17.87	13.90	12.50

5.3.3 讨论

5.3.3.1 水田改林地后土壤pH值和有机质的演变

水田改林地后，人为滞水水分状况消失，土壤通气性增强，氧化还原电位升高，土壤中NH_4^+-N在硝化细菌的作用下转化为NO_2^--N和NO_3^--N，大量的Mn^{2+}和Fe^{2+}被氧化，释放出大量的质子（H^+），使土壤酸化。水田改林地后，由于施用大量氯化钾、过磷酸钙等酸性肥料也加速土壤的酸化。此外，水田改林地后垂直淋洗增强也会对土壤pH值产生影响。

水田淹水条件下氧气减少，土壤中的好氧微生物活动基本停止，导致未分解的有机质慢慢积累，改林地后人为滞水水分状况的消失，土壤处于好气状态通气性增强，微生物对有机质的分解速度加快，致使剖面中有机质含量降低。此外，改林地后土壤更加充分地暴露在空气中，促进了有机质化学氧化；植物根系、枝干等植物残体进入土壤的数量减少，致使土壤有机质总量下降。有研究表明，水稻土中有机碳和铁铝键合态的稳定结合可以降低有机碳矿化速率，增强其化学稳定作用，因而，通常情况下水田土壤中有机碳较林地土壤高，且积累较快。

5.3.3.2 水田改林地后土壤氧化铁的演变

在土壤形成过程中土壤氧化铁发生明显的变化，因此，土壤氧化铁特性的研究一直是土壤发生学的重要研究内容。水田改林地后土壤耕作层和犁底层土壤游离氧化铁有轻微增加趋势（表5-13），原因主要有以下两方面：第一，水稻土淹水后铁在剖面中容易发生淋溶迁移，水田改林地后，铁在剖面中还原淋溶、氧化淀积作用明显减弱，甚至消失；第二，由于稻田在季节性干湿交替或强降雨导致大量铁随排水流失，而进入到周边林地土壤，使得水稻土耕作层和犁底层土壤铁减少，周边林地氧化铁含量相对增加。检测结果表明，青紫泥田水稻土表面积水中铁离子浓度达到1.1 mg/L。活性铁（Fe_o）是一种不发生X射线衍射、比表面积较大、活性较高的水合氧化铁。淹水使土壤活性氧化铁的含量显著增加，土壤落干又使活性氧化铁转化为结晶态氧化铁，两者可相互转化。水田改林地后，土壤水分含量显著降低，大量活性铁逐渐老化转化为晶质铁；此外土壤有机质含量降低对氧化铁结晶化抑制作用减弱，致使耕作层和犁底层土壤中活性铁含量明显降低，这与Takahashi等（1999）和姚玉才等（2018）关于水田改林地后土壤活性铁的变化规律一致。

5.3.3.3 土壤氧化铁形态变化对环境的影响

氧化铁和有机质是土壤结构的主要胶结物质，其形态及含量对土壤结构和团聚体的形成具有重要影响。游离氧化铁是土壤中可变正电荷和负电荷的主要载体，其对某些重金属离子和某些多价的含氧酸根有专性吸附，制约着它们在土壤中的活性。此外，游离氧化铁还是土壤重要的矿质胶结物质，对土壤结构的形成起桥接或联结的作用，并是决定土壤颜色的一个重要因素。改林地后，4个系列土壤剖面氧化铁形态及空间分布发生显著变化，并对土壤环境产生很大影响。铁氧化物和氢氧化物具有较大的比表面积及表面的化学活性，对部分重金属（如铅、铜、镉、锌）、非金属（如硒、氟）和含氧阴离子（如磷酸盐），有很高的吸附容量，控制着这些元素的形态、浓度和迁移转化，对这些元素植物有效性和环境毒性产生重要影响。重金属一般以专性吸附方式被铁氧化物吸附，被吸附的重金属离子不易通过离子交换反应释放到溶液中。土壤去除氧化铁和有机质后的总孔体积和总孔隙率显著降低，尤其以氧化铁的影响更为明显。水田改林地后，虽然因铁还原溶解而释放的重金属减少，但土壤氢氧化铁、活性铁等比表面积较大的土壤铁氧化物逐渐老化为晶质态，其比表面积下降，对重金属和非金属的吸附能力降低，从而影响到这些元素的植物有效性和环境毒性。无定形氧化铁在淹水条件，可增加对磷的吸附。水田改林地后，土壤中活性铁含量降低，对磷的吸附性减弱，从而增加了磷素在环境中的淋失风险。

5.3.4　结论

水田改林地后，土壤剖面的地下水位下降，土壤逐渐酸化，有机质含量下降，土壤绿泥石含量下降。土壤氧化铁形态和空间分布发生明显变化，整体表现为土壤剖面发生层中全铁变化不明显，游离铁含量略微增加，活性铁、络合铁、亚铁总量呈降低趋势，铁氧化物的晶胶比显著增加。水田改林地后，土壤发生学性质发生显著变化，土壤铁氧化物形态和数量的变化能够对土壤结构及土壤重金属的迁移转化等产生重要影响。

5.4　种植苗木后水稻土表层发生学性状的变化

水稻土在长期、频繁的淹水耕作下，土壤剖面上部和下部分别形成了水耕表层（包括耕作层和犁底层）和水耕氧化还原层。淹水时，水耕表层上部亚层（耕作层）土壤因受水耕搅拌而糊泥化，土色偏暗；排水时，水耕表层的结构面上可形成明显的锈纹、锈斑，长期耕作的结果使水耕表层的下部亚层（犁底层）土壤容重对上部亚层（耕作层）土壤容重的比值较高，一般高于1.1。这些特征也是鉴定水稻土的重要依据之一。水田改种为蔬菜、苗木、瓜果等经济作物后明显地影响土壤的水分管理和耕作方式，土壤剖面的氧化还原环境也发生了明显的变化，由此引起土壤性质的演变。为了解种植苗木后水稻土发生学性状的变化，本节通过田间观察和室内分析研究了种植苗木后水稻土水耕表层相关特征的变化。

5.4.1 材料与方法

分别在浙江省绍兴市柯桥区和杭州市萧山区选择代表性区域，通过采集系列土壤样品，对比分析种植苗木后水耕表层性状的变化。在柯桥区境内共选择了的9组水稻田-苗木地对比土壤，它们分属于浙江省土壤发生分类的9个土属，用于比较的对照（稻田）和苗木地分布相邻，距离在10~120m，属于相同制图单元（发生分类的土属），种植苗木时间在10~25年（表5-16）。每一观察点（稻田和苗木地）各选择4个重复样点，观察水耕表层（或相当于原水耕表层）的形态特点，并采样分析。因种植苗木后，土壤发生层发生变化，为了便于比较，每组苗木地观察和采样的土层划分参考相邻水田。另在萧山区选择了42块发育于由海相沉积物上形成的渗育型水稻土（淡涂泥田）的苗木地用于研究不同苗木种植年龄（构成了一个时间系列）对水耕表层的影响，种植苗木时间在2~30年；另同时采集6块对照水田；所有研究田块位于同一乡镇内，有较好的可比性。田间调查、剖面观察、分层土样的采集和土壤理化分析按中国土壤系统分类研究的相关要求进行。

表5-16 柯桥区采集的成对观察土壤基本情况

序号	种植苗木时间（年）	发生分类类型		中国土壤系统分类类型
		土壤类型	土属	
1	15	渗育型水稻土	小粉田	简育水耕人为土
2	13	淹育型水稻土	涂泥田	简育水耕人为土
3	12	渗育型水稻土	黄松田	简育水耕人为土
4	15	潴育型水稻土	洪积泥砂田	铁聚水耕人为土
5	18	潴育型水稻土	泥质田	铁聚水耕人为土
6	21	潴育型水稻土	黄斑田	铁聚水耕人为土
7	15	潴育型水稻土	粉泥田	简育水耕人为土
8	13	脱潜型水稻土	青紫泥田	潜育水耕人为土
9	15	脱潜型水稻土	青粉泥田	简育水耕人为土

5.4.2 结果与分析

5.4.2.1 土壤容重和犁底层的变化

由表5-17可知，种植苗木后原水稻土的水耕表层的土壤容重发生了明显的变化。种植苗木后，原耕作层（相当于Ap1）的容重多趋增加，而原犁底层（Ap2，苗木地因已没明显的犁底层，本文指与水田犁底层对应的土层）的容重却呈现下降的趋势。在研究的9组对比土壤中，有6组的耕作层容重明显增加，3组变化不明显；有3组犁底层容重明显地下降，6组变化不明显，但从平均容重可知，以呈现下降为主。Ap2与Ap1容重比值变化非常明显，水田的该比值在1.12~1.26，全在1.10以上；而苗木地的该比值在

0.95~1.07，在1.10以下；在9组对比点中，水田与苗木地Ap2与Ap1容重比值的差异有8组达到了显著的差异。

田间观察也表明，在9组对比点的苗木地中，只有样点8还保留5cm左右的犁底层物质外，其他样点中均无明显的犁底层。苗木地犁底层的消失与土壤容重的变化与苗木地深耕有关，苗木生长需要较深的土层，犁底层的存在会影响土壤的排水和根系的生长。因此，种植苗木时常常需要深耕，破坏原水稻土中的犁底层。

表5-17 种植苗木后水耕表层容重的变化

序号	Ap1容重（g/cm^3）			Ap2容重（g/cm^3）			Ap2与Ap1容重比值		
	水田	苗木	差值	水田	苗木	差值	水田	苗木	差值
1	1.14	1.12	−0.02	1.28	1.18	−0.10*	1.12	1.05	−0.07
2	0.89	1.09	0.20*	1.09	1.11	0.02	1.22	1.02	−0.21*
3	0.89	1.13	0.24*	1.12	1.09	−0.03	1.26	0.96	−0.29*
4	1.11	1.08	−0.03	1.32	1.16	−0.16*	1.19	1.07	−0.12*
5	1.02	1.29	0.27*	1.28	1.23	−0.05	1.25	0.95	−0.30*
6	1.08	1.26	0.18*	1.25	1.22	−0.03	1.16	0.97	−0.19*
7	1.23	1.25	0.02	1.39	1.24	−0.15*	1.13	0.99	−0.14*
8	1.06	1.23	0.17*	1.32	1.25	−0.07	1.25	1.02	−0.23*
9	1.03	1.22	0.19*	1.26	1.24	−0.02	1.22	1.02	−0.21*

注：*表示水田与苗木地之间达到显著差异。

5.4.2.2 土壤氧化铁形态与新生体

无论是耕作层还是犁底层，种植苗木后土壤活性铁（无定形氧化铁）发生了明显的下降，与此同时，土壤氧化铁的活化度也随之下降（表5−18和表5−19）。种植苗木后，耕作层中只有样点1的土壤游离铁明显下降，而对于无定形氧化铁和氧化铁活化度则有7个样点发生了明显的下降；犁底层的土壤游离铁有1个样点（即8号样点）发生明显下降，而对于无定形氧化铁和氧化铁活化度则分别有7个样点和5个样点发生了明显的下降。总体上，种植苗木后，水耕表层的游离氧化铁只发生轻微下降（大多不明显），而无定形氧化铁却发生了显著的下降，这显然与种植苗木后，土壤持水时间变短，土壤含水量下降，通气性增加，发生了无定形氧化铁向晶态氧化铁的转变等有关。

表5-18 种植苗木后耕作层氧化铁形态的变化

序号	游离铁（g/kg）			无定形铁（g/kg）			氧化铁活化度（%）		
	水田	苗木	差值	水田	苗木	差值	水田	苗木	差值
1	11.87	11.24	−0.63*	5.88	4.12	−1.76*	49.54	36.65	−12.88*
2	17.21	17.63	0.42	6.23	4.65	−1.58*	36.20	26.38	−9.82*
3	12.11	11.67	−0.44	6.34	4.38	−1.96*	52.35	37.53	−14.82*

（续表）

序号	游离铁（g/kg）			无定形铁（g/kg）			氧化铁活化度（%）		
	水田	苗木	差值	水田	苗木	差值	水田	苗木	差值
4	8.65	9.13	0.48	4.68	3.78	-0.90*	54.10	41.40	-12.70*
5	9.11	8.68	-0.43	3.26	3.12	-0.14	35.78	35.94	0.16
6	15.87	16.13	0.26	7.32	5.27	-2.05*	46.12	32.67	-13.45*
7	13.69	13.25	-0.44	6.29	5.76	-0.53	45.95	43.47	-2.47
8	17.98	17.43	-0.55	8.34	6.23	-2.11*	46.38	35.74	-10.64*
9	15.23	14.89	-0.34	10.02	7.45	-2.57*	65.79	50.03	-15.76*

注：*表示水田与苗木地之间达到显著差异。

表5-19　种植苗木后犁底层位置氧化铁形态的变化

序号	游离铁（g/kg）			无定形铁（g/kg）			氧化铁活化度（%）		
	水田	苗木	差值	水田	苗木	差值	水田	苗木	差值
1	12.63	13.12	0.49	6.38	5.02	-1.36*	50.51	38.26	-12.25*
2	17.89	17.67	-0.22	5.13	4.62	-0.51	28.68	26.15	-2.53
3	10.28	9.78	-0.50	5.87	4.25	-1.62*	57.10	43.46	-13.65*
4	11.34	11.98	0.64	5.87	4.36	-1.51*	51.76	36.39	-15.37*
5	10.43	11.21	0.78	2.89	2.44	-0.45	27.71	21.77	-5.94
6	17.32	17.04	-0.28	5.83	4.17	-1.66*	33.66	24.47	-9.19*
7	15.89	16.23	0.34	4.12	3.27	-0.85*	25.93	20.15	-5.78
8	19.12	17.11	-2.01*	5.63	4.22	-1.41*	29.45	24.66	-4.78
9	14.57	15.21	0.64	6.23	5.27	-0.96*	42.76	34.65	-8.11*

注：*表示水田与苗木地之间达到显著差异。

田间观察表明（表5-20），种植苗木后，原水耕表层中氧化铁新生体（包括锈纹、锈斑及含氧化铁淀积的根孔）的数量明显下降，多数样点中的氧化铁新生体完全消失。这显然与种植苗木后的耕作破坏了原先水耕条件下形成的这些新生体有关；而种植苗木条件下，因缺少了氧化还原交替变化的环境，新的氧化铁新生体也不可能形成或恢复。

表5-20　种植苗木后水耕表层氧化铁新生体的变化

序号	Ap1层结构面上新生体比例（%）			Ap2层结构面上新生体比例（%）		
	水田	苗木	差值	水田	苗木	差值
1	7	0	-7*	9	0	-9*
2	5	0	-5*	3	0	-3*
3	11	0	-11*	13	0	-13*
4	18	0	-18*	27	0	-27*
5	27	3	-24*	26	5	-21*
6	33	0	-33*	24	5	-19*

（续表）

序号	Ap1层结构面上新生体比例（%）			Ap2层结构面上新生体比例（%）		
	水田	苗木	差值	水田	苗木	差值
7	19	0	-19*	11	0	-11*
8	7	0	-7*	13	3	-10*
9	6	0	-6*	9	0	-9*

注：*表示水田与苗木地之间达到显著差异。

5.4.2.3　总体变化分析

表5-21为9组调查地点不分土壤类型一并按水田与苗木地分类统计的结果。从中可知，由于不同土壤类型性状的差异，一并统计后，许多属性因变异较大，总体差异有所减小，统计上的差异有所减弱。但水田与苗木地之间的Ap2层与Ap1层容重比、Ap1层氧化铁活化度（%）、Ap1层结构面氧化铁新生体（%）和Ap2层结构面氧化铁新生体（%）等仍有显著的差异，这表明Ap2层与Ap1层容重比、Ap1层氧化铁活化度（%）、Ap1层结构面氧化铁新生体（%）和Ap2层结构面氧化铁新生体（%）等性状在水田改种苗木后具明显的演变趋势。

表5-21　苗木地与水田土壤属性的总体比较

属性	水田	苗木	平均变化幅度（%）
Ap1层容重（g/cm^3）	1.05±0.11 a	1.19±0.08 a	13.80
Ap2层容重（g/cm^3）	1.26±0.10 a	1.19±0.06 a	-4.97
Ap2层与Ap1层容重比	1.20±0.05 a	1.01±0.04 b	-15.99
Ap1层游离铁 (g/kg)	13.52±3.35 a	13.34±3.39 a	-1.39
Ap2层游离铁 (g/kg)	14.39±3.36 a	14.37±2.92 a	0.59
Ap1层无定形铁 (g/kg)	6.48±1.96 a	4.97±1.34 a	-21.90
Ap2层无定形铁 (g/kg)	5.33±1.13 a	4.18±0.86 a	-21.08
Ap1层氧化铁活化度（%）	48.03±9.18 a	37.76±6.71 b	-20.66
Ap2层氧化铁活化度（%）	38.62±12.05 a	30.00±8.30 a	-21.43
Ap1层结构面氧化铁新生体（%）	14.78±10.11 a	0.33±1.00 b	-98.77
Ap2层结构面氧化铁新生体（%）	15.00±8.56 a	1.44±2.24 b	-92.98

表5-21中平均变化幅度为水田转变为苗木地后土壤性质变化的相对百分数（以水田为参比，苗木地与对应水田比较的变化）的平均值。从中可知，Ap1层容重和Ap2层游离铁呈现增加的趋势，平均增加分别为13.80%和了0.59%；而其他属性却呈现下降的趋势，降幅以Ap1层结构面氧化铁新生体、Ap2层结构面氧化铁新生体、Ap1层无定形铁、Ap2层氧化铁活化度、Ap2层无定形铁、Ap1层氧化铁活化度和Ap2层与Ap1层容重比的变幅度最为明显，在-15.99%～-98.77%。

5.4.2.4 种植苗木后水耕表层性状的时序变化

在萧山区选择的同为淡涂泥田（其属于发生分类的渗育型水稻土，系统分类的简育水耕人为土）的42块苗木地与6块对照水田调查与分析数据的统计表明（表5-22），种植苗木后，土壤耕作层厚度呈现明显增加，而犁底层（及其残留土层）明显变薄甚至消失；0～15 cm土层的容重增高，15～25 cm/0～15 cm（相当于犁底层／耕作层）容重比下降；结构体表面的氧化铁新生体减少或消失，无定形氧化铁和络全态氧化铁含量下降，土壤氧化铁活化度下降。这些变化趋势基本上与以上柯桥区对土壤的研究结果一致。

表5-22 萧山区苗木地与水田的淡涂泥田性状的比较

属性	深度（cm）	水田（n=6）	苗木地（n=42）
耕作层厚度（cm）	/	15.00±1.41 b	30.50±5.02 a
犁底层厚度（cm）	/	13.33±0.82 a	0.98±2.16 b
容重（g/cm^3）	0～15	1.03±0.05 b	1.23±0.10 a
	15～25	1.19±0.07 a	1.24±0.07 a
15～25cm/0～15cm 容重比	/	1.15±0.04 a	1.01±0.07 b
结构体表面锈纹锈斑（%）	0～15	20.50±8.31 a	0.93±2.00 b
	15～25	21.00±8.00 a	2.00±3.15 b
游离氧化铁 (g/kg)	0～15	17.78±1.41 a	17.66±1.47 a
	15～25	18.39±0.57 a	17.57±1.74 a
无定形氧化铁 (g/kg)	0～15	6.70±0.50 a	4.71±0.91 b
	15～25	5.44±0.18 a	3.65±0.80 b
氧化铁活化度（%）	0～15	37.13±2.45 a	30.63±5.07 b
	15～25	29.59±1.24 a	20.99±4.90 b
络合态铁 (g/kg)	0～15	0.64±0.09 a	0.34±0.08 b
	15～25	0.30±0.02 a	0.19±0.04 b

注：同一行中统计数据后英文字母相同者表示平均值差异不显著。

表5-23结果表明，研究的大部分土壤属性与苗木种植时间存在显著的相关性。表明随着苗木种植时间的增加，一些土壤属性也随之变化。但不同土壤属性的变化速率有所差异（图5-12）。其中，耕作层厚度、犁底层消失、容重变化和结构体表面锈纹锈斑下降可在较短时间内完成，在5～10年时间内发生明显的变化，而土壤无定形氧化铁和络合态铁含量及土壤氧化铁活化度的下降是一个连续的过程，是不断变化的。

表5-23 土壤属性与苗木种植时间的相关系数（n=48）

属性	深度（cm）	相关系数	属性	深度（cm）	相关系数
耕作层厚度	/	0.638 0**	无定形氧化铁	0～15	−0.855 3**
犁底层厚度	/	−0.664 2**		15～25	−0.878 7**
容重	0～15	0.583 8**	氧化铁活化度	0～15	−0.717 1**
	15～25	0.550 7**		15～25	−0.853 3**

（续表）

属性	深度（cm）	相关系数	属性	深度（cm）	相关系数
15～25cm/0～15cm 容重比	/	−0.368 2**	络合态铁	0～15	−0.783 2**
结构体表面锈纹锈斑	0～15	−0.657 9**		15～25	−0.626 4**
	15～25	−0.734 3**	游离氧化铁	0～15	−0.265 3
				15～25	−0.020 6

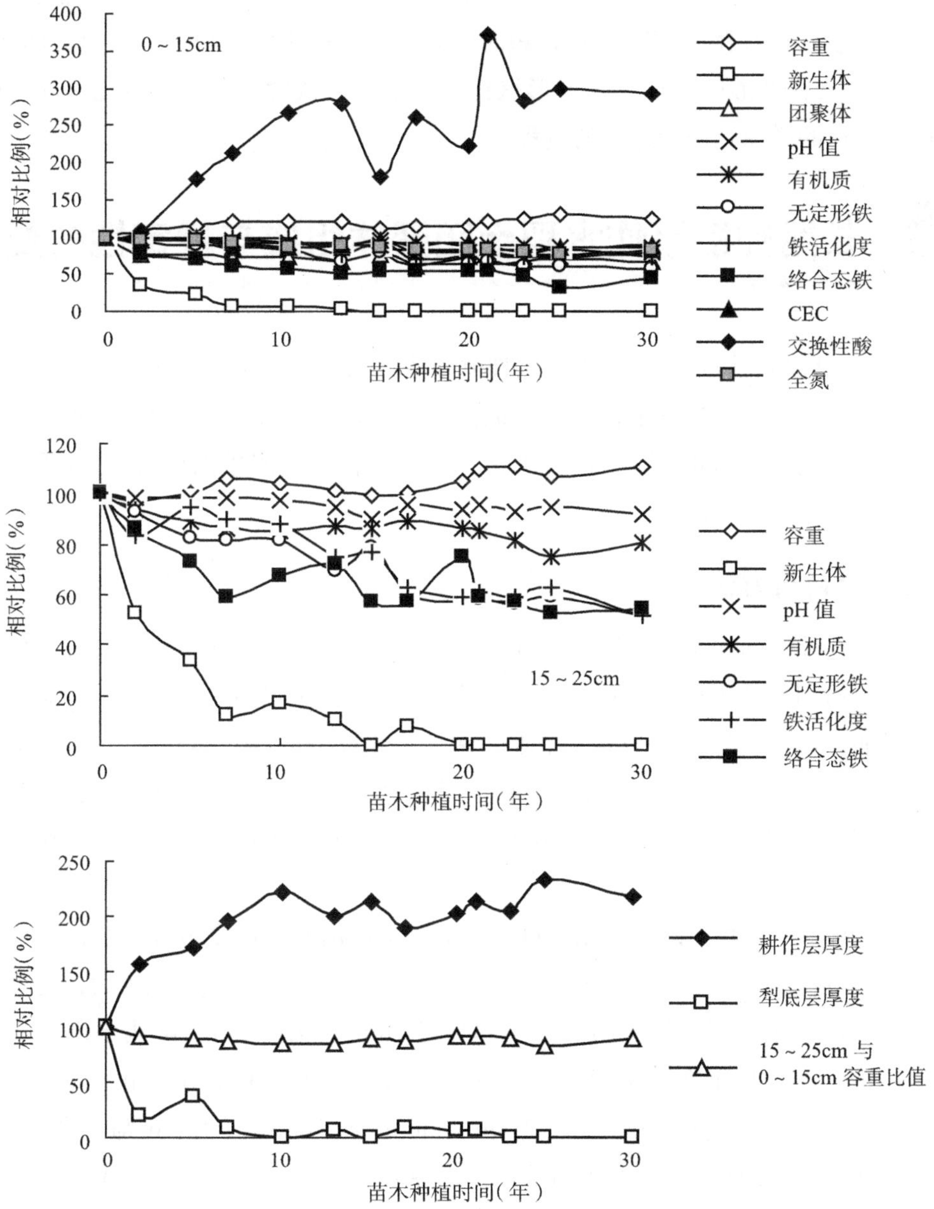

图5–12　种植苗木后土壤性质变化趋势

5.4.3 结论

本文采用成对比较土壤样点和不同种植时间的系列土壤样点，研究了种植苗木对水稻土水耕表层发生学性质的影响。结果表明，水稻土种植苗木后，水耕条件下形成的水耕表层特征发生了明显的变化。水耕表层的新生体逐渐破碎、分散而变小(少)，最后逐渐消失；而土壤中非晶态氧化铁也逐渐向晶态转变，土壤活性氧化铁、络合态铁含量及氧化铁的活化度明显降低；犁底层变薄或消失。耕作层厚度、犁底层消失、容重变化和结构体表面锈纹锈斑下降可在较短时间内完成；而土壤有机质、全氮、CEC下降、pH值下降、交换性酸的增加、无定形氧化铁和络合态铁含量及土壤氧化铁活化度的下降和砾石含量的增加是一个连续的过程。

5.5 长期种植旱作水稻土团聚体组成与稳定性的变化

丘陵地区因相对位置较高，地下水埋藏很深，水田改旱地后，土壤水分状况及相关特征的变化尤为明显。选择浙西地区黄筋泥田和红紫砂田等2类土壤的水田与相应改旱不同年限的旱地、果园和茶园，比较研究了水田改旱后土壤团聚体组成及其稳定性的变化趋势。

5.5.1 材料与方法

在浙西选择黄筋泥田和红紫砂田等2类土壤，通过采集系列土壤样品，对比分析水田改旱后土壤团聚体组成及其稳定性的变化。用于比较的对照(稻田，水旱轮作)与旱地(主要种植油菜、小麦和甘薯等杂粮)、果园(柑橘)和茶园分布相邻，土壤类型属于相同制图单元(黄筋泥田或红紫砂田土种)，每一观察类型各选择5个重复样地。水田改旱后种植果树、旱粮、茶树按10~20年和30~40年分为两组。用于比较的利用方式情况如表5-24所示。

研究土样采集深度为0~15 cm，每一样地的土样由10~12个分样混合而成。在自然风干过程中沿自然断裂面掰成10 mm大小的土块。待土壤样品完全风干后，把样品分为两部分：一部分用于团聚体分析；另一部分过2 mm和0.15 mm土筛用于理化分析。土壤团聚体分为非水稳定性和水稳定性两种。非水稳定性团聚体组成用干筛法测定，取1 kg风干的土样用孔径分别为5 mm、2 mm、1 mm、0.5 mm、0.25 mm筛子进行筛分(筛子附有底和盖)，计算干筛的各级团聚体占土样总量的百分含量。水稳定性团聚体组成用湿筛法测定(Y/T 1121.19—2008)，按干筛法获得非水稳定团聚体百分组成配成2份(重复)质量为50 g的土样进行水稳定团聚体分析。将每份土样置于5 mm土筛上，蒸馏水浸泡10min，然后将土样依次通过5mm、2mm、1mm、0.5mm、0.25mm的土筛。团聚体的分离通过上下移动筛子3cm，重复50次（2min内），将留在每个筛子上面的土壤冲洗到铝盒中，在50℃温度下烘干、称重。然后，将分离的各粒级土壤团聚体磨碎后过100目筛，测定各级团聚体中的有机碳含量。水筛过程中团聚体的破坏率可反映土壤中团聚体的水稳定性，其计算公式为：团聚体破坏率（%）=（大于0.25mm非水稳定团聚体比例－大于0.25mm水稳定团聚体比例）×100/大于0.25mm非水稳定团聚体比例。

土壤pH、有机质、CEC、颗粒组成、游离氧化铁和无定形氧化铁采用常规方法测定。文中报道的结果为5个重复样地分析结果的平均值。

表5-24 采集的成对观察土壤基本情况

土壤类型	利用方式	利用或改旱时间（年）	pH值	CEC（cmol/kg）	有机质（g/kg）	游离Fe（g/kg）	无定形Fe（g/kg）	黏粒（g/kg）	粉砂（g/kg）	砂粒（g/kg）
黄筋泥田	水田	>50	6.03	13.45	33.12	43.65	11.43	31.45	43.66	24.89
	果园	10～20	5.87	12.54	24.23	44.87	7.56	33.23	44.23	22.54
	果园	30～40	5.82	12.65	27.68	41.28	6.45	32.15	41.35	26.50
	旱地	10～20	5.92	12.13	23.34	41.67	6.45	30.65	40.65	28.70
	旱地	30～40	5.67	12.54	21.98	40.34	8.45	29.76	42.34	27.90
红紫砂田	水田	>50	5.76	6.45	20.45	11.43	3.24	15.23	23.76	61.01
	果园	10～20	5.45	5.76	16.67	12.54	2.13	14.65	25.43	59.92
	果园	30～40	5.48	5.76	17.87	10.13	2.08	15.23	24.36	60.41
	茶园	10～20	5.44	6.12	17.21	13.54	1.76	16.32	21.65	62.03
	茶园	30～40	5.21	6.28	18.78	10.43	2.43	14.77	23.66	61.57

5.5.2 结果分析

5.5.2.1 改旱后土壤非水稳定团聚体组成的变化

研究土壤的非水稳定团聚体（干筛法测定）主要以大于5mm的为主（表5-25），其中黄筋泥田明显高于红紫砂田。水田改旱种植旱粮、果树和茶树后，土壤中非水稳定团聚体发生了一定的变化。对于黄筋泥田，水田改旱种植旱粮（旱地），土壤中大于5mm和大于0.25mm非水稳定团聚体呈现持续降低，大于5mm非水稳定团聚体的变化比大于0.25mm的变化更为明显；改旱10~20年的旱地和30~40年的旱地大于5mm非水稳定团聚体分别比水田下降了15.13%和17.68%；大于0.25mm非水稳定团聚体分别比水田下降了8.62%和11.63%。而改旱种植果树，在初期（10~20年的果园），大于5mm和大于0.25mm的非水稳定团聚体分别比水田下降了16.61%和4.49%，但随着时间的增加，其大于5mm和大于0.25mm的非水稳定团聚体又有恢复，30~40年的果园大于5mm和大于0.25mm非水稳定团聚体比水田略有增加，相对分别增加了5.43%

和1.15%。而对于红紫砂田，水田改旱种植果树和茶树初期（10~20年），土壤中大于5mm非水稳定团聚体分别比水田下降了21.46%和13.67%，大于0.25mm非水稳定团聚体分别比水田下降了5.50%和3.29%；但至后期其大于5mm和大于0.25mm非水稳定团聚体又有恢复，30~40年的果园大于5mm和大于0.25mm非水稳定团聚体比水田只低3.80%和0.94%，而30~40年的茶园大于5mm和大于0.25mm非水稳定团聚体比水田高5.47%和3.69%。

表5-25　水改旱后土壤非水稳定团聚体的变化

土壤类型	利用方式	利用时间（年）	非水稳定团聚体组成（%）					
			>5mm	2~5mm	1~2mm	0.5~1mm	0.25~0.5mm	<0.25mm
黄筋泥田	水田	>60	71.10	8.97	4.12	2.34	2.13	11.34
	果园	10~20	59.29	10.21	8.76	2.66	3.76	15.32
	果园	30~40	74.96	7.56	3.28	2.34	1.54	10.32
	旱地	10~20	60.34	7.56	5.88	3.79	3.45	18.98
	旱地	30~40	58.53	6.98	5.33	2.85	4.66	21.65
红紫砂田	水田	>50	49.53	12.13	6.48	5.45	7.65	18.76
	果园	10~20	38.9	19.22	5.88	6.23	6.54	23.23
	果园	30~40	47.65	11.87	7.28	5.43	8.23	19.54
	茶园	10~20	42.76	15.66	7.43	4.28	8.44	21.43
	茶园	30~40	52.24	13.45	5.88	6.13	6.54	15.76

5.5.2.2　土壤水稳定性团聚体的变化

大于5mm和大于0.25mm的水稳定性团聚体比例明显低于对应的非水稳定团聚体（表5-26和表5-27），但黄筋泥田大于5mm和大于0.25mm水稳定性团聚体也明显高于红紫砂田，这与两类土壤之间的无机胶结物质存在明显差异有关。水田改旱种植旱粮、果树和茶树后，土壤水稳定性团聚体发生了很大的变化，变化速度高于非水稳定团聚体的变化。对于黄筋泥田，水田改旱10~20年和30~40年的旱地大于5mm水稳定性团聚体分别比水田下降了36.54%和42.02%，大于0.25mm水稳定性团聚体分别比水田下降了20.23%和22.95%；而改旱10~20年和30~40年的果园土壤中大于5mm水稳定性团聚体分别比水田下降了31.02%和18.48%，大于0.25mm水稳定性团聚体分别比水田下降了16.71%和5.36%。同样，但随着时间的增加，果园土壤大于5mm和大于0.25mm水稳定性团聚体又有恢复，30~40年的果园大于5mm和大于0.25mm水稳定性团聚体高于10~20年的果园。而对于红紫砂田，水田改旱种植果树和茶树初期（10~20年），水稳定性团聚体相对下降比黄筋泥田更为明显。土壤中大于5mm团聚体分别比水田下降了77.55%和54.65%，大于0.25mm团聚体分别比水田下降了18.58%和10.93%；但至后期其大于5mm团聚体又有恢复，但恢复程度在果园和茶园中有较大的差异，茶园的恢复更为明显，30~40年的果园土壤大于5mm和大于0.25mm水稳定性团聚体比水田低62.56%和9.06%，而30~40年的茶园大于5mm和大于0.25mm团聚体比水田高10.93%和8.82%。

在黄筋泥田和红紫砂田改旱后大于5mm水稳定性团聚体的下降同时，其小于0.25mm、2~5mm和0.25~0.5mm水稳定性团聚体均有不同程度的提高；而0.5~2mm的水稳定性团聚体的变化相对较小。

表5-26　水改旱后土壤水稳定性团聚体的变化

土壤类型	利用方式	利用时间（年）	水稳定性团聚体组成（%）					
			>5mm	2~5mm	1~2mm	0.5~1mm	0.25~0.5mm	<0.25mm
黄筋泥田	水田	>60	44.45	3.76	5.88	6.34	5.33	34.24
	果园	10~20	30.66	5.11	4.33	6.13	8.54	45.23
	果园	30~40	36.25	8.24	5.76	4.87	7.12	37.76
	旱地	10~20	28.21	5.43	5.13	5.48	8.21	47.54
	旱地	30~40	25.77	9.11	3.89	4.66	7.24	49.33
红紫砂田	水田	>50	13.54	11.76	8.23	9.34	16.65	40.48
	果园	10~20	3.04	14.33	6.23	9.32	15.54	51.54
	果园	30~40	5.07	13.77	8.43	8.88	17.98	45.87
	林地	10~20	6.14	12.87	8.48	6.76	18.77	46.98
	林地	30~40	15.02	15.43	12.45	8.33	13.54	35.23

5.5.2.3　土壤团聚体水稳定性的变化

土壤团聚体水稳定性可用湿筛过程中土壤中大于0.25mm团聚体破坏率来表示，团聚体破坏率越小，团聚体越稳定。计算表明，水田土壤团聚体的稳定性一般高于改旱后的土壤。长期种植水稻的黄筋泥田，土壤团聚体的破坏率为25.83%，而改旱种植果树10~20年和30~40年的黄筋泥田土壤团聚体的破坏率分别为35.32%和30.60%，改旱种植旱粮10~20年和30~40年的黄筋泥田土壤团聚体的破坏率分别为35.25%和35.33%；长期种植水稻的红紫砂田，土壤团聚体的破坏率为26.74%，而改旱种植果树10~20年和30~40年的红紫砂田土壤团聚体的破坏率分别为36.88%和32.72%，改旱种植旱粮10~20年和30~40年的红紫砂田土壤团聚体的破坏率分别为32.52%和23.11%。由此可见，水田改旱种植旱粮、果树和茶树后，土壤团聚体的稳定性多呈下降趋势。

5.5.3　讨论

土壤团聚体组成与稳定性同时受土壤内在物质组成与外部机械作用等因素有关，不同土地利用类型的土壤团聚体分布、变化与植被覆盖状况和人类活动强度等关系密切。因此，在改旱过程中发生的土壤内在物质组成与外在相关条件的变化都有可能影响土壤团聚体组成与稳定性。由表5-24分析结果可知，无论是有机质、黏粒和氧化铁等胶结物质较高的黄筋泥田还是这些胶结物质较低的红紫砂田，水田改旱种植旱粮、果树和茶树后，土壤有机质、无定形氧化铁均呈现不同程度的下降，同时土壤pH也略有下降，但土壤颗粒组成和游离氧化铁变化不明显。这一结果表明，水田改旱后土壤无机胶结物质的总量（包括黏粒胶体和氧化铁胶体）没有发生明显变化，但有机胶体发生了明显的下降；虽然氧化铁总量没有发生变化，但其形态组成却发生了变化，无定形氧化铁数量有所下降。因此，团聚体组成及其稳定性的变化可能与土壤有机质、无定形氧化铁和pH值的变化有关。有机质含量的下降直接降低了土壤中的有机胶结物质，而无定形氧化铁的下降减小了土壤氧化铁的比表面积，从而降低土壤颗粒之间的结合强度，降低了团聚体的数量和稳定性。而土壤pH的下降可引起土壤中钙的活度下降，钙可作为阳离子桥在稳定性团聚体的形成中有着重要的作用，因此，土壤pH的下降也可能影响土壤团聚体的稳定性。而改旱为果园和茶园较长时间（30~40年）的土壤有机质与大团聚体的同时增加也进一步证明了有机质在团聚体形成中的作用。

表5-27为不同粒级水稳定性团聚体中有机质的含量。从中可知，大于5mm和2~5mm的水稳定性团聚体中常常含有比0.5~1mm和0.25~0.5mm更高的有机质，这也表明形成大粒径的水稳定性团聚体需要更高的有机质含量。因此，有机质的下降优先破坏的是大粒径的水稳定性团聚体。

表5-27　不同粒级水稳定性团聚体中有机质的变化

土壤类型	利用方式	利用时间（年）	有机质 (g/kg)					
			>5mm	2~5mm	1~2mm	0.5~1mm	0.25~0.5mm	<0.25mm
黄筋泥田	水田	>60	34.54	31.34	32.66	27.32	28.76	32.54
	果园	10~20	24.32	22.76	19.76	20.13	19.87	25.76
	果园	30~40	31.23	25.88	23.76	22.18	21.87	27.33
	旱地	10~20	23.43	21.32	21.13	21.67	18.76	24.45
	旱地	30~40	20.02	19.88	20.12	19.12	17.32	24.12
红紫砂田	水田	>50	23.12	21.09	21.44	18.33	17.87	20.43
	果园	10~20	15.45	15.12	14.66	12.87	13.24	19.23
	果园	30~40	18.24	17.87	16.24	15.22	14.68	19.78
	林地	10~20	16.87	16.54	17.01	13.98	14.38	18.67
	林地	30~40	20.22	18.65	18.03	15.14	15.33	20.13

5.5.4 结论

研究结果表明，水田改旱种植旱粮、果树和茶叶改变土壤中有机质含量和氧化铁的形态。水田改旱后，土壤中大于5mm和大于0.25mm非水稳定性团聚体和水稳定性团聚体均呈现下降，其中，水稳定性团聚体的下降比非水稳定性团聚体的更为明显。水田改旱种植旱粮，土壤中有机质矿化增加、土壤中无定形氧化铁向晶态氧化铁转化，土壤 pH 下降，导致土壤中大于5 mm 和大于0.25 mm 非稳定团聚体、水稳定性团聚体及团聚体的稳定呈持续下降；而水田改旱种植果树和茶树时，初期土壤中大于5 mm 和大于0.25 mm 非稳定团聚体、水稳定性团聚体和团聚体的稳定因土壤有机质和无定形氧化铁含量的下降呈明显下降，但随着时间的增加，其大团聚体因有机质的逐渐恢复得以回升。研究结果认为，种植水稻（包括水旱轮作）有利于水稳定性大团聚体的形成，改善土壤物理性状。

第6章 水田长期淹水种植茭白后土壤的演变

近年来南方地区的水耕人为土已不全用作水稻生产，出于经济的原因，有较大面积的水耕人为土被用作经济效益较好的其他作物生产，其中，种植茭白是该类土壤特色的利用方式，并已发展双季茭（即一年种植二季茭白）、种植一季收二季等茭白种植模式。当水耕人为土被全年淹水种植茭白后，其土壤水分状况和施肥水平与传统的水稻田相比发生了明显的变化，相应地改变了土壤中物质的循环与积累方式。长期淹水种植水生作物——茭白对水耕人为土性态的影响缺乏研究。为此，本研究以长期种植水稻的水田为对照，选择起源相同但淹水种植茭白的水田，观察、采集耕作层与分层剖面土壤样品，探讨水田改种茭白后土壤养分、微生物多样性和土壤类型的演变趋势。

6.1 茭白田土壤磷库状况及其与种植时间的关系

茭白是重要的优质水生蔬菜，因经济效益高，近30多年来我国南方地区种植面积持续增加。茭白一般种植在水田中，具有长年淹水种植、秸秆全量还田和肥料施用量大的特点。虽然随着施肥技术的改进，近年茭白田肥料用量明显减少，但由于过去几十年等量氮、磷、钾高浓度肥料的大量长期施用，土壤磷素积累非常明显，出现了较为明显的环境问题。磷在土壤中可以不同形态积累，其有效性及流失风险与磷的形态密切相关。随着土壤磷素的积累，土壤对磷的吸持固定作用逐渐减弱，磷的饱和度显著增加。同时土壤中可吸附磷的吸附位逐渐减少，从而增加了磷的释放潜力和磷的流失风险。因此，摸清茭白种植区农田土壤磷素积累及其存在形态及磷的饱和状况，可为区域磷肥投入和土壤磷素的科学管理提供理论依据。研究以浙江省为例，在茭白种植的代表性区域，同时采集了不同种植年限的茭白田表层土壤和剖面分层土壤，利用磷分级方法和土壤磷吸持指数和磷饱和度等指标评估土壤磷现状及磷素的淋失风险。

6.1.1　材料与方法

6.1.1.1　土壤样品采集

于2020年秋、冬季在浙江省茭白种植较为集中的丽水、台州、宁波和杭州等市采集了153个表层土壤样品（采样深度0~20cm），同时在茭白田附近采集了长期种植水稻的20个农田表层土样作为对照。采用“S”形取样的方式随机采集12~15分点土壤样品，采样深度为0~20cm，混合后组成一个土壤样品。根据茭白种植时间的差异，把采集的茭白田按种植年限分为小于5年、5~10年、10~20年、20~30年和大于30年5组，样品数分别为19、39、48、36、11个。在采集表层土样的基础上，在种植茭白历史较长的缙云县选择茭白种植时间为1年、4年、8年、15年、26年、30年、35年7块种植茭白田（土壤类型相同，均属水稻土土类、培泥砂田土属），用土钻方法分别采集0~20、20~40、40~60、60~80cm分层土样，分析土壤垂直剖面中磷素的分布情况；分层样品是由每一采样农田内的5个点位的相应土层样混合而成。

6.1.1.2　预处理与分析方法

样品经充分混匀后风干、研磨后过1mm土筛，取部分进一步研磨，过0.149mm土筛，贮存、备用。分析内容包括全磷、有效磷、水溶性磷和磷形态及磷吸持指数（PSI）、磷饱和度（DPSS）。土壤全磷用$HClO_4$-H_2SO_4消化－钼锑抗比色法测定；土壤有效磷采用Olsen-P，用0.5mol/L碳酸氢钠浸提－钼锑抗比色法测定；土壤水溶性磷（$CaCl_2$-P）采用0.01mol/L氯化钙浸提－钼锑抗比色法测定。土壤中H_2O-Pi、$NaHCO_3$-Pi和$NaHCO_3$-Po、HCl-Pi、残余态磷等磷形态采用以下顺序分别提取：H_2O-Pi用去离子水提取；$NaHCO_3$-Pi和$NaHCO_3$-Po用0.5mol/L $NaHCO_3$提取；NaOH-Pi和NaOH-Po用0.1mol/L NaOH提取；HCl-Pi用1mol/L HCl提取；残余磷用H_2SO_4-H_2O_2消化测定残留态磷。每次提取过程中用离心法分离土壤和上清液。其中，将$NaHCO_3$和NaOH提取液分为两组，测定总磷和无机磷（钼蓝比色法测定），根据各提取液中总磷与无机磷的差值，计算各提取液中有机磷的含量。土壤有机质和pH用常规方法测定。磷吸持指数采用吸附平衡法测定：称取5 g土壤放入100ml离心管中，加入50ml含磷为150mg/L的0.01mol/L $CaCl_2$溶液，在25℃下振荡24小时后，离心分离平衡液，测定平衡溶液中残留的磷浓度（C，μmol/L）和土壤对磷的吸附量（X，mg/100g土），并按下式计算：$PSI = X/\log C$。磷饱和度采用酸性草酸铵提取的磷、铁、铝计算：称取2.5 g土壤放入250ml离心管中，加入100ml酸性草酸铵溶液（pH3.0），在25℃下避光振荡

4小时后，离心分离上层清液，采用ICP-AES测定提取液中的磷（Pox，mmol/L）、铁（Feox，mmol/L）、铝（Alox，mmol/L），并按下式计算：DPSS（%）= Pox×100%/0.5（Feox+Alox）。所有数据采用SPSS 20.0进行分析。

6.1.2 结果与分析

6.1.2.1 表层土壤磷素积累状况及分级

对153个土壤样品分析结果进行统计，研究的茭白田表层土壤全磷在354.00~2 874.00mg/kg，平均为876.73mg/kg，变异系数为48.57%；有效磷在4.68~154.00mg/kg，平均为63.30mg/kg，变异系数为55.07%。根据土壤磷素分级指标（全国土壤普查办公室，1998），可把全磷分为极缺乏（＜200mg/kg）、缺乏（200~400mg/kg）、潜在缺乏（400~600mg/kg）、中等（600~800mg/kg）、丰富（800~1 000mg/kg）和很丰富（＞1 000mg/kg）6个等级；有效磷分为极缺乏（＜6mg/kg）、缺乏（6~12mg/kg）、潜在缺乏（12~25mg/kg）、中等（25~30mg/kg）和丰富（＞30mg/kg）5个等级。研究茭白田土壤全磷属于极缺乏、缺乏、潜在缺乏、中等、丰富和很丰富的比例分别为0、2.61%、16.99%、17.65%、67.97%和12.42%；有效磷属于极缺乏、缺乏、潜在缺乏、中等和丰富的比例分别为0.65%、3.27%、10.45%、4.58%和81.05%。可见，研究土壤全磷主要为丰富水平，其次为中等、潜在缺乏和很丰富，属于缺乏的占比较低；同时有效磷主要属于丰富，少数为潜在缺乏和中等。总体上土壤磷素趋于较高水平。

6.1.2.2 表层土壤各形态磷含量及组成

对153个表层土壤磷的Hedley分级表明，土壤中 H_2O-Pi、$NaHCO_3$-Pi、NaOH-Pi、HCl-Pi、$NaHCO_3$-P、NaOH-Po和残余态磷的含量分别在1.52~69.91、12.42~611.00、11.54~1 244.54、9.60~530.03、2.68~62.14、14.65~567.25、176.00~445.00mg/kg，平均分别为16.16、122.06、213.03、103.22、22.18、158.52、241.86mg/kg。除残余态磷外，土壤之间其他各形态的磷均有较大的变化，H_2O-Pi、$NaHCO_3$-Pi、NaOH-Pi、HCl-Pi、$NaHCO_3$-P、NaOH-Po和残余态磷的变异系数分别为74.84%、60.05%、94.18%、75.39%、52.87%、56.50%和15.64%。相关分析表明，所有形态的磷均呈现随土壤全磷增加而增加，H_2O-Pi、$NaHCO_3$-Pi、NaOH-Pi、HCl-Pi、$NaHCO_3$-P、NaOH-Po和残余态磷与全磷之间的相关系数分别为0.982 5**、0.871 3**、0.968 1**、0.568 8**、0.624 8**、0.890 0**、0.642 7**（$n=153$，$P<0.01$）。

由表6-1可知，在测定的7种磷形态中，残留态磷的平均占比最高，为31.41%；其次为NaOH-Pi，平均占21.08%；$NaHCO_3$-Pi、HCl-Pi和NaOH-Po的比例也较高，平均分别占13.29%、12.47%和17.53%；H_2O-Pi和$NaHCO_3$-Po的占比较低，平均分别占1.66%和2.56%。$NaHCO_3$-Po和NaOH-Po等两种有机态磷的总量占比平均为

20.09%，可见，积累在土壤中的磷以无机磷为主。

表6-1 供试表层土样中不同形态磷的组成（%）

统计值	H_2O-Pi	$NaHCO_3$-Pi	NaOH-Pi	HCl-Pi	$NaHCO_3$-Po	NaOH-Po	残留态磷	有机磷
范围	0.43 ~ 2.65	0.87 ~ 25.32	3.26 ~ 44.56	1.05 ~ 30.45	0.59 ~ 5.97	3.81 ~ 31.98	10.28 ~ 73.35	5.59 ~ 35.75
平均 ± 标准差	1.66±0.57	13.29±4.22	21.08±9.21	12.47±6.63	2.56±1.07	17.53±5.39	31.41±11.45	20.09±5.72

6.1.2.3 表层土壤磷素组成与茭白种植时间的关系

表6-2为种植茭白不同时间农田表层土壤有机质、pH、全磷、有效磷等的变化。结果表明，随着茭白种植时间的增加，土壤有机质呈现增加的趋势，而土壤pH逐渐下降；土壤全磷、有效磷和水溶性磷逐渐增加。其中，种植茭白30年以上的农田土壤有机质、种植茭白20年以上的农田土壤pH、种植茭白10年以上的农田土壤全磷和水溶性磷和种植茭白5年以上的农田土壤有效磷与种植茭白小于5年的土壤存在显著的差异。总体上，当种植茭白20年以上时，茭白田表层土壤有机质明显高于长期种植水稻田；当种植茭白30年以上时土壤pH明显低于对照农田；种植茭白10年以上的农田土壤全磷和水溶性磷和种植茭白5年以上的农田土壤有效磷与对照土壤存在显著的差异。

表6-2 不同茭白种植时间农田土壤磷含量

种植时间（年）	指标	有机质(g/kg)	pH值	总磷(g/kg)	有效磷(mg/kg)	$CaCl_2$-P(mg/kg)
对照（n=20）	范围	14.54 ~ 39.25	4.32 ~ 6.42	352 ~ 963	4.68 ~ 78.65	0.14 ~ 0.98
	均值 ± 标准差	25.45±7.79bc	5.59±0.55ab	522±146d	17.41±17.70d	0.29±0.19c
<5（n=19）	范围	13.25 ~ 35.26	4.23 ~ 7.54	354 ~ 828	6.54 ~ 49.00	0.08 ~ 0.62
	均值 ± 标准差	21.43±5.93c	6.01±0.77a	528±157d	24.11±13.91d	0.29±0.15c
5 ~ 10（n=39）	范围	8.65 ~ 52.34	4.51 ~ 7.65	417 ~ 957	4.68 ~ 97.00	0.18 ~ 1.54
	均值 ± 标准差	27.51±9.49ab	5.83±0.80ab	690±166cd	46.79±26.64c	0.58±0.34c
10 ~ 20（n=48）	范围	14.65 ~ 47.62	4.13 ~ 7.12	535 ~ 1 742	15.87 ~ 142.00	0.09 ~ 7.65
	均值 ± 标准差	27.57±8.08ab	5.55±0.67ab	894±226bc	67.43±28.86bc	1.24±1.37b
20 ~ 30（n=36）	范围	15.69 ~ 53.26	1.69 ~ 6.47	785 ~ 2 842	28.00 ~ 136.00	0.11 ~ 6.14
	均值 ± 标准差	29.99±7.80a	5.23±0.92bc	1 083±512ab	85.44±27.31ab	1.72±1.78ab
>30（n=11）	范围	23.24 ~ 45.62	4.59 ~ 5.58	812 ~ 2 874	41.00 ~ 154.00	0.52 ~ 6.89
	均值 ± 标准差	30.09±7.13a	4.99±0.39c	1 392±752a	99.09±35.74a	2.93±2.52a

注：同一列中统计数据后不同字母表示时间段间差异显著（$P<0.05$）。

表6-3　茭白不同种植年限农田土壤中各形态磷的含量

种植时间(年)	指标	H_2O-Pi (mg/kg)	$NaHCO_3$-Pi (mg/kg)	NaOH-Pi (mg/kg)	HCl-Pi (mg/kg)	$NaHCO_3$-Po (mg/kg)	NaOH-Po (mg/kg)	Residual-P (mg/kg)	TPo (mg/kg)	TPi (mg/kg)
对照	范围	0.92 ~ 18.01	21.00 ~ 153.00	18.65 ~ 214.56	17.71 ~ 179.78	3.24 ~ 41.23	39.00 ~ 187.00	165.00 ~ 242.00	45.54 ~ 219.54	291.76 ~ 807.35
(n=20)	均值 ± 标准差	3.73±4.21c	64.50±35.17c	65.89±51.19c	63.71±32.83b	20.87±10.13ab	90.75±40.14bc	212.05±21.89b	111.62±44.56cd	409.88±120.13c
<5	范围	1.52 ~ 15.90	12.42 ~ 132.00	11.54 ~ 187.65	29.42 ~ 158.15	3.47 ~ 36.54	14.65 ~ 185.32	196.00 ~ 304.00	21.54 ~ 199.84	326.23 ~ 666.81
(n=19)	均值 ± 标准差	5.49±4.77c	49.81±38.75c	67.55±54.95c	82.73±30.45ab	12.17±9.55b	72.05±48.29c	240.89±31.18ab	84.22±53.24d	444.10±109.17c
5 ~ 10	范围	2.00 ~ 20.47	23.00 ~ 187.00	21.54 ~ 255.32	27.52 ~ 193.39	2.68 ~ 51.24	16.57 ~ 258.62	185.00 ~ 316.00	23.71 ~ 299.87	363.46 ~ 738.23
(n=39)	均值 ± 标准差	10.59±6.07bc	89.03±42.61bc	125.36±74.53b	91.71±34.99a	17.99±9.81b	126.50±63.46b	228.77±25.75ab	144.49±69.34cd	545.46±109.77bc
10 ~ 20	范围	3.64 ~ 39.09	52.00 ~ 234.00	39.68 ~ 625.45	13.48 ~ 423.96	5.26 ~ 61.24	56.32 ~ 324.26	176.00 ~ 342.00	71.94 ~ 362.51	442.52 ~ 1402.01
(n=48)	均值 ± 标准差	16.92±6.93b	128.52±42.80b	214.58±113.61b	107.07±68.48a	23.13±10.87ab	162.90±55.19b	240.46±26.86ab	186.03±61.71bc	707.56±183.09ab
20 ~ 30	范围	11.06 ~ 69.91	85.00 ~ 342.00	123.54 ~ 1052.14	9.60 ~ 530.03	11.25 ~ 42.14	69.65 ~ 567.25	198.00 ~ 352.00	93.29 ~ 596.90	573.91 ~ 2288.14
(n=36)	均值 ± 标准差	22.35±14.07ab	159.67±58.77ab	303.93±236.06ab	119.08±126.49a	27.50±9.03ab	203.69±103.76ab	246.83±39.07ab	231.20±107.84ab	851.86±418.75ab
>30	范围	13.32 ~ 66.68	98.00 ~ 611.00	165.23 ~ 1244.54	25.14 ~ 261.70	13.54 ~ 62.14	102.41 ~ 442.56	204.00 ~ 445.00	123.55 ~ 483.81	573.29 ~ 2 390.19
(n=11)	均值 ± 标准差	30.70±19.35a	212.73±148.40a	470.96±376.41a	110.66±71.63a	32.74±15.59a	254.50±112.33a	279.73±74.47a	287.23±124.52a	1 104.77±638.91a

注：同一列中不同字母表示不同时间段间差异显著(P <0.05)。

表6-3表明，除残余态磷和HCl-Pi外，其他各形态的磷（包括总无机磷和总有机磷）的含量均随茭白种植时间的增加而增加。当茭白种植时间分别大于10、10、5、30和30年以上时，土壤中的H_2O-Pi、$NaHCO_3$-Pi、NaOH-Pi、$NaHCO_3$-Po、NaOH-Po与茭白种植时间在5年以内的农田存在显著的差异。同时，当茭白种植时间分别大于10、10、5、5、30和30年以上时，土壤中的H_2O-Pi、$NaHCO_3$-Pi、NaOH-Pi、HCl-Pi、NaOH-Po和残余态磷与对照农田土壤存在显著差异，种植茭白农田土壤的$NaHCO_3$-Po与对照农田无显著差异。各形态磷的占比随茭白种植时间的增加变化并不一致（表6-4），其中H_2O-Pi、$NaHCO_3$-Pi、NaOH-Pi和NaOH-Po的占比随种植时间呈现持续增加，HCl-Pi和残余态磷的占比随种植时间呈现下降，而$NaHCO_3$-P的占比随种植时间的变化较不明显。

表6-4　茭白不同种植年限农田土壤磷库组成

种植时间（年）	指标	H_2O-Pi（%）	$NaHCO_3$-Pi（%）	NaOH-Pi（%）	HCl-Pi（%）	$NaHCO_3$-Po（%）	NaOH-Po（%）	Residual-P（%）	TPo（%）
对照（n=20）	范围	0.26～1.87	5.83～17.66	5.30～22.28	4.39～18.67	0.92～7.02	7.84～26.49	25.13～65.54	12.57～32.32
	均值±标准差	0.62±0.41c	11.66±3.50ab	11.45±5.44c	12.12±4.05ab	3.90±1.56a	17.33±5.74a	42.93±10.35a	21.23±5.92a
<5（n=19）	范围	0.43～1.92	0.87～16.58	3.26～26.67	6.81～27.36	0.79～5.97	3.81～23.28	28.74～73.35	5.59～25.11
	均值±标准差	0.90±0.49bc	7.98±4.36b	11.42±6.26c	16.13±5.53a	2.14±1.36a	12.60±5.49b	48.83±13.49a	14.74±5.77b
5～10（n=39）	范围	0.48～2.32	5.52～20.46	5.17～30.29	3.01～30.45	0.59～5.73	3.97～30.32	22.79～65.23	5.69～35.15
	均值±标准差	1.40±0.57bc	12.21±3.66ab	16.81±7.60b	14.36±6.64a	2.56±1.14a	17.30±6.03a	35.36±10.58ab	19.86±6.41a
10～20（n=48）	范围	0.68～2.32	6.93～25.32	6.99～38.43	1.55～25.16	0.76～5.61	7.83～31.98	13.71～51.60	10.56～35.75
	均值±标准差	1.83±0.39ab	14.33±3.40a	22.69±7.76ab	12.12±6.41ab	2.60±0.98a	18.19±4.27a	28.24±6.48bc	20.79±4.51a
20～30（n=36）	范围	1.26～2.65	9.32～23.24	15.16～44.56	1.05～25.95	1.10～4.98	8.87～27.99	10.28～31.12	11.52～31.84
	均值±标准差	1.98±0.34ab	15.34±3.25a	25.85±7.61ab	10.30±6.74ab	2.74±0.96a	18.94±4.80a	24.85±4.90bc	21.69±5.00a
>30（n=11）	范围	1.64～2.65	9.75～21.26	19.55～43.30	2.92～16.25	1.44～4.37	10.76～27.61	11.76～30.22	12.98～31.98
	均值±标准差	2.12±0.29a	15.05±3.61a	30.27±8.29a	8.14±4.51b	2.52±0.94a	19.32±4.98a	22.5±5.38c	21.84±5.46a

注：同一列中不同字母表示不同时间段间差异显著（$P<0.05$）。

6.1.2.4　土壤磷素和磷饱和度剖面垂直分布随种植时间的变化

图6-1和图6-2分别为茭白种植时间为1、4、8、15、26、30、35年7个代表性剖面土壤全磷和有效磷的垂直分布的变化。从中可知，随着茭白种植时间的增加，土壤全磷呈显著的积累，但不同深度土层中全磷的积累速率存在较大的差异，从表层向底土土壤磷素积累速率呈下降趋势，60～80 cm土层全磷随时间的变化不明显。0～20、20～40和40～60 cm土层全磷发生明显增加的时间分别约为4、8、26年。同时，不同时间段土壤全磷的变化也不相同，0～20 cm土层在种植茭白前8年全磷的变化较小，年增加平均约30 mg/kg；8～26年积累速率最大，年增加平均约70 mg/kg；26～35年的积

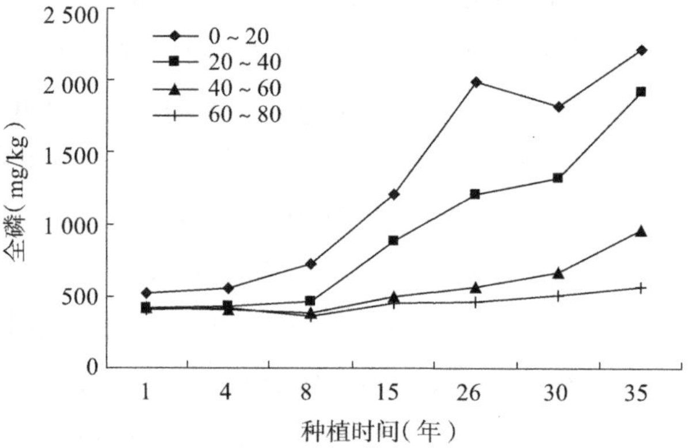

图6-1　不同深度土壤全磷积累随茭白种植时间的变化

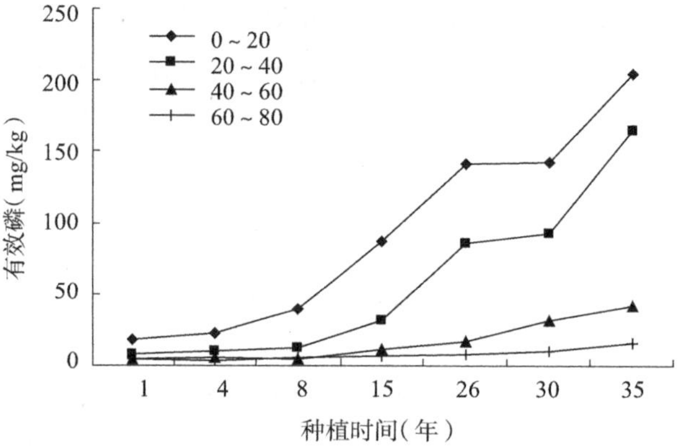

图6-2　不同深度土壤有效磷积累随茭白种植时间的变化

累速率也较低，年增加平均约25 mg/kg。1～8年的茭白田均为近期种植的茭白田，其全磷增加速率较低与近期磷肥施用逐渐合理有关；而26～35年茭白田多是20世纪90年代前后种植的茭白田，其全磷增加速率较低与那个时期磷肥施用不是很普遍有关。20～40 cm土层土壤全磷的明显增加发生在8年后，并趋于直线增加；而40～60 cm土层土壤全磷的增加主要发生在种植茭白26年后，且增速较为缓慢。一般来说，因土壤对磷的固定，在种植水稻或旱作情况下磷在土壤中垂直迁移不明显。本研究中土壤磷素在20 cm以下土层的明显积累显然不是磷在土壤中淋失的结果。在田间调查发生，长期淹水种植茭白可使土壤发生软化和糊化，因茭白根系分布较深加之长期泡水，在种植茭白8年以后原水稻土的犁底层因逐渐退化转变为软糊土层，且软糊土层随时间逐渐向下延伸。在这种情况下，在种植、施肥、采摘等人为频繁的田间活动时，可把表土层的土壤踩向较深的土层，导致部分表层土壤与下层土壤逐渐混匀，致使20～40和40～60 cm土层因上层土壤的混入磷素增加。由于软糊层的发生是随时间逐渐下移的，因此，40～60 cm土层中磷增加较迟且数量较少。各土层全磷含量与种植时间均呈现显著的正相关，0~20、20~40、40~60、60~80 cm土层的全磷与种植时间的相关系数分别为0.985 2、0.968 7、0.887 7和0.898 9。土壤有效磷的增加与全磷的增加同步，呈现与全磷增加的相似规律（图6-2）。可见土壤有效磷的增加是全磷增加的结果。对所有28个土层有效磷与全磷的相关分析表明，两者之间存在极显著的相关性（$r=0.989\ 4$，$n=28$）。

PSI的大小可指示土壤对进入农田磷的吸附能力，其值越大其固定磷的潜力越高。一般来说，当土壤PSI值低于30时，土壤对磷的吸持能力较弱，农田磷流失潜力有增加的趋势。由图6-3可知，研究土壤的PSI值普遍较低，表明土壤对磷的固定能力相对较弱。在茭白种植时间较短的农田，各土层的PSI值差异较小。但随着茭白种植时间的增加，各土层PSI值均有下降的趋势，表明磷素的积累减弱了土壤对磷的固定能力。PSI值的下降在表层最为明显，由初始的24左右下降至35年的9左右，即长期种植茭白后表层土壤的PSI值只有初始时的1/3。20~40 cm土层的PSI值下降也较为明显，也由初始时的25左右下降至35年时的14左右，即降到初始时的1/2左右。PSI的下降，减弱了对磷的吸持，在这种情况下施入土壤中的磷肥不易被土壤吸附，容易随排水进入地表水体。

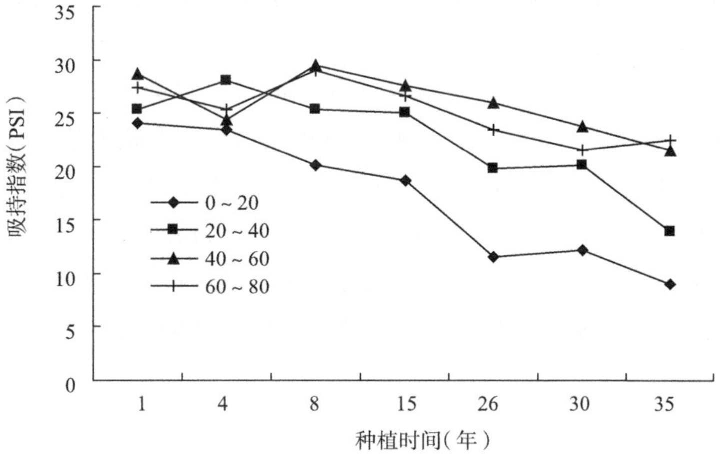

图6-3　不同深度土壤磷吸持指数（PSI）随茭白种植时间的变化

DPSS的变化出现全磷和有效磷呈同步变化（图6-4），并由表层向下迅速下降，但种植初期各土层之间的DPSS相差较小。随着种植时间的增加，40~60和60~80 cm土层的DPSS呈现轻微的增加，变化分别发生在种植时间为15年和26年。0~20和20~40 cm土层的DPSS变化较为迅速，在种植时间为4年和8年后迅速增加，平均每年增加1.12%和0.95%。一般认为，当土壤DPSS达到25%左右时，土壤对磷的释放潜力将明显增加，这说明当种植时间在15年后，茭白田磷流失风险将明显增大。DPSS的变化与

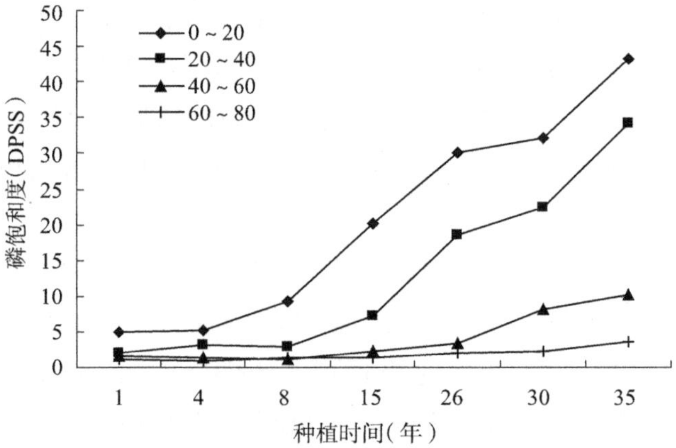

图6-4　不同深度土壤磷饱和度（DPSS）随茭白种植时间的变化

PSI呈现负相关，即随着DPSS的增加，PSI逐渐下降。对所有28个土层PSI与DPSS的相关分析表明，两者之间存在极显著的相关性（$r = 0.932\,3$，$n = 28$）。

6.1.2.5　茭白田土壤磷素淋失临界值

多地的试验研究表明，当土壤中磷素积累至一定程度时农田土壤中磷的流失呈现明显的增加，一般可用土壤有效磷的高低来代表土壤中可发生流失磷的数量，水溶性磷代表农田土壤可流失磷的强度。水溶性磷随土壤有效磷的增加可发生变化，当有效磷较低时，水溶性磷随有效磷积累的变化较为平缓；但当有效磷积累至较高水平时，水溶性磷将迅速增加，这一转折点时的有效磷含量被认为是一个临界值，超过这一临界值农田土壤磷流失将明显增加。茭白田土壤 $CaCl_2$-P与Olsen-P含量之间的关系如图6-5所示，结果表明该区域耕层土壤磷素淋失临界值约为60 mg/kg，对应的 $CaCl_2$-P浓度为0.7 mg/kg。在土壤Olsen-P较低的情况下，$CaCl_2$-P随Olsen-P的增加相对缓慢，当Olsen-P含量达到临界值后 $CaCl_2$-P迅速变化，$CaCl_2$-P随Olsen-P增加而增加的幅度

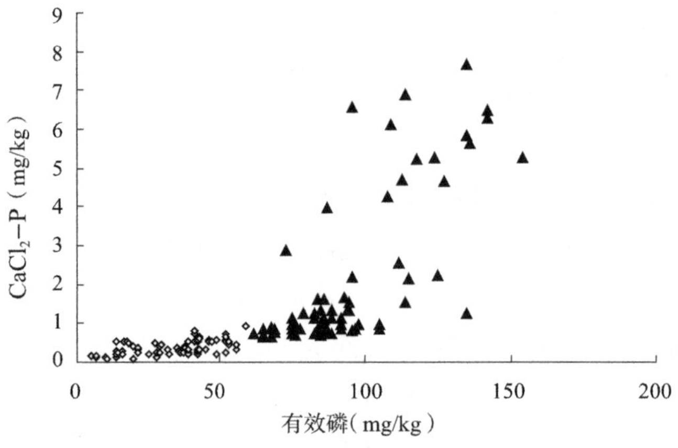

图6-5　土壤 $CaCl_2$-P与Olsen-P含量的关系

是低于此临界值时的2~5倍。在供试的153个表层土样中有74个（占48.37%）高于土壤磷素淋失临界值，主要为茭白种植时间超过10年的农田。

6.1.3 讨 论

6.1.3.1 茭白田土壤磷流失风险

土壤中的黏粒矿物和有机物质可对磷素吸附固定，进入土壤中的可溶性磷可通过不同机理被土壤矿物组分吸持固定成为弱溶性磷或难溶性磷积累在土壤中。但研究已表明，随着土壤磷素的积累，土壤中可吸附磷的吸附位逐渐减少，相应地磷的饱和度逐渐升高，从而显著增加了磷的释放潜力和磷的流失风险。因此，了解土壤磷素积累状况是科学确定磷肥施用量、降低磷肥资源浪费及控制磷素流失的重要基础。以上研究结果表明，研究区茭白田耕层土壤总磷平均含量为876.73mg/kg，Olsen-P平均含量为63.30mg/kg，整体土壤磷素处于中高水平；同时，种植时间较长的茭白田土壤磷的饱和度也达到了较高的水平。自20世纪90年代以来，我国磷肥施用量明显增加，以经济效益较高的蔬菜、水果、茭白等经济作物上增幅尤为明显。由于连续超量施用磷肥，当前种植蔬菜、水果、茭白等经济作物的农田中磷素积累显著，磷肥利用率大幅下降。本研究区茭白田土壤磷库主要以无机磷为主，占总磷的79.91%，表明磷肥的投入主要提高了土壤中无机磷的储存。有研究表明，磷肥施入土壤中活性磷会优先积累（黄敏等，2018），生物有效性高的磷库（H_2O-Pi、$NaHCO_3$-Pi）也明显增加，后者可同时影响着作物吸收的磷素和农田流失的磷素。总体上，浙江省茭白田中土壤磷过量的现象较为普遍，因此，需要对磷肥的施用策略作出相应调整，并需要关注如何利用积累在土壤中的磷以适当降低磷肥投入。

许多研究表明，当土壤磷素累积超过临界值时可发生明显的地表径流、土壤侵蚀以及渗漏淋溶等途径的磷流失，从而增加地表水体的富营养化。本研究中，当茭白田耕层土壤磷素超过60mg/kg，对应的$CaCl_2$-P浓度为0.7mg/kg，农田磷流失风险明显增加，该临界值处于以前浙江省水田土壤研究的范围之间（Olsen-P淋失临界值为53~84mg/kg）。随着土壤磷素的增加，土壤磷的饱和度随之增加，从而降低了土壤对磷的吸附能力，提高了活性磷（特别是水溶性磷）的含量，后者是农田磷素流失的主要来源。

6.1.3.2 茭白田磷肥管理策略

磷是植物生长必需的营养元素，同时，它也是地表水体重要污染元素。土壤磷同时是植物生长与地表水体中磷的重要来源，因此，土壤中磷素状况不仅可影响植物的生长，同时也可对地表水质产生较大的作用。随着土壤对作物供磷水平的不断提高，土壤进入地表水体中磷的数量也随之增加。由于土壤对磷素有很大的固定作用，通过施肥方式进入土壤中的磷素有相当一部分易被土壤固定，磷肥对当季作物的利用率常常较低，而相应地每次施入农田中的磷将有较大比例被残留在土壤中。因此，农田磷素管理是协调农产品产量、磷资源利用和环境保护问题的关键。为了最大限度地减少农田磷的损失，磷肥的施用应基于作物需求，并根据土壤磷素状况进行调整。即当前茭白生产中应基于农田养分平衡原理，采取科学的方法控制磷肥施用量，将土壤 Olsen-P维持在植物生长的最佳水平，使磷素既能满足植物生长的需要，又不至于过量积累。以上研究表明，浙江省有81.05%的茭白田耕层土壤 Olsen-P含量高于30 mg/kg，部分茭白田土壤磷处于高淋失风险状态（大于60 mg/kg），应采取不施或少施磷肥以减少土壤过量的磷储量，控制化学肥料的大量投入，从而达到降低磷素淋失的目的。由于茭白田土壤磷主要累积在稳定态磷库中，可施用少量水溶性磷肥作为"启动磷"以促进作物苗期根系生长，施用有机肥可以明显提高土壤微生物量和磷酸酶活性，促进土壤稳态和中稳态磷库的活化。因此，在施肥策略上应从土壤磷高环境风险水平或磷缺乏水平向确保作物稳定生产的水平发展。在土壤 Olsen-P含量处于适宜水平时，采取施磷量与作物带走量相等的"零盈余"策略，以维持土壤磷水平。对于土壤有效磷低于10mg/kg以下的农田，可根据作物需要确定磷肥用量，每年以作物需磷量的1.5~2.0倍的用量施用磷肥，直至土壤有效磷水平达到20mg/kg左右后再改变施肥策略；对于土壤有效磷在10~30mg/kg的农田，可采用略高于作物需磷量施用磷肥，每隔2~3年连续施用磷肥后停施一年；而对于土壤有效磷在30~60mg/kg的农田，可采用补偿施磷量（即根据作物需要确定磷肥用量），采用每5年施用磷肥2~3次；而对于土壤有效磷在60mg/kg以上的农田，应杜绝磷肥的施用。

6.1.4 结　论

浙江省茭白田耕层土壤总磷和 Olsen-P含量平均分别为876.73mg/kg和63.30mg/kg，多数土壤 Olsen-P含量已达或超过适宜养分供应水平。该区域土壤磷素淋失临界值为60mg/kg，对应的 $CaCl_2$-P浓度为0.7mg/kg，目前48.37%的茭白田处于磷素高淋失风险状态；茭白种植区域土壤磷库以无机磷为主，除残余态磷和 HCl-Pi外，其他各形态磷的含量均随茭白种植时间的增加而增加。同时，随着种植时间的增加，土壤磷素饱和度逐渐增加，并呈现明显地向下迁移。浙江省茭白种植区域应重视磷肥的合理施用，基于茭白需求并根据土壤中已存在的磷含量进行施肥调整。适当降低磷肥投入，改良土壤性状，挖掘土壤中稳定态磷库潜力，从而降低土壤磷素淋失风险，提高磷肥利用效率。

6.2 全年淹水种植茭白农田土壤肥力的周年变化特征

土壤肥力是土壤各种基本性质的综合表现，能够衡量土壤的养分供给能力。准确评估土壤肥力状况，对精准高效施肥及提高茭白产量具有深远意义。研究土壤性状及肥力的周年变化特征，有助于制订科学合理的施肥方案，使土壤肥力得以长久有效保持。本节以种植水稻和种植蔬菜的相邻田块为对照，研究土壤类型相同（培泥砂田）但全年淹水种植茭白的农田土壤性状和肥力变化特征。

6.2.1　材料与方法

研究在种植茭白历史较久且种植面积较大的浙江省缙云县进行。研究区属于亚热带季风气候，县域年平均气温约17℃，年平均降水量1 437 mm。茭白作为缙云县的特色农产品，其产业链不断延伸拓展，生产规模达$4.39\times10^3 hm^2$，年产量约为12.8万吨，总产值可达4亿元，种植区域主要分布在大洋镇、壶镇镇和新建镇等乡镇。近些年，缙云县逐渐发展出中、高海拔地区单季茭、低海拔地区单季茭1年收2茬、双季茭露地栽培和大棚栽培等4种栽培模式，享有"中国茭白之乡"的称号。不同的茭白种植模式有不同的生育期，且常伴随不同的施肥活动。调查采样于2020年6月至2021年5月进行，在每个月的28日前后采样。在缙云县新建镇和壶镇镇地势平坦的农区共选取10个同时分布有茭白田、水稻田和蔬菜地采样点（图6-6），每一采样点的3种利用方式农田分布相邻，土壤类型一致。即共选择种植茭白（5~10年）的农田10块（其中单季茭白农田2块，双季茭白农田8块），同时在附近选择相同土壤类型（培泥砂田）长期种植水稻的农田10块和长期种植蔬菜的农田10块用作对照。这10个点位的农田在种植茭白和蔬菜前均长期种植水稻，由于3种利用方式的农田位置相邻，具有可比性。采样信息记录见表6-5。

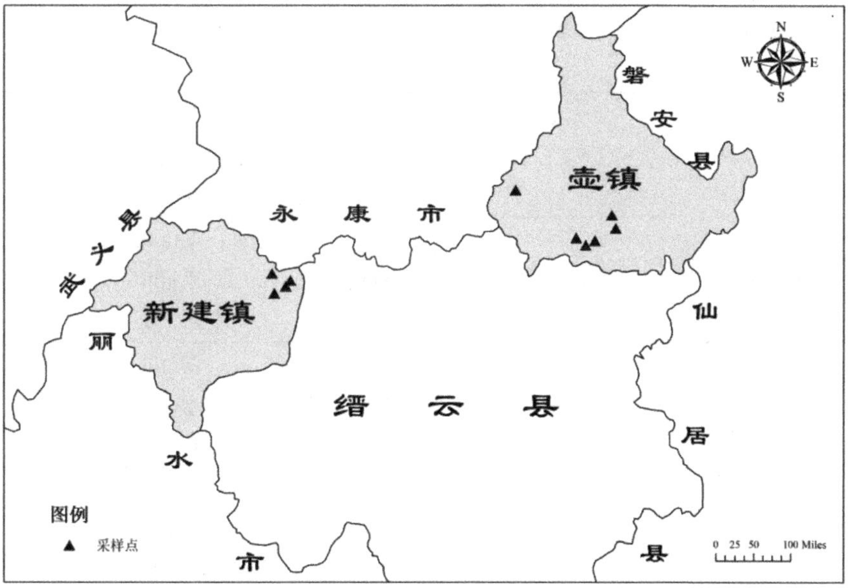

图6-6　样点分布图

每次采集在每个田块用取土器按S形取5个样点（土层0~15 cm），在田间混合均匀后装入袋中，贴好标签并做好采样信息记录。带回实验室后，将土样置于阴凉处自然风干，人工剔除细根和小石块后，研磨后过2 mm筛和0.15 mm筛，分装备用，用于测定土壤性状和肥力指标。

表6-5 采样信息记录表

序号	采样时间	月均温（℃）	月降水量（mm）	利用方式	淹水状况（cm）
1	2020.06.28	28.0	158.66	茭白田	7~9
				水稻田	4~5
				蔬菜地	无
2	2020.07.27	29.7	132.92	茭白田	10~15
				水稻田	5~10
				蔬菜地	无
3	2020.08.28	30.3	177.85	茭白田	10~15
				水稻田	5~10
				蔬菜地	无
4	2020.09.28	24.0	140.46	茭白田	15~20
				水稻田	10~15
				蔬菜地	无
5	2020.10.28	20.3	77.03	茭白田	10~15
				水稻田	5~10
				蔬菜地	无
6	2020.11.28	17.2	57.37	茭白田	5~10
				水稻田	无
				蔬菜地	无
7	2020.12.28	9.2	67.18	茭白田	5~10
				水稻田	无
				蔬菜地	无
8	2021.01.28	8.0	54.09	茭白田	3~4
				水稻田	无
				蔬菜地	无
9	2021.02.28	13.7	33.44	茭白田	3~4
				水稻田	无
				蔬菜地	无
10	2021.03.28	15.3	75.23	茭白田	3~4
				水稻田	无
				蔬菜地	无

（续表）

序号	采样时间	月均温（℃）	月降水量（mm）	利用方式	淹水状况（cm）
11	2021.04.28	18.9	76.21	茭白田	3～4
				水稻田	无
				蔬菜地	无
12	2021.05.28	23.4	270.44	茭白田	3～4
				水稻田	无
				蔬菜地	无

土壤理化指标采用常规分析方法测定，其中，pH采用电位法（土水比1∶2.5）测定；土壤交换性酸采用1 mol/L的KCl交换－中和滴定法测定；交换性H^+采用NaF－KCl交换－中和滴定法测定；交换性Al^{3+}采用差减法（土壤交换性酸与交换性H^+的差值）计算；土壤总有机碳（TOC）采用重铬酸钾－浓硫酸外加热油浴法测定；全磷（TP）用浓H_2SO_4和$HClO_4$高温消煮后，用钼锑抗比色法测定；有效磷（AP）用0.03 mol/L NH_4F－0.025 mol/L HCl溶液浸提后，采用钼蓝比色法测定；速效钾（AK）用1 mol/L中性CH_3COONH_4提取后，采用火焰光度法测定；游离氧化铁采用连二亚硫酸钠－柠檬酸钠－重碳酸钠缓冲液浸提，用邻菲罗啉比色法测定；非晶质氧化铁采用草酸铵缓冲液浸提，用邻菲罗啉比色法测定；铵态氮（NH_4^+－N）和硝态氮（NO_3^-－N）用1 mol/L KCl浸提后进行比色，NH_4^+－N用靛酚蓝比色法测定，NO_3^-－N用紫外分光光度法测定。

土壤水溶性有机碳（WSOC）：称取20.0 g过2 mm筛的新鲜土样于100 mL离心管中，加40 mL蒸馏水，振荡30 min，离心10 min（4 500 r/min），取部分上清液过0.45 μm滤膜后用总有机碳分析仪测定。

土壤活性有机碳（LOC）：称取2 g土壤样品于50 mL塑料离心管中，加入333 mmol/L$KmnO_4$溶液25 mL，振荡1 h（250 r/min，25℃），离心5 min（4 000 r/min），取0.4 mL上清液于100 mL容量瓶中，加入去离子水定容（即稀释250倍），用分光光度计在565 nm处测定吸光值。1 mmol $KMnO_4$氧化9 mg的碳（Blair *et al.*，1995）。土壤惰性有机碳（NLOC）：不能被333 mmol/L$KMnO_4$溶液氧化的部分称作土壤惰性有机碳。

土壤碳库管理指数（CMI）计算方法（徐明岗等，2006）：

碳库指数（CPI）＝样品总有机碳含量（g/kg）/参考土壤总有机碳含量（g/kg）；

土壤碳的不稳定性，即碳库活度（L）＝样本中的活性有机碳/样本中的惰性有机碳；

碳损失及其对稳定性的影响为活度指数（LI）＝样本的不稳定性（L）/对照的不稳定性（L_0）

基于以上参数可以得到碳库管理指数（CMI）：

$$CMI = CPI \times LI \times 100$$

采用 Tukey's-HSD单因素方差分析（ANOVA）对各不同土地利用间的理化指标差异显著性进行分析（SPSS 19.0）。使用 Origin 9.0绘图软件制作图形。所有数据整理均在 Excel 2010中完成。

6.2.2 结果与分析

6.2.2.1 土壤酸碱性变化特征

对12个月以来10个样区360个土壤样品进行平均值统计分析，结果表明，3种土地利用方式下农田土壤均呈酸性（图6-7）。其中，全年淹水种植茭白的土壤 pH显著低于种植水稻的农田土壤和种植蔬菜的旱地土壤（$P<0.05$），三者平均分别为4.95±0.21、5.41±0.18、5.51±0.24。水稻田改种茭白后，土壤中的交换性酸含量略有提高，交换性 Al^{3+}含量略有下降，但无显著差异（$P>0.05$），而交换性 H^{+}含量显著提高79.41%。与种植蔬菜的土壤相比，种植茭白的土壤交换性酸总量和交换性 Al^{3+}含量显著提高，平均分别提高了92.97%和113.79%（$P<0.05$）。3种土地利用方式下发育的土壤中，交换性 Al^{3+}占交换性酸总量的比例在67.96%～84.96%变化，而交换性 H^{+}所占比例小。值得注意的是，水稻田改种茭白后，土壤交换性 H^{+}占交换性酸的比例明显提高，交换性 H^{+}的占比平均达24.7%。

对10个样区各月土壤样品进行平均值统计分析，结果表明，种植茭白的土壤 pH变化趋势和种植蔬菜的土壤相似，2020年6—9月土壤 pH呈波动上升，逐渐趋于中性，而

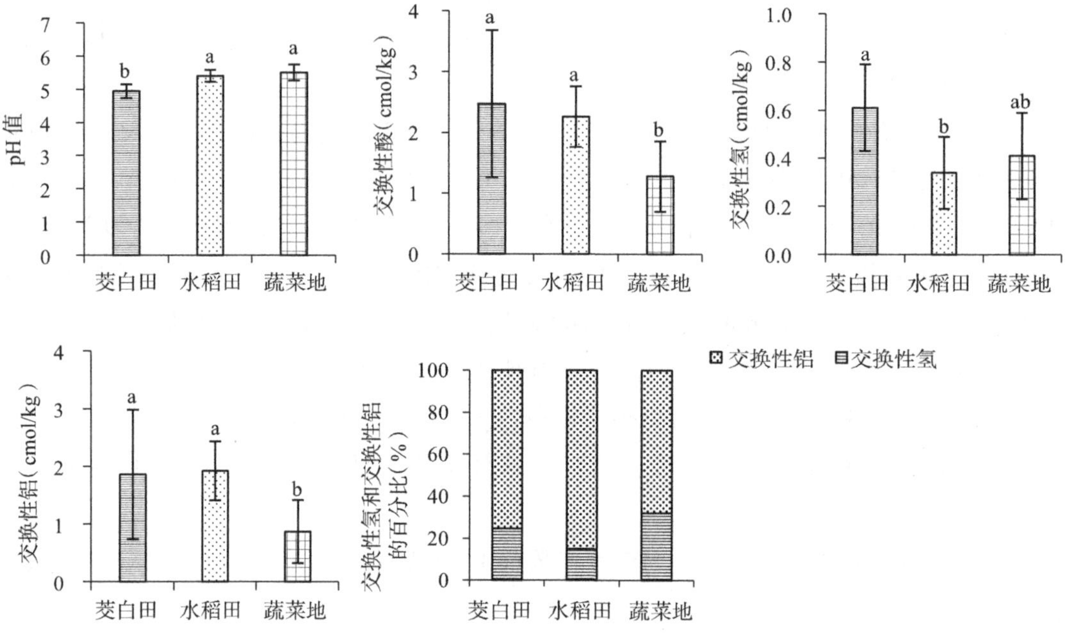

图6-7　不同土地利用方式下土壤的pH、交换性酸、交换性H^{+}、交换性Al^{3+}含量以及交换性H^{+}、Al^{3+}百分比

后酸性又增强，在2020年11月至2021年5月变化幅度较平稳。值得注意的是，全年淹水种植茭白的土壤pH有两个显著降低的区间，分别出现在6月和11—12月。由图6-8和图6-9可知，土壤的交换性酸和交换性 Al^{3+} 含量随采样时间的周年变化趋势基本一致，其中，全年淹水种植茭白的土壤交换性酸和交换性 Al^{3+} 含量在2020年6月至2021年5月呈下降→上升→下降→上升的"W"形趋势，3个峰值区分别出现在2020年6月、12月和2021年3—5月。种植水稻的土壤交换性酸和交换性 Al^{3+} 含量呈下降→上升→下降的变化趋势。种植蔬菜的土壤交换性酸和交换性 Al^{3+} 含量在全年变化较平稳（图6-10和图6-11）。此外，全年淹水种植茭白的土壤交换性 H^+ 含量在2020年6月、10月和12月出现3个小高峰，而在其余时间段变化较平稳（图6-10）。种植水稻的土壤交换性 H^+ 含量整体呈下降→上升→下降的变化趋势，在2020年10月达峰值0.61 cmol/kg。种植蔬菜的土壤交换性 H^+ 含量在2020年6—8月变化平稳，在9月显著上升，而后波动下降。

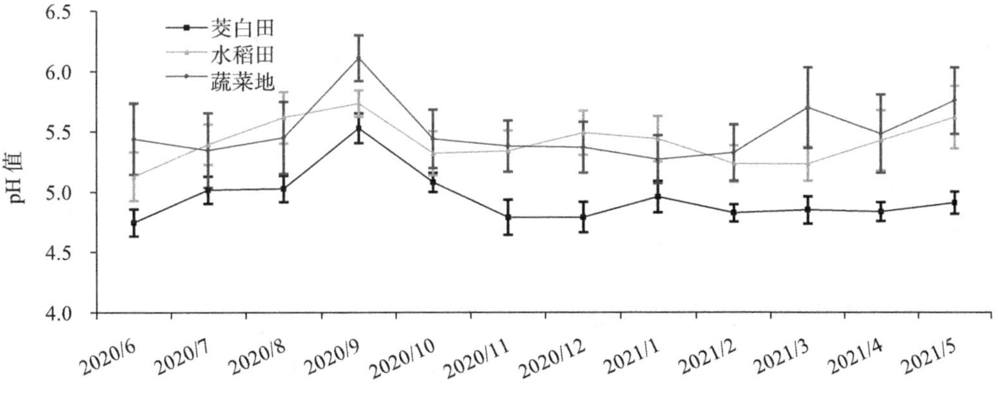

图6-8　不同土地利用方式下土壤pH值的周年变化

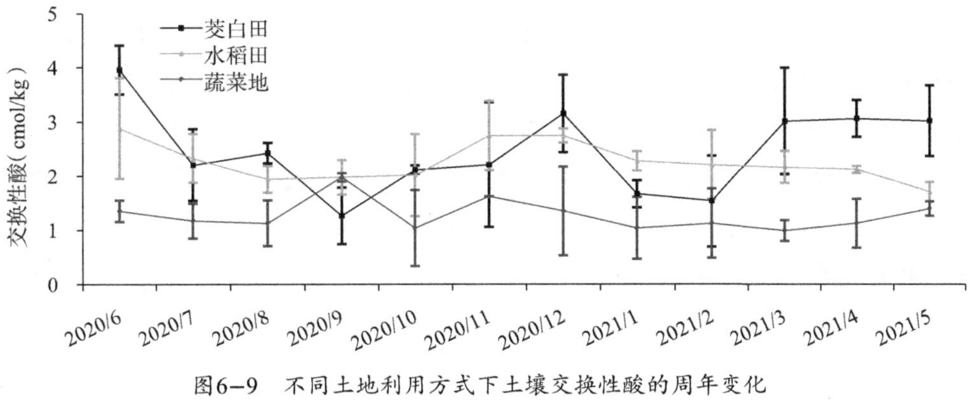

图6-9　不同土地利用方式下土壤交换性酸的周年变化

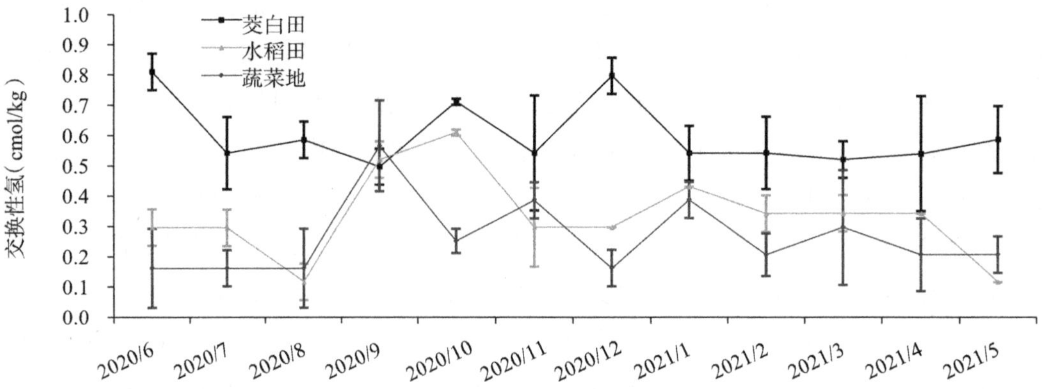

图6-10　不同土地利用方式下土壤交换性氢的周年变化

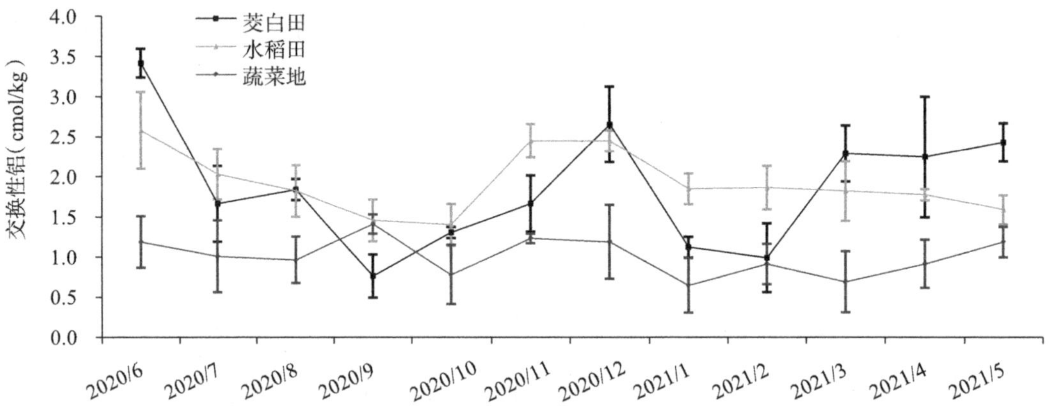

图6-11　不同土地利用方式下土壤交换性铝的周年变化

6.2.2.2　土壤各组分有机碳变化特征

图6-12表明，全年淹水种植茭白的土壤TOC含量平均为21.15±1.99g/kg，与种植水稻的土壤和种植蔬菜的农田土壤无显著差异（$P>0.05$）。茭白田土壤的WSOC含量显著高于种植水稻和种植蔬菜的土壤（$P<0.05$），平均分别提高了17.67%和20.39%。此外，种植茭白的土壤LOC含量与种植水稻的土壤无显著差异（$P>0.05$），但比种植蔬菜的土壤显著提高4.24%。茭白田土壤的NLOC含量显著高于种植水稻的土壤（$P<0.05$），提高了10.95%，与种植蔬菜的土壤无显著差异（$P>0.05$）。由表6-6可知，水稻田改种茭白后，土壤中的LOC含量虽然有所提高，但LOC占TOC的比例下降2.29个百分点；以长期种植水稻的水田土壤为对照，得到茭白田土壤CMI指数为97.07，较种植水稻的土壤下降2.93，表明全年淹水种植茭白不利于土壤的持续利用。

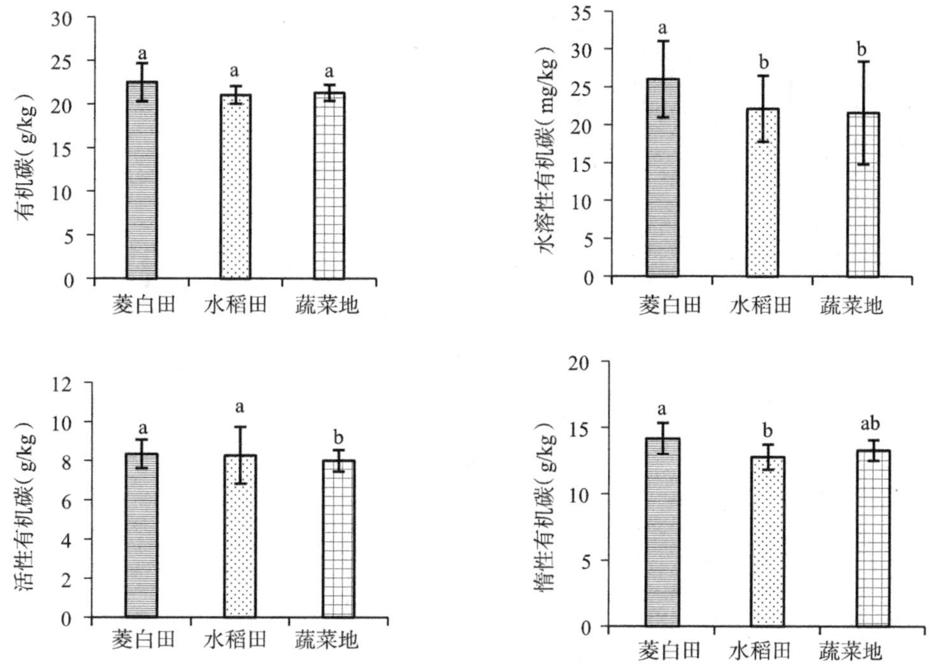

图6−12　不同土地利用方式下土壤的有机碳、水溶性有机碳、活性有机碳和惰性有机碳含量

表6−6　不同土地利用方式下土壤活性有机碳和碳库管理指数

土地利用方式	活性有机碳（g/kg）	占总有机碳（%）	碳库管理指数（CMI）
茭白田	8.35±0.73a	37.05	97.07
水稻田	8.29±1.45a	39.34	100
蔬菜地	8.01±0.55b	37.58	93.90

注：数据为平均值 ± 标准差，同一列数据不同小写字母表示差异达到显著水平（$P<0.05$），下同。

图6−13表示不同土地利用方式下，土壤TOC含量随时间的变化。全年淹水种植茭白田土壤的TOC含量在2020年7月显著下降，在8—9月升高，9月到2021年5月大致呈递减趋势，土壤TOC含量的高值区为6月和9月，TOC含量分别为25.32 g/kg和24.34 g/kg。种植水稻和种植蔬菜的土壤TOC含量随采样时间的周年变化趋势较一致，2020年6月为全年各时期最高，而后波动递减，变化幅度较平稳。图6−14表明，种植茭白的土壤WSOC含量在2020年6—9月平稳上升，在9—12月持续下降，2020年12月至2021年5月缓慢上升，呈现夏秋季＞春冬季的特点。种植水稻的土壤WSOC含量在2020年6月达全年最高值（32.6 mg/kg），而后波动下降，变化幅度较大。种植蔬菜的土壤WSOC含量随采样时间大致呈扁平“U”字形：2020年6月和2021年5月是WSOC含量的两个高值区，其余时间平稳波动，变幅较小。图6−15显示，各采样时期茭白田土壤的LOC含量呈下降→上升趋势，在夏、秋季处于较高水平，在春、冬季处于较低水平。

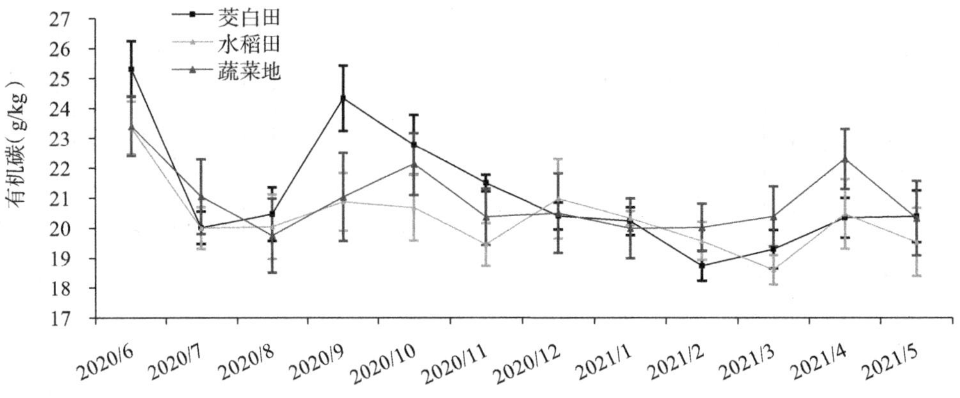

图6-13 不同土地利用方式下土壤有机碳含量的周年变化

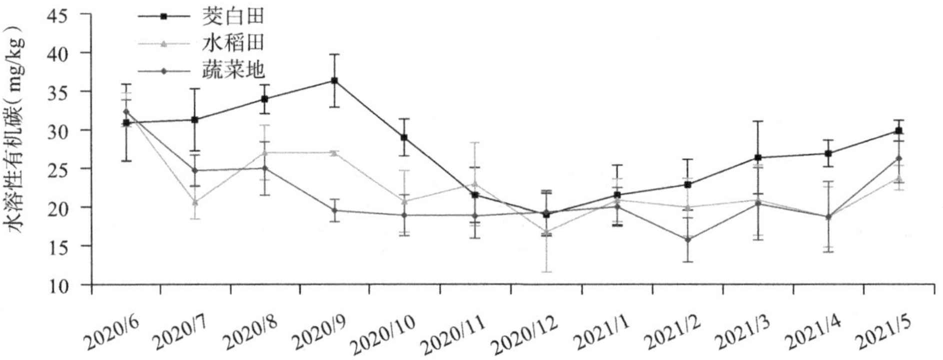

图6-14 不同土地利用方式下土壤水溶性有机碳含量的周年变化

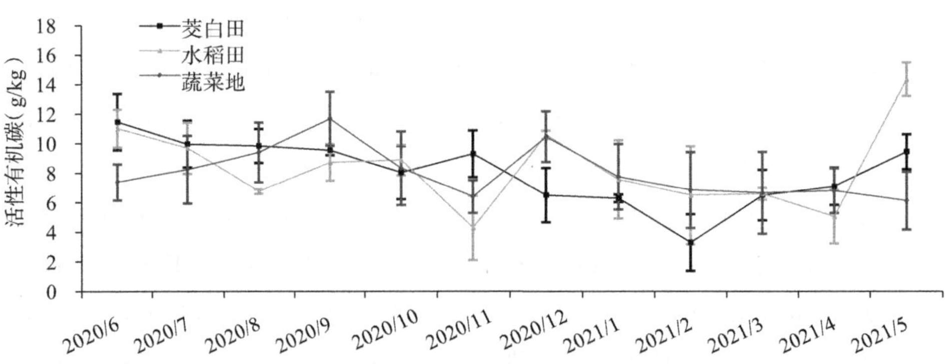

图6-15 不同土地利用方式下土壤活性有机碳含量的周年变化

6.2.2.3　土壤全磷和有效磷变化特征

图6-16表明，全年淹水种植茭白的土壤TP和AP含量显著高于种植水稻和蔬菜的土壤（$P<0.05$）。其中，全年淹水种植茭白农田土壤的TP含量为0.72±0.21g/kg，AP含量为86.70±13.53mg/kg，平均分别比种植水稻的土壤提高了30.91%和73.42%，比种植蔬菜的土壤提高了63.64%和21.46%。

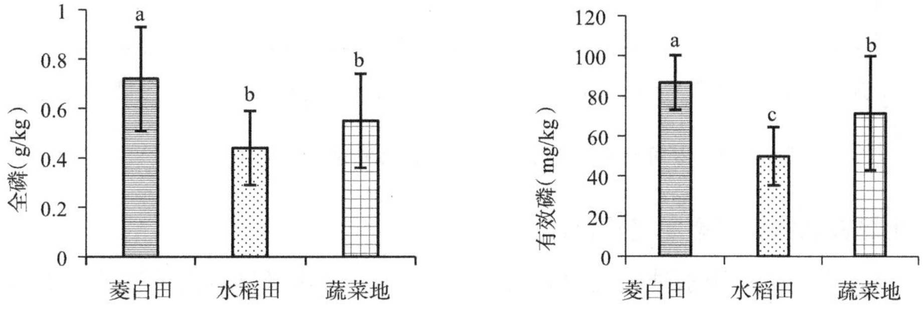

图6-16　不同土地利用方式下土壤的全磷和有效磷

3种不同土地利用方式下农田土壤的TP含量周年变化如图6-17所示。全年淹水种植茭白的土壤TP含量变化趋势与另两种土地利用方式相似，在2020年6—9月土壤TP含量随采样时间大致呈倾斜"Z"字形：7月是土壤TP含量的顶峰，8月显著降低。在2020年9月至2021年5月，3种土地利用方式的土壤TP含量呈拉长的"W"字形，变化幅度较小。图6-18表明，种植茭白的土壤AP含量在2020年6月至2021年5月全年整体呈上升→下降→上升的趋势。种植水稻的土壤AP含量呈上升→下降的变化趋势，最高值出现在4月。种植蔬菜的土壤AP含量全年呈上升→下降→上升→下降的"双峰形"趋势，高值区分别出现在2020年8—10月和2021年2—3月。

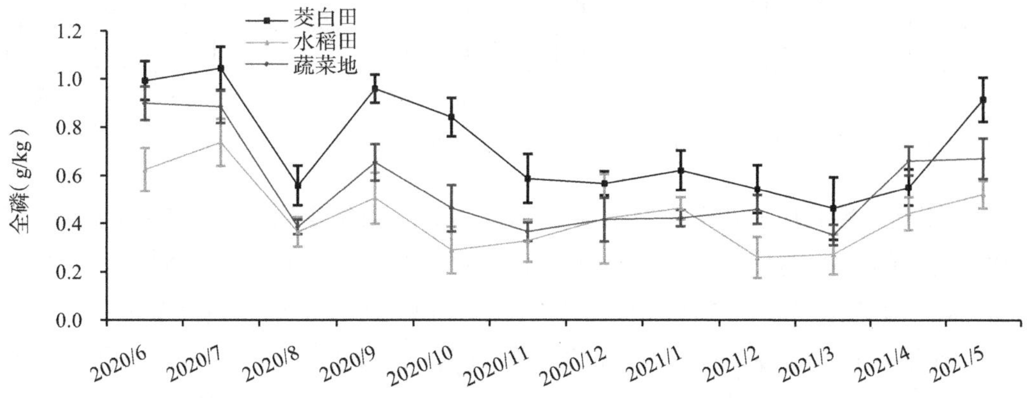

图6-17　不同土地利用方式下土壤全磷含量的周年变化

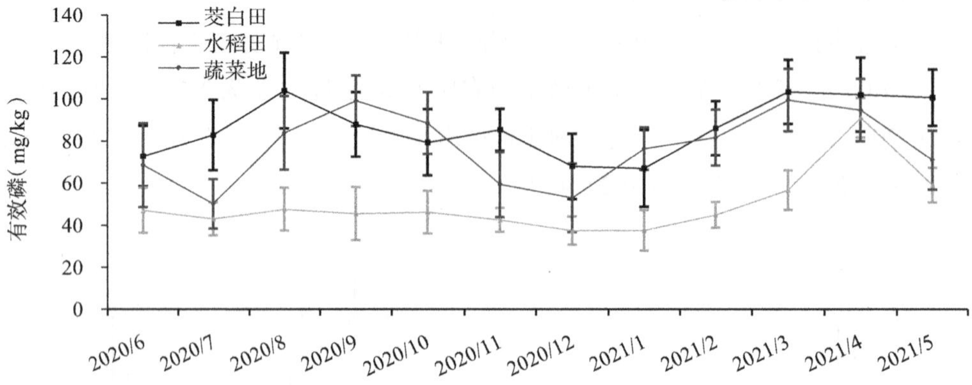

图6–18　不同土地利用方式下土壤有效磷含量的周年变化

6.2.2.4　土壤铵态氮和硝态氮变化特征

图6-19表明，全年淹水种植茭白农田土壤的NH_4^+-N含量显著高于种植水稻和蔬菜的土壤（$P<0.05$），而NO_3^--N含量显著低于种植水稻和蔬菜的土壤（$P<0.05$）。其中，茭白土壤的NH_4^+-N含量为52.85±8.19 mg/kg，平均分别比种植水稻和种植蔬菜的土壤提高了130.89%和187.38%；NO_3^--N含量为20.97±6.04 mg/kg，平均分别比种植水稻和种植蔬菜的土壤下降44.14%和59.74%。种植茭白的土壤NH_4^+-N与NO_3^--N比值显著高于种植水稻和蔬菜的对照土壤。

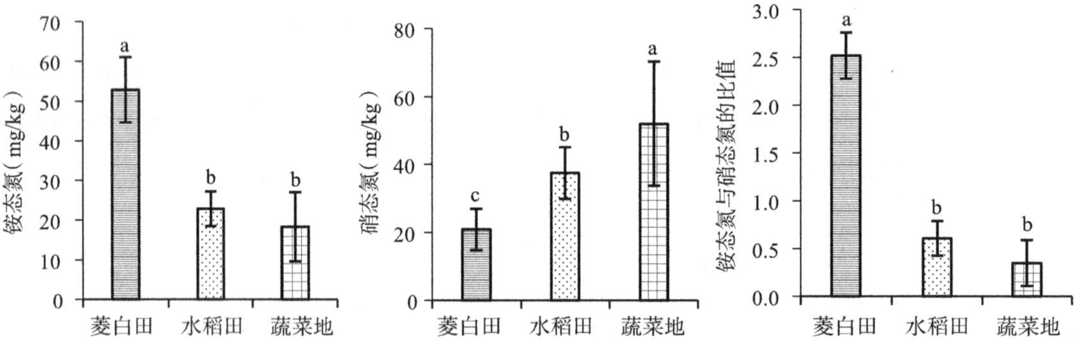

图6–19　不同土地利用方式下土壤的铵态氮和硝态氮

3种不同土地利用方式下农田土壤的NH_4^+-N含量周年变化如图6-20所示。全年淹水种植茭白的土壤NH_4^+-N含量在全年均高于种植水稻和蔬菜的土壤NH_4^+-N含量，在2020年6—8月逐渐上升，9月迅速下降，在10—12月上升至全年最高水平，而后逐渐下降。种植水稻的土壤NH_4^+-N含量在全年呈倒“V”字形，在2020年6—11月及2021年1—5月变化较平稳，在12月达最高值62.48 mg/kg。种植蔬菜的土壤NH_4^+-N含量全年变化平稳，7月出现最高值35.51 mg/kg。由图6-21可知，全年淹水种植茭白的

土壤 NO_3^--N 含量总体低于种植水稻和蔬菜的土壤 NO_3^--N 含量，全年变化较平稳，在20~30mg/kg附近波动。种植水稻的土壤 NO_3^--N 含量在2020年6—9月呈下降趋势，到10月迅速上升至顶峰，而后波动下降。种植蔬菜的土壤 NO_3^--N 含量呈上升→下降→上升→下降的变化趋势。

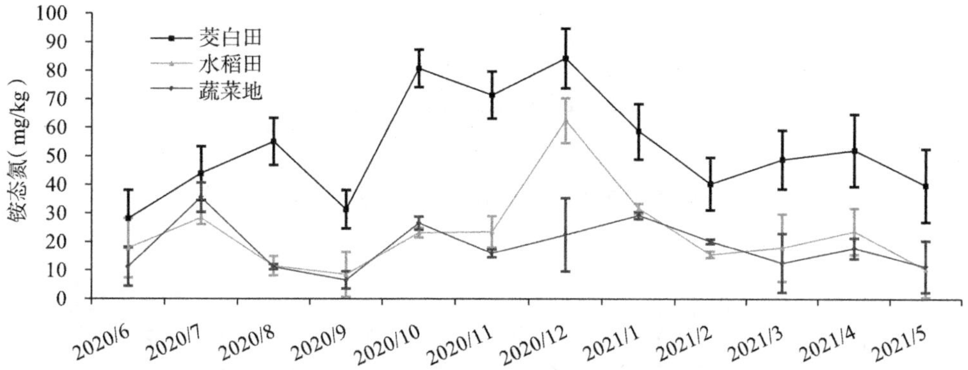

图6-20　不同土地利用方式下土壤铵态氮含量的周年变化

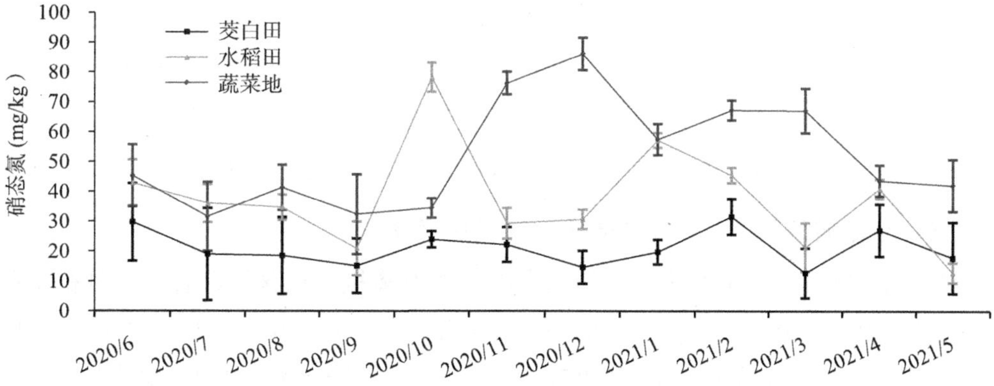

图6-21　不同土地利用方式下土壤硝态氮含量的周年变化

6.2.2.5　土壤速效钾含量变化特征

由图6-22可知，全年淹水种植茭白的土壤AK含量显著高于种植水稻的土壤（$P<0.05$），而与种植蔬菜的土壤无显著差异（$P>0.05$）。种植茭白土壤AK含量为376.35±42.57mg/kg，比种植水稻的土壤提高了81.07%。由图6-23可知，全年淹水种植茭白的土壤AK含量在2020年6—8月缓慢上升，而后下降，在2020年10月至2021年3月变动幅度较小，最高值出现在4月，为485.82mg/kg，最低值出现在9月，为296.30mg/kg。种植水稻的土壤AK含量整体呈上升→下降的变化趋势，在4月达到最高值，为445.09mg/kg。种植蔬菜的土壤AK含量在全年变动较小，最高值也出现在4月，达448.74mg/kg。

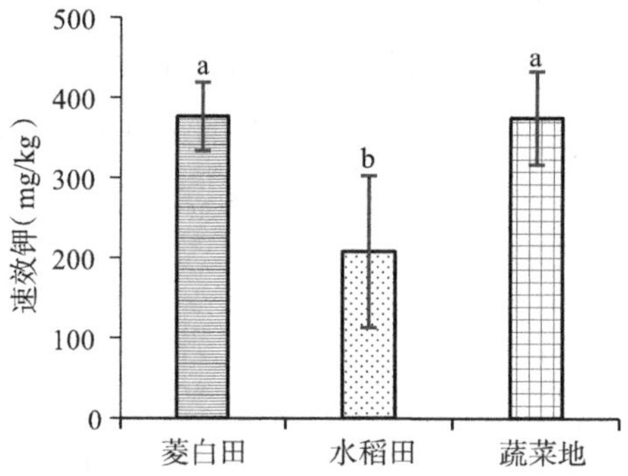

图6-22　不同土地利用方式下土壤的速效钾含量

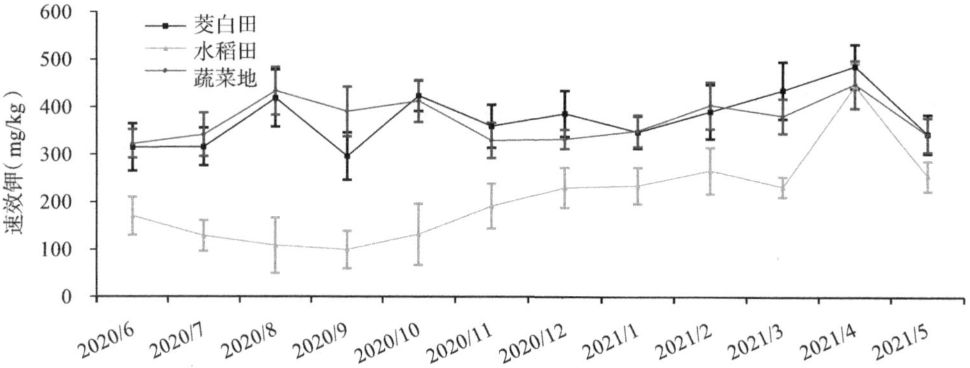

图6-23　不同土地利用方式下土壤速效钾含量的周年变化

6.2.2.6　土壤游离氧化铁和非晶质氧化铁变化特征

由图6-24可知，全年淹水种植茭白的土壤游离氧化铁含量显著低于种植水稻和蔬菜的土壤（$P<0.05$）。茭白土壤游离氧化铁含量为9.73±0.76g/kg，平均分别比种植水稻和蔬菜的土壤降低了17.05%和20.89%。全年淹水种植茭白的土壤非晶质氧化铁含量显著高于种植水稻和蔬菜的土壤（$P<0.05$）。其中，茭白土壤的非晶质氧化铁含量为8.36±0.40g/kg，平均分别比种植水稻和蔬菜的土壤提高了21.69%和25.15%。同时，

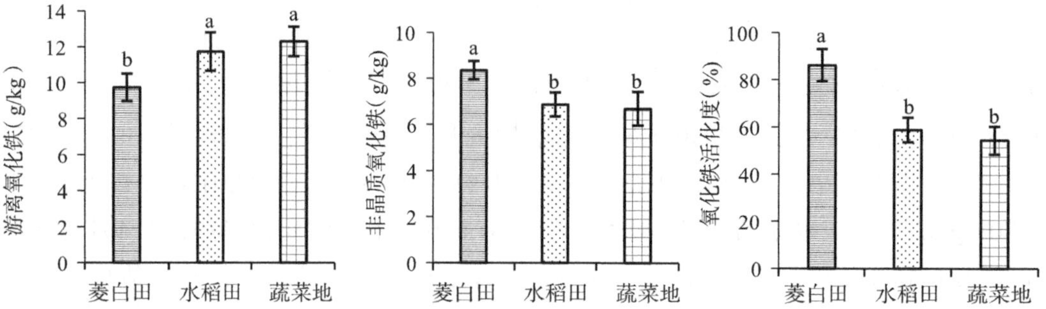

图6-24　不同土地利用方式下土壤的游离氧化铁、非晶质氧化铁和氧化铁活化度

淹水种植茭白的土壤氧化铁活化度比种植水稻的土壤显著提高46.71%($P<0.05$)，比种植蔬菜的土壤显著提高58.61%($P<0.05$)。

图6-25表明，全年淹水种植茭白的土壤游离氧化铁含量全年均低于种植水稻和蔬菜的土壤，在2020年6—12月变化较平稳，在2021年1—5月呈"M"字形，全年最低值为8.75g/kg，出现在8月。种植水稻的土壤游离氧化铁含量在2020年6—11月变化幅度较小，而后迅速上升，在12月达到最高值，为14.07g/kg，在2021年1—5月逐渐下降。种植蔬菜的土壤氧化铁含量在2020年6—11月处于下降趋势，在2020年12月至2021年2月显著增加，而后下降。由图6-26可知，全年淹水种植茭白的土壤非晶质氧化铁含量全年均高于种植水稻和蔬菜的土壤，变化趋势平缓，其含量在7.33~8.82g/kg波动。种植水稻的土壤非晶质氧化铁含量在全年变化也较平稳，含量在6.11~7.67g/kg波动。种植蔬菜的土壤非晶质氧化铁含量在2020年6—9月波动下降，而后上升，在2020年11月至2021年1月缓慢下降，而后波动上升。

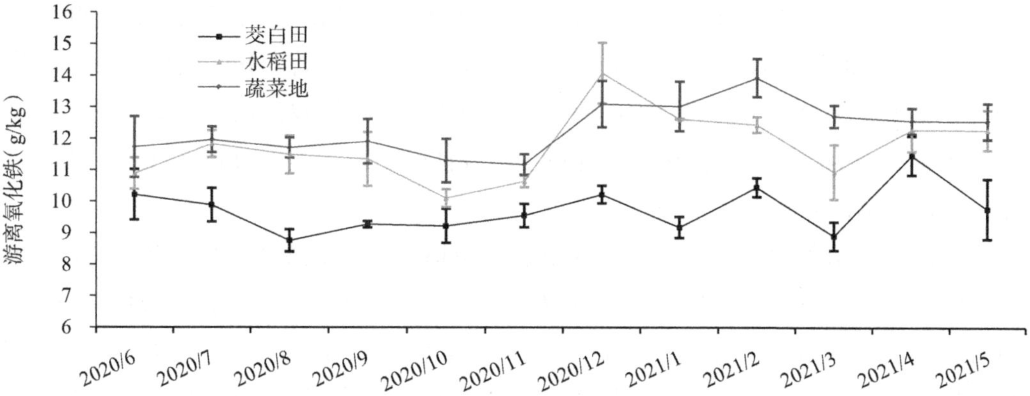

图6-25　不同土地利用方式下土壤游离氧化铁含量的周年变化

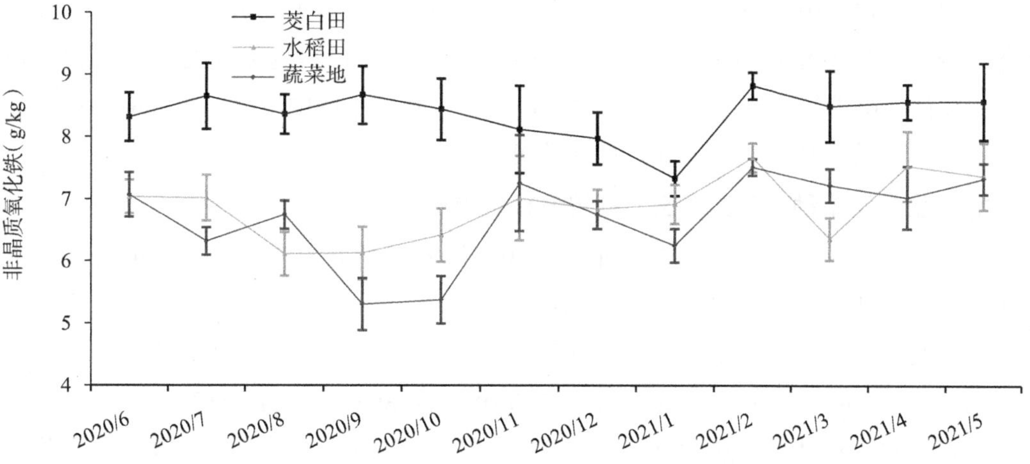

图6-26　不同土地利用方式下土壤非晶质氧化铁含量的周年变化

6.2.3 讨论

6.2.3.1 全年淹水种植茭白对土壤酸碱性的影响

土壤酸碱度是影响作物生长和土壤质量的一个主要因素，它不仅会影响作物对土壤养分的吸收程度，还会影响金属在土壤中的形态和迁移过程。按照土壤中酸存在形态的差异，土壤酸度又可分成活性酸和潜性酸。其中，土壤活性酸一般由 pH 表征，即当土壤达到固–液相平衡时土壤溶液中的 H^+ 含量；而土壤的潜性酸一般用被 KCl 浸提后溶液中 H^+ 与 Al^{3+} 的含量来表示，即吸附在土壤胶体表面的 H^+ 和 Al^{3+} 的数量。

图6–7表明，全年淹水种植茭白使土壤酸化严重，可能是铵发生硝化，释放 H^+ 所致，氮肥的大量施用，在土壤中经过一系列的化学转化过程最终造成土壤 H^+ 增加。化肥，尤其是氮肥使用可能会造成土壤酸化现象。同时，本研究中全年淹水种植茭白的农田常伴随着大量的茭草还田，土壤微生物加速茭草腐解速率，有机阴离子在此过程中得到释放，土壤酸化程度加剧与有机阴离子数量的增多密切相关。此外，纤维素降解过程中也可能产生一些酸性化合物（Kato *et al.*，2005）。水稻田改种茭白后，土壤交换性 Al^{3+} 占交换性酸的比例较大，但交换性 Al^{3+} 含量并未发生显著变化。茭白土壤在酸化过程中不容易生成交换性 Al^{3+} 的原因可能是因为农田经过施肥及灌溉等活动补充了土壤盐基，而土壤对酸的缓冲调节作用主要通过土壤胶体的阳离子交换过程来进行，故土壤中产生的交换性 Al^{3+} 含量较低。

全年淹水种植茭白的土壤酸度呈现季节变动趋势，土壤酸性在夏、冬两季增强（图6–8至图6–12），一是因为缙云县大气降水主要集中在5—9月，高频率降水除带走一部分养分离子外，还带走了大量的盐基离子，而残留的 H^+ 则会与硫酸根等离子结合，造成土壤酸化；二是与茭白的生长周期有关，6月为缙云县孕茭采收期，土壤中大量的铵、钾、钙、镁等盐基离子被茭白生长所吸收，茭白的收获常伴随着盐基离子的转移，即生物脱盐基化作用，而在此过程中残留在土壤中的酸根离子会引起土壤酸化，且土壤酸化程度随转移走盐基离子数量的增多而加剧，而11—12月为来年茭白育苗栽植和生长期，往往伴随着氮肥的施用，氮肥尤其是铵态氮肥在土壤中经过一系列的物理化学反应后释放出大量的 H^+，加剧了土壤酸化程度。

6.2.3.2 全年淹水种植茭白对土壤各组分有机碳的影响

土壤碳库在全球碳循环中起着重要作用，深刻影响着大气中 CO_2 的浓度。土壤有机碳主要来源于凋落物、动植物残体及微生物体等有机物质，是土壤碳库的重要组成部分，土壤有机碳含量的变化直接影响土壤碳库的稳定性。本研究中，水稻田改种茭白后，土壤 TOC 和 LOC 含量略微增加（$P>0.05$），WSOC 显著提高 17.67%（$P<0.05$）。大量研究表明，有机肥料输入和秸秆还田是农田土壤有机物质来源的主要途径。茭白田

常年全量或半全量的秸秆还田，使得大量根系分泌物存在于表层土壤中，碳源也随之进入到土壤中。受土壤物理化学性质及生物代谢机制等的影响，淹水土壤中的有机物质含量通常高于好氧土壤（Marklein and Houlton，2012），与本研究结果一致。

虽然土壤LOC占TOC的比例较低，但其在保持土壤养分和土壤碳库变化等方面发挥着重要作用。一般来说，与土壤中LOC的绝对含量相比，LOC占TOC的百分比更能反映土壤有机碳质量及土壤碳库的变化状况，LOC所占的比例越高，说明越容易被土壤微生物分解，其质量及生物有效性也就越高。本研究发现，水稻田改种茭白后，土壤LOC占TOC的比例下降了2.29个百分点。究其原因可能是因为全年淹水种植茭白导致土壤微团聚体的破碎及土壤分散性增强，继而使得潜在的生物有效碳库出露地表，活性较高的有机碳被持续矿化损失。另外，由于水田全年淹水种植茭白导致耕层土壤结构出现明显退化，水蚀或风蚀被加剧，使得土壤LOC矿化速率加快，这也预示着土壤肥力有效性的下降。本研究中，土壤碳库管理指数（CMI）的下降同样表明全年淹水种植茭白不利于土壤的持续利用。CMI对不同土地利用方式下土壤中碳含量较为敏感，为不同土地利用方式下土壤中的碳含量提供了量化的依据，可以作为表征土壤有机质及土壤肥力状况的有效指标，因此，土壤的碳库管理指数在土壤肥力的管理中应得到重视和应用。

本研究中，全年淹水种植茭白的土壤TOC、WSOC和LOC含量总体上呈现出夏、秋季＞春、冬季的特点。研究发现小气候、土壤微生物活性及秸秆还田等因素会使土壤各组分有机碳浓度呈现出一定的季节性变动特征（孔玉华等，2019）。2020年6—9月，由于温度相对较高，且雨量充足，茭白秸秆中纤维素等大分子物质腐解速度慢，没能完全腐解的茭白秸秆残体继续被微生物腐解，此过程中产生的有机质数量大于被微生物腐解的量，导致土壤中各组分有机碳含量处于较高水平。随着时间的推移，剩余是难溶性物质，加上温度的降低，土壤耕层凋落物、根系数量及分泌物减少，土壤碳源随之减少，同时，微生物活性及新陈代谢的能力也逐渐降低，使土壤中各组分有机碳含量处于较低水平。值得注意的是，土壤TOC含量在7—8月处于低水平，可能是因为土壤温度升高，微生物活性增强，促进土壤有机物质的分解转化，从而导致土壤TOC含量降低。

6.2.3.3　全年淹水种植茭白对土壤养分含量及氧化铁形态的影响

水稻田改种茭白后，土壤养分含量明显提高，可能与茭白种植过程中的高量施肥活动有关。茭白生产具有较高的经济效益，为了提高茭白产量，茭农对茭白田施加的肥料用量常远超过水稻生产，具有盲目性。因此，茭白田土壤中TP、AP、NH_4^+-N和AK含量高可能是长期过量施肥导致的。

本研究中，全年淹水使得茭白土壤处于厌氧环境，提高了土壤磷的释放能力，且茭白秸秆中含有丰富的磷元素，长期的秸秆还田也会使得土壤中的磷含量增加。本研究发现，全年淹水种植茭白的土壤游离氧化铁含量显著低于种植水稻和蔬菜的土壤

（$P<0.05$），而氧化铁活化度显著高于两种对照土（$P<0.05$）。前人研究表明，在淹水条件下，铁在土壤中容易发生淋溶迁移（丁昌璞和徐仁扣，2011），同时在厌氧环境下，铁还原微生物可以利用酶将 Fe^{3+} 还原为 Fe^{2+}，促进了土壤中氧化铁结合态磷的释放，土壤磷的有效性得以增加，也使得茭白土壤中游离氧化铁含量降低。同时，茭白田常年处于淹水的情况下，交换性钾能被土壤中的亚铁离子溶解并维持在较高浓度。因此，在全年淹水的条件下，土壤速效钾含量的增加与亚铁离子的数量紧密相关。本研究发现，全年淹水种植茭白的土壤中 NH_4^+-N 含量显著高于种植水稻和蔬菜的土壤（$P<0.05$），而 NO_3^--N 含量显著低于种植水稻和蔬菜的土壤（$P<0.05$）。种植茭白的土壤全年处于淹水缺氧环境中，硝化作用被抑制，反硝化作用和硝酸异化还原成铵现象（DNRA）被加强。因此，部分硝酸被还原为亚硝酸盐，导致一些 NO_3^--N 的损失，而 DNRA 则把 NO_3^- 还原成铵，促进了氮素向 NH_4^+-N 形态转化。此外，土壤有效氮含量增加的一个可能原因是，茭白田中的秸秆导致土壤有机氮净矿化增加。另一个原因是秸秆还田促进了土壤氮向土壤氮源的转化，满足了作物的需要，可能提高了氮效率。前人研究表明，土壤长期处于淹水环境会显著提高土壤中非晶质氧化铁的含量（Kumar，1981），与本研究结果一致。这一现象出现的主要原因可能是全年淹水种植茭白使土壤长期处于渍水环境，有机质的厌氧分解将土壤中大部分结晶氧化铁转化为具有高活性的无定形铁。

全年淹水种植茭白下，不同的土壤养分在全年呈现出不同的变化规律。在2020年6—7月，温度高且降水量大，土壤中矿物质对磷的吸附能力减弱，进而加快土壤中磷的释放，同时微生物活性增强也加快土壤中溶解氧的消耗，使磷得以向外释放；8月土壤 TP 含量显著降低，可能是因为高温多雨加速了土壤侵蚀过程，使得土壤中部分养分被淋溶损失，导致土壤中 TP 密度逐渐下降；9月为秋茭采收期，茭白生育吸收磷含量小于秸秆腐解产生的磷含量，土壤磷得以积累；在2020年10月至2021年2月，全年淹水种植茭白的土壤中 TP 含量变化平稳，可能是因为此阶段茭白处于育苗期－休眠期，施肥及农田管理等人为活动减少，土壤受到外界干扰少；2021年2—5月，气温慢慢回升，微生物的活性进一步增强，加快磷的释放。

土壤中有效磷的固定和转化过程在全年进行，对作物的生长发育和产量形成有重要影响，尤其是在作物生长发育阶段土壤速效养分水平对作物生长发育的影响更显著。种植茭白的土壤有效磷含量随采样时间呈上升→下降→上升的变化趋势。2020年6月，土壤中有效磷含量较低，损失的有效磷一部分是为茭白生长发育所吸收，另一部分可能因6月降雨增大而被淋失；7—8月气温持续升高，茭白田中微生物腐解秸秆的速率加快，使土壤中有机质含量提高，而有机质在矿化过程中会减少土壤对磷的吸附力，从而释放一部分无机磷，进而提高土壤中磷的有效性；9月秋茭采收后，气温开始降低，土壤中微生物活性削弱，土壤中有效磷含量缓慢减少。2021年1—5月，随着气温的回升，土壤微生物活性增强，对土壤中易被分解有机磷的分解强度加大，从而缓慢提高了土壤中有效磷的含量。

本研究中，茭白田土壤的NH_4^+-N含量在2020年10月显著提高，此后11月和12月均保持在较高水平，一方面与茭白处于育苗栽植、休眠期而对氮的需求量降低有关，另一方面可能也与降水减少导致的氮素淋失减少有关。此外，全年淹水种植茭白的土壤NO_3^--N含量在全年总体低于种植水稻和蔬菜的土壤NO_3^--N含量。可能是因为茭白田全年处于淹水厌氧环境下，反硝化作用强烈，而不同时期NO_3^--N含量及其变化特征还受不同温度、湿度等因素影响下的有机氮矿化过程、硝化－反硝化作用等进行程度的影响。

本研究发现，全年淹水种植茭白的土壤速效钾含量在2020年6—8月缓慢上升，此阶段为茭白的分蘖生长期，茭农为提高茭白产量，通常追施分蘖肥，促分蘖生长，使得速效钾含量在该时期出现小高峰；9月较低的速效钾含量一方面与秋茭采收后，土壤中微生物活性削弱有关，另一方面也与此间较多降水引起的表层土壤速效钾淋失有关；10—12月，气温逐渐降低，农事施肥活动的暂停减少了土壤速效钾的物质来源；1—4月是茭白的萌芽－幼苗期，茭农施以足量的基肥，使土壤中速效钾含量缓慢增长。此外，本研究中，全年淹水种植茭白的土壤游离氧化铁含量和非晶质氧化铁含量随采样时间的变化规律不明显，可能与土壤颗粒组成、温度、铁的释放速率及人为的水分管理活动等因素有关。

6.2.4 小结

通过对全年淹水种植茭白下土壤性状、肥力的变化特征及周年动态变化规律进行研究，主要得出以下结论：

（1）水稻土全年淹水种植茭白后，土壤明显酸化，且呈现夏、冬两季土壤酸性增强的特征。

（2）有机肥输入和秸秆还田为茭白田土壤提供丰富的有机物质来源，使得其土壤TOC、LOC和WSOC均有增加。但土壤LOC占TOC的比例及碳库管理指数（CMI）降低。

（3）水稻田改种茭白后，土壤养分含量明显提高。土壤全磷、有效磷、NH_4^+-N和速效钾含量提高的主要原因是茭农长期过量施肥。此外，长期淹水厌氧环境下，茭白田土壤中的Fe^{3+}易还原为Fe^{2+}，后者易发生流失；同时提高了土壤磷的释放能力，也使得游离氧化铁含量降低。

（4）种植茭白的土壤常年处于淹水缺氧环境中，反硝化作用和硝酸异化还原成铵现象（DNRA）被加强，使得土壤中的铵态氮浓度处于较高水平，而硝态氮浓度则处于较低水平。

6.3 全年淹水种植茭白农田土壤酶活性的周年变化特征

土壤酶是一种能高度催化有机质分解的蛋白质，其主要物质来源是动、植物及微生物的分泌物等。土壤酶作为土壤中重要的生物反应催化剂，深刻影响着土壤物质循环及能量交换过程。同时，土壤酶与土壤肥力、作物营养利用效率息息相关，反映了土壤生物化学进程的动态及强度，是评价土壤生物学活性和土壤质量的重要指标，对深入了解养分元素的循环转化过程及其机理具有重要意义。本节研究该区域全年淹水种植茭白下土壤酶活性的周年变化特征及其与土壤性状、肥力之间的关系，阐明土壤酶活性对茭白种植模式的响应。

6.3.1 材料与方法

6.3.1.1 土壤样品采集与处理

本研究采样地点同6.2，采样时间分别为2020年7月27日、2020年9月28日、2020年12月28日、2021年3月28日和2021年5月28日。按6.2的野外采样方法，在田间从袋中取出部分混合均匀的土壤样品置于离心管中，随即放入便携式保温箱冷冻，带回实验室后保持土壤新鲜状态，迅速挑出植物残根和石块，并保存在－80℃冰箱，用于土壤酶活性测定。

6.3.1.2 土壤样品测定方法

土壤过氧化氢酶（CAT）、脲酶（UE）、蔗糖酶（SUC）、酸性磷酸酶（ACP）和蛋白酶（PRO）活性用ELISA检测试剂盒测定，采用双抗体夹心法：用纯化的土壤酶捕获抗体包被微孔板，制成固相抗体，往包被的微孔中依次加入土壤酶，再与HRP标记的检测抗体结合，形成抗体－抗原－酶标抗体复合物，经过彻底洗涤后加底物TMB显色；TMB在HRP酶的催化下转化成蓝色，并在酸的作用下转化成最终的黄色；用酶标仪在450 nm波长处测定吸光度（OD值），从而计算样品中土壤酶活性。具体操作按照试剂盒试验操作说明进行。土壤样品前处理方法：称取1 g土壤，加入9 g pH7.2~7.4的PBS，用手工将标本充分混匀。在2~8℃条件下离心20 min（2 000~3 000 r/min），取上清液分装检测，其余冷冻备用，保存过程中如产生沉淀，应再次离心。

6.3.2 结果与分析

6.3.2.1 土壤过氧化氢酶变化特征

对10个样区各采样时间的土壤样品进行平均值统计分析，结果表明，水稻田改种茭白后，土壤过氧化氢酶活性显著提高（$P<0.05$），平均分别比种植水稻和种植

蔬菜的土壤提高26.83%和41.92%（图6-27）。不同时期茭白土壤过氧化氢酶活性为450.58~576.18 U/g，从高到低依次表现为7月＞5月＞3月＞12月＞9月。种植水稻的土壤过氧化氢酶活性在351.96~478.46 U/g波动，从高到低依次表现为7月＞5月＞9月＞12月＞3月。种植蔬菜的土壤过氧化氢酶活性在254.42~479.85 U/g波动，从高到低依次表现为7月＞5月＞3月＞12月＞9月。

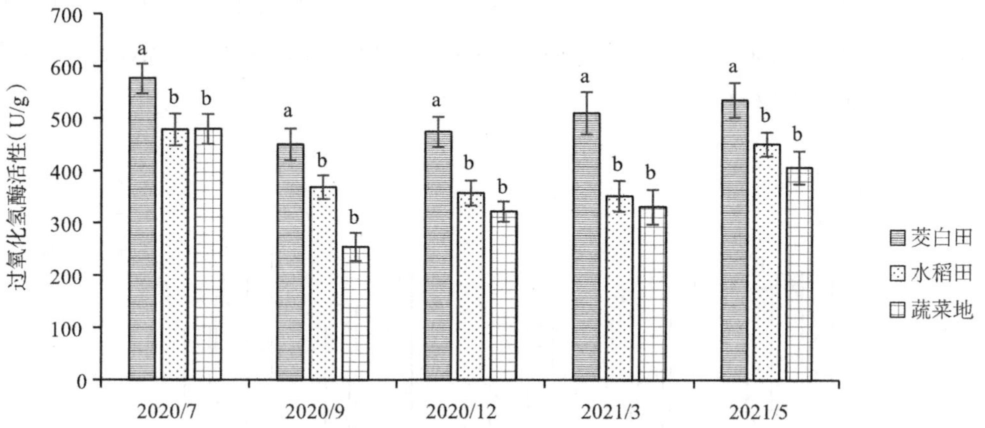

图6-27　不同土地利用方式下土壤过氧化氢酶活性的变化

6.3.2.2　土壤脲酶变化特征

图6-28表明，全年淹水种植茭白的土壤脲酶活性在不同的生育期均显著高于种植水稻和蔬菜的土壤（$P<0.05$），平均分别提高21.64%和30.47%。不同时期种植茭白的土壤脲酶活性为499.12~645.84 U/g，由高到低依次为7月＞5月＞9月＞3月＞12月。种植水稻的土壤脲酶活性为371.10~544.44 U/g，由高到低为7月＞5月＞9月＞3月＞12月。种植蔬菜的土壤脲酶活性为375.29~537.02 U/g，呈现出7月＞5月＞3月＞9月＞12月的时间特征。

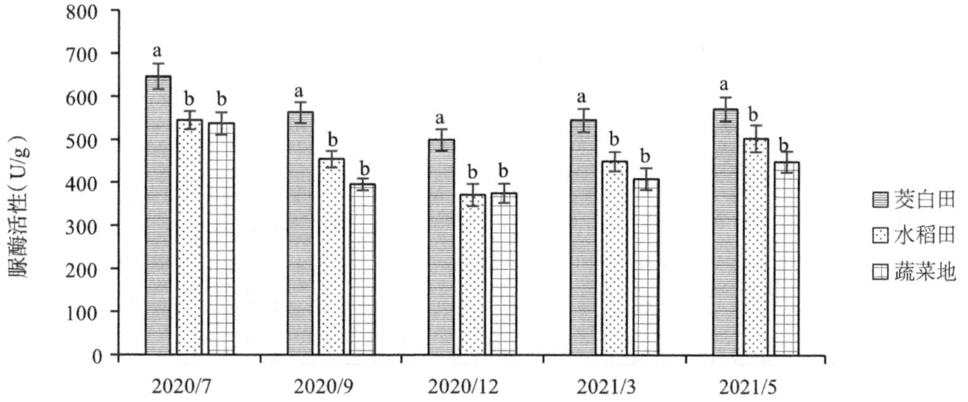

图6-28　不同土地利用方式下土壤脲酶活性的变化

6.3.2.3 土壤蔗糖酶变化特征

图6-29表明，全年淹水种植茭白的土壤蔗糖酶活性整体高于种植水稻和蔬菜的土壤，平均分别提高17.06%和36.3%。水稻田改种茭白后，不同时期土壤蔗糖酶活性为1.49~2.31 U/g，从高到低依次表现为7月＞5月＞9月＞3月＞12月，其中5月和7月的土壤蔗糖酶活性比种植水稻的土壤显著提高22.41%和17.86%（$P<0.05$）。种植水稻的土壤蔗糖酶活性全年波动范围为1.24~1.96 U/g，由高到低为7月＞9月＞5月＞3月＞12月。种植蔬菜的土壤蔗糖酶活性为0.95~1.81 U/g，从高到低依次表现为7月＞9月＞3月＞5月＞12月。

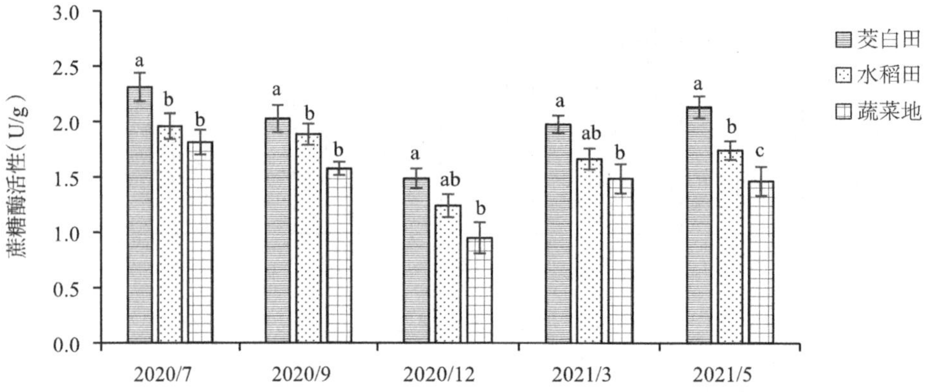

图6-29 不同土地利用方式下土壤蔗糖酶活性的变化

6.3.2.4 土壤酸性磷酸酶变化特征

图6-30表明，水稻田改种茭白后，土壤酸性磷酸酶活性显著降低18.52%，而比种植蔬菜的土壤显著提高10%（$P<0.05$）。全年淹水种植茭白的土壤酸性磷酸酶活性全年变化范围在0.34~0.58 U/g，种植水稻的土壤酸性磷酸酶活性全年波动范围为0.44~0.69 U/g，种植蔬菜的土壤酸性磷酸酶活性全年波动范围为0.24~0.58 U/g。3种土地利用方式下发育土壤的酸性磷酸酶活性均呈现7月＞5月＞3月＞12月＞9月的时间变化规律。

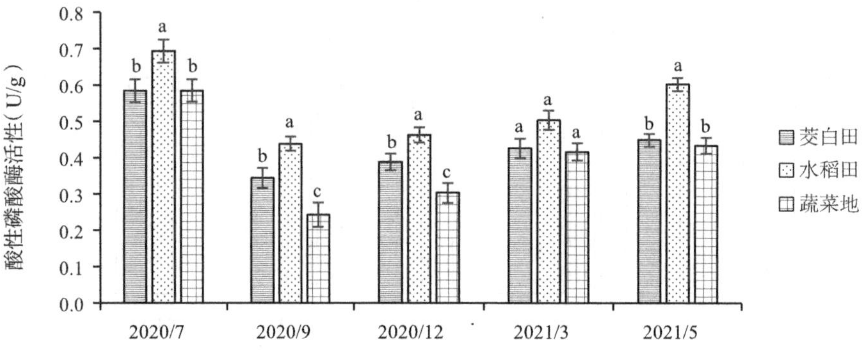

图6-30 不同土地利用方式下土壤酸性磷酸酶活性的变化

6.3.2.5　土壤蛋白酶变化特征

图6-31表明，全年淹水种植茭白的土壤蛋白酶活性平均值为1.47 U/g，平均分别比种植水稻和蔬菜的土壤提高22.5%和31.25%。不同时期茭白土壤蛋白酶活性为1.19~1.81 U/g，从高到低依次表现为9月＞7月＞12月＞5月＞3月。种植水稻的土壤蛋白酶活性全年波动范围为1.02~1.24 U/g，由高到低为9月＞12月＞7月＞5月＞3月。种植蔬菜的土壤蛋白酶活性为0.95~1.81 U/g，从高到低依次表现为9月＞7月＞12月＞5月＞3月。

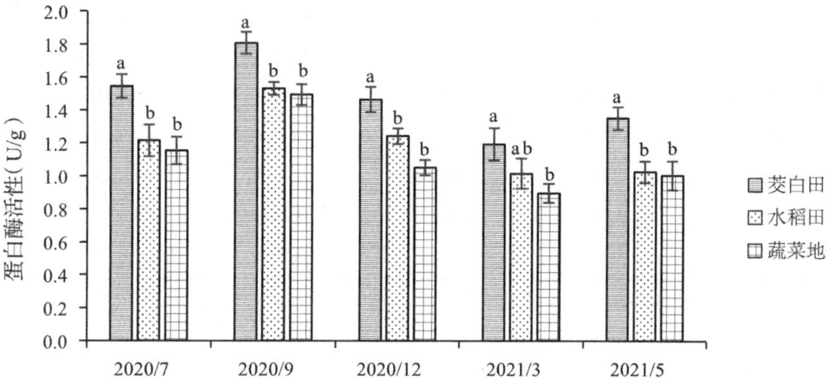

图6-31　不同土地利用方式下土壤蛋白酶活性的变化

6.3.2.6　全年淹水种植茭白下土壤酶活性与土壤肥力的相关性

从表6-7可以看出，全年淹水种植茭白的土壤酶活性与土壤性状及肥力状况具有密切的相关关系。土壤CAT酶活性与土壤TOC、WSOC含量均呈显著正相关（$P<0.05$）。UE酶活性与TOC含量呈显著正相关（$P<0.05$），与NH_4^+-N含量呈极显著正相关（$P<0.01$）。SUC酶活性与TOC含量呈显著正相关（$P<0.05$）。ACP酶活性与AP含量呈显著负相关（$P<0.05$），与NH_4^+-N含量呈极显著正相关（$P<0.01$），与交换性H^+、LOC含量呈显著正相关（$P<0.05$）。PRO酶活性与LOC、非晶质氧化铁含量呈显著正相关（$P<0.05$）。此外，不同土壤酶活性彼此之间也存在相关性：土壤CAT酶活性与UE、SUC、ACP酶活性均呈显著正相关（$P<0.05$）；UE与PRO酶活性呈显著正相关（$P<0.05$）；SUC和ACP酶活性也呈显著正相关（$P<0.05$）。

表6-7　茭白田土壤酶活性与土壤肥力的相关分析

	过氧化氢酶（CAT）	脲酶（UE）	蔗糖酶（SUC）	酸性磷酸酶（ACP）	蛋白酶（PRO）
过氧化氢酶（CAT）	1				
脲酶（UE）	0.403*	1			
蔗糖酶（SUC）	0.526*	0.468	1		
酸性磷酸酶（ACP）	0.575*	0.674	0.514*	1	

（续表）

	过氧化氢酶（CAT）	脲酶（UE）	蔗糖酶（SUC）	酸性磷酸酶（ACP）	蛋白酶（PRO）
蛋白酶（PRO）	0.521	0.700*	0.302	0.395	1
pH	0.233	−0.374	0.006	0.188	−0.338
交换性 H^+	−0.540	−0.256	0.414	0.644*	−0.345
交换性 Al^{3+}	−0.207	−0.047	0.082	−0.309	0.502
总有机碳（TOC）	0.576*	0.694*	0.683*	0.421	0.446
水溶性有机碳（WSOC）	0.598*	0.490	0.188	0.283	0.016
活性有机碳（LOC）	0.124	0.237	0.155	0.498*	0.645*
有效磷（AP）	−0.160	−0.183	0.560	−0.483*	−0.237
全磷（TP）	0.067	−0.406	0.121	−0.333	−0.287
速效钾（AK）	−0.284	0.302	0.459	0.180	−0.049
游离氧化铁	−0.079	0.085	−0.215	−0.383	0.012
非晶质氧化铁	−0.031	−0.064	−0.207	−0.240	0.669*
铵态氮（NH_4^+-N）	0.047	0.563**	0.057	0.603**	−0.075
硝态氮（NO_3^--N）	−0.551	0.091	0.506	0.048	−0.068

注：** 表示相关性在0.01水平上极显著，* 表示相关性在0.05水平上显著，下同。

6.3.3 讨论

过氧化氢酶活性在很大程度上反映了土壤生物氧化过程的强弱（魏猛等，2010）。种植茭白的土壤具有秸秆全量或半全量还田的特点，丰富的秸秆覆盖于土壤表层为有机质的转化提供了丰富的酶促底物，促进了土壤过氧化氢酶活性的提高。本研究中，不同时期茭白土壤过氧化氢酶活性呈现出7月＞5月＞3月＞12月＞9月的特点。2020年7月为再生茭幼苗期，其间施大量基肥，有机肥及秸秆还田使得大量底物输入，为土壤过氧化氢酶酶促反应提供物质来源，同时湿热的环境提高了土壤微生物的活性，加速酶促反应的进行；9月，茭白土壤过氧化氢酶活性出现最低值的原因可能是在茭白田淹水较深且降水量较大的情况下，土壤透气性差，一方面限制了还田秸秆的矿化，另一方面抑制微生物活性以及茭白根部的呼吸作用，减少酶的释放，使得土壤过氧化氢酶活性下降；2020年12月至2021年3月，气温较低，茭白处于休眠期－幼苗期，土壤表层的有机质堆积较少，微生物活性降低，导致土壤过氧化氢酶处于较低水平；2021年5月气温回升，进入茭白的分蘖生长期，同时伴随有茭农的施肥活动，促使土壤过氧化氢酶活性的提高。

土壤脲酶是植物根系分泌、动植物残体腐解及微生物生命活动等过程中释放的一种酶，是土壤生态系统中氮分解和转化的关键成分。本研究结果表明，全年淹水种植茭白的土壤脲酶活性在不同的生育期均显著高于种植水稻和蔬菜的土壤（$P<0.05$），可能是因为大量秸秆还田和氮肥的配施满足了茭白的氮需求，促进了土壤微生物活性的

提高，生物产酶能力随之提高。此外，不同肥料品种会对土壤脲酶活性产生不同的作用。和文祥等（1997）研究发现与单施化肥及不施肥土壤相比，施加有机肥对土壤脲酶活性的影响最大，消耗的能量最少，故酶促反应较对照土更强。不同时期种植茭白的土壤脲酶活性呈现7月＞5月＞9月＞3月＞12月的时间变化特征。2020年7月高温，部分夏茭采收完后，田间残留的较多茭株和秸秆在高温下进一步腐解，微生物生长活跃，促进土壤酶促反应，使得脲酶活性增强；到9月气温开始回落，秋茭采收期土壤淹水15~20cm，在一定程度上抑制了土壤脲酶活性，与干湿交替相比，持续淹水削弱了有机氮化合物的水解，使得土壤脲酶活性降低；2020年12月，气温明显下降（9.2℃），茭白处于休眠期，土地上的农业活动暂停，土壤缺少有机物料来源，微生物活性减弱，且有研究表明，在温度较低的情况下（＜10℃），土壤酶的反应速率受到抑制（Moorhead and Linkins，1997），从而降低土壤酶的活性；至2021年3月气温回升，土壤微生物活性也随之增强，脲酶活性升高；5月茭白处于分蘖生长期，土壤脲酶活性继续增强，可能是因为随着茭白的生长，其根系发育程度不断提高，茭白根系新陈代谢能力也随之增强，从而促进了土壤生化反应进程，使得土壤脲酶活性提高。

蔗糖酶能有效反映土壤生物学活性，同时也是表征土壤熟化程度及肥力状况的重要指标。蔗糖酶在土壤有机质的矿化和分解过程中起着重要作用，与土壤碳素循环息息相关。图6-28表明，全年淹水种植茭白的土壤蔗糖酶活性整体高于种植水稻和种植蔬菜的土壤。茭农为追求高产常过量施肥，使得茭白田土壤综合肥力高，微生物活性强，新陈代谢快，土壤蔗糖酶活性相应提高。2020年7月气温高，茭白土壤蔗糖酶活性达到峰值，土壤温度的提高一方面直接影响土壤酶动力学，加快土壤酶反应速率，另一方面也促进茭白生长，提高土壤微生物呼吸速率，根系生物量和分泌物增多，间接提高土壤蔗糖酶活性；9月，茭白土壤蔗糖酶活性较上月略微下降，说明在秋茭采收期，茭白根系活性较上一阶段减弱，根系分泌物减少，土壤蔗糖酶促反应损失一部分反应物质来源，且此阶段土壤淹水达15~20cm，不利于土壤呼吸，可能降低土壤酶促反应速率；2020年12月至2021年3月，土壤蔗糖酶活性处于低值，可能是因为这一期间土壤温度较低，不同土地利用方式下植物生长缓慢，植物根系不太发达，凋落物及根系分泌物也相应减少，使得土壤蔗糖酶活性降低。在温度较低时，土壤酶反应也会受到抑制。5月为茭白的分蘖生长期，茭白根系活性增强，同时外源碳输入增多使得土壤糖代谢活动增强，进而提高土壤蔗糖酶活性。

磷酸酶是一种催化土壤生态系统中磷循环和转化的酶，其活性对有机磷矿化能力有重大影响，可被视为土壤磷质量的生物预测因子。本研究中均为酸性土壤，故酸性磷酸酶活性最强。磷酸酶的细胞外种类与营养循环特别相关，一旦有机物进入到土壤中，这些酶就会以酯键形式释放磷，生成可供吸收和同化的磷离子。通过这种方式，磷酸酶可以减少生物体的短期磷缺乏，并可用作分解和营养需求的替代物。研究表明，有效磷可以抑制磷酸酶的合成（Zheng *et al.*，2019）。Marklein和Houlton（2012）研究发现磷肥的施用降低了土壤磷酸酶活性，而氮肥的施用可加速磷循环速率，刺激磷酸酶活性，从而增加有机磷矿化。尽管强有力的理论预测生物群落中氮、磷和磷酸酶之间有关系，但前人的研究并没有充分这种关系的存在（Chen *et al.*，2002）。这是因为磷酸酶具有多样性，磷酸酶活性的测量可能只测量某种类型的磷酸酶或底物。种植茭白的过程中伴随着不同比例氮磷肥的施用，土壤中酸性磷酸酶的降低可能是复杂养分循环的结果。

蛋白酶是一种广泛分布于土壤中的酶，它能分解有机物并促进其水解，产生可被植物吸收和利用的无机氮，与土壤氮转化高度相关。微生物根据其对碳和氮的需求来调节蛋白酶的合成，故蛋白酶活性水平受碳氮有效性的调节。种植茭白的土壤碳氮含量高，且有机质丰富，为微生物的生长提供充足的底物，提高土壤蛋白酶活性。本研究中，种植茭白的土壤蛋白酶活性在9月最高，可能是因为此时为孕茭采收期，蛋白质通过植物凋落物、根沉积和微生物坏死体输入土壤系统，促进了蛋白酶催化蛋白质水解的过程，使得土壤蛋白酶活性提高。

全年淹水种植茭白的土壤酶活性与土壤性状及肥力之间具有密切的相关关系。水稻田改种茭白后，土壤中的有机碳含量有所上升，秸秆等有机物质的持续输入为土壤微生物的繁殖和生长创造了良好的物质条件，同时也增强了土壤酶及其基质对有机物质表面和土壤团聚体的吸附能力，为土壤酶提供合适的生存条件。此外，相关性分析的结果表明酸性磷酸酶的活性与有效磷的含量呈显著负相关，Zhang等（2012）的研究也有类似结果。有效磷在一定程度上会抑制磷酸酶的合成（Zheng *et al.*，2019），而氮肥的施用可加速磷循环速率，刺激磷酸酶活性，从而增加有机磷矿化。脲酶是与碳和氮直接相关的重要功能水解酶，能促使土壤有机氮矿化为铵态氮，铵态氮可被土壤颗粒吸附，因此，易于被植物吸收。本研究中，多数土壤酶活性之间也存在显著相关关系，这表明土壤酶在土壤生态系统中不但具有各自特性，而且表现出一些共有特征。酶的特性可以反映土壤中某类特定物质和能量的转化过程，而兼具共有特征的土壤酶活性则可整体反映土壤的肥力水平。

6.3.4 小结

通过对全年淹水种植茭白下土壤酶活性的变化特征进行分析，研究了土壤酶活性对于种植茭白的响应机制及土壤酶活性与土壤肥力水平的相互作用关系，主要得到以下结论：

（1）全年淹水种植茭白下，土壤CAT、UE、SUC和PRO酶活性均显著高于长期种植水稻和蔬菜的对照土壤，而土壤中的ACP酶活性显著降低18.52%，可能是因为土壤有效磷在一定程度上抑制磷酸酶的合成。

（2）茭白田土壤的CAT和ACP酶活性的全年变化规律一致，均为7月＞5月＞3月＞12月＞9月；UE与SUC酶活性全年变化规律为：7月＞5月＞9月＞3月＞12月；PRO酶活性为9月＞7月＞12月＞5月＞3月。

（3）相关分析的结果表明，土壤TOC与CAT、UE和SUC酶活性呈显著正相关；土壤WSOC与CAT酶活性呈显著正相关；LOC与ACP和PRO酶活性呈显著正相关。此外，土壤NH_4^+-N含量是影响UE和ACP酶活性的主要因素。多数土壤酶活性之间也具有显著相关关系。

6.4 全年淹水种植茭白农田土壤细菌群落的周年变化特征

细菌是土壤微生物的重要组成部分，其代谢方式多样，同时具有较快的周转率，对肥力较低的土壤有良好的适应能力（Zhang *et al.*，2019），在土壤形成、养分循环和有机质分解等过程中起着举足轻重的作用。前人的研究表明，多种因素都能对土壤细菌群落的组成和多样性产生影响，例如，土壤母质（Guo *et al.*，2015）、无机和有机肥料施用（Guo *et al.*，2019）、秸秆还田（Sun *et al.*，2016）及生物炭应用（Zhang *et al.*，2019）等。此外，土地利用变化也会影响土壤细菌群落分布及其多样性（国靖，2020）。土壤细菌多样性和活性的细微变化都会影响土壤有机质、养分循环和土壤生产力。

本节的目的是了解全年淹水种植茭白的土壤中细菌群落组成和多样性的特征及其随采样时间的变化规律，并探究不同优势细菌类群和功能细菌类群与土壤性状、肥力水平及酶活性的相关关系，揭示土壤生态系统内的能量迁移过程与机制。

6.4.1 材料与方法

6.4.1.1 土壤样品采集与处理

本研究采样地点同6.2，采样时间分别为2020年6月28日、2020年8月28日、2020年11月28日、2021年1月28日、2021年3月28日和2021年5月28日。采样方法同6.2。

6.4.1.2 土壤样品测定方法

土壤细菌群落结构采用高通量测序法分析。

高通量测序分析：土壤DNA用ALFA-SEQ Advanced Soil DNA Kit试剂盒按照标准步骤进行提取，利用Thermo NanoDrop One检测DNA的纯度和浓度。将基因组DNA作为聚合酶链反应（PCR）的模板。细菌V4-V5区扩增引物采用515F（5′-GTGCCAGCMGCCGCGGTAA-3′）和907R（5′-CCGTCAATTCMTTTRAGTTT-3′），PCR采用50 μL反应体

系：前后引物各1 μL(10 μm)，DNA模板50 ng，25 μL的2 ×Premix Taq，Nuclease-free water补齐至50 μL。PCR反应策略：94℃预变性5 min，(94℃ /30 s，52℃ /30 s，72℃ / 30 s)×30个循环，最后72℃延伸10 min。扩增产物经钝化、定量后在IlluminamiSeq测序平台上进行高通量测序分析。获得原始序列后进行质量控制，在97%序列相似性水平上聚类成可操作的分类单元(Operational Taxonomic Units，OTUs)。对照GreenGene数据库进行分类注释，获取对应的细菌分类学信息。高通量测序在广东美格基因科技有限公司(广州)完成。

6.4.1.3 数据统计与分析

使用Trimmomatic和FLASH软件对测序数据进行质控过滤，去除低质量的碱基后得到优质序列(Qiu *et al.*，2017)。使用Qiime2平台将获得的优质序列按照97%相似性对非重复序列(不含单序列)进行OTU聚类，在聚类过程中去除嵌合体，得到OTU的代表序列，而后采用Greengenes数据库进行注释，生成不同分类水平的微生物丰度表。通过OTUs聚类结果计算α多样性(多样性指数、丰富度指数、均匀度指数)。细菌的多样性、丰富度分别由Shannon和OTUs指数表征，OTU均匀度采用Pielou方法计算。

采用Tukey' s-HSD单因素方差分析(ANOVA)对不同土地利用方式下土壤主要细菌类群的差异显著性进行分析(SPSS 19.0)。采用Venn图分析不同土地利用方式在不同时间的独有和共有细菌OTU数量(R语言，v3.0.2)。采用非度量多维尺度分析(Non-metricmultidimensional scaling，NMDS)检测细菌群落β多样性。应用冗余分析(redundancy analysis，RDA)揭示不同环境变量对土壤细菌群落结构组成的影响(R语言，v3.0.2)。通过相关性Heatmap分析计算环境变量与主要细菌门之间的Pearson相关性(R语言，v3.0.2)。应用Pearson相关性分析法研究土壤细菌群落α多样性与环境变量之间的相关性(SPSS 19.0)。所有数据整理均在Excel 2010中完成。

6.4.2 结果与分析

6.4.2.1 土壤细菌群落组成

通过测序，3种土地利用方式下土壤在不同时期获得的序列数差异较大(表6-8)。2020年6月至2021年5月，从茭白土壤中获得110 300~307 310条有效序列，最少的样品序列数有8 846条，最多样品序列数有57 646条，平均18 558条序列；种植水稻的土壤中共93 331~270 235条有效序列，各样品的序列数在8 055~43 246条，平均16 539条序列；种植蔬菜的旱地土壤中有效序列数为106 407~331 972，最少样品序列数为8 137，最多样品序列数为54 506，平均获得17 278条序列。

表6-8　不同土地利用方式下土壤序列数

采样时间	土地利用方式	总序列数	最大序列数	最小序列数	平均序列数
2020.6	茭白田	204 822	27 771	10 400	20 482
	水稻田	192 520	22 596	15 682	19 252
	蔬菜地	184 014	24 561	16 072	18 401
2020.8	茭白田	195 566	23 983	14 680	19 557
	水稻田	166 385	22 050	12 693	16 639
	蔬菜地	170 076	23 205	14 312	17 008
2020.11	茭白田	141 037	19 178	11 350	14 104
	水稻田	133 825	18 009	10 631	13 383
	蔬菜地	113 802	13 414	8 137	11 380
2021.1	茭白田	154 447	20 763	11 761	15 445
	水稻田	136 015	15 314	11 747	13 602
	蔬菜地	130 384	15 281	10 552	13 038
2021.3	茭白田	307 310	57 646	19 861	30 731
	水稻田	270 235	43 246	19 203	27 024
	蔬菜地	331 972	54 506	23 916	33 197
2021.5	茭白田	110 300	14 611	8 846	11 030
	水稻田	93 331	10 496	8 055	9 333
	蔬菜地	106 407	13 277	8 273	10 641

图6-32是不同土地利用方式下土壤Venn图，该图展示了6个月份内不同土壤所特有及共有的OTU数量，并能够清晰直观地揭示不同土地利用方式下土壤中OTU数量的相似和重叠程度。3种土地利用方式土壤在2020年6月共有的OTU数量最高（4 509），特有OTU数量也最多，全年淹水种植茭白的土壤、种植水稻的土壤和种植蔬菜的土壤特有OTU数量分别为2 643、1 693和2 494；2020年8月，3种土壤共有的OTU数量次高，为4 309，特有OTU数量分别为1 477、766、1 642；2020年11月，全年淹水种植茭白的土壤、种植水稻的土壤和种植蔬菜的土壤共有的OTU数量为2 943，特有OTU数量分别为1 393、557、1 386；2021年1月，全年淹水种植茭白的土壤、种植水稻的土壤和种植蔬菜的土壤共有的OTU数量为4 237，特有的OTU数量分别为429、292和967；3月，3种土地利用方式下土壤共有的OTU数量为4 009，特有OTU数量分别为1 843、939、1 977；5月，3种土地利用方式下土壤共有的OTU数量最低，为2 518，特有OTU数量分别为603、418、983。

图6-33表明，水稻田改种茭白后，变形菌门（*Proteobacteria*）、拟杆菌门（*Bacteroidetes*）和绿弯菌门（*Chloroflexi*）是茭白田土壤中相对丰度最高的3个门，包含了土壤中62.72%的细菌序列；种植水稻的土壤中，细菌群落的3个优势菌门是变形菌

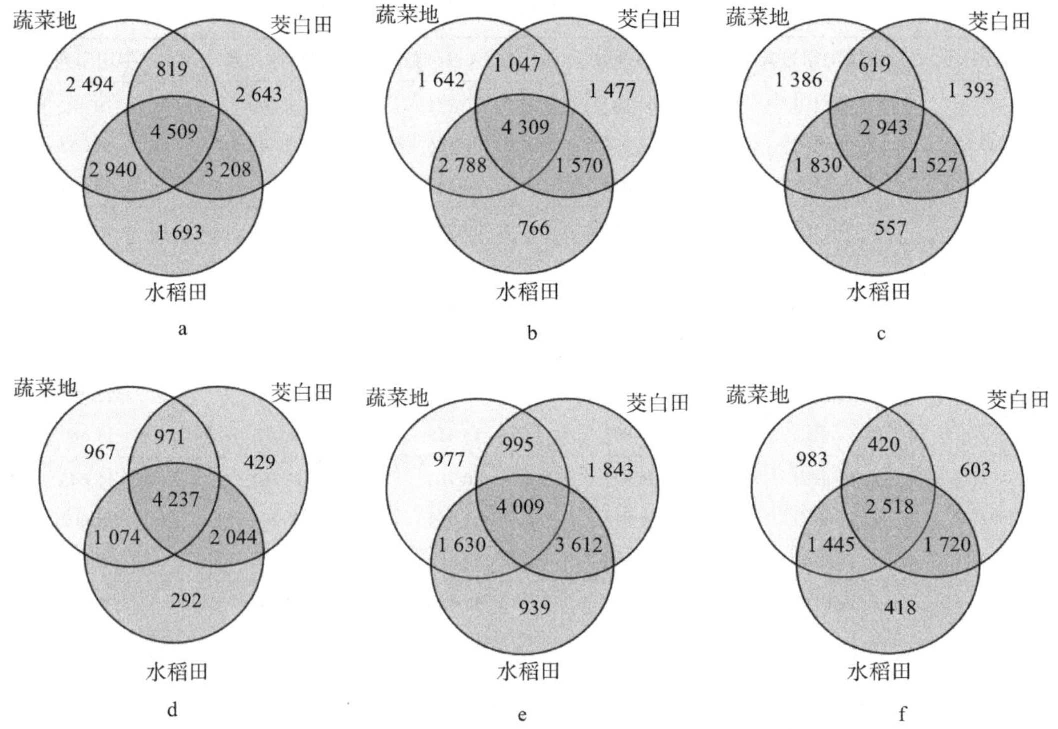

图6–32　不同土地利用方式下土壤Venn图

注：a为2020年6月；b为2020年8月；c为2020年11月；d为2021年1月；e为2021年3月；f为2021年5月

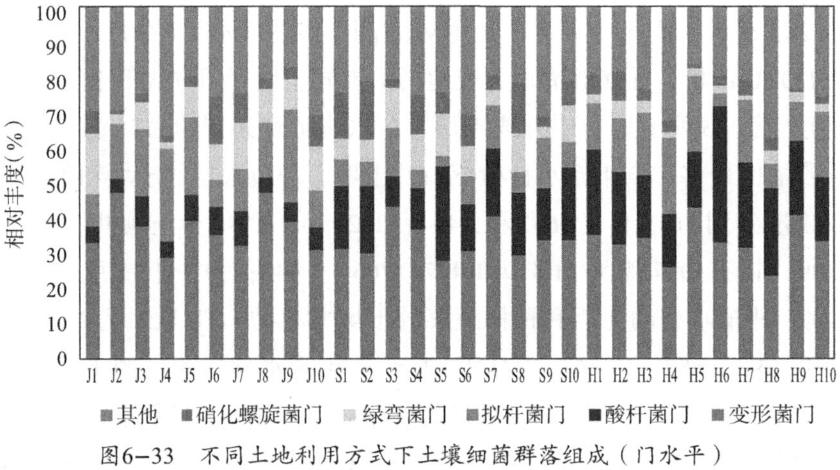

图6–33　不同土地利用方式下土壤细菌群落组成（门水平）

注：J代表种植茭白的土壤，S代表种植水稻的土壤，H代表种植蔬菜的土壤

门、酸杆菌门（*Acidobacteria*）和硝化螺旋菌门（*Nitrospirae*），包含了土壤中59.27%的细菌序列；而在种植蔬菜的土壤中，相对丰度最高的3个门分别为变形菌门、酸杆菌门和拟杆菌门，所有样品中共有70.2%属于这3个门。3种土地利用方式下土壤的优势菌群相似，主要为变形菌门、酸杆菌门、拟杆菌门、绿弯菌门和硝化螺旋菌门，但NMDS

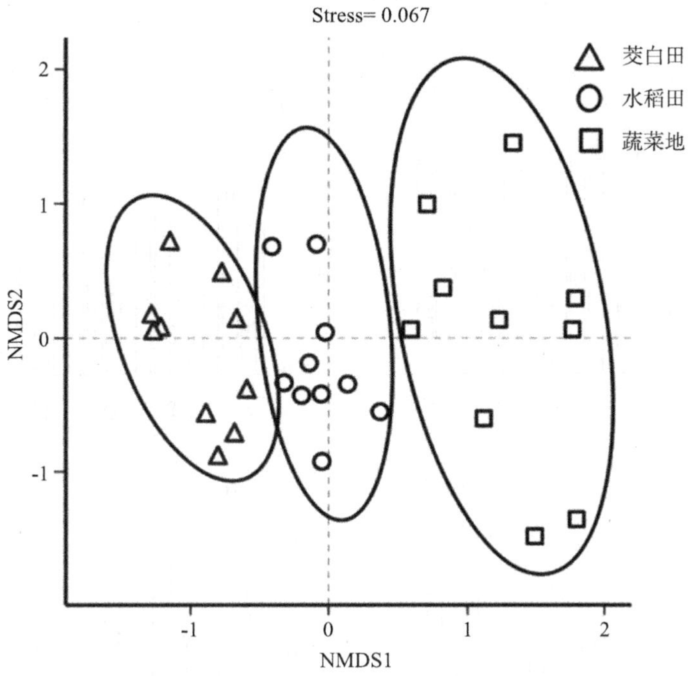

图6–34　不同土地利用方式下土壤细菌群落组成的NMDS分析

分析显示全年淹水种植茭白的土壤与种植水稻的土壤、蔬菜地土壤细菌群落结构差异较大（图6–34）。

为了探究不同土地利用方式下土壤各菌群在不同时期的变化，对5种主要细菌门进行了 Tukey's–HSD单因素方差分析。由图6–35a可知，变形菌门为各土壤中相对丰度最高的一个细菌门类，且水稻田改种茭白后，土壤中的变形菌门在不同时期未发生显著变化（$P>0.05$），与种植蔬菜的土壤也无显著差异（$P>0.05$）。全年淹水种植茭白农田土壤中相对丰度次高的第二大细菌类群是拟杆菌门（图6–35c），水稻田改种茭白后，土壤中拟杆菌门相对丰度在2020年6月、8月、11月和2021年5月均显著提高（$P<0.05$），而与种植蔬菜的土壤相比，其相对丰度在6月和8月有显著提高，在其他时期无显著差异（$P>0.05$）。全年淹水种植茭白田土壤的酸杆菌门相对丰度在2020年6月、8月、11月和2021年5月显著低于种植水稻的土壤（$P<0.05$，图6–35b），在所有时期均显著低于种植蔬菜的土壤（$P<0.05$）。绿弯菌门相对丰度在全年淹水种植茭白田土壤中的处于较高水平，2020年8月、11月和2021年1月、5月茭白土壤中的绿弯菌门相对丰度均显著高于种植蔬菜的土壤（$P<0.05$），与种植水稻的土壤无显著差异（$P>0.05$，图6–35d）。2020年6月、8月和11月全年淹水种植茭白田土壤的硝化螺旋菌门相对丰度显著低于种植水稻的土壤（$P<0.05$），与种植蔬菜的土壤无显著差异（$P>0.05$，图6–35 e）；在2021年1月、3月和5月，全年淹水种植茭白田土壤的硝化螺旋菌门相对丰度与种植水稻和蔬菜的土壤无显著差异（$P > 0.05$）。

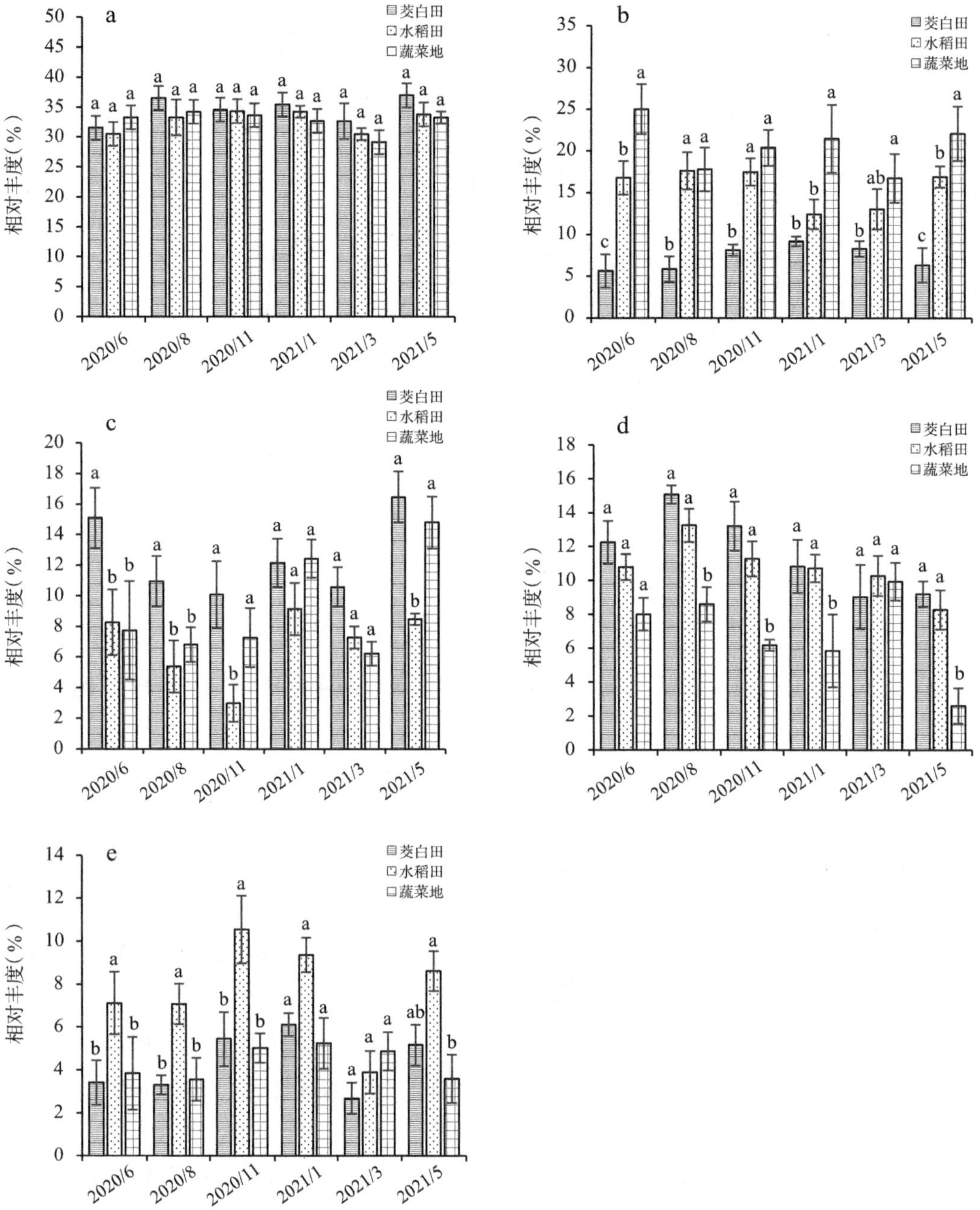

图6-35　不同土地利用方式下土壤中主要细菌门的相对丰度

注：a为变形菌门；b为酸杆菌门；c为拟杆菌门；d为绿弯菌门；e为硝化螺旋菌门

6.4.2.2　土壤细菌群落组成的驱动因素

在基于Bray-Curtis距离的RDA分析中，微生物群落按不同土地利用方式明显分离，其中，全年淹水种植茭白的土壤样品聚为一簇，集中于RDA排序图的左下方，种植水稻的土壤集中于第二排序轴附近，而蔬菜土壤样品较分散，主要分布在第二排序轴右侧（图6-36）。冗余分析表明，前两个轴（RDA1和RDA2）共同解释了总体群落组成变化的68.47%，pH、交换性H^+、交换性Al^{3+}、有效磷、速效钾、铵态氮和硝态氮与土壤细菌群落组成显著相关（$P<0.05$）。Mantel检验（表6-9）深入展示了土壤细菌群落分布和环境因子之间的相关程度，可以看到pH值是影响土壤细菌群落分布的关键因子（$r=0.74$，$P<0.001$），且土壤中有效态养分含量也对细菌群落分布有显著影响。

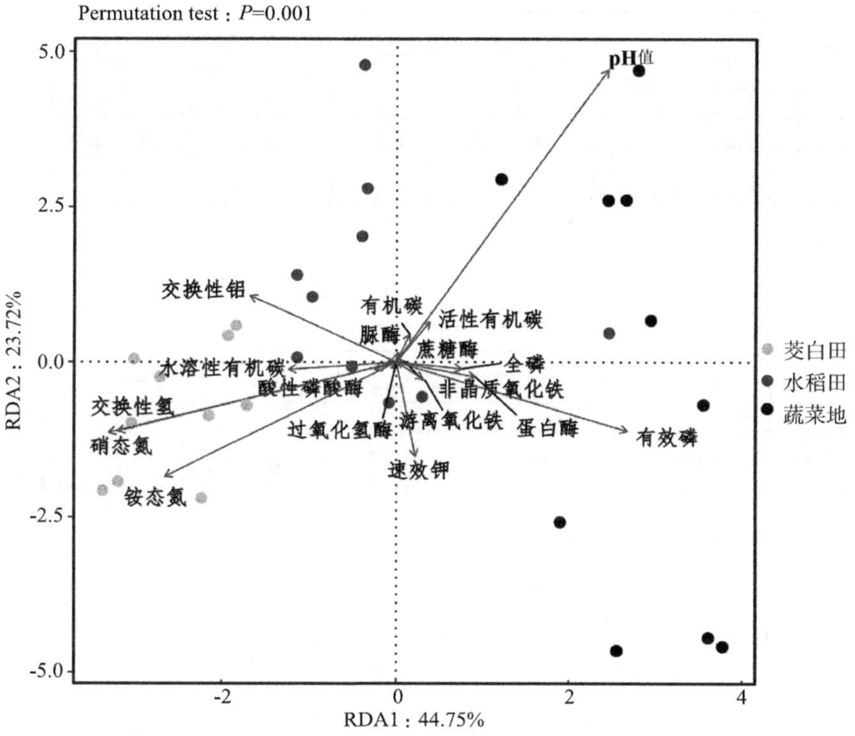

图6-36 不同土地利用方式下土壤细菌群落RDA分析

表6-9 土壤细菌群落组成与环境因子相关性的Mantel检验

环境因子	r	P
pH值	0.74	<0.001
交换性H^+	0.47	<0.001
交换性Al^{3+}	0.28	0.013
有效磷	0.40	<0.001
速效钾	0.22	0.035
铵态氮	0.45	<0.001
硝态氮	0.49	<0.001

图6-37进一步评估了环境因子和优势细菌门之间的关系。在茭白田土壤中，PRO

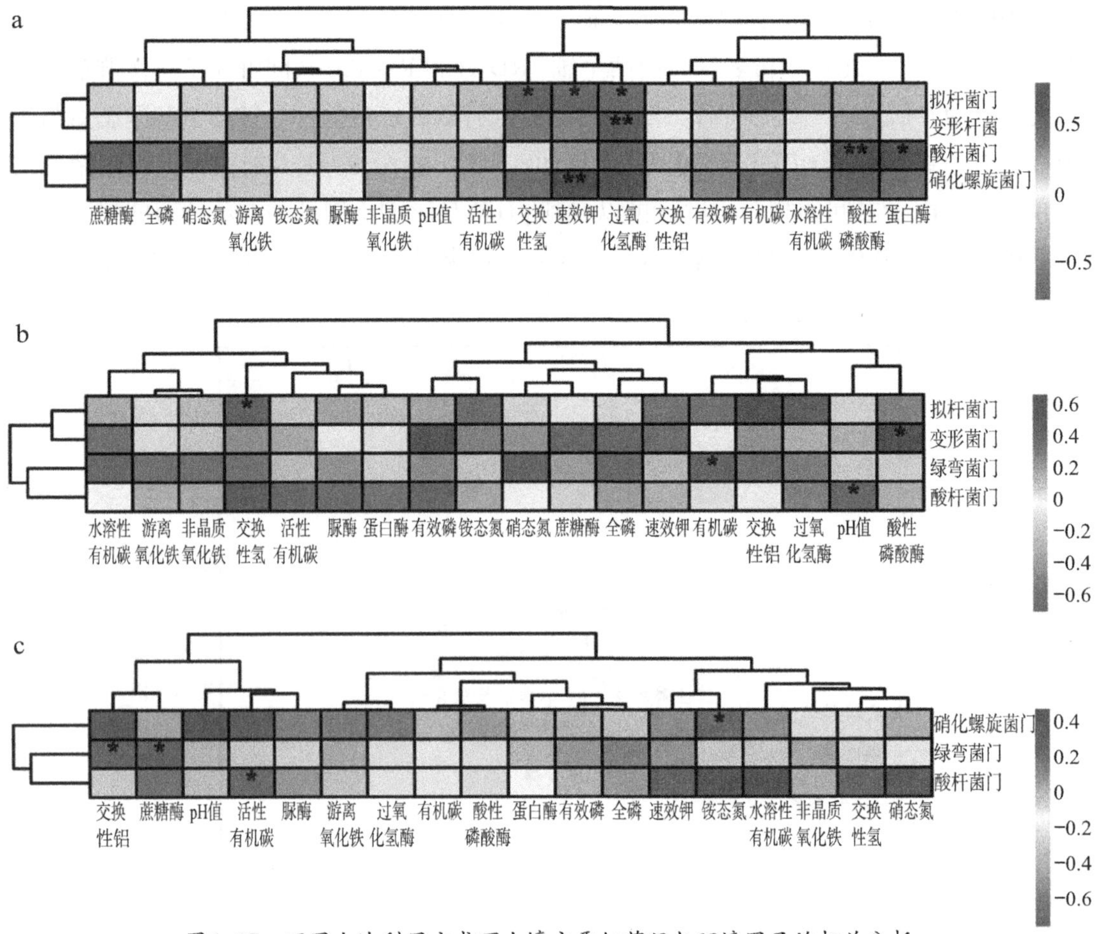

图6-37 不同土地利用方式下土壤主要细菌门与环境因子的相关分析

注：a为茭白田；b为水稻田；c为蔬菜地

酶活性与酸杆菌门呈显著正相关（$r=0.67$）；ACP酶活性与酸杆菌门呈极显著正相关（$r=0.80$）；CAT酶活性与变形菌门呈极显著负相关（$r=-0.78$），与拟杆菌门呈显著负相关（$r=-0.67$）；AK含量与硝化螺旋菌门呈极显著正相关（$r=0.77$），而与拟杆菌门呈显著负相关（$r=-0.70$）；交换性 H^+ 与拟杆菌门呈显著负相关（$r=-0.76$）。在种植水稻的土壤中，ACP酶活性与变形菌门呈显著正相关（$r=0.66$）；pH与酸杆菌门呈显著负相关（$r=-0.65$）；TOC含量与绿弯菌门呈显著负相关（$r=-0.70$）；交换性 H^+ 与拟杆菌门呈显著负相关（$r=-0.72$）。在蔬菜地土壤中，NH_4^+-N含量与硝化螺旋菌门呈显著负相关（$r=-0.71$）；LOC含量与酸杆菌门呈显著负相关（$r=-0.68$）；SUC酶活性与绿弯菌门呈显著负相关（$r=-0.75$）；交换性 Al^{3+} 与绿弯菌门呈显著负相关（$r=-0.73$）。

6.4.2.3 土壤功能菌

（1）土壤铁还原菌。本研究中检测到的铁还原菌有地杆菌（*Geobacteraceae*）、厌氧黏细菌(*Anaeromyxobacter*)、梭菌(*Clostridium*)、芽孢杆菌(*Bacillus*)和假单胞杆菌(*Pseudomonas*)。其中，相对丰度最高的是地杆菌，且全年淹水种植茭白田土壤的地杆菌相对丰度平均分别比种植水稻和蔬菜的土壤提高21.84%和8.16%(表6-10)；其次为梭菌，茭白土壤中的梭菌相对丰度平均分别比种植水稻和蔬菜的对照土壤显著提高146%和925%($P<0.05$)，表明地杆菌和梭菌对茭白田土壤中铁还原的贡献大于其他铁还原菌。此外，由表6-11可知，水稻田改种茭白后，地杆菌相对丰度与游离氧化铁含量呈显著正相关($P<0.05$)，厌氧黏细菌和梭菌相对丰度与非晶质氧化铁含量呈显著正相关($P<0.05$)。

表6-10　不同土地利用方式下土壤的铁还原菌相对丰度(%)

土地利用方式	地杆菌	厌氧黏细菌	梭菌	芽孢杆菌	假单胞杆菌
茭白田	2.12±0.24a	0.79±0.14a	1.23±0.75a	0.09±0.06b	0.28±0.17a
水稻田	1.74±0.31a	0.81±0.19a	0.50±0.62b	0.11±0.94b	0.11±0.11a
蔬菜地	1.96±0.26a	0.14±0.07b	0.12±0.08b	0.40±0.34a	0.14±0.13a

表6-11　不同土地利用方式下土壤铁还原菌相对丰度与游离氧化铁和非晶质氧化铁的相关性

土地利用方式		地杆菌	厌氧黏细菌	梭菌	芽孢杆菌	假单胞杆菌
茭白田	游离氧化铁	0.849*	−0.289	0.291	−0.263	0.131
	非晶质氧化铁	0.217	0.413*	0.458*	−0.796	−0.530
水稻田	游离氧化铁	0.291	0.369	0.541	0.627	0.880*
	非晶质氧化铁	0.439	0.025	0.678*	0.588	0.246
蔬菜地	游离氧化铁	0.755*	0.324	−0.276	−0.497	−0.090
	非晶质氧化铁	0.413	−0.708	0.030	−0.076	−0.811

由图6-38可以看出，不同土地利用方式下土壤的铁还原菌变化趋势。全年淹水种植茭白的土壤地杆菌变化趋势与种植水稻和种植蔬菜的对照土壤相近，在2020年6月至2021年5月，土壤地杆菌随时间呈“U”字形变化趋势，两个高峰区分别2020年6月和2021年5月。水稻田改种茭白后，土壤厌氧黏细菌相对丰度呈“M”字形的趋势，相对丰度在2021年3月最高，为0.92%。厌氧黏细菌在种植蔬菜的土壤中变化较平稳，在0~0.3%波动。种植茭白的土壤梭菌相对丰度呈上升→下降→上升的变化趋势，整体与种植水稻的土壤梭菌相对丰度变化趋势相近。茭白土壤中的芽孢杆菌相对丰度全年变化较小，保持在0.2%以下，相比之下，种植蔬菜的土壤中芽孢杆菌相对丰度变化幅度较大，在8月显著上升，达最大值1.06%。全年淹水种植茭白的土壤假单胞杆菌相对丰度全年变化范围为0.14%~0.52%，变化趋势与种植水稻和种植蔬菜的土壤相似，在2020年6月至2021年5月整体呈上升→下降→上升的变化趋势，且在2021年1月和5月较高。

(2)土壤解磷细菌。本研究中检测到的解磷菌有：芽孢杆菌、假单胞杆菌、黄

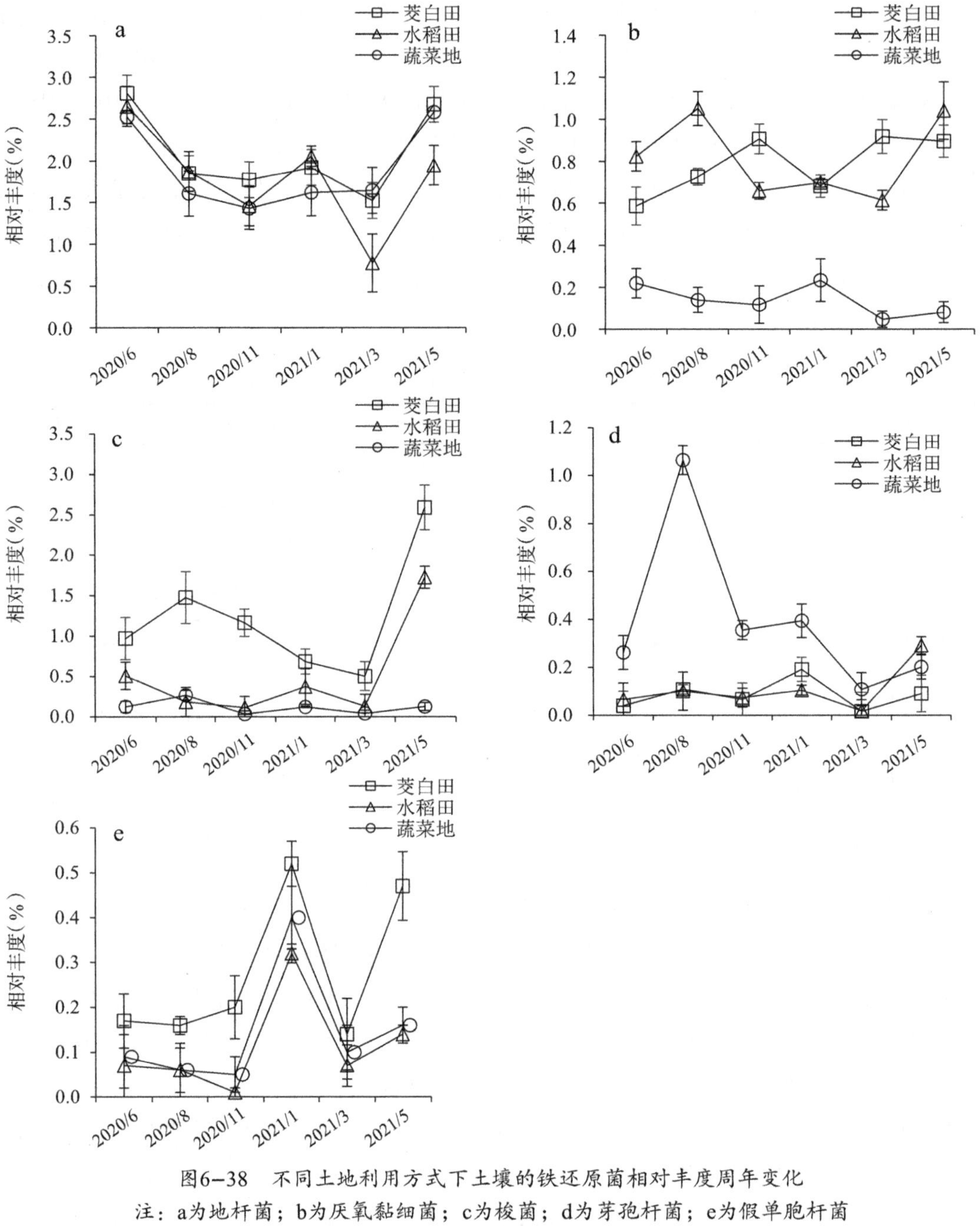

图6-38 不同土地利用方式下土壤的铁还原菌相对丰度周年变化

注：a为地杆菌；b为厌氧黏细菌；c为梭菌；d为芽孢杆菌；e为假单胞杆菌

杆菌（*Flavobacterium*）、根瘤菌（*Bradyrhizobium*）、节细菌（*Arthrobacter*）和硫杆菌（*Thiobacillus*）。由表6-12可知，全年淹水种植茭白田土壤的黄杆菌相对丰度最高，为1.49%，平均分别比种植水稻和种植蔬菜的土壤高247%和77.38%；其次为硫杆菌，其相对丰度显著高于种植水稻和蔬菜的土壤（$P<0.05$），平均分别比种植水稻和蔬菜的土壤高236%和957%；茭白土壤中假单胞杆菌的相对丰度略高于种植水稻和蔬

菜的土壤，但无显著差异（$P>0.05$）；节细菌的相对丰度显著高于种植水稻和蔬菜的土壤（$P<0.05$），平均分别比种植水稻和蔬菜的土壤高1倍和5倍。皮尔森相关分析（表6-13）显示全年淹水种植茭白的土壤根瘤菌相对丰度与土壤全磷含量呈显著正相关（$P<0.05$）；假单胞杆菌和根瘤菌相对丰度均与土壤有效磷含量呈显著正相关（$P<0.05$）。

表6-12　不同土地利用方式下的土壤解磷菌相对丰度（%）

土地利用方式	芽孢杆菌	假单胞杆菌	黄杆菌	根瘤菌	节细菌	硫杆菌
茭白田	0.09±0.06b	0.28±0.17a	1.49±0.44a	0.05±0.02a	0.24±0.11a	0.74±0.19a
水稻田	0.11±0.94b	0.11±0.11a	0.43±0.19a	0.05±0.01a	0.12±0.08b	0.22±0.09b
蔬菜地	0.40±0.34a	0.14±0.13a	0.84±0.34a	0.02±0.01b	0.04±0.01b	0.07±0.04b

表6-13　不同土地利用方式下土壤解磷菌相对丰度与全磷和有效磷的相关性

土地利用方式		芽孢杆菌	假单胞杆菌	黄杆菌	根瘤菌	节细菌	硫杆菌
茭白田	全磷	-0.103	0.265	0.112	0.544*	0.605	0.242
	有效磷	-0.414	0.346*	-0.301	0.394*	0.233	-0.348
水稻田	全磷	0.341	0.028	0.476*	0.425	-0.126	0.256
	有效磷	0.411	0.356*	0.382	0.269	-0.162	0.397*
蔬菜地	全磷	-0.183	0.246	0.108	0.627	0.201	0.222
	有效磷	0.047	0.032	0.163	0.080	0.113	0.273

图6-39表明，全年淹水种植茭白田土壤中黄杆菌相对丰度为0.20%~3.61%，全年波动较大，高值出现在2021年1月和5月。茭白土壤中的根瘤菌相对丰度维持在0.2%~0.7%，呈上升→下降→上升的变化趋势。水稻田改种茭白后，土壤中的节细菌相对丰度整体提高，6月为最低丰度，仅为0.1%，而后至8月达最高丰度，为0.37%，相比之下种植水稻和蔬菜的土壤节细菌相对丰度变化趋势相似，呈上升→下降→上升的变化趋势。茭白田土壤中的硫杆菌相对丰度在2021年1－5月呈"V"字形，3月降至最低丰度，其余时间变化较平稳，全年维持在0.7%~0.9%，种植水稻和蔬菜的土壤硫杆菌相对丰度变化平稳，分别在0.11%~0.37%和0.02%~0.13%波动。

6.4.2.4　土壤细菌群落α多样性

由表6-14可知，水稻田改种茭白后，土壤中的细菌群落Shannon指数、OTUs指数和Pielou指数均有所下降，但差异不显著（$P>0.05$）。与种植蔬菜的土壤相比，其细菌群落Shannon指数、OTUs指数和Pielou指数有所提高。图6-40表明，水稻田改种茭白后，土壤中细菌群落的Shannon指数、OTUs指数和Pielou指数在5月均显著降低（$P<0.05$），在其他月份无显著差异（$P>0.05$）。

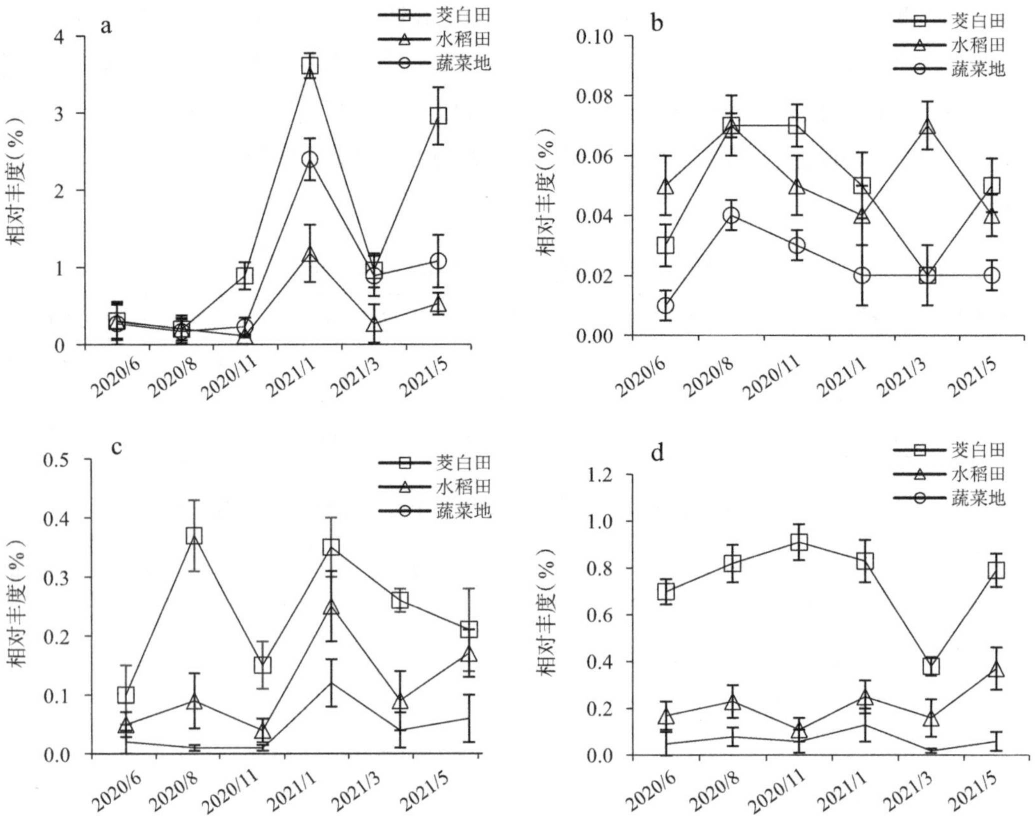

图6-39　不同土地利用方式下土壤的解磷菌相对丰度周年变化

注：a为黄杆菌；b为根瘤菌；c为节细菌；d为硫杆菌

表6-14　不同土地利用方式下土壤的细菌群落 α 多样性

土地利用方式	Shannon 指数	OTUs 指数	Pielou 指数
茭白田	9.71±0.41a	1 883.82±404.13a	0.90±0.02ab
水稻田	9.98±0.30a	1 969.42±354.50a	0.92±0.01a
蔬菜地	9.24±0.35b	1 510.32±222.48a	0.88±0.03b

本研究中，皮尔逊相关分析表明pH并不是影响茭白田土壤α多样性的主要因素（表6-15和表6-16），而速效钾和脲酶与茭白田土壤细菌群落Shannon指数呈显著正相关（$P<0.05$），同时速效钾还显著影响了茭白田土壤细菌群落的均匀度。在种植水稻的土壤中，有机碳与细菌群落Shannon指数和Pielou指数呈显著正相关（$P<0.05$）。种植蔬菜的土壤中，交换性 H^+ 含量与土壤细菌群落Shannon指数、OTUs指数和Pielou指数均呈显著负相关（$P<0.05$），有效磷含量与细菌群落Shannon指数和OTUs指数也呈显著负相关（$P<0.05$）。

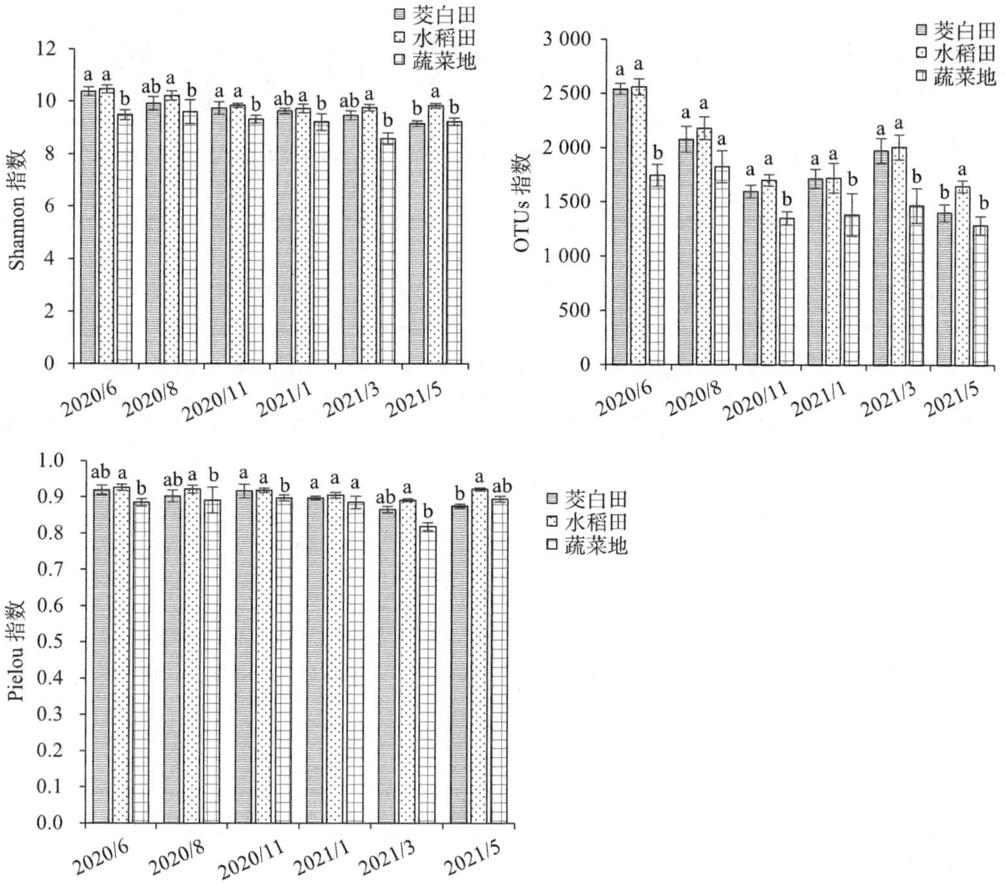

图6–40　不同土地利用方式下土壤细菌群落α多样性的周年变化

表6–15　不同土地利用方式下土壤细菌群落 α 多样性与土壤肥力的相关分析

土地利用方式	α多样性指数	pH	交换性H^+	交换性Al^{3+}	有效磷	全磷	有机碳	水溶性有机碳	活性有机碳	速效钾	游离氧化铁	非晶质氧化铁	铵态氮	硝态氮
茭白田	Shannon指数	0.282	0.325	0.507	0.087	0.235	0.256	0.375	0.082	0.683*	0.254	0.161	−0.252	0.130
	OTUs指数	0.360	0.027	0.350	0.139	0.187	0.080	0.360	0.019	0.604	0.260	0.200	−0.289	0.259
	Pielou指数	0.263	0.403	0.530	0.090	0.251	0.303	0.384	0.079	0.698*	0.226	0.126	−0.217	0.098
水稻田	Shannon指数	0.059	−0.100	0.589	−0.058	−0.504	0.515*	0.266	0.273	−0.500	−0.511	−0.460	−0.558	0.079
	OTUs指数	0.332	0.006	0.416	−0.040	−0.516	0.489	0.364	−0.092	0.156	−0.561	−0.428	−0.213	0.343
	Pielou指数	0.081	−0.073	0.278	−0.131	−0.124	0.705*	0.091	0.402	−0.224	−0.142	−0.152	−0.563	−0.169

（续表）

土地利用方式	α多样性指数	pH	交换性H^+	交换性Al^{3+}	有效磷	全磷	有机碳	水溶性有机碳	活性有机碳	速效钾	游离氧化铁	非晶质氧化铁	铵态氮	硝态氮
蔬菜地	Shannon指数	0.399	−0.715*	0.108	−0.713*	−0.272	0.395	0.051	0.240	−0.462	−0.033	0.148	−0.198	0.203
	OTUs指数	0.533	−0.632*	−0.036	−0.746*	−0.171	0.208	−0.024	0.118	−0.566	−0.048	0.152	−0.395	−0.077
	Pielou指数	0.228	−0.660*	0.241	−0.614	−0.284	0.479	0.116	0.332	−0.294	0.022	0.177	0.002	0.412

表6-16　不同土地利用方式下土壤细菌群落 α 多样性与酶活性的相关分析

土地利用方式	α多样性指数	过氧化氢酶	脲酶	蔗糖酶	酸性磷酸酶	蛋白酶
茭白田	Shannon 指数	−0.242	0.638*	−0.055	0.186	0.339
	OTUs 指数	−0.453	0.631	0.101	0.040	0.331
	Pielou 指数	−0.168	0.602	−0.099	0.212	0.323
水稻田	Shannon 指数	−0.062	0.078	0.407	−0.533	−0.502
	OTUs 指数	0.001	−0.352	0.481	−0.510	−0.218
	Pielou 指数	−0.167	0.403	0.112	−0.380	−0.524
蔬菜地	Shannon 指数	0.081	0.145	0.090	−0.178	−0.149
	OTUs 指数	−0.167	0.066	−0.010	−0.113	−0.190
	Pielou 指数	0.248	0.186	0.164	−0.180	−0.140

6.4.3　讨论

6.4.3.1　全年淹水种植茭白对土壤细菌群落组成的影响

Venn图能够清晰直观地揭示不同土壤样品中OTU的相似和重叠程度。本研究中，3种土壤在不同月份都有不同的OTU数量，表明季节动态变化影响同种土壤的细菌群落结构变化特征。3种土地利用方式农田土壤所特有的物种数目都在2020年6月最多，2021年1月最少，表明3种土壤中的细菌群落结构随季节变动而呈现的变化趋势相对一致。值得注意的是，全年淹水种植茭白的土壤与种植水稻的土壤共有的OTU数量始终高于与种植蔬菜的土壤共有的OTU数量，说明水稻田改种茭白后，土壤细菌核心类群并未发生很大变化，而核心类群的生态功能可能在土壤环境变化中发挥着重要的作用。

以往的研究表明，土壤微生物的组成可能受到土壤养分状况、水分变化、土壤有机质及植被类型等因素的影响（Xun *et al.*，2015）。本研究发现，变形菌门在3种土壤中的相对丰度均为最高，主要是因为变形菌门与碳利用密切相关，其独特的能量代谢方式使它能从光中获得能量。Fierer等（2012）研究发现施氮会显著影响土壤细菌群落结构，随着施氮水平的提高，土壤中变形菌门和拟杆菌门等富营养细菌的相对丰度增加，而寡营养细菌如酸杆菌门的相对丰度则随氮素的增加而下降，呈现出与富营养细菌相反的变化趋势。本研究中，2020年6—8月，全年淹水种植茭白的土壤拟杆菌门相对丰度显著提高，而酸杆菌门相对丰度显著降低，可能是因为茭白的分蘖生长期伴随着大量的施肥活动，使土壤形成富营养环境，土壤温度升高也加速了田间秸秆的腐解，进而为嗜营养菌提供充足的营养物质，刺激嗜营养菌的快速增长，抑制寡营养菌的生长。也有研究表明，秸秆还田显著增加了变形菌的相对丰度，而酸杆菌的相对丰度显著降低（Zhao 等，2019），这与本研究结果一致。

RDA分析表明，pH是影响土壤细菌群落组成的关键因子（$r=0.74$，$P<0.001$），且土壤中有效态养分含量也对细菌群落分布有显著影响，表明细菌群落分布对土壤养分供应具有依赖性。众多研究表明，土壤pH对土壤微生物群落结构有重要影响（Chong 等，2010；Griffiths 等，2011）。pH作为土壤最重要的特性之一，可以通过调节土壤中的酶活性和电离平衡来调控土壤养分和水分状况，从而影响土壤微生物群落组成。此外，pH对细菌群落结构的影响还可能与某些细菌优势菌群的相对丰度有关。本研究中，土壤有效磷、速效钾、铵态氮和硝态氮含量也与土壤细菌群落组成显著相关，这与谢仕祺等（2021）得出的结果相似，表明土壤养分循环会对细菌群落结构产生一定程度的影响。

不同的作物有利于土壤中不同的富营养或寡营养微生物生活策略，从而对细菌群落产生间接影响。变形菌和拟杆菌均属于富营养型细菌，一般随土壤肥力的上升而增加，在淹水种植茭白的土壤中，过氧化氢酶是影响此类富营养菌的关键环境因子（图6-35），而在种植水稻和种植蔬菜的土壤中并未体现这种关系，表明土壤酶活性与细菌之间的关系不是单一且有规律的，某种特有菌门与特定土壤酶的关系可能与细菌门类的功能、性质以及土壤酶活性自身的作用机理密切相关。酸杆菌属于嗜酸型细菌，在酸性环境中其相对丰度通常较高（Dimitriu 和 Grayston，2010），种植水稻的土壤pH与酸杆菌门呈显著负相关，但水稻田改种茭白后，pH与酸杆菌门未呈现显著负相关，而交换性H^+与拟杆菌门呈显著负相关（$r=-0.76$，$P<0.05$），可能是因为全年淹水种植茭白使土壤中H^+增加，加剧土壤酸化程度，抑制富营养型细菌的繁殖和生长，却给酸杆菌的生长提供了合适的环境，pH不再是限制酸杆菌门生长的因素，而酸性磷酸酶和蛋白酶是影响酸杆菌门相对丰度的关键因子。绿弯菌门为寡营养菌，种植水稻的土壤中绿弯菌门相对丰度随有机碳增加而降低，表明绿弯菌对活性底物的利用能力差，与富营养菌相比需要相反的生长环境。硝化螺旋菌在土壤氮循环中起着重要作用，并且在氮源充足的环境中很容易富集（Pedrinho *et al.*，2019），而在茭白田土壤中，硝化螺旋菌的相对丰度并未随着氮的输入而增加，这与Shi等（2018）的研究结果一致，可能是因为过量氮肥的施加使土壤中氮含量过剩，当氮超过一定限度，对硝化螺旋菌的增长会起抑制作

用。这也表明，适度施加氮肥和保护性耕作可能是未来茭白田土壤提高氮转化效率的重要措施。

6.4.3.2 全年淹水种植茭白对土壤功能菌的影响

全年淹水种植茭白的土壤始终处于还原状态，其环境变化对微生物的生态功能产生显著影响。厌氧还原的土壤环境有助于厌氧细菌的生存，例如厌氧黏细菌和地杆菌。前人的研究表明，长期淹水可以增加铁还原细菌的丰度（Chen *et al.*，2008），增强 Fe的还原活性，并溶解 Fe氧化矿物，从而将更多金属释放到土壤中。值得注意的是，尽管茭白田土壤中铁还原菌占全部细菌群落的相对丰度只有0.09%~2.12%，但其对整个细菌群落的影响却很大。本研究中，全年淹水种植茭白的土壤地杆菌和梭菌为相对丰度最高和次高的铁还原菌，且均比种植水稻和蔬菜的土壤高，说明地杆菌和梭菌对茭白田土壤中铁还原的贡献大于其他铁还原菌。皮尔森相关分析（表6-9）表明茭白田土壤中地杆菌、厌氧黏细菌和梭菌相对丰度与游离氧化铁和非晶质氧化铁含量关系密切，其互作过程和机理值得进一步深入研究。此外，土壤铁还原菌对淹水具有敏感性。整体上，全年淹水种植茭白的土壤铁还原菌相对丰度呈春夏高、秋冬低的时间变化规律，这与茭白不同生长期的水分管理紧密相关。2—4月为茭白萌芽期及分蘖前期，土壤淹水较浅（3~4cm），有利于提高地温及水温，加速土壤养分分解，促进茭白生根分蘖。在茭白分蘖后期常进行深灌，将水层深度保持在10cm左右，以减少无效分蘖的发生。随着7—8月气温的升高，茭农常将水层加深至15cm左右，有利于降低土壤温度，延长结茭期，使茭肉洁白肥嫩。随着淹水过程的进行，厌氧及兼性厌氧的铁还原菌逐渐加速繁殖，导致其相对丰度在春夏季保持较高水平。

解磷细菌能够提高土壤中磷素的有效性，对于研究磷循环机制具有重要意义。目前报道具有解磷作用的细菌有芽孢杆菌、假单胞杆菌、欧文氏菌（*Erwinia*）、土壤杆菌（*Agrobacterium*）、沙雷氏菌（*Serratia*）、黄杆菌、肠细菌（*Enterbacter*）、微球菌（*Micrococcus*）、固氮菌（*Azotobacter*）、根瘤菌、沙门氏菌（*Salmonella*）、色杆菌（*Clromobacterium*）、产碱菌（*Alcaligenes*）、节细菌、硫杆菌、埃希氏菌（*Escherichia*）（王欢，2017）。本研究中，全年淹水种植茭白田土壤的黄杆菌相对丰度最高；其次为硫杆菌，可能是因为全年淹水的茭白田土壤酸化严重，刺激了嗜酸硫杆菌的生长；假单胞杆菌相对丰度的提高可能是因为茭白田中有大量的秸秆还田，向土壤中输送了丰富的有机物质，对腐生性假单胞菌属的繁殖和生长起促进作用。皮尔森相关分析（表6-13）显示全年淹水种植茭白的土壤假单胞杆菌和根瘤菌相对丰度均与土壤有效磷呈显著正相关（$P<0.05$），说明水稻田改种茭白后，土壤中的解磷菌相对丰度大幅提高可能与茭农大量施加磷肥有关，土壤解磷菌随采样时间的变动规律也与茭白不同生长季的施肥活动密切相关。

6.4.3.3　全年淹水种植茭白对土壤细菌群落α多样性的影响

全年淹水种植茭白使土壤长期呈还原状态，处于厌氧或缺氧环境中，促进Fe(Ⅲ)还原潜力的提高，同时也增强了铁还原细菌的活性。长此以往，适应还原环境的厌氧细菌被保留下来，而不利于其他微生物的生存，导致细菌多样性的减少。一般来说，酸性到中性土壤中的细菌丰富度和多样性增加。Ma等(2021)研究发现土壤pH与细菌多样性指数之间存在显著负相关关系。但本研究中，皮尔逊相关分析表明pH并不是影响茭白田土壤细菌群落α多样性的主要因素(表6-14)，而速效钾和脲酶是影响α多样性的主要因子。前人也有研究发现细菌群落α多样性和土壤养分之间存在着紧密的联系，如土壤铵态氮、速效钾等(Sun *et al.*，2015)。可能是因为长期过量使用化肥造成土壤退化，如氮淋失、土壤透气性差等，不利于一部分微生物的生存，而速效钾成为限制其生长的关键养分因子。在种植水稻的土壤中，有机碳含量与细菌群落Shannon指数和Pielou指数呈显著正相关($P<0.05$)，表明丰富的有机碳为菌群提供充足的养分补给，有利于提高土壤基质利用效率，进而促进细菌群落多样性的提高。种植蔬菜的土壤中，细菌Shannon指数和OTUs指数均与交换性H^+及有效磷呈显著负相关($P<0.05$)，说明在旱地土壤中，交换性H^+和有效磷含量是细菌群落α多样性的主要限制因素。

6.4.4　小结

通过分析茭白田中土壤细菌群落组成、功能菌类群和细菌群落多样性的变化特征，研究了全年淹水种植茭白对土壤细菌群落结构的影响，主要得到以下结论：

(1)在全年淹水种植茭白的土壤中，变形菌门、拟杆菌门和绿弯菌门是3个主要的细菌门，且拟杆菌门的相对丰度较两种对照土显著增加($P<0.05$)。

(2)pH是影响土壤细菌群落组成的关键因子，且土壤中有效态养分含量也对细菌群落组成有显著影响。

(3)水稻田改种茭白后，土壤中铁还原菌和解磷菌的相对丰度整体增加，其中地杆菌是相对丰度最高的铁还原菌，黄杆菌是相对丰度最高的解磷菌。土壤中假单胞杆菌和根瘤菌相对丰度与有效磷呈显著正相关($P<0.05$)。

(4)水稻田改种茭白后，土壤中的细菌群落Shannon指数、OTUs指数和Pielou指数差异不显著($P>0.05$)。皮尔逊相关分析表明速效钾和脲酶是影响茭白田土壤α多样性的主要因子。

6.5 全年淹水种植茭白对水田土壤性态的影响

水稻土既不同于耕作条件下的旱地土壤，也不同于自然条件下长期淹水的湿地土壤。水耕人为土具有人为调控的水分状况、均衡的温度状况、深刻的人为影响和周年变动的氧化还原作用等独特的成土条件，与旱地土壤主要区别之一是氧化还原状况不同。水分条件的反复变化使水耕人为土形态特征在土壤剖面中的分布也发生了明显的差异，其剖面一般由耕作层、犁底层、水耕氧化还原层（渗育层 / 铁锰斑纹层 / 潜育特征土层等亚层）组成，其中水耕氧化还原层是水耕人为土区别于其他土壤的最重要的诊断层。当水耕人为土被全年淹水种植茭白后，其土壤水分状况和施肥水平与传统的水稻田相比发生明显的变化，相应地改变了土壤中物质的循环与积累方式，从而影响土壤性态。本节以长期种植水稻的水田为对照，选择起源相同但淹水种植茭白的水田，观察、采集耕作层与分层剖面土壤样品，鉴定土壤剖面的形态与理化性状，探讨水田改种茭白后水田土壤性态的演变趋势。

6.5.1 研究方法

6.5.1.1 土样采集

调查于2015年在浙江省余姚市进行。调查的对象分剖面土壤与耕层土壤两种情况。共采集了代表性剖面4个，其中3个分别为种植茭白不同时间（4、12、19年）的水田，种植茭白前土壤类型均为脱潜水稻土（青紫泥田土属），另1个为长期种植水稻的对照水田（土壤类型同为脱潜水稻土，青紫泥田土属）。耕层土样包括17个长期种植水稻的农田土样与17个种植茭白时间5年以上的农田土样，共采用17个点位，每一点位同时包括相邻的1块水稻田和1块茭白田；土壤类型包括黄斑田土属（潴育水稻土）和青紫泥田土属（脱潜水稻土）。每一耕层土样为同一块农田中多点采集的土样的混合样，采样深度统一为0~15 cm。样品采集区茭白田具有全年淹水种植、茭白秸秆全量或半还田的特点。田间调查与观察在水稻和茭白收获后进行。

6.5.1.2 分析方法

按照土壤调查的标准程序与方法，挖掘土壤标准剖面，记录成土环境信息，详细观察土壤剖面构型、发生层、颜色、结构、水分状况、紧实度、容重、通透性、氧化还原特征及新生体等的变化；同时测定氧化还原电位。根据发生层采集不同深度的分析样，用于测定 pH、CEC、游离氧化铁、无定形氧化铁、有机质、颗粒组成等，测定方法均按中国土壤系统分类研究的相关要求进行。耕作层样品分析内容涉及化学 / 养分性状和结构性状，其中化学/养分性状包括pH、有机质、全氮、全磷、有效磷、NH_4^+-N、NO_3^--N、速效钾和水溶性盐分，用常规法测定。结构性状包括水稳定性团聚体、浸水容重、沉降系数、抗破碎强度、土壤收缩率、有效孔隙度等指标，分析方法如下：

（1）浸水容重。称取原状土的风干样5 g（W）置于50mL的量筒中，加去离子水至50mL刻度，静止30min，并不时用手轻轻荡动，排出空气。用搅拌棒以每分钟60次的速率搅拌悬液1min后，静止让土粒自然沉降，待上部液体基本澄清，而下沉土壤体积不再增加或减少时，记录土壤体积（V）。浸水容重（M）＝W/V。

（2）沉降系数。称取相当于风干土100 g的原状土，加水搅匀后，置于1 000mL的量筒中，加水至刻度，用搅拌棒以每分钟上下40次的速率搅拌1min，静置。观测开始出现浑水与土粒分界时，下层土壤容积的体积（A），及静置24 h下层土壤容积（B），二者的比例为沉降系数（C＝B/A），以此作为结构状况的标志。

（3）抗破碎强度。是指土壤抵抗外力压碎、断裂或流动时的能力，在定量意义上就是土壤抗阻破坏时的最大应力，以kg/cm^2表示。它是评定土壤耕性好坏的一项重要指标，采用了无侧限压缩仪测定风干土块的抗破碎强度。

（4）土壤收缩率。指一个立方体土块干燥后体积的减小比例。土壤收缩过程体积的变化是通气孔隙排水和颗粒间引力产生的结果，一般来说，结构差的土壤收缩较为明显。

（5）有效孔隙度。土壤孔隙性是土壤中孔隙数量、各种几何形状和大小孔径的组合，采用测孔仪（负压法）测定。有效孔隙度是指0.005~0.1mm孔径的孔隙度，与土壤的有效含水量有关。

（6）水稳定性团聚体。湿筛法。

所有数据采用Microsoft Excel 2003处理，统计分析采用软件SPSS12.0完成。

6.5.2　结果与分析

6.5.2.1　耕层土壤养分

土壤养分的高低是土壤肥力的表现，农田土壤养分的高低除受土壤本身的影响之外，还与施肥及耕作制度有关。由表6-17可知，与长期种植水稻的土壤比较，种植茭白农田耕层土壤pH值和水溶性盐分含量没有发生明显的变化。但除NO_3^--N外，种植茭白后农田土壤养分都有明显的提高，其中有机质、全氮和全磷平均分别比种植水稻的对照土壤提高了33.25%、24.04%和39.48%，土壤有效磷、NH_4^+-N和速效钾平均分别比种植水稻对照提高了86.42%、44.34%和31.53%。

表6-17　种植茭白与水稻农田耕层养分的比较

利用方式	样本数	pH	有机质(g/kg)	全氮(g/kg)	全磷(g/kg)	有效磷(mg/kg)	NH_4^+-N(mg/kg)	NO_3^--N(mg/kg)	速效钾(mg/kg)	盐分(g/kg)
水稻	17	5.32±0.24 a*	32.45±4.12 b	2.87±0.22 b	0.76±0.11 b	36.24±7.98 b	7.78±2.15 b	7.65±2.28 a	111±18 b	0.32±0.08 a
茭白	17	5.19±0.26 a	43.24±5.21 a	3.56±0.34 a	1.06±0.17 a	67.56±11.41 a	11.23±3.66 a	5.14±3.12 a	146±22 a	0.39±0.11 a

注：* 数字后小写英文字母不同者代表差异显著（$P<0.05$）。

6.5.2.2　耕层土壤结构性

土壤结构是土壤固相颗粒（包括团聚体）的大小及其空间排列的形式，其不仅影响植物生长需要的土壤水分和养分的贮量和供应能力，而且还左右着土壤中气体交流、热平衡、微生物活动及根系的伸展等。本研究选择了水稳定性团聚体、浸水容重、沉降系数、抗破碎强度、土壤收缩率、有效孔隙度等能较好反映水田土壤结构性的几个指标，比较分析了茭白田与稻田土壤结构的差异，统计结果总结于表6-18。长期种植茭白后，耕层土壤结构出现明显的退化，主要表现在：浸水容重增加；沉降系数下降；干土硬化，抗破碎强度增加；土壤糊化，风干收缩率提高；土壤孔隙组成趋向不合理，毛管孔隙增加，但有效孔隙度下降；土壤中的小团聚体（0.1~2mm）破坏，大团聚体（大于2mm）增加。统计表明，种植茭白农田的土壤浸水容重比稻田增加19.64%，沉降系数比稻田下降28.07%，抗破碎强度比稻田增加92.97%，风干收缩率比稻田增加31.13%，大于2mm团聚体比稻田增加了57.95%，0.1~2mm团聚体比稻田下降47.87%。

表6-18　种植茭白与水稻农田耕层土壤结构性状的比较

利用方式	样本数	浸水容重(g/cm^3)	沉降系数	抗破碎强度(kg/cm^2)	风干收缩率(%)	有效孔隙度(%)	>2mm 水稳定性团聚体(%)	0.1~2mm 水稳定性团聚体(%)
水稻	17	0.56±0.05 b*	0.57±0.06 a	17.77±6.18 b	18.44±3.14 b	12.14±2.08 a	43.52±4.54 b	44.39±5.34 a
茭白	17	0.67±0.06 a	0.41±0.08 b	34.29±8.67 a	24.18±3.24 a	8.89±3.24 b	68.74±7.18 a	23.14±3.41 b

注：* 数字后小写英文字母不同者代表差异显著（$P<0.05$）。

6.5.2.3　剖面形态

剖面Y-01为长期种植水稻的对照剖面，其具有典型水耕人为土的特征（表6-19），在剖面垂直方向形态有明显的差异。土壤紧实度以犁底层最高，耕作层最松，犁底层以下居中；耕作层因长期水耕，其结构主要以散块状或团块状主，向下以块状结构为主，但Bg层因长期受地下水影响，呈软糊状；因有机质积累和受土壤水分运动影响的差异，土壤颜色和氧化铁类新生体在剖面上下层之间的分布也有明显的变化，表层和犁底层因有机质积累明显，土色以棕灰色为主，在氧化还原交替的影响下结构面上有明显的锈纹；向下的氧化还原层颜色逐渐过渡为淡黄棕色，具有大量或中量的锈纹和锈斑分布，显示出明显的氧化铁淀积；但Bg层因长期泡水，颜色呈灰色，并有明显的亚铁反应。

种植茭白后，耕作层的结构呈软糊状，颜色也逐渐转暗，呈棕黑色；呈现明显的亚铁反应，结构面上的锈纹状氧化铁逐渐消失；同时，犁底层厚度逐渐降低，对照土壤犁底层厚度为9cm，种植茭白4年后降低为5cm，种植茭白12年以上的土壤已不见犁底层。种植茭白12年和19年的农田，除耕作层有明显的亚铁反应外，耕作层以下的土层（Bg层，相当于对照土壤氧化还原层的上部）也出现软糊状并呈明显亚铁反应，相应地这些土层的颜色也由淡黄棕色向灰色或黑色转变，但在这些呈亚铁反应的土层与下部的原土壤Bg之间仍可见有锈纹和锈斑的淀积层，但后者的厚度与锈纹和锈斑的数量随茭白种植时间明显下降。

土壤剖面上部疏松、软糊状的土层（本文称之为软糊层，包括耕作层和上部的Bg层）的厚度随种植茭白时间逐渐增加，种植茭白4、12和19年的农田，软糊层厚度分别为23、38和41cm。

表6-19 种植茭白不同时间土壤的形态特征

剖面号	茭白种植时间（年）	发生层	深度（cm）	剖面描述
Y-01	0	Ap1	0~15	棕灰色（10YR4/1，润态），潮；散块状和团块状结构；疏松；多量根系；见大量锈纹；向下水平状较清晰过渡
		Ap2	15~26	棕灰色（10YR5/1，润态），潮；块状结构；坚实；少量根系；见中量锈纹；向下水平状较清晰过渡
		Br1	26~40	淡黄棕色（10YR5/3，润态），潮；块状结构；稍坚实；见大量锈纹和锈斑；向下水平状渐变过渡
		Br2	40~71	灰黄棕色（10YR5/2，润态），潮；块状结构；稍坚实；见中量锈纹和锈斑；向下水平明显过渡
		Bg	71~100	灰色（5Y5/1，润态），湿；软糊状；稍坚实；见少量锈纹；明显亚铁反应
Y-02	4	Apg	0~23	棕黑色（10YR3/1，润态），湿；软糊状；疏松；大量根系；亚铁反应；向下水平状较清晰过渡
		Ap	23~28	棕灰色（10YR5/1，润态），湿；块状结构；稍坚实；少量根系；见少量锈纹；向下水平状较清晰过渡
		Br1	28~42	淡黄棕色（10YR5/3，润态），湿；块状结构；稍坚实；见中量锈纹和锈斑；向下水平状渐变过渡
		Br2	42~68	灰黄棕色（10YR5/2，润态），湿；块状结构；稍坚实；见少量锈纹和锈斑；向下水平明显过渡
		Bg	68~100	灰色（7.5Y6/1，润态），湿；软糊状；稍坚实；见少量锈纹；明显亚铁反应
Y-03	12	Apg	0~22	棕灰色（10YR4/1，润态），湿；软糊状；疏松；大量根系；亚铁反应；向下水平状渐变过渡
		Bg1	22~30	灰色（5Y4/1，润态），湿；软糊状；疏松；中量根系；强亚铁反应；向下水平状渐变过渡
		Bg2	30~38	灰色（5Y5/1，润态），湿；软糊状；疏松；少量根系；强亚铁反应；向下水平状明显过渡
		Br	38~67	深灰黄色（2.5Y5/2，润态），湿；块状结构；稍坚实；见少量锈纹；向下水平明显过渡
		Bg3	67~100	灰色（7.5Y6/1，润态），湿；软糊状；稍坚实；见少量锈纹；明显亚铁反应

（续表）

剖面号	茭白种植时间（年）	发生层	深度（cm）	剖面描述
Y-04	19	Apg	0～22	棕黑色（10YR3/1，润态），湿；软糊状；疏松；大量根系；亚铁反应；向下水平状渐变过渡
		Bg1	22～32	黑色（5Y3/1，润态），湿；软糊状；疏松；中量根系；强亚铁反应；向下水平状渐变过渡
		Bg2	32～41	灰色（5Y4/1，润态），湿；软糊状；疏松；少量根系；强亚铁反应；向下水平状明显过渡
		Br	41～65	黄灰色（2.5Y5/1，润态），湿；块状结构；稍坚实；见少量锈纹和锈斑；向下水平明显过渡
		Bg3	65～100	灰色（7.5Y6/1，润态），湿；软糊状；稍坚实；见少量锈纹；明显亚铁反应

6.5.2.4 剖面理化性质

种植茭白后，因长期泡水种植和犁底层的逐渐消失，耕作层及剖面上部土层的容重和紧实度逐渐下降，但中下部的土壤容重变化较小；耕作层的pH也有下降的趋势，但下层土壤的pH变化不明显（表6-20）。土壤有机质含量随茭白种植时间的增加逐渐增加，有机质不仅在耕作层上有明显的积累，原犁底层与氧化还原层上部相应位置的土层有机质含量也呈现出增加，即有机质积累向剖面深层方向发展。与对照比较，种植茭白4、12和19年后，耕作层土壤有机质含量分别增加6.8%、8.70%和10.78%；犁底层以下原水耕氧化还原层上部的土壤有机质含量分别增加30.95%、42.75%和62.77%；后者的增加比耕作层明显。种植茭白后，整个剖面土壤氧化还原电位（Eh）均呈现明显的下降。种植茭白后耕作层的黏粒含量也略有下降。

表6-20　种植茭白不同时间土壤的理化性状

剖面号	种植茭白时间（年）	发生层	深度（cm）	pH值	容重（g/cm³）	紧实度（kg/cm²）	有机质（g/kg）	Eh（mV）	黏粒（g/kg）
Y-01	0	Ap1	0～15	5.57	1.17	2.59	32.18	215	287
		Ap2	15～26	6.32	1.31	13.24	15.87	326	296
		Br1	26～40	6.38	1.29	10.68	10.34	378	324
		Br2	40～71	6.48	1.33	13.65	8.32	325	305
		Bg	71～100	6.55	1.27	8.78	11.25	129	288
Y-02	4	Apg	0～23	5.63	1.11	1.56	34.33	165	268
		Ap	23～28	6.23	1.28	9.87	17.43	109	287
		Br1	28～42	6.26	1.31	9.14	13.54	226	337
		Br2	42～68	6.55	1.36	11.32	9.21	276	314
		Bg	68～100	6.49	1.32	6.58	10.65	112	291
Y-03	12	Apg	0～22	5.45	1.08	1.12	34.98	123	256
		Bg1	22～30	6.12	1.09	1.32	18.23	102	268
		Bg2	30～38	6.19	1.29	2.45	14.76	89	321
		Br	38～67	6.53	1.34	9.87	10.18	221	304
		Bg3	67～100	6.56	1.37	13.65	11.87	105	287

（续表）

剖面号	种植茭白时间（年）	发生层	深度（cm）	pH值	容重（g/cm^3）	紧实度（kg/cm^2）	有机质（g/kg）	Eh（mV）	黏粒（g/kg）
Y-04	19	Apg	0～22	5.12	1.02	1.56	35.65	101	263
		Bg1	22～32	5.87	1.05	1.87	20.41	89	269
		Bg2	32～41	6.03	1.09	1.89	16.83	73	314
		Br	41～65	6.35	1.38	8.97	10.76	201	311
		Bg3	65～100	6.48	1.35	12.54	11.56	109	268

6.5.2.5　剖面氧化铁形态

由表6-21可知，种植茭白对土壤全铁、游离氧化铁及铁游离度的影响和它们的剖面分布的影响不明显，但显著增加了土壤中无定形氧化铁的数量及氧化铁的活化度，这种影响可达剖面深度65 cm左右，以剖面上部的影响最为显著。与对照比较，种植茭白4、12和19年后，耕作层土壤无定形氧化铁含量分别增加17.12%、34.90%和39.22%；犁底层以下原水耕氧化还原层上部的土壤无定形氧化铁含量分别增加59.59%、215.15%和286.36%；后者的增加比耕作层明显。种植茭白对土壤CEC的影响不明显。

表6-21　种植茭白不同时间土壤的氧化铁形态

剖面号	种植茭白时间（年）	发生层	深度（cm）	全Fe_2O_3（g/kg）	游离Fe_2O_3（g/kg）	无定形Fe_2O_3（g/kg）	氧化铁游离度（%）	氧化铁活化度（%）	CEC（cmol/kg）
Y-01	0	Ap1	0～15	42.14	14.68	7.65	34.84	52.11	14.56
		Ap2	15～26	45.64	18.65	3.28	40.86	17.59	12.41
		Br1	26～40	56.32	26.54	1.98	47.12	7.46	14.65
		Br2	40～71	61.24	22.33	2.36	36.46	10.57	15.32
		Bg	71～100	59.87	13.54	4.98	22.62	36.78	14.33
Y-02	4	Apg	0～23	41.35	14.25	8.96	34.46	62.88	15.21
		Ap	23～28	44.89	19.14	5.68	42.64	29.68	11.98
		Br1	28～42	57.12	25.47	3.14	44.59	12.33	15.33
		Br2	42～68	60.18	21.48	3.54	35.69	16.48	14.98
		Bg	68～100	58.87	15.33	6.89	26.04	44.94	15.74
Y-03	12	Apg	0～22	42.14	14.23	10.32	33.77	72.52	14.23
		Bg1	22～30	43.65	18.66	8.74	42.75	46.84	12.78
		Bg2	30～38	58.47	23.65	6.24	40.45	26.38	14.68
		Br	38～67	59.65	22.56	4.12	37.82	18.26	15.47
		Bg3	67～100	60.12	16.73	5.98	27.83	35.74	14.65

（续表）

剖面号	种植茭白时间（年）	发生层	深度（cm）	全 Fe_2O_3 (g/kg)	游离 Fe_2O_3 (g/kg)	无定形 Fe_2O_3 (g/kg)	氧化铁游离度（%）	氧化铁活化度（%）	CEC（cmol/kg）
Y-04	19	Apg	0～22	41.32	13.58	10.65	32.87	78.42	14.32
		Bg1	22～32	42.68	17.98	9.32	42.13	51.84	13.25
		Bg2	32～41	56.47	22.65	7.65	40.11	33.77	13.25
		Br	41-65	58.74	21.54	3.98	36.67	18.48	15.65
		Bg3	65-100	59.12	17.85	6.14	30.19	34.40	15.24

6.5.3 讨论

6.5.3.1 耕作层土壤质量的改变

上述结果表明，水田全年淹水种植茭白后土壤养分趋向积累，而土壤结构逐渐退化。茭白是一种经济价值较高的作物，为获得高产和高收益，茭农在茭白田的施肥存在盲目现象，其施肥水平远高于水稻生产，且多以高含量的复合肥为主。因此，长期超标准施肥是导致土壤全磷、有效磷和速效钾积累的主要原因。在全年淹水种植的条件下，由于土壤通气性差，限制了还田秸秆的矿化，促进了土壤有机质的积累。由于还原性强，土壤通气不良，施入土壤的氮素更易向 NH_4^+-N形态转化，因此，茭白田中 NH_4^+-N的增幅比 NO_3^--N更为明显。

土壤结构是土壤固相颗粒（包括团聚体）的大小及其空间排列的形式。在种植水稻的情况下，水旱频繁交替、土壤中经常发生的好气和嫌气过程成为水田结构形成的主要动力。正常稻田中存在淹水和回旱两个过程。淹水时，还原过程占优势，胶结土壤颗粒的氧化铁还原成二价，团聚体崩坍成微团聚体或单粒。在脱水回旱时，土粒相互靠拢，粒间的范德华力增大，二价铁被氧化为三价氧化铁而胶结土粒，形成结构体。如果淹水时呈微团聚体状态存在，土壤落干时土体较为疏松。但当水田长年淹水种植茭白并且秸秆全量还田时，土壤长期处于淹水的强还原条件中，土壤中的微团聚体也因长期还原（缺乏氧化条件）被破坏，因此，茭白田土壤的结构有别于一般的稻田。一般来说，水稻土淹水时呈微团聚体状态（0.1～2mm）存在，土壤落干时土体较为疏松。由于有机质的积累，当土壤变干时，分散的土壤颗粒容易胶结形成大的土块，这也是茭白田土壤中大粒径团聚体增加的原因。由于长期泡水，土壤微团聚体破坏，土壤分散性增强，在湿时变得糊状（浸水容重和风干收缩率增加），而干时变得坚硬。土壤容易出现黏闭、起浆、僵硬、水气矛盾等问题。当在茭白田种植旱作时，土壤容易形成大块状结构，影响土壤的通气性、影响旱作根系的伸展、降低土壤有效水的数量。

6.5.3.2 剖面形态与土壤类型的演化

全年淹水种植茭白改变了土壤的水分状况。在种植水稻期间，因水稻生长的需要，水田水分存在明显的季节性变化。在水稻生长初期，土壤以淹水为主，此阶段土壤以还原为主；但水稻生长后期，常常需排水管理，土壤氧化还原电位显著地提高。氧化还原的反复交替使耕层、犁底层和氧化还原层形成了大量的具黄棕色颜色特征的锈纹、锈斑或铁锰结核。当改种茭白后，土壤全年淹水，土体呈还原状态，原形成于水稻种植期间的锈纹、锈斑或铁锰结核逐渐被还原为低化合价的铁和锰，由于缺失氧化环境后者不能被重新氧化为锈纹、锈斑等新生体，因此，结构面上的黄色锈斑随茭白种植时间的增加逐渐消失，同时导致了土壤中结晶氧化铁向无定形氧化铁转变，因此，土壤中氧化铁的活化度也随茭白种植时间的增加而增加；颜色由黄棕色向深灰色的转变随茭白种植时间的增加可由表层向深层发展。而大量的新鲜秸秆还田加速了以上变化。

软糊层指位于土壤剖面上部，由于长期泡水使土壤变得松软、在浸水时呈糊状、缺少明显结构体土层。以上结果表明，长期淹水种植茭白后土壤剖面中软糊层厚度呈现增厚趋势，厚度可达到40 cm以上。同时，犁底层和氧化还原层的大块状结构逐渐破坏，向小块状、散粒状方向变化。深厚软糊层形成与长期淹水种植茭白并且在泡水环境下频繁的人为田间操作、践踏及缺少季节性排水干化有关。而土壤剖面深层有机质的积累可能也是人为田间操作、践踏的结果。

长期种植茭白后，因犁底层逐渐退化，水田土壤中水耕表层的部分诊断特征消失，已不能满足水耕人为土的诊断要求。同时，由于长期淹水，矿质土表至50 cm范围内出现厚度大于10 cm以上的具潜育特征的土层，土壤类型逐渐向滞水潜育土方向发展。

6.5.4 结论

全年淹水种植茭白后，由于施肥量的增加、秸秆还田及土壤通气性下降，耕层土壤有机质、全氮、全磷、有效磷和速效钾明显地增加。与此同时，耕层土壤结构出现明显的退化，主要表现在：浸水容重增加；沉降系数下降；干土硬化，抗破碎强度增加；土壤糊化，风干收缩率提高；土壤孔隙组成趋向不合理，毛管孔隙增加，但有效孔隙度下降；土壤中的小团聚体（0.1～2 mm）破坏，大团聚体（＞2 mm）增加。水田土壤犁底层逐渐变薄最终消失，上部软糊土层加厚；20～40 cm土层有机质含量明显地增加，0～40 cm土层土壤氧化还原电位下降，土色变暗，无定形氧化铁和铁的活化度显著地增加。相应的土壤类型也逐渐由水耕人为土向滞水潜育土演变。

6.6 不同茭白种植模式对水稻土磷素积累及磷流失潜力的影响

浙江省茭白主要种植在原水稻田中，具有长年淹水、全量秸秆还田及氮、磷、钾高浓度肥料用料较大、利用率较低等特点，明显不同于我国南方其他地区所采用的茭白-水稻轮作模式，一季茭白常年产出的生物产量约40.5 t/hm^2，其中茭白草产量约占35%，双季茭白常年产生的茭白草约27 t/hm^2，因此，长期秸秆全量可能也会影响土壤中养分的积累与循环。本节通过采集与分析不同种植模式茭白田土壤的磷素组成及室内土壤磷淋洗模拟，重点分析了土壤磷素的化学形态，通过土壤磷的释放潜力分析探讨了茭白田土壤磷素积累对农业面源污染的潜在影响。

6.6.1 研究内容与技术路线

研究基于对农田土壤磷素积累水平、各形态磷组成与土壤磷释放强度的差异分析，通过模拟淋洗实验分析长期大量施磷肥对茭白田磷流失的潜在影响。主要研究内容包括：

（1）长期种植茭白对土壤磷素积累的影响。主要通过比较种植茭白前后及茭白种植时间对土壤全磷、有效磷的变化来探讨种植茭白对土壤磷素积累影响。

（2）长期种植茭白对土壤磷素化学形态的影响。主要采用磷素连续分级方法测定土壤不同形态磷素含量，鉴定种植茭白前后及茭白种植时间对土壤各形态磷的含量及组成的影响。

（3）积累在土壤中磷的释放潜力。主要通过室内淋洗试验来评估种植茭白前后及茭白种植不同时间对土壤磷释放强度的影响，回归分析土壤磷素释放与磷素化学形态的关系。

6.6.2 材料与方法

6.6.2.1 采集地点

缙云县地处浙江南部、中南部丘陵山区，位于浙江丽水东北地区，经纬度28° 25′ ~ 28° 57′ N， 119° 52′ ~ 120° 25′ E。缙云县整体地势自东向西北倾斜，地貌类型可分为平原、山地、丘陵、谷地，其中山地、丘陵面积约占全县总面积80%以上。缙云县属于亚热带季风气候，日照充足，温暖湿润，植被有针阔混交、常绿阔叶林、人工次生林等。年平均气温约17℃，年均降水量1 437 mm。全县河流均为山溪性河流，主要有好溪、新建溪、永安溪三条。

6.6.2.2 供试土壤

供试土壤样品共113个，分为表层土样和剖面分层样品，土壤类型均为水稻土。其中，73个土壤样品采自缙云县大洋里石亭村、秀才塘村、前村、壶镇沈宅村等农田，采集深度为0~20cm，种植作物包括水稻、蔬菜、果树、单双季茭白等，种植年限2~20年不等。其余40个土壤样品为9个剖面的分层土样，目的是测定土壤不同深度磷含量差异。

6.6.2.3 预处理与测定指标及方法

采集土样经室内风干后过2mm土筛保存，部分土样通过0.125mm土筛进行全量分析。分析项目包括土壤全磷、有效磷、全氮、含水率、pH、有机质、速效钾和磷化学形态等。采用烘干法测定土壤含水率；玻璃电极法测定土壤pH；使用重铬酸钾－外加热法测定土壤有机质含量。土壤全磷测定方法采用 $HClO_4$－HF消化－比色法测定。土壤有效磷测定方法采取 NH_4F－HCl浸提－钼锑抗比色法。

土壤磷连续分级方法采用简化 Hedley法（图6－41），具体操作步骤如下：称1.00g风干土样置于50mL离心管中，（1）使用30mL去离子水进行提取，提取需25℃恒温振荡16h。提取后经过3 000r/min离心分离15min，过定量滤纸分离悬液，使用钼蓝比色法测定总磷（TP）。（2）使用0.5mol/L $NaHCO_3$（pH8.2）作为浸提液提取磷，操作方法同上；$NaHCO_3$浸提液，取10mL于比色管中加入4mL 10g/100mL硫酸铵－硫酸，于高压蒸汽灭菌锅中103.5MPa、121℃消煮1h，用钼锑抗比色法测定总磷（TP）；将剩余浸提液使用2mol/L硫酸酸化去除腐殖质后过滤，使用钼蓝比色法测定无机（IP）。（3）使用0.1mol/L NaOH浸提，操作方法同 $NaHCO_3$。（4）使用1mol/L HCl浸提，操作方法同 H_2O浸提。有机磷（OP）使用提取物中的TP和IP的差值进行计算，残余态磷使用土壤总磷与四种可提取态磷进行差值计算。

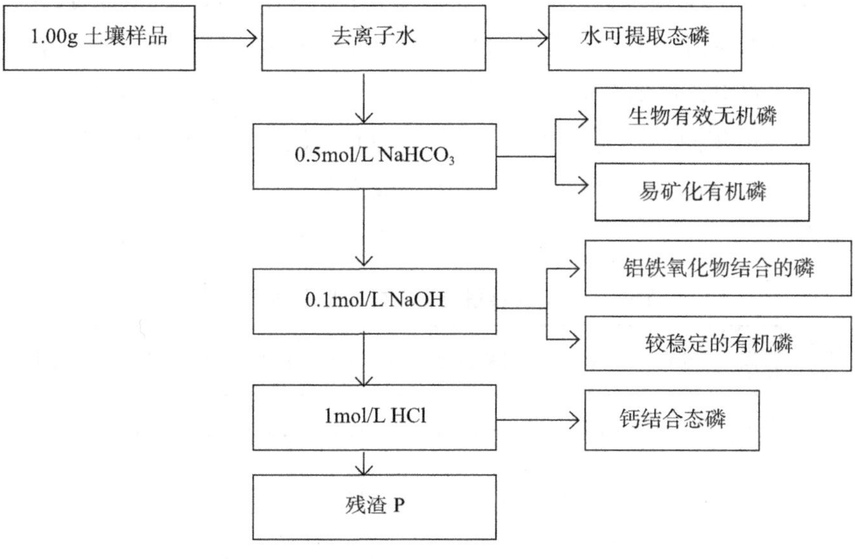

图6－41 土壤磷素连续分级法提取流程

6.6.2.4 土壤磷的可淋洗性实验

土壤中积累磷的可淋洗性采用室内连续淋洗方法测定。实验采用直径为12 cm塑料漏斗，称取20 g土壤置于滤纸中。首先对土壤样品进行培养活化处理，在漏斗中加入适量去离子水润湿土壤，使其达到田间持水量，于室温下培养3 d活化。之后进行淋洗实验，淋洗时间为10 d，每天淋洗一次，每次离子水用量为50 mL。收集各次的淋出液，使用无磷滤纸过滤淋出液后，用比色法测定无机态磷。计算每次和连续多次的磷释放量。

6.6.3 结果与讨论

6.6.3.1 供试土壤基本性质

根据缙云县种植不同作物的耕层土壤基本性质统计表可以得出，种植茭白后土壤pH比水稻田略微降低，但两者无显著差异。种植单季茭白耕层土壤有机质含量显著高于种植水稻、水稻蔬菜轮作以及蔬菜田，达到78.92 g/kg。而双季茭白、单茭两茬茭白有机质含量虽稍偏高，但无显著差异。土壤有机质含量的增加可降低其的固磷作用，有机阴离子与磷酸根竞争固相表面转性吸附位点能够减少土壤对磷的吸附；有机质分解形成的有机酸能与螯合剂作用，能将部分固定态磷释放为可溶态；腐殖质可在铁、铝氧化物等胶体表面形成保护膜，减少其对磷酸根的吸附；其次，有机质分解产生的碳酸，可增加钙、镁磷酸盐的溶解度，降低土壤中钙结合态磷含量。土壤有效钾含量以种植蔬菜、花草等植被土壤最高，为215.97 mg/kg，这与蔬菜种植需要大量施用钾肥有关。速效磷、全磷含量除蔬菜种植田外，单季茭白土壤中含量最高，平均达到250.28 mg/kg、3.12 g/kg，但双季茭白与单茭两茬茭白与水稻田并无显著差异。单季茭白土壤中全氮含量显著高于其他农田，达到5.88 g/kg，茭白种植田与水稻田相比全氮均有增长。

结合茭白种植年限，统计得出茭白种植时间越长，则土壤中有机质、速效钾、全磷、全氮逐渐增加，其中以有机质、全磷增长最为明显，这与缙云县茭白种植将秸秆全部还田措施有关。

表6-22 缙云县耕层土壤样品基本性质统计

作物品种	样本数	种植年限	地貌	pH 值	有机质 (g/kg)	AK(mg/kg)	AP(mg/kg)	TP(g/kg)	TN(g/kg)
水稻	12	6年~长期	平原、丘陵、山地	5.12±0.49	36.93±12.72	111.73±54.37	144.84±129.15	1.86±1.23	3.39±0.82
蔬菜、桃树、花草	5	6~16年	丘陵、平原、山地	5.03±0.45	37.84±10.15	215.97±79.18	307.30±170.74	3.41±1.32	3.47±0.76
水稻与蔬菜轮作	5	长期	平原、河谷平原	4.98±0.43	35.74±10.02	120.21±62.60	221.66±195.43	1.48±0.56	3.50±0.64

（续表）

作物品种	样本数	种植年限	地貌	pH 值	有机质 (g/kg)	AK(mg/kg)	AP(mg/kg)	TP(g/kg)	TN(g/kg)
单季茭白	13	7～22年	平原、梯田、	5.09±0.18	78.92±21.70	125.32±51.02	250.28±186.32	3.12±1.11	5.88±1.49
双季茭白	17	2～8年	河谷平原、低丘坡脚	5.01±0.27	44.30±8.12	130.44±42.48	135.44±96.65	1.46±0.23	4.28±0.53
美人茭（单茭两茬）	20	5～16年	河谷平原	5.03±0.17	49.25±11.92	187.72±69.17	112.74±125.96	1.50±0.26	4.05±1.12

6.6.3.2　种植茭白对土壤磷素积累的影响

（1）茭白种植对表土层磷素累积影响。从图6-42中可以得出，由于种植茭白年限

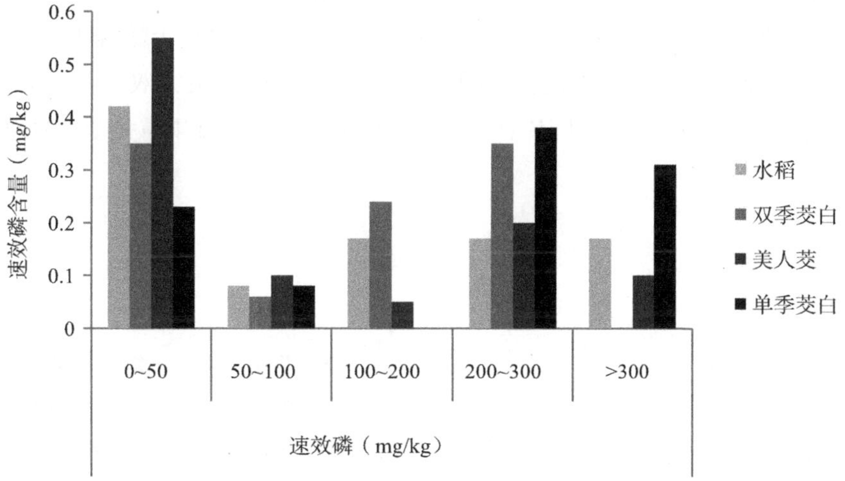

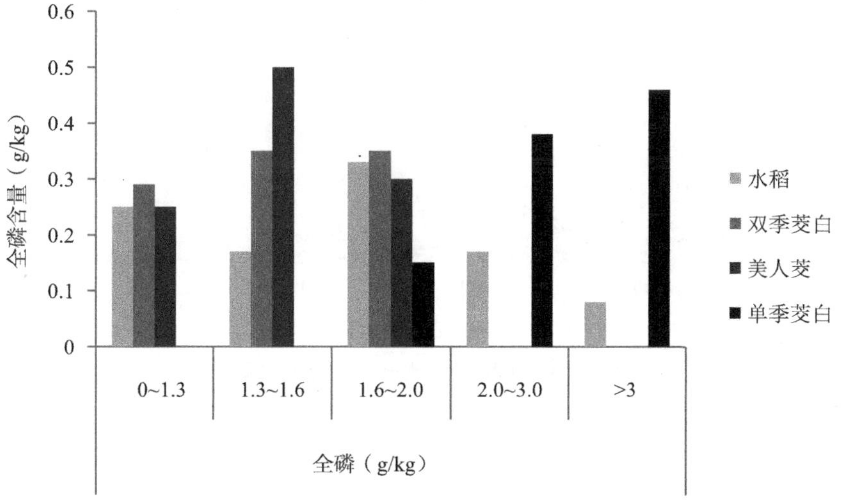

图6-42　土壤样品不同等级磷含量占样本数比例

不同以及种植作物不同，土壤中磷含量变化较大。种植年限短的茭白田（美人茭、双季茭白田）速效磷含量较低，全磷含量的样本分布与水稻田全磷趋势基本一致。而种植年限达到20年以上的茭白田（单季茭白）呈现速效磷含量普遍超过200 mg/kg，最高达630.53 mg/kg，全磷含量有84%的样本超过2.00 g/kg，全磷最高可达5.02 g/kg，土壤磷积累严重。缙云县单季茭白土壤中有机质含量显著高于水稻田，长期秸秆还田、淹水等种植方式，可导致土壤中磷含量超过正常水平。有研究显示，长期翻耕将加速土壤中有机质矿化，导致土壤中有机磷降低，但免耕、少耕，用秸秆覆盖地表，可使得土壤中有机磷和无机磷大量积累。有研究发现，通过保护性耕作方式，能使农田表层土壤有效磷的含量比传统耕作方式高4~7倍。而长期翻耕将增加土壤磷素随径流损失，传统耕作土壤生物的有效磷流失量是免耕土壤的3倍。

（2）茭白种植对剖面磷素累积影响。通过对剖面速效磷实验分析，得出土壤剖面中单季茭白、双季茭白表层中土壤速效磷含量积累明显，但在土壤深度达到40~50 cm后，种植方式对速效磷含量影响逐渐降低。通过剖面田间记录，双季茭白1、单季茭白1、2种植年限均超过20年。但同样种植年限为30年的单茭两茬模式茭白速效磷积累并不显著。

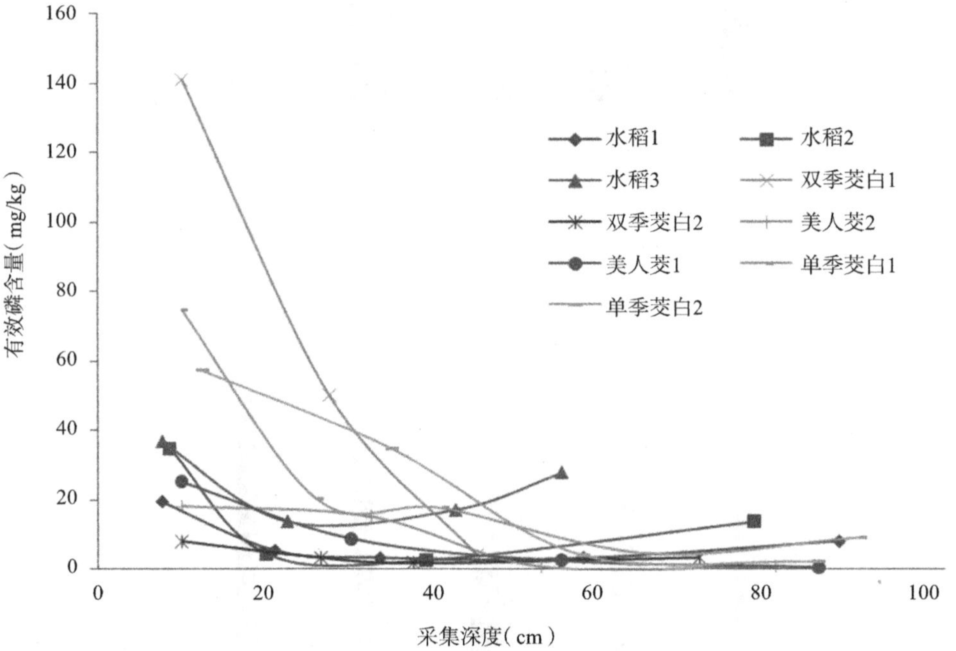

图6-43　土壤剖面速效磷含量变化趋势

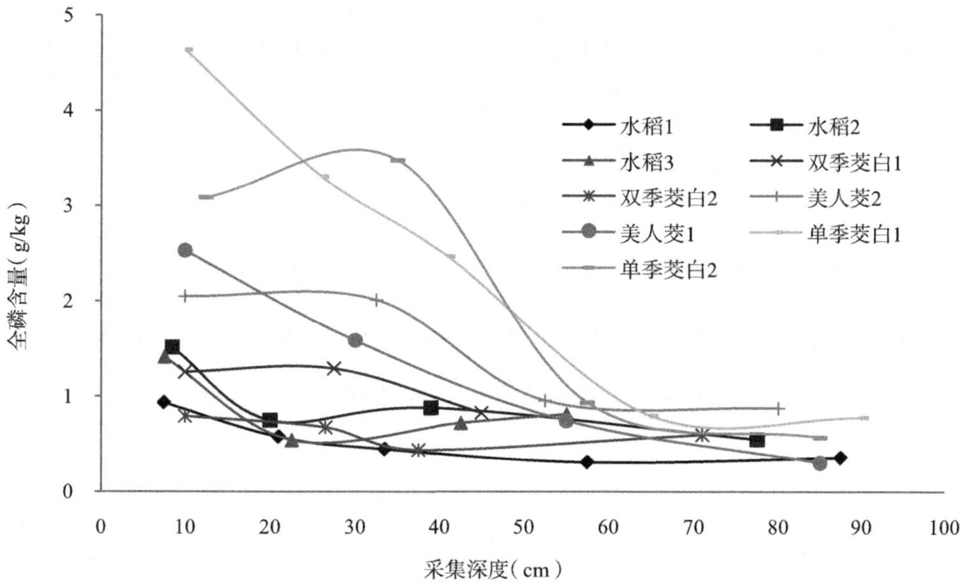

图6-44　土壤剖面全磷含量变化趋势

从剖面土壤全磷变化趋势图中可以得出，水稻土中全磷积累量明显低于茭白种植。随着茭白种植年限增加，全磷含量增加明显，但不同种植模式对全磷的积累也存在一定影响。单季茭白种植年限20年以上，全磷积累量显著高于种植年限30年的单茭两茬茭白。而双季茭白全磷积累量与水稻田差异不大。

6.6.3.3　种植茭白对土壤磷素化学形态的影响

（1）供试土壤总体磷组分比例。缙云县土壤中水可提取态磷和易矿化有机磷含量较低，占总磷的（0.78±0.55）%、（1.89±1.34）%；生物有效态无机磷含量占全磷含量的（8.99±3.27）%；铁铝结合态磷、钙结合态磷、难矿化有机磷含量均显著高于能被植物直接吸收利用的磷含量。而残余态磷仅占总磷含量的（27.07±12.96）%，土壤中大部分磷均能被去离子水、$NaHCO_3$、NaOH和HCl提取，提取率达到72.93%。可提取态磷的比例平均为：NaOH-TP（49.97%）＞HCl-P（11.34%）＞$NaHCO_3$-TP（10.84%）＞H_2O-P（0.78%）。

表6-23　供试土壤样品磷组分及比例统计（*n*=30）

	全磷（P*）(mg/kg)	H_2O-P (mg/kg)	$NaHCO_3$(mg/kg)			NaOH(mg/kg)			HCl-P (mg/kg)	残余态磷 (mg/kg)
			IP	OP	TP	IP	OP	TP		
范围	346.04～2 023.45	1.20～20.13	15.80～156.62	0～49.85	24.70～203.82	54.10～902.92	28.53～629.56	88.32～931.45	32.91～180.67	43.87～1 090.67
平均	806.52	5.69	71.13	13.13	83.92	273.18	127.92	401.09	84.19	231.63
标准差	404.90	4.38	34.79	11.07	37.64	171.03	120.26	211.23	33.16	217.08

（续表）

	全磷（P*）(mg/kg)	H_2O-P (mg/kg)	$NaHCO_3$(mg/kg)			NaOH(mg/kg)			HCl-P (mg/kg)	残余态磷 (mg/kg)
			IP	OP	TP	IP	OP	TP		
范围	100	0.09 ~ 2.34	3.88 ~ 16.13	0 ~ 5.13	5.78 ~ 17.51	10.22 ~ 63.17	2.00 ~ 46.84	24.28 ~ 68.53	3.08 ~ 19.76	10.76 ~ 57.98
平均	100	0.78	8.99	1.89	10.84	33.83	16.15	49.97	11.34	27.07
标准差		0.55	3.27	1.34	3.20	11.88	10.18	11.29	3.53	12.96

注：为使统计一致，表中全磷使用 *P* 代替 P_2O_5 进行计算。

（2）种植茭白前后对土壤磷组分的影响。按不同种植作物与不同茭白种植模式，将土壤磷分级实验数据进行分组统计分析，得到各组磷组分占全磷百分比统计图（图6－45）。

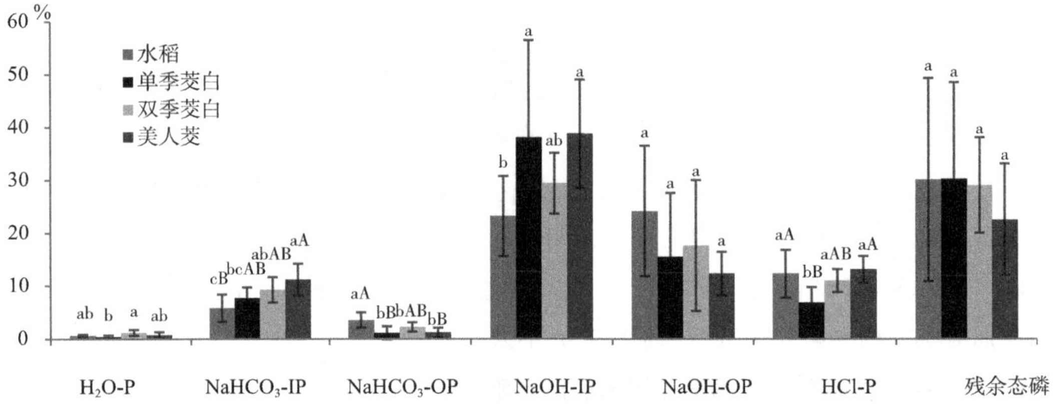

图6－45 土壤样品磷组分及比例统计

注：图中ab显示组间显著性差异达到*P*<0.05，AB标注显著性差异达到*P*<0.01，组间未达到*P*<0.01显著水平则不使用AB显示。

图6－44中显示，不同种植作物与不同茭白种植模式将改变土壤中磷素的存在形态。其中，对残余态磷影响较小，种植单茭两茬茭白田中残余态磷平均值略低于其他组别，占全磷的22.56%，但组间无显著差异。不同茭白种植模式间，对土壤 H_2O－P略有影响，双季茭白田土壤 H_2O－P显著高于单季茭白田，但三者与水稻种植田无显著差异。种植茭白对土壤中 $NaHCO_3$－IP、$NaHCO_3$－OP、NaOH－IP具有显著影响。其中，茭白种植提高了土壤中的 $NaHCO_3$－IP 含量，是其与水稻种植呈显著差异，且不同的茭白种植方式也对土壤中 $NaHCO_3$－IP存在影响，呈现单茭两茬茭白＞双季茭白＞单季茭白。生物有效态无机磷的含量增高，不仅能够促进植物生长，提高磷肥利用率，同时也增加了土壤磷流失风险。结合茭白不同种植模式对土壤有效磷变化统计，可以发现单茭两茬模式下68%实验样本土壤有效磷低于60mg/kg，低于其他种植模式下的土壤速效磷含量。同时，实验发现种植茭白显著降低了土壤中易矿化有机磷含量（$NaHCO_3$－OP），三

者与水稻组间呈现 $P<0.01$ 的显著性差异水平，但三种茭白种植模式间 $NaHCO_3$-IP无显著性差异。

分析土壤中NaOH-P含量，结果显示，茭白种植对NaOH-IP(铁铝结合态磷)影响较大。三种茭白种植模式对NaOH-IP无显著性差异，但对比水稻种植，单季茭白与单茭两茬显著提高了土壤中NaOH-IP含量，达到了 $P<0.05$ 的显著性差异。在茭白种植过程中，缙云县采用长期淹水种植，表层土壤呈现还原性，具有强亚铁反应；与水稻土相比，剖面土壤中的铁锰新生体数目随着茭白种植年限增加而降低。在强还原性淹水条件下，土壤中与无定形、三二氧化物结合的磷溶解度增加，且与晶态氧化铁铝结合的磷将被释放。在淹水条件下，土壤可溶性有机磷含量增加，促进铁铝络合，使得磷有效性增加。实验采集表层土壤样本多为淹水环境、亚铁反应，由于磷酸低铁的溶解度较高，因此可增加土壤磷的有效性，此外，淹水条件下可将包被与磷酸表面的铁质角膜还原，提高闭蓄态磷的有效性。由NaOH-OP实验统计，虽茭白种植使得难分解有机磷含量略低于水稻田中NaOH-OP平均值，但未形成显著性差异。单季茭白种植显著降低了土壤中钙结合态磷含量，仅占6.85%，而双季茭白与单茭两茬茭白与水稻种植对土壤中钙结合态磷无显著影响。

表6-24　不同种植模式土壤中磷组分含量统计

种植作物	全磷(P)(mg/kg)	H_2O-P(mg/kg)	$NaHCO_3$(mg/kg)		NaOH(mg/kg)		HCl-P(mg/kg)	残余态磷(mg/kg)
			IP	OP	IP	OP		
水稻	604.43±242.34 bB	3.85±2.40 aA	39.93±33.97 cC	22.60±15.97 aA	141.87±70.31 cB	158.23±125.23 abA	73.07±36.11 abA	164.86±77.39 bB
双季茭白	569.95±130.99 bB	7.27±4.08 aA	54.88±21.84 bcBC	12.40±4.48 abA	173.47±69.35 bcB	89.88±35.97 bA	62.85±17.74 bA	169.09±64.11 bB
美人茭	739.92±171.52 bB	5.64±5.09 aA	80.53±20.75 bAB	8.309±5.60 bA	275.41±74.49 bB	93.30±41.31 bA	96.62±27.21 abA	181.02±135.45 bB
单季茭白	1 553.61±388.48 aA	5.89±5.15 aA	116.15±27.07 aA	15.43±18.33 abA	549.03±218.26 aA	248.98±235.97 aA	103.06±48.23 aA	515.07±401.94 aA

通过比较种植水稻与茭白田土壤中不同磷组分含量分析，可以得出种植茭白可以显著提高土壤中的 $NaHCO_3$-IP、NaOH-IP含量，但对土壤中 H_2O-P、$NaHCO_3$-OP、NaOH-OP、HCl-P、残余态磷影响均未达到 $P<0.01$ 的显著水平。不同茭白种植模式间，单季茭白种植土壤与其他两种种植模式下土壤中 $NaHCO_3$-IP、NaOH-IP含量具显著差异，增长量明显；同时，单季茭白残余态磷含量与全磷含量均显著高于其他茭白种植模式。但茭白种植模式对 $NaHCO_3$-OP与NaOH-OP影响较小。茭白田间无机磷含量增高，可能与磷肥的过度施用有关。

6.6.3.4　种植茭白对土壤中磷释放潜力影响

(1)各利用方式土壤磷淋洗随时间的变化。统计不同种植作物磷淋出含量，实验得出，单季茭白、双季茭白田表层土壤每日磷流失显著高于水稻田、单茭两茬茭白田磷流失量。单季茭白与双季茭白土壤累积磷流失量两者无显著差异；水稻田、单茭两茬茭白田磷流失量接近。同时，大量细颗粒占据土壤孔隙，改变土壤环境，使得后期土壤淋洗时间逐渐增加。有研究显示，土壤磷的释放随溶液浸提时间增加而增加，大部分土壤释放态磷可在0.25h内释放。

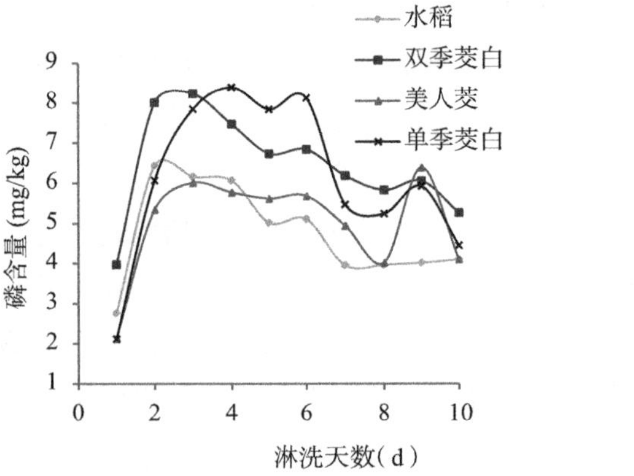

图6-46　不同种植方式每天平均磷淋出量趋势

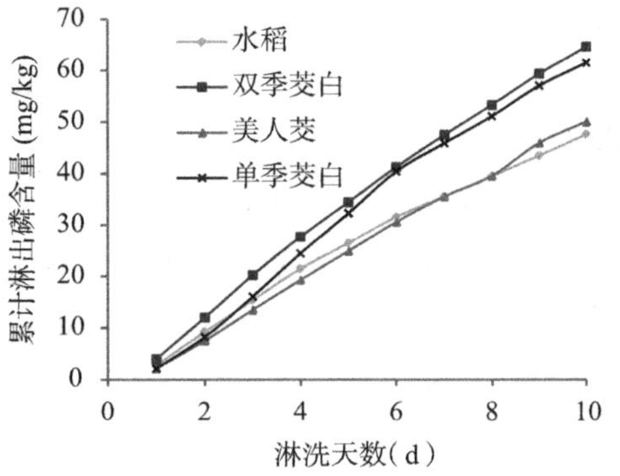

图6-47　不同种植方式累积磷淋出量趋势

（2）土壤可淋洗性与土壤磷组分的关系。图6-48为30个土样模拟淋洗实验的各次磷淋出量与土壤磷组分之间相关性的变化趋势。结果表明，土壤淋出磷与土壤不同磷组分有关，除残余态磷、NaOH-OP、HCl-P外，其他形态的磷均与磷淋出存在显著相关性，且土壤磷的淋出量与磷的组分相关性随磷的活性降低而下降，为H_2O-P＞$NaHCO_3$-IP＞NaOH-IP≈$NaHCO_3$-OP，而残余态磷、NaOH-OP与磷淋出量呈负相关，表明淋出的磷主要为活性高的磷组分。

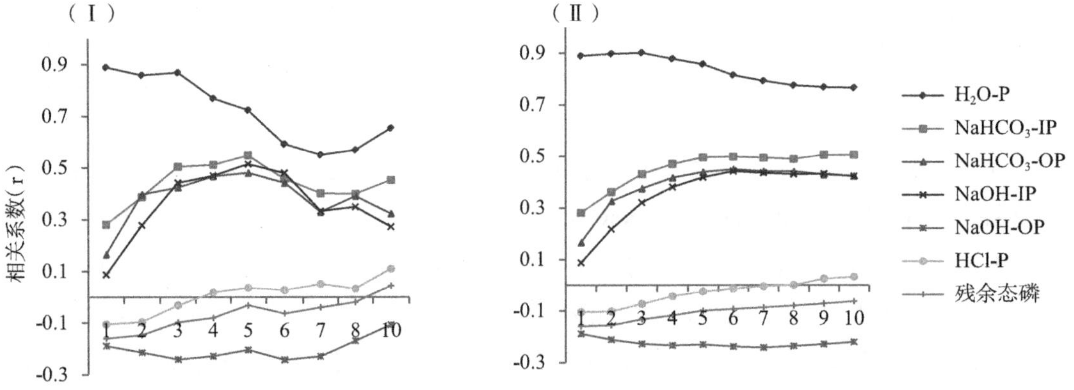

图6-48　土壤磷组分与淋洗过程中各次磷释放数量（Ⅰ）以及累计磷释放量（Ⅱ）之间的相关性（n=30）

随着淋洗天数增加，H_2O-P与淋出磷的相关性逐渐降低，而$NaHCO_3$-IP、NaOH-IP、$NaHCO_3$-OP的相关性逐渐上升，这表明土壤中易溶性磷会首先释放，而弱溶解性磷释放缓慢，随着时间增加，易溶性磷由于前期大量淋失而释放逐渐降低，但弱溶解性磷释放逐渐明显。实验中后期有机磷可逐渐被矿化，转化为易溶解态磷被淋洗出。本实验中在淋洗第9、10d，土壤磷淋出量显著上升，且H_2O-P、$NaHCO_3$-IP、HCl-P相关性增加，可能与土壤微生物活动有关。

由土壤累积淋洗量与淋洗次数的关系模型$Y=Y_0+k\ln X$（式中X为淋洗次数，Y为累积磷释放量，Y_0为第一次淋洗磷释放量，k为磷释放相对速率常数），计算土壤样品磷释放相对速率常数。得出本实验中30个土壤样品的磷释放相对速率常数为9.36~75.62mg/kg。通过相关分析表明，H_2O-P、$NaHCO_3$-IP、NaOH-IP、$NaHCO_3$-OP与k值的相关性达到较高水平，这些磷组分是土壤淋出液中磷的主要来源。

（3）土壤磷积累对土壤磷流失的影响。土壤中磷积累量与土壤淋出液磷浓度关系存在一定的临界值，超过该临界值时土壤磷流失将显著增加。土壤有效临界值受到土壤水分状况、相对排水体积和土壤稀释特性影响，统计国内外研究得出土壤有效磷临界值在13~119mg/kg。试验土壤以壤土和粉壤土为主，耕层土壤中有效磷含量超过60mg/kg时，其磷淋出量将显著上升。因此，以有效磷60mg/kg作为土壤磷临界值进行分析。

表6-25　相对速率常数与土壤磷组分的相关性（n=30）

磷组分	r
H_2O-P	0.741***
$NaHCO_3$-IP	0.509**
$NaHCO_3$-OP	0.430*
NaOH-IP	0.433*
NaOH-OP	−0.217
HCl-P	0.041
残余态磷	−0.055

注：*、**、*** 分别表示其显著水平达到P<0.05、<0.01、<0.000 1。

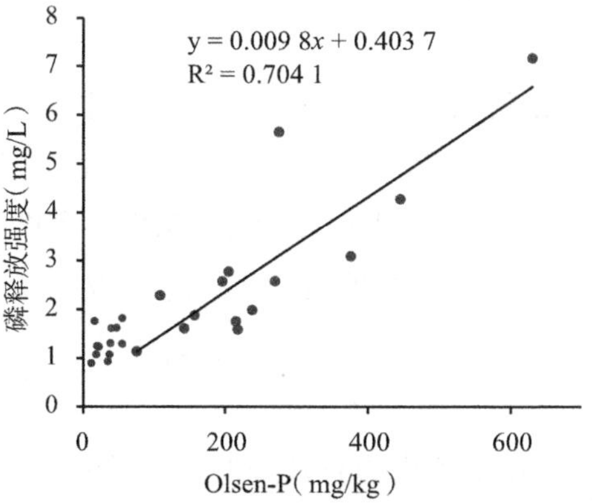

图6-49　土壤Olsen-P水平与土壤磷释放强度之间的关系

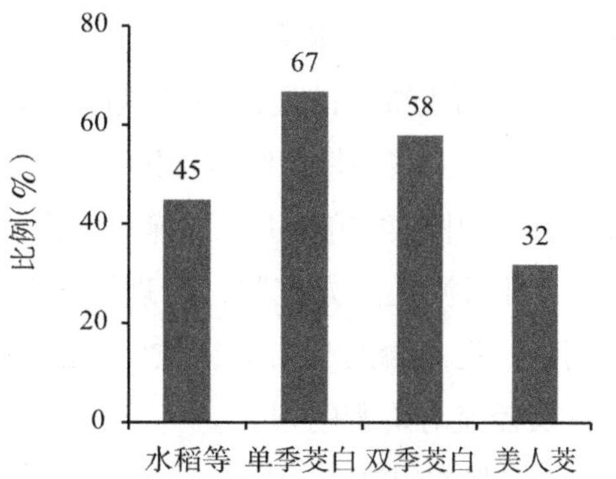

图6-50　不同种植作物土壤样品Olsen-P超过磷临界值占样本数比例统计

通过土壤有效磷含量与磷释放强度相关性分析，可得在土壤样品有效磷含量超过60mg/kg后，两者相关性$r=0.839$，且达到$P<0.001$的显著水平，回归方程为$y=0.0098x+0.4037$。不同有效磷提取方法对土壤磷释放强度与有效磷的线性回归存在差异，有研究表明，Bray1法提取有效磷与土壤磷释放强度回归所得到的斜率在0.0006~0.0098，而使用Mehlich3法提取回归得到的斜率范围为0.0004~0.0070，本实验结果基本符合该规律。

通过对比水稻与茭白土壤样品中有效磷超过60mg/kg磷临界值占其样本数比率，得出单季茭白、双季茭白表土层磷超标样本显著高于水稻样本，分别占总数的67%与58%，而单茭两茬种植模式的茭白田磷超标比率明显低于其他种植模式，仅占32%。这与单茭两茬种植模式秸秆还田少，秸秆堆腐过程中磷积累量低有关。

综合分析磷流失量与土壤中磷组分关系，单、双季茭白土壤中H_2O-P、$NaHCO_3$-IP、NaOH-IP含量均显著高于一般农田，这些磷组分为土壤淋出液中磷的主要来源，因此，茭白种植增加了土壤中易淋出磷、弱溶解性磷量导致土壤磷流失量显著上升。此外，单、双季茭白土壤有效磷含量高于60mg/kg样本比例高于一般农田、单茭两茬茭白田，分别为67%、58%，通过分析土壤有效磷积累量与磷流失量基本呈正相关，由此可得出长期种植茭白增加土壤中Olsen-P含量，增加了土壤磷流失风险。

6.6.4 结论与建议

从茭白种植模式差异可以得出，单茭两茬种植模式可以有效降低土壤中有效磷含量，与水稻相比无显著差异，同时磷释放强度与其他两种茭白种植方式具有显著下降。因此，采用单茭两茬模式种植茭白是缓解缙云县茭白土壤中磷素积累的重要措施。从种植茭白表层土壤中磷组分变化趋势可以得出，随着磷肥过度施用、茭白种植年限增长，活性无机磷（$NaHCO_3$-IP）和中度活性无机磷（NaOH-IP）的含量逐渐上升，但对钙结合态磷（HCl-P）影响较小。土壤中活性无机磷是土壤淋出液中磷含量的重要组成成分，其含量增加将导致土壤磷流失加剧。

减少农田土壤磷的侵蚀与径流产生损失，目前已有的措施主要有保护性耕作、作物残渣管理、设置缓冲带和修筑梯田、等高耕作、修建小水库等。缙云县茭白田由于其秸秆全部还田及种植模式单一原因，磷素积累严重。减少磷素进入水环境可以采取以下措施：

（1）推行测土配方施肥，合理施用磷肥，采取适宜茭白种植的复合肥配方，降低磷肥施用量，提高磷的利用率、减少磷的固定。科学把控磷肥施用时期，降低土壤对磷肥固定以及径流对磷肥的损失。

（2）加强农田灌水管理，采用浅水勤灌、减少排水等措施有效降低土壤磷的排出量。

（3）减少茭白长年连作，推行茭白与其他农作物轮作，鼓励推行水旱轮作制。

第7章

水田改种茶树和草莓后土壤质量的演变

7.1 长期种植茶树后水稻土质量的变化

水田改为茶园成为南方丘陵河谷地区耕地“非粮化”的主要形式（张启利等，2017）。由于高量氮肥的施用（通过硝化作用释放质子）及茶园内源酸化因子（茶树自身的物质循环和根系分泌物致酸）的综合作用，茶园土壤酸化速率明显高于其他用地（宁建美等，2009）。因此，一旦耕地成为茶园，土壤酸化不可避免，并随种植时间的增加酸化逐渐加剧，这已被许多调查所证实（吴志丹等，2016）。土壤酸碱度是土壤的基本性状，土壤酸化不仅可危害陆地生态系统，而且可对土壤产生多方面的影响，包括改变土壤碳、氮、硫等养分的循环。虽然以往对土壤酸化问题已有较多的研究，但主要研究对象是铁铝土等由自然酸化形成的土壤，对因利用方式改变导致土壤酸化对土壤性状影响的研究较少。为此，本研究以浙江省长期种植茶树的河谷平原农田为例，探讨了水田种植茶树对耕作层土壤化学和生物学性状的影响。

7.1.1 材料与方法

7.1.1.1 研究土壤

以浙江省杭州、丽水、温州、衢州等地的河谷平原多年种植茶树的水田为对象，采集表层（0~20cm）土样39个，按土壤酸碱度（pH）把采集土壤分为pH5.5~6.5、pH4.5~5.5和pH＜4.5 3组，样品数分别为9、12和18个。

7.1.1.2 研究方法

土壤样品风干后研磨，过2.00mm的尼龙筛用于试验，部分土样进一步研磨，过0.25、0.149mm的尼龙筛用于土壤分析，分析内容包括土壤化学性状和土壤生物学性状两个方面。化学指标包括阳离子交换量、交换性酸、有机质、有效磷、速效钾、碱解氮、有效钙、有效镁、有效硼、有效锌、有效铜、有效铁、有效锰、有效硫和有效硅；生物学指标包括酶活性和微生物生物量碳（MBC）。化学指标和土壤酶活性（转化酶、过氧化氢酶、磷酸酶、脲酶、脱氢酶活性）用常规方法测定。土壤微生物生物量碳采用氯仿熏蒸－硫酸钾提取法测定－Shimadzu TOC自动分析仪测定。

7.1.2 结果与分析

7.1.2.1 土壤有机质、阳离子交换量及大量元素

由表7－1可知，土壤酸化后交换性酸含量显著增加，3组土壤之间交换性酸含量存在显著差异，pH值＜4.5土壤的平均交换性酸比pH值4.5～5.5的土壤高1.76cmol/kg。酸化后土壤有机质呈轻微增加，pH值＜4.5土壤的平均有机质含量分别比pH值4.5～5.5土壤和pH值5.5～6.5土壤高3.10和2.32g/kg，但3组土壤之间的差异不明显；土壤有机质的轻微增加可能与酸化后微生物活性下降、减少了有机质矿化有关。酸化后土壤CEC也有较为明显的下降，pH值＜4.5土壤比pH4.5～5.5土壤的CEC低1.79cmol/kg，其原因可能是酸化后部分黏土矿物发生了化学变化。酸化抑制了土壤微生物的活动，土壤微生物生物量碳随酸化呈先轻微增加后明显下降的变化特征，pH值＜4.5土壤的平均微生物生物量碳比pH值4.5～5.5土壤降低18.50mg/kg；同时，由于土壤微生物活性的降低，土壤碱解氮也趋向下降，pH值＜4.5土壤的平均碱解氮比pH值4.5～5.5土壤降低20.21mg/kg。土壤酸化对土壤有效磷和速效钾的影响较小，其原因可能是有效磷和速效钾同时受施肥的影响，后者掩盖了酸化的作用。

表7-1 土壤有机质、阳离子交换量及有效态大量元素

pH值分组土壤	交换性酸（cmol/kg）	有机质（g/kg）	CEC（cmol/kg）	微生物生物量碳（mg/kg）	有效磷（mg/kg）	速效钾（mg/kg）	碱解氮（mg/kg）
5.5～6.5（n=9）	0.78±0.24c	28.56±5.24a	11.47±1.25ab	51.24±5.66a	54.21±10.24a	124.65±21.46a	78.69±9.97a
4.5～5.5（n=12）	1.69±0.45b	29.34±4.33a	12.13±0.78a	59.36±7.23a	48.96±8.66a	132.11±19.32a	81.45±7.63a
<4.5（n=18）	3.45±0.93a	31.66±3.42a	10.34±1.33b	40.86±4.68b	52.43±11.43a	129.68±16.74a	61.24±7.21b

7.1.2.2 土壤中量元素和微量元素

酸化后，土壤有效态中量元素和微量元素也发生了较大的变化（表7－2）。随着土壤酸化的增加，有效钙、有效镁呈现明显的下降，pH＜4.5土壤的平均有效钙含量分别比pH4.5～5.5土壤和pH5.5～6.5土壤低238.17和94.89mg/kg，平均有效镁含量分别比

pH4.5~5.5土壤和pH5.5~6.5土壤低32.40和17.00mg/kg；土壤pH由5.5~6.5下降至4.5~5.5对有效硫、有效硅、有效硼含量的影响较小，但当土壤pH下降至4.5以下后，土壤有效硫、有效硅、有效硼明显下降，分别比pH4.5~5.5下降35.29%、25.98%、28.00%，表明土壤酸化加剧了土壤中钙、镁、硫和硼的淋失，减少了硅的溶解度。与以上元素变化不同，酸化后土壤有效铁、有效锰呈现显著的增加，其含量随pH的下降而增加，其原因是酸化促进了土壤中稳定态铁、锰向有效态铁、锰的转化。土壤有效锌和有效铜随酸化呈现先增加后减少的变化，当土壤pH由5.5~6.5下降至4.5~5.5时，土壤中有效锌和有效铜因溶解度增加而增加，但当土壤pH进一步下降至4.5后，因大量可溶态锌、铜淋失导致有效锌和有效铜显著下降。

表7-2　土壤有效态中量元素和微量元素

pH分组土壤	有效钙(mg/kg)	有效镁(mg/kg)	有效硫(mg/kg)	有效硅(mg/kg)	有效硼(mg/kg)	有效锌(mg/kg)	有效铜(mg/kg)	有效铁(mg/kg)	有效锰(mg/kg)
5.5~6.5（n=9）	575.42±43.21 a	78.65±13.24 a	27.65±4.33 a	121.43±13.52 a	0.27±0.07 a	1.48±0.32 b	2.42±0.44 b	135.13±32.14 b	38.45±8.74 b
4.5~5.5（n=12）	432.14±34.14 b	63.25±10.41 b	28.65±3.42 a	118.42±11.54 a	0.25±0.09 a	2.68±0.42 a	3.93±0.38 a	152.25±28.66 b	45.65±7.54 b
<4.5（n=18）	337.25±34.66 c	46.25±8.54 c	18.54±3.14 b	87.65±9.78 b	0.18±0.05 b	1.25±0.47 b	1.94±0.53 b	214.41±31.42 a	58.74±8.74 a

7.1.2.3　土壤酶活性

表7-3表明，土壤中过氧化氢酶、磷酸酶、脲酶和脱氢酶活性随土壤酸化呈现先增加而下降的变化方式，当土壤pH由5.5~6.5下降至4.5~5.5时，以上土壤酶活性有增加趋势，但当土壤pH进一步下降至4.5以下后，所有土壤酶活性均呈现下降，土壤转化酶、过氧化氢酶、磷酸酶、脲酶和脱氢酶活性，分别比pH4.5~5.5下降29.95%、22.40%、28.45%、29.42%和17.71%。降低的原因可能与酸化抑制了土壤微生物活性有关，而土壤微生物活性的下降减少了酶的释放。

表7-3　土壤酶活性

pH分组土壤	转化酶［葡萄糖mg/(g·d)］	过氧化氢酶(mL/g)	磷酸酶[mg/(g·d)]	脲酶[mg/(g·d)]	脱氢酶活性[mg/(g·d)]
5.5~6.5（n=9）	8.34±1.64a	1.68±0.32ab	1.87±0.42ab	5.35±0.31a	35.24±2.35a
4.5~5.5（n=12）	7.68±2.43a	1.83±0.27a	2.32±0.34a	5.71±0.29a	36.98±3.41a
<4.5（n=18）	5.38±1.21b	1.42±0.33b	1.66±0.31b	4.03±0.41b	30.43±2.68b

7.1.3　结论

研究结果表明，河谷平原农田长期植茶不仅导致了土壤酸化，而且明显改变了土壤化学和生物学性状，表现在耕层土壤有效钙、有效镁、有效硫、有效硅、有效硼均呈下降趋势，而有效铁、有效锰呈增加趋势。同时，土壤有效锌、有效铜和酶活性随酸化呈现先增加后减少的变化。土壤酸化还可轻微降低土壤CEC。

7.2 长期种植草莓水稻土质量的变化

草莓是一种营养价值和经济价值较高的水果，因其色、香、味俱佳，深受消费者青睐；浙江省草莓主要种植在水稻土上，主要栽培模式为一年一栽，在同一地块上连续种植2年以上地下病虫害逐年严重，草莓长势逐年变弱，表现为植株发育受阻，甚至植株死亡，果品质量逐年变劣，产量逐年下降。土壤是草莓根系生长的环境，是草莓养分的主要来源，为了解水稻土长期种植草莓后土壤性状的变化，以浙江省为例，调查了河谷平原和水网平原不同生产年份草莓生产基地土壤酸碱度、盐分、养分和微生物组成。

7.2.1 材料与方法

在广泛调查的基础上，在浙江省杭州、金华、台州、宁波等地选择不同种植年份的24个草莓生产地进行采样，按地貌类型（河谷平原与水网平原）和种植年限（3~5年、5~6年和7年以上）归组，并以周围长期种植水稻农田作为对照。在每一生产基地采集一个混合样，采样深度0~20cm，每一个土样由同一农田内相同采样深度的7个分样充分混合而成（采样方法为S形布点法）。采集土壤样品的分析内容包括pH、有机质、全氮、碱解氮、全磷、有效磷、全钾、速效钾和盐分，采用常规法测定。微生物丰度采用基质培养法鉴定。

7.2.2 结果与分析

7.2.2.1 土壤pH和盐分变化

表7-4结果表明，种植草莓后土壤pH下降，种植时间为4~6年的土壤pH低于种植时间为3~5年的土壤。但种植时间超过7年后，土壤pH略有上升，原因是草莓种植时间超过7年后，草莓出现严重的障碍，农户通过施用石灰氮等对土壤进行了改良，从而在一定程度上提高了土壤pH。长期种植草莓明显提高了土壤中可溶性盐分的积累，当种植时间超过7年后，可溶性盐分普遍高于1g/kg，可对草莓生长产生了影响。

表7-4 草莓种植年限对土壤性质和养分的影响（n=4）

地貌类型	种植年限（年）	pH 值	有机碳 (g/kg)	全磷 (g/kg)	速效磷 (mg/kg)	速效钾 (mg/kg)	全氮 (g/kg)	碱解氮 (mg/kg)	盐含量 (g/kg)
河谷平原	对照	5.78a	14.28a	0.65c	9.87c	84.26b	1.56b	96.87b	0.32c
	3～5	5.42ab	13.59ab	0.83b	35.69b	96.35b	1.63ab	113.24b	0.65b
	5～6	4.98b	13.18b	1.02ab	56.98a	86.53b	1.66ab	124.68a	0.78b
	>7	5.36ab	13.87ab	1.12a	63.55a	142.54a	1.76a	125.43a	1.33a
水网平原	对照	5.97a	20.36a	0.63c	10.25c	124.65c	2.14b	135.42c	0.53c
	3～5	5.53b	18.65ab	0.79bc	26.54bc	139.89c	2.22ab	155.69bc	0.87b
	5～6	5.34c	18.32b	0.98b	39.98b	155.67b	2.35a	163.54b	1.09b
	>7	5.73ab	18.22b	1.18a	53.69a	201.45a	2.29ab	184.24a	1.55a

7.2.2.2 土壤养分变化

水稻土上种植草莓后土壤有机碳和养分发生了改变，土壤有机碳普遍呈现下降，但其他养分均呈现明显的积累，其中，以全磷和有效磷的积累最为明显，全磷、有效磷、速效钾、全氮和碱解氮均呈现随种植时间的增加而增加。

7.2.2.3 土壤微生物组成变化

表7-5为采自同一地点不同种植年限草莓地土壤微生物组成的分析结果，地貌为河谷平原。结果表明，与对照土壤比较，种植草莓并没有降低土壤中的各类微生物，显现出草莓地土壤高于对照土壤。随着种植时间的增加，细菌丰度呈现略有下降的趋势，而真菌和放线菌却呈现明显的增加。但细菌/真菌和放线菌/真菌的比值均随种植时间的增加而明显下降，表明种植草莓的环境有利于真菌的生长，这可能是导致连作障碍的原因之一。

表7-5 草莓种植年限对土壤微生物组成的影响（河谷平原）

种植年限（年）	细菌 (10^6 CFU/g)	真菌 (10^3 CFU/g)	放线菌 (10^5 CFU/g)	细菌/真菌	放线菌/真菌
对照	2.11	3.22	8.46	655	263
2	2.64	5.48	9.12	481	166
5	2.43	10.67	10.42	278	98
9	2.34	13.77	9.74	170	71

第8章

水田改雷竹林后土壤发生学性质和土壤类型的演变

雷竹，又名早竹、早园竹，是春季最早出笋的优良食用竹笋，因壳薄肉厚，味道鲜美，并且有较高的营养价值，深受人们喜爱。雷竹成林快、出笋期早、产量高、经济效益好，广泛分布于我国亚热带地区。浙江省的杭州市临安区、安吉县、德清县、杭州市富阳区、宁波市奉化区和桐庐县等区县都有较大面积的种植。雷竹对土壤的要求与高产毛竹近似，适宜生长在微酸性、土体深厚、疏松、肥沃、排水良好而湿润且坡度平缓的土壤中及山麓平缓坡地或房前屋后平地土壤中，在河漫滩、半阳性缓坡地带的土壤中也能较好生长。近年来，随着人们生活水平的提高，对早期雷笋的需要量越来越大，不少丘陵地区把原先种植水稻的农田改种雷竹，使雷竹种植面积得到进一步的扩大。同时，为了使雷竹早产、高产及提高经济效益，人们采取了多种措施人为控制温度、水分和养分，浙江省的许多地区采用谷壳或稻草覆土，大量施用化学氮肥，以达到冬季保温增温，满足雷笋生长养分的需要。年复一年地进行谷壳或稻草覆土，持续、高量施用化学氮肥极大地改变了土壤物质组成与土壤性状，也造成了一定的环境问题。有研究已表明长期集约经营条件下，雷竹林土壤养分状况可发生极大的变化。由于采取了与水田完全不同的水分、养分、耕作管理，水田改雷竹林后其土壤剖面形态也发生了较大的变化，但至今有关水田改种雷竹后土壤发生学性质和土壤类型的演变尚缺乏专门研究。为此，本文选择了水田改雷竹林的年限系列土壤，探讨了水田改种雷竹后土壤发生学性质的演变特征。

8.1 材料与方法

在浙江省杭州市临安区于潜镇挖掘了水田改雷竹林不同年限的系列土壤剖面4个（表8-1），包括长期种植水稻的农田、水田改为雷竹林6年、12年和15年的农地。这些农地在改种雷竹前都属于发生学分类中的潴育型水稻土亚类、黄泥田土属，对应于系统分类的铁聚水耕人为土，剖面构型为Ap1（耕作层）-Ap2（犁底层）-Br（潴育层或水耕氧化还原层，出现深度在29 cm以下），它们分布相邻，地形（低丘缓坡）、成土母质（酸性岩坡积物）一致。土壤剖面观察与分层样品的采样在雷竹林地表移去谷壳覆盖物后进行。田间调查、剖面观察、分层土样的采集和土壤理化分析按中国土壤系统分类研究的相关要求进行。土壤颗粒组成采用比重计法测定，有机质用重铬酸钾氧化法测定；CEC采用乙酸铵交换法测定；交换性酸用中性KCl淋洗法测定；全量Fe、Mn用HF-$HClO_4$-HNO_3消化；游离态Fe、Mn用DCB（连二亚硫酸钠-柠檬酸钠-碳酸氢钠）法提取；无定形态Fe、Mn用草酸铵-草酸缓冲液（pH3.0~3.2）提取；络合态Fe、Mn用焦磷酸钠溶液提取。提取液中Fe用邻啡啰啉比色法测定；Mn用原子吸收法测定；分析结果表示为铁（Fe_2O_3）、锰（MnO_2）的氧化物。

表8-1 研究土壤剖面的基本情况

剖面号	利用方式	土层	土层描述
LA_1	长期水田	Ap1 0~16cm	灰棕色（7.5YR4/2，润），棕灰色（7.5YR5/1，干），块状结构，稍疏松，密集细根；结构面上有5%左右的铁锈状根孔；少量石英砂和砖块瓦片；容重为1.15 g/cm^3；清晰平滑边界
		Ap2 16~29cm	灰棕色（7.5YR4/2，润），棕灰色（7.5YR5/1，干），块状结构，较坚实，中量细根；结构面上有3%左右的铁锈状根孔；少量石英砂；容重为1.29g/cm^3；清晰平滑边界
		Br 29~67cm	亮橙色（7.5YR5/8，润），橙色（7.5YR6/8，干），大块状结构，坚实，少量细根；结构面上2%左右的褐色锰斑；夹杂较多的石英砂和母岩碎块；容重为1.39 g/cm^3；模糊波状边界
		C 67cm-	亮橙色（7.5YR5/8，润），橙色（7.5YR6/8，干），散块状结构，稍坚实，大量母岩碎块
LA_2	雷竹林（水改旱6年）	Ap1 0~18cm	灰黄棕色（10YR4/2，润），淡灰色（10YR5/1，干），碎块状结构，稍疏松，中量细根；结构面上残留1%左右的铁锈状根孔；较多的稻谷残物，少量石英砂和砖块瓦片；容重为1.12g/cm^3；渐变平滑边界
		Ap2 18~31cm	灰棕色（7.5YR4/2，润），棕灰色（7.5YR5/1，干），碎块状结构，稍疏松，大量细根；少量石英砂和砖块瓦片；容重为1.18 g/cm^3；清晰平滑边界
		Br 31~70cm	亮橙色（7.5YR5/8，润），橙色（7.5YR6/8，干），大块状结构，坚实，大量中、粗、细根；结构面上1%~2%的褐色锰斑，夹杂较多的石英砂和母岩碎块；容重为1.42g/cm^3；模糊波状边界
		C 70cm-	亮橙色（7.5YR5/8，润），橙色（7.5YR6/8，干），散块状结构，稍坚实，大量母岩碎块

（续表）

剖面号	利用方式	土层	土层描述
LA₃	雷竹林（水改旱12年）	Ap1 0～19cm	黑棕色（10YR2/3，润），黑棕色（10YR3/2，干），碎块状结构，稍疏松，中量细根；较多的稻谷残物，少量石英砂和砖块瓦片；容重为1.14 g/cm^3；渐变平滑边界
		Ap2 19～30cm	黑棕色（10YR3/1，润），灰色（10YR4/1，干），碎块状结构，稍疏松，有密集的中根与细根；少量石英砂、砖块瓦片；容重为1.20g/cm^3；清晰平滑边界
		Br 30～68cm	亮橙色（7.5YR5/8，润），橙色（7.5YR6/8，干），大块状结构，坚实，大量中、粗、细根；结构面上1%的褐色锰斑；夹杂较多的石英砂和母岩碎块，容重为1.38 g/cm^3；模糊波状边界
		C 68cm～	橙色（7.5YR6/8，润），橙色（7.5YR6/6，干），散块状结构，稍坚实，大量母岩碎块
LA₄	雷竹林（水改旱15年）	Ap1 0～21cm	黑棕色（10YR2/3，润），黑棕色（10YR3/2，干），碎块状结构，稍疏松，有多量细根；较多的稻谷残物，少量石英砂、砖块瓦片；容重为1.12g/cm^3；渐变平滑边界
		Ap2 21～31cm	黑棕色（10YR3/1，润），灰色（10YR4/1，干），碎块状结构，疏松，有密集的中根与细根；少量石英砂、砖块瓦片；容重为1.17g/cm^3；清晰平滑边界
		Br 31～69cm	橙色（7.5YR6/8，润），橙色（7.5YR6/6，干），大块状结构，坚实，大量中、粗、细根；结构面上1%～2%的褐色锰斑；夹杂较多的石英砂和母岩碎块；容重为1.43g/cm^3；模糊波状边界
		C 69cm～	橙色（7.5YR6/8，润），橙色（7.5YR6/6，干），散块状结构，稍坚实，大量母岩碎块

8.2 结果分析

8.2.1 土壤发生学性质的变化

8.2.1.1 剖面形态特征

水田改雷竹林后，随着种植年限的增加，耕作层和犁底层的颜色逐渐变暗、变深，0～30cm的土壤色值发生轻微变化，由7.5YR逐渐向10YR过渡（表8-1），其彩度（饱和度）值逐渐下降。而对于30cm以下的土层，土壤颜色变化不明显。同时，种植雷竹前的深翻使耕作层和犁底层的容重差异明显减少。对于长期种植水稻的农地，犁底层与耕作层的容重比值为1.12；而种植雷竹的土壤，犁底层与耕作层的容重比值在1.05左右。种植雷竹后耕作层和犁底层的铁锈状根孔的数量逐渐减少、消失。在种稻条件下，黄泥田的表层和犁底层均有明显的铁锈状根孔，数量占结构面的3%～5%，但种植雷竹13年后，已见不到这类根孔。这显然与铁锈状根孔主要形成于种植水稻环境下而种植雷竹的深耕（30～40cm）破坏了这类根孔有关。

8.2.1.2 土壤颗粒组成

由表8-2可知，各土壤剖面的砾石含量均有随深度增加而增加的趋势，而黏粒含量一般是淀积层（Br层，分布深度在30～70cm）较高，土壤颗粒主要以粉砂为主。水田改雷竹林后，土壤颗粒组成及其剖面垂直分布特点变化不明显。

表8-2 土壤颗粒组成

土壤剖面	采样深度（cm）	>2mm 砾石（g/kg）	颗粒组成（g/kg）		
			砂粒	粉粒	黏粒
LA_1	0～16	171	312	465	223
	16～29	135	276	483	241
	29～67	242	334	430	236
	67～	365	411	424	165
LA_2	0～18	196	342	421	237
	18～31	155	265	504	231
	31～70	223	376	380	244
	70～	423	432	425	143
LA_3	0～19	155	287	500	213
	19～30	142	288	479	233
	30～68	232	346	408	246
	68～	345	398	426	176
LA_4	0～21	165	278	506	216
	21～31	126	311	486	203
	31～69	236	343	428	229
	69～	344	397	416	187

8.2.1.3 土壤 pH 和 CEC

水田改雷竹林后，土壤pH和土壤盐基饱和度随种植年限发生明显的下降；同时，土壤交换性酸显著地增加，这种变化先由表层开始，然后逐渐向下发展（表8-3）。同时，表层土壤的CEC有逐渐增加的趋势。种植雷竹后土壤呈现酸化显然与长期高量施用化学氮肥有关，而表层土壤CEC的增加可能与有机碳积累有关。所有土层的黏粒CEC_7在24 cmol(+)/kg以上。

表8-3 土壤 pH、CEC 和交换性酸

土壤剖面	采样深度（cm）	pH 值	土壤 CEC_7（cmol/kg）	黏粒 CEC_7（cmol/kg）	交换性酸（cmol/kg）	交换性铝（cmol/kg）	铝饱和度（%）	盐基饱和度（%）
LA_1	0～16	6.03	8.22	36.86	0.87	0.72	8.76	89.42
	16～29	6.24	7.68	31.87	0.57	0.47	6.12	92.58
	29～67	5.96	7.11	30.13	1.35	1.28	18.00	81.01
	67～	5.77	6.34	38.42	1.76	1.71	26.97	72.24

（续表）

土壤剖面	采样深度（cm）	pH 值	土壤 CEC_7（cmol/kg）	黏粒 CEC_7（cmol/kg）	交换性酸（cmol/kg）	交换性铝（cmol/kg）	铝饱和度（%）	盐基饱和度（%）
LA_2	0～18	5.46	8.98	37.89	2.44	2.12	23.61	72.83
	18～31	5.67	8.12	35.15	1.57	1.34	16.50	80.67
	31～70	5.73	6.56	26.88	1.65	1.52	23.17	74.85
	70～	5.68	6.44	45.03	1.88	1.82	28.26	70.81
LA_3	0～19	4.65	10.32	48.45	6.87	6.42	62.21	33.43
	19～30	4.73	9.67	41.50	5.24	5.01	51.81	45.81
	30～68	4.66	7.98	32.44	6.01	5.87	73.56	24.69
	68～	5.13	7.65	43.47	5.78	5.72	74.77	24.44
LA_4	0～21	4.34	12.33	57.08	8.55	6.13	49.72	30.66
	21～31	4.43	10.08	49.66	7.79	5.68	56.35	22.72
	31～69	4.46	7.78	33.97	6.76	6.64	87.92	10.54
	69～	4.68	7.49	40.05	6.54	6.48	86.52	12.68

8.2.1.4 土壤氧化铁形态组成

在种植水稻条件下，土壤发生了强烈的氧化还原交替，土壤氧化铁逐渐向下发生迁移，因此，淀积层有明显的氧化铁、氧化锰积累，淀积层位置的土壤氧化铁、锰的全量和游离态含量明显地高于表层土壤（表8-4、表8-5）。水田改雷竹林对土壤氧化铁、锰的全量和游离态含量及其剖面垂直分布模式的影响不大，但显著地增加了土壤中络合态氧化铁的含量，而无定形氧化铁含量与氧化铁的活化度呈现先下降后又增加的变化。这种变化主要出现在表层土壤，对下层土壤的影响较小。在种植雷竹初期（6年），无定形氧化铁含量及氧化铁的活化度的下降可能与种植雷竹后土壤通气性增强，有利于无定形铁向晶态铁转化有关；而后期（12年后）的无定形氧化铁含量及氧化铁的活化度的重新上升可能与土壤有机质积累有关。土壤有机质的积累有利于无定形氧化铁的形成。

表8-4 土壤氧化铁形态组成

土壤剖面	采样深度（cm）	全铁（Fet）（g/kg）	游离铁（Fed）（g/kg）	无定形铁（Feo）（g/kg）	络合态铁（Fec）（g/kg）	铁游离度（Fed/Fet）（%）	铁活化度（Feo/Fed）（%）
LA_1	0～16	25.43	9.23	2.27	0.55	36.30	24.59
	16～29	23.54	8.43	2.45	0.23	35.81	29.06
	29～67	34.32	21.14	3.44	0.06	61.60	16.27
	67～	31.34	16.54	2.98	0.03	52.78	18.02
LA_2	0～18	26.33	8.66	1.89	0.87	32.89	21.82
	18～31	25.66	9.14	2.13	0.38	35.62	23.30
	31～70	35.44	20.88	3.22	0.05	58.92	15.42
	70～	30.24	14.66	3.12	0.04	48.48	21.28

（续表）

土壤剖面	采样深度（cm）	全铁（Fet）（g/kg）	游离铁（Fed）（g/kg）	无定形铁（Feo）（g/kg）	络合态铁（Fec）（g/kg）	铁游离度（Fed/Fet）（%）	铁活化度（Feo/Fed）（%）
LA_3	0～19	25.46	9.22	2.54	1.32	36.21	27.55
	19～30	26.33	8.79	2.32	0.65	33.38	26.39
	30～68	36.32	22.16	3.12	0.21	61.01	14.08
	68～	31.22	16.33	2.89	0.11	52.31	17.70
LA_4	0～21	24.88	9.12	3.02	1.46	36.66	33.11
	21～31	24.88	9.43	2.55	0.72	37.90	27.04
	31～69	35.44	23.18	3.43	0.24	65.41	14.80
	69～	30.58	17.03	2.56	0.12	55.69	15.03

表8-5　土壤氧化锰形态组成

土壤剖面	采样深度（cm）	全锰（Mnt）（mg/kg）	游离锰（Mnd）（mg/kg）	无定形锰（Mno）（mg/kg）	锰游离度（Mnd/Mnt）（%）	锰活化度（Mno/Mnd）（%）
LA_1	0～16	315	187	123	59.37	65.78
	16～29	367	213	134	58.04	62.91
	29～67	534	365	265	68.35	72.60
	67～	436	312	221	71.56	70.83
LA_2	0～18	288	165	122	57.29	73.94
	18～31	346	173	143	50.00	82.66
	31～70	487	343	246	70.43	71.72
	70～	433	298	201	68.82	67.45
LA_3	0～19	324	176	116	54.32	65.91
	19～30	357	208	143	58.26	68.75
	30～68	528	346	268	65.53	77.46
	68～	389	324	243	83.29	75.00
LA_4	0～21	323	213	109	65.94	51.17
	21～31	345	205	122	59.42	59.51
	31～69	489	349	236	71.37	67.62
	69～	416	287	211	68.99	73.52

8.2.1.5　土壤有机碳和养分的积累

由于在雷竹生产过程中每年冬季用厚度近30 cm的谷壳覆土，部分谷壳进入土壤成为土壤有机质的组成，每年凋落的雷竹叶等凋落物也向土壤提供了一定的有机物质，这大大促进了土壤有机碳的积累。表8-6结果表明，随着雷竹种植时间的增加，土壤有机碳（特别是表土层有机碳）呈现迅速的增加。同时，谷壳覆盖和化肥的高量施用（施肥量常超过3 000 kg/hm^2）促使土壤全氮、全磷、有效磷、速效钾迅速地增加。至雷竹种植时间12年以后，表层（30cm以内土层）的有效磷含量达到了35mg/kg以上。

表8-6 土壤有机碳和养分组成

土壤剖面	采样深度(cm)	全磷(g/kg)	有效磷(mg/kg)	速效钾(mg/kg)	有机C(g/kg)	全氮(g/kg)
LA_1	0～16	0.42	9.3	83	15.67	1.35
	16～29	0.38	4.6	65	11.88	0.93
	29～67	0.31	1.3	76	4.23	0.44
	67～	0.27	0.6	54	3.11	0.34
LA_2	0～18	0.61	22.6	96	19.77	1.59
	18～31	0.44	11.3	76	15.65	1.21
	31～70	0.30	4.5	65	4.33	0.43
	70～	0.31	2.1	61	3.01	0.32
LA_3	0～19	0.98	87.7	114	29.44	2.02
	19～30	0.67	37.8	89	20.66	1.21
	30～68	0.46	14.6	73	9.89	0.56
	C 68～	0.34	8.9	56	4.56	0.42
LA_4	0～21	1.22	132.5	109	32.44	2.33
	21～31	0.82	57.6	97	23.65	1.45
	31～69	0.59	23.4	79	10.78	0.73
	69～	0.41	12.3	88	5.66	0.43

8.2.2 土壤诊断层、诊断特性的变化

8.2.2.1 土壤水分状况的变化

研究的土壤剖面中，LA_1长期种植水稻，土壤水分状况属于人为滞水水分状况；水田改为雷竹林后（LA_2、LA_3和LA_4），土壤人为滞水水分状况不复存在。因这些土壤分布区为低丘缓坡，改种雷竹后土壤水分主要依靠降水补充，土壤水分状况逐渐向湿润水分状况（研究区降水量和蒸发量分别为1 500～1 600mm和800～1 000mm，气候属湿润）转变。田间调查时也表明，LA_1土壤剖面各层次主要为潮态和湿态，而LA_2、LA_3和LA_4等土壤剖面各层次主要为润态。

8.2.2.2 水耕表层的消失与肥熟现象的出现

水田改雷竹林后，水耕表层的特征逐渐退化、消失。种植雷竹后，人为滞水水分状况不再存在，取而代之的是湿润土壤水分状况；原先在水耕条件下形成的锈纹、锈斑（包括锈状根孔）逐渐破碎；犁底层也因深耕变得不明显。与此同时，表层（相当于原水耕表层）有机质和有效磷大量积累，至雷竹种植12年后，表层（30cm以内土层）的有效磷含量达到了35mg/kg以上。表层中可见因施用农家肥料（包括水稻种植时期）而带入

土壤中的砖块瓦片等侵入体。因此，这些土壤逐渐出现肥熟表层的某些性状与特点。但与种植长期种植蔬菜的农地不同，雷竹种植区土壤中并不多见蚯蚓粪，这可能与土壤酸性较强，不利于蚯蚓生长有关；因此，表层属性尚不能完全满足肥熟表层的诊断要求。

8.2.2.3　水耕氧化还原层特征的残留

水田改雷竹林后，水分条件发生了很大的变化。虽然水耕表层的特征可在较短时间内消失，但在改旱的15年内，水耕氧化还原层的形态特征并没有明显的变化，氧化铁、锰在淀积层的富集、土层中的某些铁锰新生体仍然可保留在土体中。

8.2.3　土壤类型的演变

根据中国土壤系统分类对土壤的检索要求及研究4个土壤的特点，可对研究的土壤作如下划分。剖面LA_1（长期种植水稻的土壤）无有机表层，具有水耕表层和水耕氧化还原层，并具有人为滞水水分状况，属于水耕人为土；但该土地下水埋藏较深，整个剖面土层无潜育特征，不见灰色铁渗亚层，水耕氧化还原层的游离氧化铁含量是表层的2.3左右（>1.5），属于铁聚水耕人为土；该土质地属壤土类、黏土矿物主要为高岭石和水云母，无变性现象、盐积现象和石灰反应，无漂白层和潜育特征，属于普通铁聚水耕人为土。

剖面LA_2（水田改种雷竹6年）无有机表层，水耕表层已不明显，人为滞水水分状况已逐渐转变为湿润水分状况，无灰化淀积层、火山灰特性、铁铝层、变性特征，无盐积层或碱积层、无潜育特征，无暗沃表层、均腐殖特性；土壤CEC较高，无低活性富铁层；无明显的黏化层；但该土具有良好发育的结构，土壤剖面层次分异明显，可归为雏形土土纲。因土壤水分状况属于湿润，温度状况属于热性，无铝质特性或铝质现象，但淀积层具有铁质特性（游离铁≥ 14 g/kg；铁游离度$\geq 40\%$），属于湿润雏形土亚纲、铁质湿润雏形土土类。因地表无明显水蚀、土壤色调为10YR，无暗沃表层，可归入普通铁质湿润雏形土亚类。

剖面LA_3和LA_4（水田改种雷竹分别为12和15年）无有机表层，水耕表层不明显，土壤水分状况属于湿润，表土中无明显的蚯蚓粪（没有符合肥熟表层的要求），但有机碳和有效磷很高，具有肥熟现象。该土壤无灰化淀积层、火山灰特性、铁铝层、变性特征，无盐积层或碱积层、无潜育特征，无暗沃表层、均腐殖特性，土壤CEC较高，无低活性富铁层，无明显的黏化层，但该土具有良好发育的结构，土壤剖面层次分异明显，可归为雏形土土纲。因土壤水分状况属于湿润，温度状况属于热性，土壤酸性较强，具有较高的交换性铝和铝饱和度，有铝质现象（铝质现象要满足的条件：第一，黏粒的$CEC_7 \geq 24$ cmol(+)/kg；第二，pH（KCl浸提）≤ 4.5，或铝饱和度$\geq 60\%$，或黏粒的KCl浸提Al≥ 12 cmol(+)/kg，或KCl浸提Al占黏粒CEC的$\geq 35\%$，剖面LA_3、

LA_4的30~68 cm、31~69 cm土层的CEC_7均≥24 cmol(+)/kg黏粒，铝饱和度≥60%（符合铝质现象的要求）和铁质特性（游离铁≥14 g/kg；铁游离度≥40%），属于湿润雏形土亚纲、铝质湿润雏形土土类。因地表无明显水蚀、无腐殖质特性，表土色调为10 YR，可归入黄色铝质湿润雏形土亚类。

8.3 结论

研究表明，水耕人为土（黄泥田）种植雷竹节后，人为滞水水分状况消失，逐渐向潮湿水分状况转变，土壤水分条件已不能满足水耕人为土的诊断要求。原先形成于水耕表层的铁锈状根孔逐渐减少，最后逐渐消失；该土层的土色逐渐变暗，络合态氧化铁有所增加。水耕氧化还原层（主要为潴育型）变化较小，土壤剖面中氧化铁全量与游离态含量及其分布影响不大；土壤中有机碳、全氮、全磷、有效磷明显积累；土壤趋向酸化。随着雷竹种植时间的增加，土壤类型也逐渐由普通简育水耕人为土向普通铁质湿润雏形土、最后向黄色铝质湿润雏形土演化。

第9章

水改旱对土壤碳库、形态及类型演变的影响

近30年来，因经济发展和产业结构调整，我国许多地区的水稻土不再种植水稻而改种蔬菜、苗木、瓜果等经济植物。土地利用方式的改变明显地影响农田水分管理、养分管理和耕作方式，从而引起土壤物质的循环、转化与迁移。水田改为旱地后，人为滞水条件不再存在，土体的氧化还原环境也随之发生变化，从而影响土壤有机碳的积累、土壤形态特征，最终将影响土壤类型的演变。

9.1 利用方式转变对水稻土活性有机碳及碳库管理指数的影响

土壤有机碳是陆地生态系统重要的碳库，对土壤物理、化学和生物学特性有着重要的作用，是评价土壤质量的重要指标；其控制着土壤养分的数量和有效性，同时也能有效地反映人为活动对土壤的影响。近年来的研究表明，土壤中的活性有机碳组分是土壤有机碳的主要组分，其直接参与土壤生物化学的转化过程，对于土壤有机碳短暂、微小的变化反应极其敏感。由于活性有机组分具有较高的活性和动态性，与土壤有机碳总量比较，活性有机碳组分更可能作为土壤质量变化的敏感指标，它们在养分循环和维持生态功能中发挥着更为重要的作用。因此，测定某些活性土壤有机碳组分的含量和分布特征对于表征因土地管理措施引起的土壤有机碳质量的改变具有更重要的意义。为了有效地评价外部因素对土壤碳库的影响，Lefroy等（1993）综合了土壤有机碳的总量与活性，首次提出了土壤碳库管理指数（CPMI）的概念，可有效地反映土壤中有机物质的转化速率，它是比土壤有机碳总量更能作为土壤质量变化的敏感指标。水稻土由于长期淹水，

具有较强的固碳能力，但长期改旱后水热环境发生变化，可引起土壤有机碳的平衡及组分的变化。本节对平原地区水田改旱引起的土地利用方式改变对土壤有机碳、活性有机碳及碳管理指数的分析，旨在揭示土地利用转变对水稻土质量的影响机理。

9.1.1 研究区自然概况与研究方法

9.1.1.1 研究区自然概况

研究区位于浙江省西北部，年平均气温在16.0~16.5℃，年降水量在1 100~1 300 mm。历史上，这一地区主要种植双季水稻；近30年来，已有大面积的水田改旱种植经济林（果树、苗木、桑树）、蔬菜；保留的水田中双季水稻与单季水稻－旱作并存。

9.1.1.2 典型样地调查

在研究区内选择3个代表性区块，研究水田改旱引起的土地利用方式改变对土壤有机碳及其活性组分的影响。选择的3个代表性区块分别位于富阳区、余杭区和萧山区，相对应的土壤类型（土种）分别为泥质田、青紫泥田和淡涂泥田，它们都属于水稻土。每一区块采集的水稻田和由水稻田改为的经济林（果树、苗木和桑树）及蔬菜地（包括露天蔬菜地和大棚蔬菜地）位置相近，落在同一土壤（土种）制图单元内，种植经济林和蔬菜的农地之前也为水田，它们之间的背景一致，具有可比性。每一区块各选择水田、经济林、露天蔬菜地和大棚蔬菜地4种利用方式，每一利用方式各设置5个重复样区（田块）。富阳、余杭和萧山样区的经济林分别为桑园、苗木地和果园，水田改旱时间均在15年以上；各地的露天蔬菜地和大棚蔬菜地的利用时间也都在15年以上。露天蔬菜地和大棚蔬菜地均施用化肥，基本上不施用有机肥；经济林以施用化肥为主，每年施用0~7 500 kg/hm^{2}不等的有机肥；长期植稻的水田近年来也以施化肥为主，同时每年有1/3~1/2的水稻秸秆还田。采用土钻法采集0~15 cm、15~30 cm、30~60 cm和60~90 cm分层土样，每一重复样区的土样由样区（田块）内的10个分样点相应深度土样混合而成。

9.1.1.3 分析方法

采集的土样经室温下风干研磨后，过18目土筛，取其中部分代表性土样进一步过60目土筛，供土壤有机碳和活性有机碳测定。选择文献报道的几种方法同时测定的活性有机碳组分，包括易氧化有机碳、颗粒态有机碳、轻组分有机碳、水溶性有机碳和微生物生物量碳。土壤有机碳用常规法测定；土壤中易氧化有机碳采用0.333 mol/L高锰酸钾氧化法测定；土壤中颗粒态有机碳是指粒径大于53 μm土壤颗粒中的有机碳，采用Cambardell和Elliott（1992）的方法分离测定；土壤中轻组分有机碳是介于新鲜作物残体和稳固态有机碳之间的一种过渡状态，利用一定密度的重液（本文采用密度为1.8 g/cm^3

的NaI溶液）分离测定（GREGORICH和ELLERT，1993）；土壤微生物生物量碳（MBC）采用氯仿熏蒸－硫酸钾提取法测定；提取液中可溶性总碳的含量用Shimadzu TOC自动分析仪测定。土壤水溶性有机碳采用去离子水浸提，采用水土比为5∶1，25℃下浸提30 min，高速离心后过0.45 μm滤膜抽滤，提取液中的有机碳采用TOC仪测定。

碳库管理指数（CPMI）能表征土壤管理措施引起土壤有机碳变化（沈宏和曹志洪，2000），能够反映不同利用方式对土壤品质影响的程度。土壤碳库管理指数的计算：碳库管理指数（CPMI）＝碳库指数（CPI）×碳库活度指数（AI）×100。其中：碳库指数（CPI）＝样品总碳含量（g/kg）/参考土壤总碳含量（g/kg）；碳库活度指数（AI）＝样品碳库活度（A）/参考土壤碳库活度；碳库活度（A）＝土壤活性有机碳含量（g/kg）/土壤非活性有机碳含量（g/kg）。总碳与活性碳的差值为非活性碳。本文中碳库管理指数计算中的活性有机碳是指易氧化有机碳。文中报道的结果为5个重复样区测定值的平均值。

9.1.2　结果分析

9.1.2.1　土壤有机碳全量的变化

图9－1为泥质田、青紫泥田和淡涂泥田等3种土壤由水田改为的经济林（桑树、苗木和果树）、露天蔬菜地和大棚蔬菜地后土壤有机碳的剖面分布情况。从中可知，研究土壤的有机碳含量均以表层最高，随采样深度呈下降趋势。青紫泥田的60~90 cm土层有机碳高于30~60 cm土层是因为该土壤在60~90 cm出现腐泥层（是母质堆积过程中形成的泥炭层）。水田改旱种植经济林、蔬菜地后，表层（0~15 cm）土壤有机碳明显下降，下降幅度由高至低为：大棚蔬菜地＞露天蔬菜地＞经济林地。种植经济林的泥质田、青紫泥田和淡涂泥田土壤有机碳分别下降了18.33%、24.16%和22.76%；种植露天蔬菜的3种土壤有机碳依次分别下降28.17%、30.39%和29.67%；种植大棚蔬菜的3种土壤有机碳依次分别下降32.42%、35.59%和35.65%。亚表层（15~30 cm）土壤有机碳也有轻微下降，种植经济林、露天蔬菜地、大棚蔬菜地后分别下降了9.93%~14.81%、11.26%~17.88%和15.40%~20.25%。水田改旱种植经济林、蔬菜地对下层土壤（包括30~60 cm和60~90 cm）的土壤有机碳影响不大，同一类别土壤的不同利用方式之间的30~60 cm和60~90 cm土层的有机碳基本相同。

9.1.2.2　表层土壤颗粒态和轻组分有机碳的变化

与长期种植水稻的水田比较，种植经济林地、露天蔬菜地、大棚蔬菜地后土壤颗粒态有机碳和轻组分有机碳均有不同程度的下降（表9－1），其中，经济林地分别下降了31.41%~37.09%和22.72%~25.70%，露天蔬菜地分别下降了45.78%~52.36%和39.50%~45.25%，大棚蔬菜地分别下降了55.44%~63.59%和45.92%~55.13%。总体上，土壤颗粒态有机碳的下降幅度大于轻组分有机碳。土壤颗粒态有机碳和轻组分有

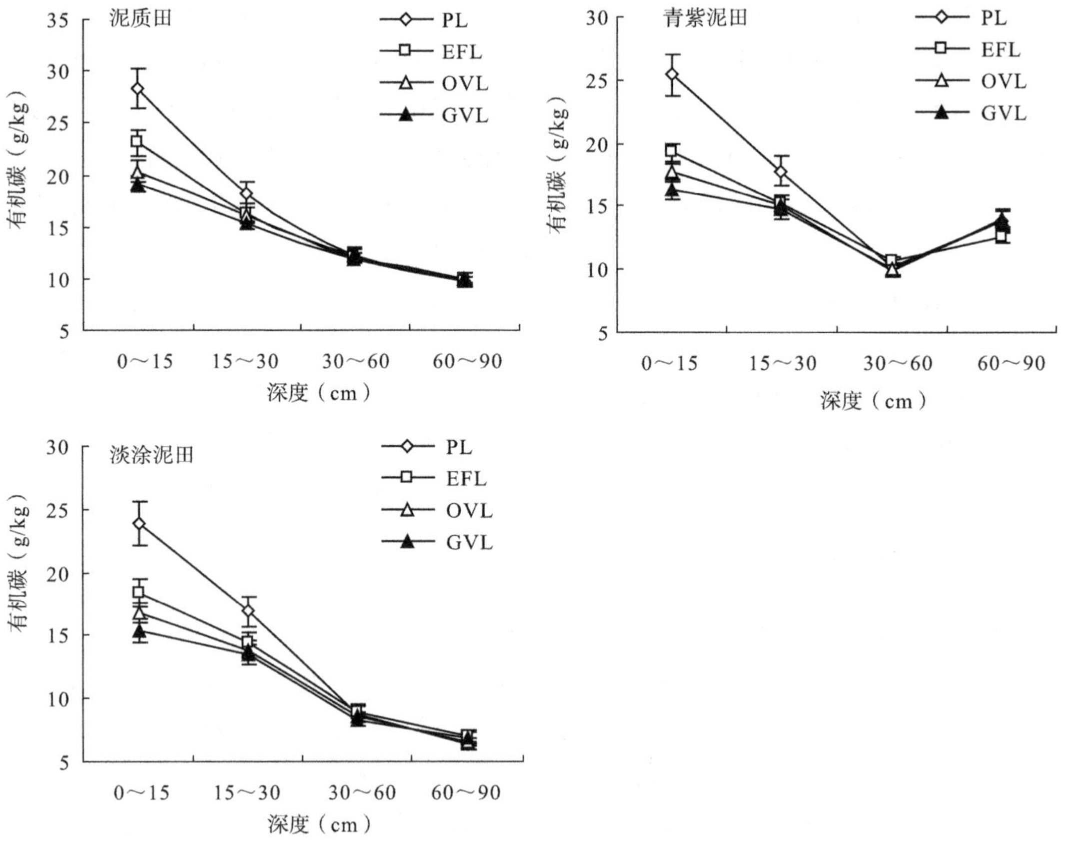

PL：水田；EFL：经济林地；OVL：露天蔬菜地；GVL：大棚蔬菜地

图9–1 水田改旱后对土壤有机碳剖面分布的影响

机碳在蔬菜地中的下降大于经济林地，大棚蔬菜地的下降量大于露天蔬菜地。

由表9-1结果还可知，改旱种植经济林、露天蔬菜地、大棚蔬菜地后土壤颗粒态有机碳和轻组分有机碳占总有机碳的比例也有明显的下降趋势，下降程度基本上与颗粒态有机碳和轻组分有机碳的变化趋势一致。土壤中颗粒态有机碳和轻组分有机碳占总有机碳的比例的明显下降说明了利用方式转变引起的土壤颗粒态有机碳和轻组分有机碳的变化大于土壤有机碳总量的变化。

表9–1 水田改旱后对土壤颗粒态和轻组分有机碳的影响

土壤类型	利用方式	颗粒态有机碳（g/kg）	颗粒态有机碳 / 总有机碳（%）	轻组分有机碳（g/kg）	轻组分有机碳 / 总有机碳（%）
泥质田	水田	13.38 a	47.24 a	10.61 a	37.45 a
	经济林地	9.18 b	39.68 b	8.20 b	35.45 a
	露天蔬菜地	6.37 c	31.34 c	5.81 c	28.56 b
	大棚蔬菜地	4.87 d	25.45 d	4.87 c	25.43 b

（续表）

土壤类型	利用方式	颗粒态有机碳（g/kg）	颗粒态有机碳／总有机碳（%）	轻组分有机碳（g/kg）	轻组分有机碳／总有机碳（%）
青紫泥田	水田	12.77 a	50.34 a	10.98 a	43.27 a
	经济林地	8.15 b	42.34 b	8.10 b	42.12 a
	露天蔬菜地	6.26 c	35.47 c	6.65 c	37.68 b
	大棚蔬菜地	5.55 c	33.98 c	5.94 c	36.34 b
淡涂泥田	水田	11.59 a	48.56 a	9.23 a	38.69 a
	经济林地	7.29 b	39.56 b	6.86 b	37.21 a
	露天蔬菜地	6.28 bc	37.45 b	5.58 bc	33.28 b
	大棚蔬菜地	5.16 c	33.58 c	4.81 c	31.28 b

注：表中相同土壤同一列中平均值后英文字母不同者差异明显（$P<0.05$）。

9.1.2.3　表层土壤水溶性和微生物生物量碳的变化

与颗粒态有机碳和轻组分有机碳的变化不同，水田改旱种植经济林后表层土壤水溶性有机碳并没有下降（表9-2），其中泥质田和淡涂泥田的经济林土壤的水溶性有机碳甚至高于水田，这可能与经济林因长期免耕，其水溶性碳较为稳定，而水田土壤因田间水流动频繁其水溶性有机碳存在流失现象有关。但水田改旱种植露天蔬菜和大棚蔬菜，因耕作频繁且缺少有机碳的补充，其表层土壤水溶性有机碳却呈现明显的下降，下降幅度大棚蔬菜地＞露天蔬菜地。种植大棚蔬菜的泥质田、青紫泥田和淡涂泥田土壤水溶性有机碳分别下降了39.29%、36.63%和20.08%。种植露天蔬菜的3种土壤水溶性有机碳分别下降了26.29%、19.76%和11.17%。总体上，水田改旱种蔬菜后表层土壤水溶性有机碳下降幅度与有机碳全量相似或小于有机碳全量的下降。

表9-2　水田改旱后对土壤水溶性、微生物生物量碳和易氧化有机碳的影响

土壤类型	利用方式	水溶性有机碳（mg/kg）	微生物生物量碳（mg/kg）	易氧化有机碳（g/kg）	易氧化有机碳／总有机碳（%）
泥质田	水田	25.45 a	523 a	5.44 a	19.21 a
	经济林地	27.87 a	513 a	3.83 b	16.56 b
	露天蔬菜地	18.76 b	324 b	2.75 c	13.54 c
	大棚蔬菜地	15.45 b	287 b	2.15 d	11.21 c
青紫泥田	水田	23.13 a	461 a	5.41 a	21.34 a
	经济林地	22.54 a	412 b	3.52 b	18.32 a
	露天蔬菜地	18.56 ab	342 c	2.57 c	14.54 b
	大棚蔬菜地	14.65 b	327 c	1.69 d	10.34 c

（续表）

土壤类型	利用方式	水溶性有机碳(mg/kg)	微生物生物量碳(mg/kg)	易氧化有机碳(g/kg)	易氧化有机碳/总有机碳(%)
淡涂泥田	水田	19.87 ab	476 a	5.86 a	24.54 a
	经济林地	24.87 a	433 b	3.46 b	18.76 b
	露天蔬菜地	17.65 bc	387 c	2.93 c	17.45 b
	大棚蔬菜地	15.88 c	325 d	2.12 c	13.76 c

注：表中相同土壤同一列中平均值后英文字母不同者差异明显($P<0.05$)。

水田改旱种植经济林后表层土壤微生物生物量碳有一定的下降，但下降幅度小于有机碳总量的下降，其中泥质田、青紫泥和淡涂泥田的经济林土壤微生物生物量碳比水田分别下降了1.91%、10.63%和9.90%。水田改旱种植露天蔬菜地和大棚蔬菜地后表层土壤微生物生物量碳却呈现明显的下降，下降量大棚蔬菜地＞露天蔬菜地；露天蔬菜地土壤微生物生物量碳下降幅度小于其对应的有机碳全量下降幅度；而大棚蔬菜地土壤微生物生物量碳下降幅度大于其对应的有机碳全量下降幅度。种植大棚蔬菜的泥质田、青紫泥田和淡涂泥田土壤水溶性有机碳分别下降了36.84%、25.81%和18.70%；种植露天蔬菜的3种土壤微生物生物量碳依次分别下降45.12%、29.07%和31.72%（表9-2）。

9.1.2.4 表层土壤易氧化有机碳和碳库管理指数的变化

水田改旱种植经济林、蔬菜地后，表层土壤易氧化有机碳明显下降，下降幅度由高至低为：大棚蔬菜地＞露天蔬菜地＞经济林地。其中，种植经济林的泥质田、青紫泥田和淡涂泥田土壤易氧化有机碳分别下降了29.60%、34.94%和40.96%；种植露天蔬菜的3种土壤易氧化有机碳依次分别下降了49.45%、52.50%和50.00%；种植大棚蔬菜的3种土壤易氧化有机碳依次分别下降了59.48%、68.76%和63.83%。从变化幅度来看，土壤易氧化有机碳的变化远高于土壤有机碳全量的变化，这一结果再次证明了土壤中易氧化态有机碳对土地利用的响应更为敏感（表9-2）。

随着土壤中易氧化有机碳的下降，水田改旱种植经济林、蔬菜地后土壤中易氧化有机碳占全碳的比例也呈现明显的下降，下降幅度略大于颗粒态有机碳和轻组分有机碳占总有机碳的比例的下降，表明土壤易氧化有机碳对土地利用的响应比颗粒态有机碳和轻组分有机碳更为敏感（表9-2）。

图9-2为计算获得的土壤碳库管理指数。与水田相比（碳库管理指数为100），水田改旱种植经济林、露天蔬菜地和大棚蔬菜地后，因表层土壤有机碳总量和土壤易氧化有机碳明显下降，导致了土壤碳库管理指数显著的下降。其中，种植经济林的泥质田、青紫泥田和淡涂泥田土壤碳库管理指数分别下降为68.2、62.7和54.8；种植露天蔬菜的3种土壤碳库管理指数依次分别下降为47.3、43.7和45.7；种植大棚蔬菜的3种土壤碳库管理指数依次分别下降为35.9、27.4和31.6。下降幅度由高至低为：大棚蔬菜地＞露天

蔬菜地＞经济林地。

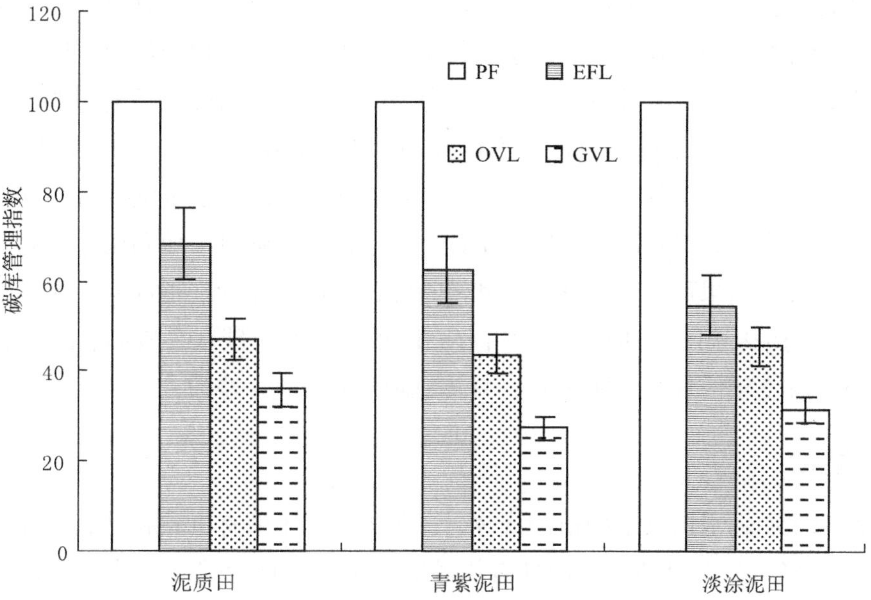

PL：水田；EF：经济林地；OVL：露天蔬菜地；GVL：大棚蔬菜地

图9–2　水田改旱对土壤碳库管理指数的影响

9.1.3　讨论

研究表明，水田改旱种植经济林、蔬菜后，表层土壤有机碳明显下降，活性有机碳（包括易氧化有机碳、颗粒态有机碳、轻组分有机碳、水溶性有机碳和微生物生物量碳）比长期种植水稻的水田也有不同程度降低，易氧化有机碳、颗粒态有机碳和轻组分有机碳占总有机碳的比例也有明显的下降趋势。造成这种现象的原因主要有：

（1）水田改旱种植经济林、蔬菜地后土壤淹水时间缩短，土壤通气性增加，增强了土壤中好气性微生物的数量，从而大大加速了土壤有机物质的分解。

（2）因水田中每年通过水稻根系和秸秆还田等方式对土壤补充有机物质，并通过腐殖化等作用把这些有机物质转化成了土壤有机碳，从而可增加或维持土壤中的碳含量；而改旱后特别是种植蔬菜后进入土壤的有机物质明显减少，因此，水田改旱后，补充给土壤的有机物质有所减少，影响了土壤有机碳的积累。

（3）经济林地多为免耕，其有机碳降解速率较低，因此，其土壤有机碳含量相对比蔬菜地高。其中，大棚蔬菜地土壤有机碳比露天蔬菜地低可能与冬季大棚蔬菜地土壤温度较高及因集约化程度高、耕作比露天蔬菜地更为频繁，有利于有机物质降解有关。蔬菜地土壤受人为扰动频繁，耕翻加大了土壤水分的散失，增加了土壤团聚体的破坏，减弱了土壤有机碳的稳定性，这也大大增强了土壤有机碳降解的可能性。

碳库管理指数是土壤管理措施引起土壤有机碳变化的指标，它是土壤有机碳变化系统的、敏感的检测方法，能够反映农作措施是土壤质量下降或更新的程度。从土壤碳库管理指数的计算公式可知，无论是土壤有机碳的下降还是土壤活性有机碳的下降均可导致土壤碳库管理指数的下降，因此，水田改旱后，土壤碳库管理指数因有机碳和活性有机碳的下降而逐渐下降，这表明水田改旱后若不采取有关措施（增施有机肥等）对土壤有机碳库的管理来讲是不可持续的。本研究的结果还表明，水田改旱后，易氧化有机碳、颗粒态有机碳、轻组分有机碳、水溶性有机碳和微生物生物量碳等活性有机碳指标的下降幅度明显大于有机碳总量，这再次证实了活性有机碳对土地利用方式的变化最为敏感。由图9-2的结果可知，青紫泥田和淡涂泥田土壤碳库管理指数的下降一般高于泥质田，这可能与泥质田（长期种植水稻的农田）的初始有机碳水平较高、改旱后活性有机碳相对下降程度较低有关（图9-1），具体机理还有待进一步研究。

9.1.4 结论

研究结果表明，水田改旱种植经济林、蔬菜可引起土壤有机碳和易氧化有机碳、颗粒态有机碳、轻组分有机碳、水溶性有机碳和微生物生物量碳等活性有机碳组分的迅速下降，其中易氧化有机碳、颗粒态有机碳和轻组分有机碳的下降幅度比土壤全碳更为明显，表明活性有机碳对利用方式转变的响应更为敏感。与长期种植水稻的水田土壤相比，大棚蔬菜地、露天蔬菜地和经济林地表层土壤有机碳分别下降了32.4%～35.7%、28.2%～30.4%和18.3%～24.2%；经济林地土壤颗粒态有机碳和轻组分有机碳分别下降了31.41%～37.09%和22.72%～25.70%；露天蔬菜地分别下降了45.78%～52.36%和39.50%～45.25%；大棚蔬菜地分别下降了55.44%～63.59%和45.92%～55.13%。土壤碳库管理指数在大棚蔬菜地中下降最快，其次为露天蔬菜地，经济林的下降相对较小。这可归于水改旱种植蔬菜后土壤水热条件更适合微生物活动，有机物料分解较快，同时因有机物质的补充不足，其碳库管理指数下降较快。研究表明，种植水稻有利于土壤碳库管理指数的保持和提高，这与淹水条件下，氧气缺乏，有机碳分解、转化相对较慢有关。

9.2 水田返旱地后铁、锰氧化物及其相关性状的变化

铁、锰氧化物是土壤中最常见的并在土壤中可显示出明显形态特征的氧化物，其在土壤诊断与分类中占有重要地位；它们具有较高的活性，易随环境条件变化而发生变化。不同水分条件和氧化还原条件，土壤中氧化铁、锰的形态有所差异。水改旱引起的水分条件变化可能最先会在铁、锰氧化物的组成方面发生变化。本节以长期种植

水稻的水耕人为土为对照，采集了水改旱种植蔬菜、苗木等作物后的系列土壤，研讨了水改旱对不同类型水耕人为土铁、锰氧化物的剖面分布、化学形态及相关剖面形态学特征的变化。

9.2.1　材料与方法

研究以第二次土壤普查的土壤图为基础，通过田间调查和走访当地农户，在浙江省范围内选择与构建了分属系统分类中的潜育、铁渗、铁聚和简育4类水耕人为土的水田与相应改旱地的对比土壤（表9-3）。每组对比土壤都落在同一制图单元（土种）内，分别在代表性区域挖掘标准剖面，观察剖面形态特征，并采集分层土样，分析土壤铁（锰）化学形态。分层土壤的铁锰氧化物相关形态观察内容包括鳝血斑（占水平向结构面的面积比例）、氧化锰斑（呈黑褐色，占垂直向结构面的面积比例）、氧化铁斑纹（呈黄色或黄棕色，占垂直向结构面的面积比例）和锈根孔隙数量（单位面积土壤水平截面中的数量）。田间采集的分层土样分为两部分，一部分采用常规方法带回实验室风干、分别过18目和60目土筛，用常规方法分析颗粒组成、有机质、pH、铁和锰的全量、游离态、无定形态、络合态；另一部分置于塑料袋中用冰块冷藏带回实验室，立即提取水溶性铁（锰），同时用烘干法测定含水率，校正分析结果。田间调查、剖面观察和分层土样的采集按中国土壤系统分类研究的相关要求进行。颗粒组成采样比重计法测定，有机质用重铬酸钾氧化法测定；全量Fe、Mn用$HF-HClO_4-HNO_3$消化；游离态Fe、Mn用DCB（即连二亚硫酸钠－柠檬酸钠－碳酸氢钠）法提取；无定形态Fe、Mn用草酸铵－草酸缓冲液（pH3.0~3.2）提取；络合态Fe、Mn用焦磷酸钠溶液提取；水溶性Fe、Mn用去离子水提取（水土比约为25∶1）。提取液中Fe用邻啡啰啉比色法测定；Mn用原子吸收法测定；分析结果表示为铁（Fe_2O_3）、锰（MnO_2）的氧化物。田间调查在晚稻收获后（12月至1月间）进行。种植苗木的土壤已无明显的犁底层（Ap2），但为了方便比较，在相应深度土层定名上仍称其为Ap2层。

表9-3　研究土壤剖面的基本情况

剖面系列	地点	剖面号	利用方式	母质	地形	海拔（m）	灌溉状况	改旱前土壤类型	
								土壤系统分类	土壤发生分类
SQ1	龙泉市	SQ1-R	长期水田	洪冲积物	山垅	250	灌溉	普通潜育水耕人为土	烂浸田，潜育型水稻土
		SQ1-	改种苗木9年				基本不灌溉		
SQ2	柯桥区	SQ2-R	长期水田	湖沼相沉积物	水网平原	4.5	灌溉	底潜铁渗水耕人为土	青紫泥田，脱潜型水稻土
		SQ2-V	改蔬菜地16年				偶然灌溉		
		SQ2-N	改种苗木11年				基本不灌溉		

（续表）

剖面系列	地点	剖面号	利用方式	母质	地形	海拔（m）	灌溉状况	改旱前土壤类型	
								土壤系统分类	土壤发生分类
SQ3	柯桥区	SQ3-R	长期水田	河海相沉积物	水网平原	5	灌溉	普通铁聚水耕人为土	黄斑田，潴育型水稻土
		SQ3-V	改蔬菜地18年				偶然灌溉		
		SQ3-N	改苗木地13年				基本不灌溉		
SQ4	柯桥区	SQ4-R	长期水田	浅海沉积物	滨海平原	4	灌溉	普通简育水耕人为土	淡涂泥田，渗育型水稻土
		SQ4-V	改蔬菜地21年				偶然灌溉		
		SQ4-N	改种苗木15年				基本不灌溉		

田间调查表明，种植水稻农田在水稻生长期间进行人为的灌溉与排水管理；施用化肥以满足水稻生产的需要。种植苗木基本不灌溉，采用排水沟排除降雨的地表径流；同时，施用少量化肥和农家肥，其肥料用量比水田少。种植蔬菜农田一般情况下不灌溉，在干旱季节偶然浇水以满足蔬菜生长的需要，其化肥用量高于水稻农田。

9.2.2 结果分析

9.2.2.1 基本理化性质

由表9-4可知，长期种植蔬菜和苗木对土壤颗粒组成影响不明显，不同土地利用方式之间的细土的颗粒组成虽有波动，但其黏粒、粉砂和砂粒含量的分布基本相似。这是因为土壤颗粒组成主要决定于成土母质，利用方式的改变在短时间内对之影响不大。表9-4结果表明，稻田转变为蔬菜或苗木地后，水耕表层的有机质含量有降低的趋势，同时，相应土层的土壤CEC也呈现下降。改旱后土壤pH呈降低趋势，并以表土层的下降较为明显，其中以SQ1样区（龙泉）的变化最为明显。

表9-4 土壤基本理化性质

剖面号	深度（cm）	颗粒组成（g/kg）			有机质（g/kg）	pH值	CEC（cmol/kg）
		黏粒	粉砂	砂粒			
SQ1-R	Ap1 0～17	201	398	401	37.89	5.87	11.23
	Ap2 17～24	252	384	364	31.44	5.73	12.54
	G1 24～39	238	365	397	27.88	5.65	11.45
	G2 39～60	223	398	379	14.54	5.48	9.89
SQ1-N	Ap1 0～18	232	379	389	32.67	4.76	9.76
	Ap2 18～32	248	392	360	27.65	5.13	10.43
	G1 32～43	254	385	361	22.67	5.34	9.87
	G2 43～60	232	378	390	13.23	5.33	9.21

（续表）

剖面号	深度（cm）	颗粒组成 (g/kg)			有机质 (g/kg)	pH 值	CEC (cmol/kg)
		黏粒	粉砂	砂粒			
SQ2-R	Ap1 0 ~ 15	453	363	184	36.74	6.17	23.64
	Ap2 15 ~ 29	461	358	181	28.73	6.56	21.22
	Br 29 ~ 57	455	394	151	23.14	6.84	19.64
	G 57 ~ 100	487	376	137	41.66	6.96	25.34
SQ2-V	Ap1 0 ~ 16	442	378	180	32.43	6.02	21.76
	Ap2 16 ~ 32	471	359	170	26.28	6.43	20.34
	Br 32 ~ 66	468	409	123	22.76	6.78	20.24
	G 66 ~ 100	445	399	156	42.38	6.94	24.77
SQ2-N	Ap1 0 ~ 17	437	388	175	31.48	5.87	21.45
	Ap2 17 ~ 31	428	376	196	29.55	6.23	21.11
	Br 31 ~ 71	434	412	154	22.87	6.65	20.13
	G 71 ~ 100	456	399	145	39.87	6.73	24.76
SQ3-R	Ap1 0 ~ 15	314	387	299	34.72	6.06	22.44
	Ap2 15 ~ 27	326	403	271	31.62	6.53	23.63
	Br1 27 ~ 40	353	387	260	14.43	6.43	20.66
	Br2 40 ~ 72	342	466	192	10.32	6.51	20.13
	C 72 ~ 100	276	532	192	6.78	6.73	18.74
SQ3-V	Ap1 0 ~ 16	322	408	270	30.21	5.89	21.13
	Ap2 16 ~ 26	331	416	253	29.45	6.31	22.76
	Br1 26 ~ 41	348	376	276	15.23	6.37	20.12
	Br2 41 ~ 73	337	459	204	10.09	6.55	21.33
	C 73 ~ 100	298	557	145	7.22	6.68	19.43
SQ3-N	Ap1 0 ~ 15	324	392	286	31.22	5.54	20.54
	Ap2 15 ~ 30	318	412	270	30.28	6.13	22.49
	Br1 30 ~ 43	368	423	209	13.66	6.24	21.13
	Br2 43 ~ 74	376	424	200	11.43	6.53	20.67
	C 74 ~ 100	298	516	186	5.88	6.67	17.89
SQ4-R	Ap1 0 ~ 16	223	483	294	17.64	8.13	14.16
	Ap2 16 ~ 27	234	479	287	10.34	8.24	13.68
	Br1 27 ~ 46	219	496	285	8.65	8.58	11.77
	Br2 46 ~ 100	227	508	265	6.32	8.73	12.63
SQ4-V	Ap1 0 ~ 17	219	498	283	16.32	8.09	12.48
	Ap2 17 ~ 29	217	499	284	10.03	8.12	12.76
	Br1 29 ~ 49	228	512	260	6.78	8.59	11.87
	Br2 49 ~ 100	199	521	280	6.65	8.78	11.32

（续表）

剖面号	深度（cm）	颗粒组成（g/kg）			有机质（g/kg）	pH 值	CEC（cmol/kg）
		黏粒	粉砂	砂粒			
SQ4-N	Ap1 0～18	232	494	274	17.12	8.01	13.43
	Ap2 18～32	219	512	269	11.54	8.21	13.02
	Br1 32～48	234	511	255	8.98	8.46	10.87
	Br2 48～100	233	532	235	6.02	8.77	12.05

图9-3可知，水田改旱种植蔬菜、苗木后，冬季地下水位有一定的下降。地下水位的下降可能与缺乏灌溉水补充有关。

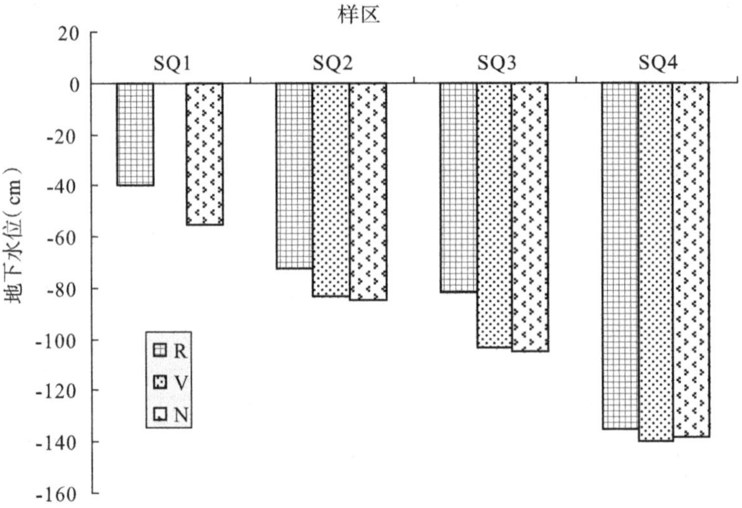

R：水田；V：蔬菜地；N：苗木地

图9-3　水改旱后土壤冬季地下水位的变化

9.2.2.2　土壤剖面中铁、锰相关形态特征

（1）铁锈根孔。由于水稻根系可分泌氧气，因此，在淹水条件下水稻根系表面常常可形成氧化铁胶膜，当根系死亡后可残留铁锈根孔。田间观察表明（表9-5），长期种植水稻的土壤中有较高的铁锈根孔，由于水稻根系主要集中在Ap1层，随深度而减少，因此根锈一般也是集中分布在Ap1层，向下逐渐减少。以铁聚水耕人为土最多，而简育水耕人为土最少。种植蔬菜或苗木后，由于缺乏形成铁锈根孔的条件，而反复的耕作破坏了这些在水耕条件下形成的铁锈根孔，使其逐渐减少，最后甚至消失。

（2）鳝血斑。“鳝血斑”是水耕人为土由淹水向排水变化过程中亚铁被氧化淀积形成于水耕表层孔隙或土块裂面的棕红色的氧化铁有机物络合物，是水耕人为土熟化的标志。研究的4类水耕人为土中，只有铁聚水耕人为土（SQ3）的Ap1和Ap2层（水耕表层）和铁渗水耕人为土（SQ2）的Ap1层存在鳝血斑。由表9-5可知，种植蔬菜或苗木后，反复的耕作使这些在水耕条件下形成的鳝血斑逐渐减少，最后甚至消失，种植苗木后仍保留少量鳝血斑，可能与该地仍然存在季节性地表积水有关。其中，铁聚水耕人为土长期种植蔬菜后，Ap1层和Ap2层的鳝血斑完全消失；种植苗木后，Ap2层的鳝血斑完全消失，而Ap1层仍保留少量的鳝血斑，减少比例为68%。对于铁渗水耕人为土，无论是种植蔬菜还是种植苗木，Ap1层和Ap2层的鳝血斑均完全消失。

表9-5　各土层中铁锈根孔的数量（条 /100cm^2）

剖面系列	土层	水田	蔬菜	苗木	剖面系列	土层	水田	蔬菜	苗木
SQ1	Ap1	73	/	11	SQ3	Ap1	132	8	4
	Ap2	39	/	8		Ap2	65	13	6
	G1	0	/	0		Br1	24	12	9
	G2	0	/	0		Br2	17	10	5
SQ2	Ap1	63	7	3	SQ4	Ap1	28	0	2
	Ap2	39	9	7		Ap2	19	4	0
	Br	15	4	0		Br1	11	0	0
	G	0	0	0		Br2	5	0	0

（3）铁锰斑纹。铁锰斑纹是土壤氧化还原交替作用的产物，一般是土壤氧化还原频率越高其数量越多。在种植水稻条件下，由于季节性的灌溉与排水，在土壤结构面上常可形成不同数量的铁锰斑纹。由表9-6可知，各类土壤剖面中氧化铁、锰的新生体数量及分布有较大的差异。氧化铁斑纹以铁聚水耕人为土最高，其Br层（氧化还原层）中的氧化铁斑纹占结构面的40%左右；其次为铁渗水耕人为土，其Br层（铁渗淋亚层）的氧化铁斑纹占结构面的8.5%左右，但其G层（潜育层）无明显的氧化铁淀积；简育水耕人为土中的氧化铁斑纹较少，也以Br层为较高，其氧化铁斑纹约占结构面的7%～10%；潜育水耕人为土只有Ap1和Ap2层有少量氧化铁斑纹分布，分别占结构面的8.5%和3%。种植蔬菜或苗木后，Ap1和Ap2层的结构面上氧化铁斑纹数量明显地减少甚至消失；而水耕氧化还原层（Br）因仍然存在氧化还原交替的环境且其基本上不受耕作影响，结构面上氧化铁斑纹数量变化较小，部分呈现轻微减少，而铁渗水耕人为土的Br层和潜育水耕人为土的G1层的氧化铁斑纹数量略有增加，这可能与种植蔬菜或苗木后地下水位下降，原还原性较强的土层的氧化条件改善，亚铁被氧化淀积有关。土壤剖面中的锰斑的数量很少，一般见于水耕氧化还原层，种植蔬菜或苗木后，相应土层中锰斑的变化不明显。

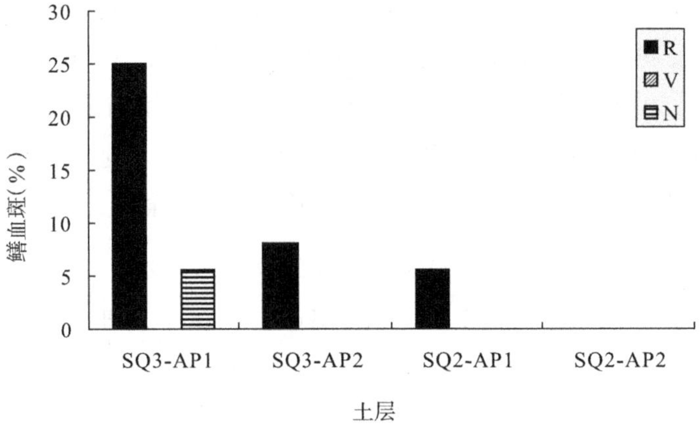

R：水田；V：蔬菜地；N：苗木地

图9-4　水改旱后土壤中鳝血斑的变化

表9-6　各土层中铁、锰新生体的数量（%）

剖面系列	土层	水田		蔬菜		苗木		剖面系列	土层	水田		蔬菜		苗木	
		铁斑纹	锰斑	铁斑纹	锰斑	铁斑纹	锰斑			铁斑纹	锰斑	铁斑纹	锰斑	铁斑纹	锰斑
SQ1	Ap1	8.5	0	/	/	3	0	SQ3	Ap1	20	0	5	0	3	0
	Ap2	3	0	/	/	5	0		Ap2	10.5	0	5	0	2	0
	G1	0	0	/	/	2	0		Br1	37.5	2.5	35	3	25	2
	G2	0	0	/	/	0	0		Br2	45	6.5	38	5	40	6
									C	15	1.5	15	3	18	2
SQ2	Ap1	8	0	2	0	0	0	SQ4	Ap1	5	0	0	0	0	0
	Ap2	5.5	0	3	0	0	0		Ap2	2	0	0	0	0	0
	Br	8.5	0	10	0	10	0		Br1	10	3.5	8	3	12	2
	G	0	0	0	0	0	0		Br2	7.5	3.5	8	5	6	3

9.2.2.3　土壤剖面中铁、锰的化学组成

（1）土壤铁、锰全量和游离氧化物。表9-7至表9-10为4类土壤中各形态氧化铁、锰含量及其改种蔬菜和苗木后的变化。结果表明，虽然不同水耕人为土之间的氧化铁含量有较大的差异，但对于同一类型相同深度的土层，土壤中全铁、游离铁的含量差异很小，水田种植蔬菜或苗木后没有显示出明显的变化趋势，表明水田长期改种蔬菜或苗木后对土壤全铁和游离铁的影响并不明显。

而全锰与游离锰的变化与铁氧化物有所差异，水耕表层位置中，蔬菜地、苗木地的全锰与游离锰含量一般都高于对应的水田（而其剖面下部的锰却相反，低于相应的水田）。究其原因是：锰是比较容易迁移的元素，但当水田改种蔬菜和苗木后，由于水耕表层缺少还原环境，锰的垂直迁移明显变弱，而仍为水田的土壤中锰仍然可发生不断的还原迁移，向下迁移，这导致了水田表层土壤中锰较低而下层土壤中锰较高的现象。另外，土壤中锰一般是由上至下增加的分布趋势也证明了水田环境中土壤锰的垂直迁移是非常明显的。

表9-7　潜育水耕人为土铁、锰氧化物组成

剖面号	土层	氧化铁						氧化锰				
		Fet (g/kg)	Fed (g/kg)	Feo (g/kg)	Feo/Fed (%)	Fec (g/kg)	Few (mg/kg)	Mnt (mg/kg)	Mnd (mg/kg)	Mno (mg/kg)	Mnc (mg/kg)	Mnw (mg/kg)
SQ1-R	Ap1	31.12	11.12	7.76	69.78	1.21	9.76	243	108	98	49	11.2
	Ap2	29.73	10.21	7.13	69.83	1.11	13.65	287	132	114	37	13.4
	G1	27.68	10.06	8.21	81.61	2.03	32.66	343	176	132	28	16.7
	G2	26.83	9.89	8.43	85.24	1.76	8.56	391	194	152	44	19.9
SQ1-N	Ap1	30.78	10.76	5.43	50.46	0.44	1.56	263	113	65	36	3.23
	Ap2	31.44	10.89	5.32	48.85	0.36	3.68	294	142	89	24	2.65
	G1	28.34	9.78	7.32	74.85	1.56	6.54	321	166	112	26	8.76
	G2	27.13	10.23	6.57	64.22	1.32	8.21	410	213	145	42	16.8

注：表中Fet、Fed、Feo、Fec、Few分别指全铁、游离铁、无定形铁、络合态铁和水溶态铁；Mnt、Mnd、Mno、Mnc、Mnw分别指全锰、游离锰、无定形锰、络合态锰和水溶态锰（表9-8、表9-9、表9-10相同）。

表9-8　铁渗水耕人为土铁、锰氧化物组成

剖面号	土层	氧化铁						氧化锰				
		Fet (g/kg)	Fed (g/kg)	Feo (g/kg)	Feo/Fed (%)	Fec (g/kg)	Few (mg/kg)	Mnt (mg/kg)	Mnd (mg/kg)	Mno (mg/kg)	Mnc (mg/kg)	Mnw (mg/kg)
SQ2-R	Ap1	52.13	21.74	10.63	48.90	0.57	7.23	462	142	78	29	8.34
	Ap2	50.67	20.69	7.54	36.44	0.36	5.48	487	178	83	14	6.87
	Br	47.29	17.44	3.64	20.87	0.14	2.23	387	146	81	17	4.38
	G	41.28	14.77	7.83	53.01	0.36	15.77	576	312	132	53	13.2
SQ2-V	Ap1	50.88	20.87	6.87	32.92	0.38	1.43	483	155	52	18	3.44
	Ap2	51.32	21.43	4.76	22.21	0.21	0	511	184	48	12	2.43
	Br	48.67	17.68	3.13	17.70	0.13	0	412	154	61	13	3.66
	G	42.34	14.23	6.54	45.96	0.29	7.65	558	298	121	45	6.45
SQ2-N	Ap1	51.78	22.43	7.32	32.63	0.35	2.34	477	163	63	19	4.23
	Ap2	51.67	19.89	6.68	33.58	0.28	1.32	503	198	68	11	2.65
	Br	48.43	18.34	3.76	20.50	0.11	0	399	165	59	13	1.65
	G	42.13	13.76	6.89	50.07	0.23	6.57	568	322	112	47	9.76

表9-9　铁聚水耕人为土铁、锰氧化物组成

剖面号	土层	氧化铁						氧化锰				
		Fet (g/kg)	Fed (g/kg)	Feo (g/kg)	Feo/Fed (%)	Fec (g/kg)	Few (mg/kg)	Mnt (mg/kg)	Mnd (mg/kg)	Mno (mg/kg)	Mnc (mg/kg)	Mnw (mg/kg)
SQ3-R	Ap1	45.23	18.13	9.11	50.25	0.77	4.21	421	211	156	44	6.22
	Ap2	43.17	17.69	5.23	29.56	0.34	3.43	587	253	164	25	4.87
	Br1	61.21	30.63	2.14	6.99	0.14	1.23	964	442	231	12	2.54
	Br2	65.28	33.54	2.03	6.05	0.11	0	1 297	634	324	18	1.89
	C	44.87	17.64	2.23	12.64	0.072	2.23	765	312	208	11	4.33
SQ3-V	Ap1	43.28	17.98	7.12	39.60	0.45	1.04	454	231	121	32	2.43
	Ap2	45.12	18.12	4.86	26.82	0.21	0	628	265	132	18	0
	Br1	60.27	31.13	1.75	5.62	0.11	0	974	458	218	13	0
	Br2	66.03	34.26	1.89	5.52	0.13	0	1 267	635	289	16	0
	C	43.89	17.09	2.01	11.76	0.068	1.12	795	332	211	12	2.13
SQ3-N	Ap1	45.89	18.76	6.54	34.86	0.52	1.43	433	243	129	38	1.48
	Ap2	44.11	18.03	3.27	18.14	0.18	1.06	612	273	148	16	0
	Br1	60.68	31.12	1.88	6.04	0.13	0	988	465	189	10	0
	Br2	66.02	32.65	1.97	6.03	0.12	0	1 211	621	287	13	1.12
	C	43.28	18.23	2.43	13.33	0.088	1.45	723	309	223	12	2.47

（2）土壤铁、锰的无定形和络合态氧化物。由表9-7至表9-10可知，水田改种蔬菜和苗木后，4类土壤中无定形氧化铁、锰，络合态氧化铁、锰都呈现下降的趋势，下降幅度随土壤剖面深度的增加而下降。潜育水耕人为土、铁渗水耕人为土的下降幅度高于铁聚水耕人为土和简育水耕人为土；络合态氧化物的变化大于无定形氧化物的变化。其中，水田改种蔬菜和苗木后，Ap1层和Ap2层无定形氧化铁的下降幅度分别为21.84%～35.37%和7.07%～36.87%，平均分别下降29.29%和22.01%；无定形氧化锰平均分别下降22.96%和24.03%，下降幅度分别为14.88%～33.67%和9.76%～42.17%。

Ap1层和Ap2层络合氧化铁的下降幅度分别为20.59%～63.64%和17.86%～67.57%，它们的平均下降量分别为36.67%和35.32%；络合氧化锰下降幅度略小，分别为13.64%～61.29%和14.29%～36.00%，其平均下降量分别为35.25%和27.67%。水耕氧化还原层及以下土层中，无定形氧化铁平均下降16.51%，无定形氧化锰平均下降14.51%；络合氧化铁平均下降6.74%，络合氧化锰平均下降8.79%。

相应的，土壤氧化铁的活化度也呈现明显的下降，下降幅度也由土壤剖面上至下变小。与水田相比，水耕表层的相对下降幅度分别为9.28%～39.05%，平均为26.44%；水耕氧化还原层及以下土层平均下降17.06%。

（3）土壤水溶态铁、锰。土壤水溶态铁、锰是活性很高的氧化物，主要为还原态铁、锰，其容易变化。水田改种蔬菜和苗木后，4类水耕人为土中水溶态铁、锰都呈现显著地下降或消失（表9－7至表9－10）。下降幅度基本上在50%以上，多数接近100%；水溶性铁、锰的平均下降幅度分别为78.15%和69.48%；下降幅度铁略高于锰。

表9-10　简育水耕人为土铁、锰氧化物组成

剖面号	土层	氧化铁						氧化锰				
		Fet (g/kg)	Fed (g/kg)	Feo (g/kg)	Feo/Fed (%)	Fec (g/kg)	Few (mg/kg)	Mnt (mg/kg)	Mnd (mg/kg)	Mno (mg/kg)	Mnc (mg/kg)	Mnw (mg/kg)
SQ4-R	Ap1	38.76	18.64	7.12	38.20	0.34	2.12	823	324	121	31	3.24
	Ap2	39.83	18.13	5.08	28.02	0.28	1.43	874	365	148	17	1.63
	Br1	37.54	17.54	7.69	43.84	0.11	0	1 024	728	314	8	2.33
	Br2	38.43	17.11	8.23	48.10	0.13	3.44	984	396	225	9	3.24
SQ4-V	Ap1	39.54	19.13	5.42	28.33	0.27	0	912	354	103	12	0
	Ap2	38.79	18.98	4.23	22.29	0.23	0	932	388	125	11	0
	Br1	38.11	16.89	4.36	25.81	0.1	0	997	768	254	6	0
	Br2	36.57	18.21	5.23	28.72	0.12	1.28	978	387	187	8	1.23
SQ4-N	Ap1	37.87	17.98	4.66	25.92	0.25	0	908	364	97	17	0
	Ap2	37.94	18.65	4.11	22.04	0.22	0	917	397	87	13	0
	Br1	38.23	18.23	4.78	26.22	0.13	0	978	748	213	7	0
	Br2	37.68	18.68	5.49	29.39	0.14	0	986	369	154	11	1.76

9.2.3　讨论

9.2.3.1　土壤中铁锰新生体的变化

水田改旱种植蔬菜、苗木等最显著的成土条件变化是耕作方式和水分条件。在种植水稻的情况下，土壤水分状况属于人为滞水土壤水分状况，存在明显的季节性灌溉－排水引起的水分变化，由于缓透水犁底层的存在，耕作层有一定时间被灌溉水饱和，此时土壤处于还原状况；在水稻生长后期，因水稻生长的需要，进行人为排水，土壤处于氧化状态。因此，水稻生长环境下，水耕人为土存在周期性的氧化还原交替，容易形成较多的氧化铁、锰新生体。同时，其上生长的水稻因特殊的生理过程，其根系可分泌出氧气，在还原条件下，水稻根系周围可形成明显的氧化铁膜物质。种植水稻时，对农田的耕作主要限于耕作层（Ap1），耕作本身可压实犁底层（Ap1），但其对下部土壤的搅动较小，也就是说犁底层（Ap1）以下的土层不会因耕作导致新生体的明显变化。而耕作层中在水耕条件下被破坏的氧化铁斑纹可因灌溉、排水，干湿交替得以重新恢复。但一旦改旱种植蔬菜、苗木等经济作物后，其水分条件发生了明显的变化，土壤水分主要受气

候与地形的影响，地下水位下降，上层（特别是水耕表层）基本上处于氧化环境下，失去了形成铁锰斑纹的环境条件（氧化还原交替）。同时，种植蔬菜，特别是种植苗木需要较厚的耕作层以增加排水性，反复的耕作促使在水耕环境下形成的氧化铁斑纹破坏、变小，最后与整个土体混合，逐渐变得不明显；最终，水耕表层中的氧化还原特征也因耕作而不断破坏、消失。

研究的4个土壤中，SQ1分布在山垅，SQ2、SQ3和SQ4分别分布在滨海平原和水网平原，它们均有地下水的活动。改旱后，由于缺少了人为的灌溉，水耕表层水分条件发生了明显的变化。同时，人为灌溉水的减少也降低了地下水埋深，这种下降可导致水耕氧化还原层的上半部分土体季节性变旱，产生季节性的裂隙，原在水耕条件下形成的结构体发生一定的变化，结构体上的氧化铁斑纹也受到一定的破坏（氧化铁斑纹轻微减少）。但对于水耕氧化还原层的下半部分，由于受人为灌溉和耕作的影响相对较小，其氧化还原特征基本上可以得到保留。水改旱对土壤剖面上下层水分状况的影响差异可能是水改旱对土壤性状的影响由上至下变弱的原因之一。

水田改旱种植蔬菜和苗木后，耕作层土壤水分有所下降，通气性增加，促进了无定形氧化物的脱水向晶态氧化物的转变，铁、锰氧化物的活性也就逐渐减弱。由于蔬菜、苗木种植时，上层土壤多处于氧化条件，土壤中的铁、锰主要以高价态存在，上层土壤中的铁、锰不易被还原迁移，因此，铁、锰在蔬菜和苗木地中的垂直迁移明显比水田中弱。

9.2.3.2 土壤中有机质和 pH 的变化

土壤有机质是土壤固相中较为活跃的部分，它处于不断分解和不断合成的动态平衡状态中。各种影响土壤环境的有机物质的输入与输出及影响土壤有机质分解与合成的因素都将改变土壤有机质的状况。水田改旱种植蔬菜和苗木后，耕作层土壤水分有所下降，氧化还原电位的提高，增加了土壤有机质的矿化势，促使土壤有机质的分解。文献中也有较多有关旱地土壤有机质含量低于水田的报道（师刚强等，2008；韩书成等，2007；陈旭晖，2001）。

改旱后土壤pH呈降低趋势，并以表土层的下降最为明显，这与文献的报道一致（李艾芬等，2010）。水田土壤中含有较多 Fe^{2+}、Mn^{2+} 等还原性物质，它们对酸有缓冲作用，可减免土壤的酸化。在田间条件下，酸性水稻土和碱性水稻土在灌水后pH向中性靠拢。但当稻田排水种植旱作后，土壤中大量亚铁离子氧化，释放出氢离子，使土壤变酸。在4个采样区中，改旱后土壤pH降低以SQ1样区（龙泉）的最为明显，与该区为潜育型水耕人为土，改旱后其还原性物质变化最为明显有关。而SQ4样区的pH变化较小，与这一样区的土壤起源于浅海沉积物，其含有碳酸钙，可缓冲酸度的变化有关。

9.2.4　结论

水耕人为土返旱种植蔬菜、苗木后，人为滞水水分状况消失，土壤冬季地下水位下降。原先形成的水耕表层的氧化铁、锰新生体（如锈纹、锈斑、鳝血斑等）逐渐破碎、变小，最后逐渐消失；土壤剖面铁、锰新生体的变化明显大于化学组成的变化，水耕表层的变化明显大于水耕氧化还原层的变化，铁、锰无定形氧化物和络合态氧化物的变化明显大于其游离氧化物和全量的变化。土壤氧化铁、锰的活化度减小，无定形铁、铁的活化度、络合态铁和水溶性铁显著下降，氧化铁也因缺水逐渐向晶态转变。但土壤剖面中氧化铁全量与游离氧化铁含量变化不明显。

9.3　黄斑田（铁聚水耕人为土）返旱后土壤发生学性质的变化

黄斑田（属发生分类的潴育水稻土，系统分类的铁聚水耕人为土）是浙江省水网平原地区的代表性水耕人为土，主要分布在杭嘉湖平原、宁绍平原和温黄平原的地势稍高处，一般海拔在3~4m，其起源于河相或河海相沉积物。该土壤上部为浅灰色土层，30~50cm以下土体中有铁锰斑纹密集的色泽鲜黄的斑块，俗称为古黄斑，经^{14}C断代，其年龄多在6000年以上。该土壤的形成是草甸化和水耕熟化过程共同作用的结果。在地下水较浅和草甸植被下，进行腐殖质分解与积累以及季节性的氧化还原交替；后经过长期植稻水耕熟化等人为因素的作用，促进了土壤物质循环和加速了氧化还原作用的频繁交替，形成了剖面上下分异非常明显的土体。因所处地势稍高、排水良好、质地适中、供肥能力强，是水网平原重要的旱涝保收良田。历史上，该类土壤的种植制度为麦－稻－稻和油－稻－稻。20世纪80年代以来，出于经济效益考虑，较大面积的这类水田改为旱作，种植蔬菜、苗木、瓜果等粮食作物和经济果木。为了了解长期旱作是否会引起这类具有悠久水稻种植历史、剖面具有明显分异特征的水耕人为土发生学性质的变化，在浙江省构建了一组水改旱系列土壤，对比研究了改旱后土壤性质的变化。

9.3.1　材料与方法

研究在浙江省台州市所属的临海市杜桥镇建立了水改旱系列土壤剖面，共由3类不同土地利用历史的土壤构成（表9-11），包括长期种植水稻的农地、水田改旱种植果树（橘园）7年和25年的农地。这些农地在改旱前都属于黄斑田（属系统分类的铁聚水耕人为土），剖面构型为A1（耕作层）-A2（犁底层）-Br（潴育层，出现深度在30cm以下），其分布相邻，地形（水网平原）、成土母质（河海相沉积物）一致。每一类农地各设置3个重复平行剖面，进行观察与采样，各相距10m，3个重复剖面构成等边三角形。为了便于比较，在土层划分上作了一些技术处理，对某些发生层次进行了细分，使相互比较的剖面层次采样深度尽可能一致。田间调查、剖面观察、分层土样的采集和土壤理化分析按中国土壤系统分类研究的相关要求进行。

表9-11　研究土壤剖面的基本情况

剖面号	利用方式	土壤类型（发生分类）
LH_1	长期水田	黄斑田
LH_2	果园（水改旱7年）	改旱前为黄斑田
LH_3	果园（水改旱25年）	改旱前为黄斑田

9.3.2　结果分析

9.3.2.1　土壤水分的变化

研究的土壤剖面中，LH_1长期种植水稻，土壤水分状况属于人为滞水水分状况；水田改为旱作后（LH_2和LH_3），土壤人为滞水水分状况不再存在，因研究区为水网平原，改旱后土壤水分状况逐渐向潮湿水分状况转变。田间调查时观察也表明，LH_1地下水位平均约95 cm，而LH_2和LH_3分别为120 cm和130 cm，地下水位随着水改旱时间的增加而下降。水改旱后，表层土壤的含水量状况发生变化：采样观察时，LH_2和LH_3的0~30 cm土壤呈润态，30 cm以下土壤为潮态或湿态，而的LH_1全剖面土壤全为潮态或湿态，表明改旱后表层土壤的水分逐渐下降。

9.3.2.2　土壤颗粒组成、容重和坚实度

由表9-12可知，水改旱农地与长期种植水稻的农地之间土壤颗粒组成及其剖面垂直分布特点较为相似，这表明在研究的时间尺度内，水改旱不会引起土壤质地的明显变化。3类土壤的剖面上下黏粒含量差异均明显，在土壤剖面30 cm以下有明显的黏化层（黏化率在1.2以上）。剖面中黏粒含量的差异（即耕层下降，心土层增加）与这些土壤都经历过长期水耕作用有关，水耕作用促进了黏粒的淋淀作用，从耕层沿孔隙随水分下渗移向剖面中部，同时水耕过程的灌溉水串灌也可引起耕层黏粒流失。

表9-12　土壤颗粒组成、容重、颜色和坚实度

土壤剖面	采样深度（cm）	颗粒组成（g/kg）			容重（g/cm^3）	颜色（润土）	紧实度（kg/cm^2）
		砂粒	粉粒	黏粒			
LH_1	0~16	366±13	380±13	254±11	1.17±0.05	2.5Y5/2	1.42±0.34
	16~29	347±14	365±14	288±12	1.34±0.07	2.5Y6/2	3.43±0.96
	29~45	297±10	336±14	367±14	1.46±0.04	10YR7/5	2.96±0.67
	45~70	288±12	298±12	414±13	1.44±0.02	10YR7/4	4.78±1.33
	70~100	265±11	348±14	387±13	1.52±0.03	10YR7/4	4.66±1.04
	100~125	278±11	347±12	375±12	1.49±0.03	2.5Y7/3	3.13±0.78

（续表）

土壤剖面	采样深度（cm）	颗粒组成（g/kg）			容重（g/cm³）	颜色（润土）	紧实度（kg/cm²）
		砂粒	粉粒	黏粒			
LH_2	0 ~ 15	355±13	369±15	276±13	1.28±0.04	2.5Y6/3	3.68±0.56
	15 ~ 30	320±14	395±11	285±11	1.36±0.03	2.5Y6/3	5.67±0.84
	30 ~ 45	307±12	314±12	379±15	1.51±0.05	2.5Y7/6	5.45±1.11
	45 ~ 70	289±11	308±10	403±13	1.50±0.03	10YR7/4	6.18±1.21
	70 ~ 100	278±10	299±9	423±12	1.49±0.02	10YR7/4	5.49±0.76
	100 ~ 125	256±9	388±13	356±11	1.50±0.02	2.5Y7/3	3.82±0.54
LH_3	0 ~ 15	334±13	373±14	293±11	1.33±0.04	2.5Y7/4	6.68±1.32
	15 ~ 30	358±13	356±13	286±12	1.40±0.03	2.5Y7/3	7.93±1.28
	30 ~ 45	289±12	355±15	356±14	1.53±0.03	2.5Y 7/6	7.14±0.84
	45 ~ 70	273±10	316±11	411±12	1.52±0.02	10YR7/4	10.66±1.32
	70 ~ 100	295±11	274±11	431±13	1.54±0.01	10YR7/4	7.78±1.12
	100 ~ 125	336±10	288±8	376±12	1.50±0.02	2.5Y7/4	4.13±0.65

水改旱后，表层（0~15 cm）土壤容重明显地增加，且改旱时间越长容重增加越明显；而30 cm以下土层的土壤容重变化不大。水改旱后土壤坚实度发生了明显的变化，全土层土壤的坚实度都有一定的增加；改旱时间越长，增加越明显。水改旱后土壤坚实度的增加可能与土壤水分变化和氧化铁形态发生变化有关。改旱后，土壤水分减少，土粒之间因土壤水分的降低发生收缩，这一过程可促使氧化铁对其他矿物质的胶结，形成较为坚实的结构体。潴育层因是水耕人为土的氧化铁淀积层，水改旱后其硬化特别明显。

9.3.2.3　土壤 pH、CEC 和有机碳

水改旱后，土壤pH略有下降，以表层土壤尤为明显，这可能与改旱后垂直淋洗增强有关（表9-13）。水改旱后，表层土壤有机质均发生明显的下降，底层土壤也有轻微的下降，这可能与改旱后土壤通气性增强、促进有机物质的分解有关。水改旱后土壤表层的CEC因有机质的下降而呈现轻微下降，但表层以下土壤的CEC变化不明显。用XRD对30~45 cm深度范围内的土层的胶体（＜0.002 mm）进行了黏粒矿物的定性分析，结果表明，它们的黏土矿物组成相似，均以水云母为主，其次为绿泥石和高岭石，剖面之间无明显的差异。

表9-13 土壤pH值、CEC和有机碳

土壤剖面	采样深度（cm）	pH值	CEC（cmol/kg）	有机碳（g/kg）
LH_1	0~16	6.31±0.04	15.43±1.03	21.13±2.21
	16~29	6.78±0.03	16.77±1.21	12.11±1.06
	29~45	7.04±0.05	19.54±1.38	9.66±1.01
	45~70	6.92±0.04	22.66±2.11	5.27±0.43
	70~100	6.88±0.03	21.78±2.65	5.33±0.54
	100~125	7.13±0.04	20.44±1.54	4.23±0.38
LH_2	0~15	6.13±0.06	14.62±0.87	17.64±1.13
	15~30	6.57±0.05	13.47±0.87	11.65±1.02
	30~45	6.91±0.04	18.53±1.32	8.27±0.76
	45~70	7.03±0.06	23.46±1.76	6.12±0.58
	70~100	6.96±0.05	22.17±1.68	5.43±0.43
	100~125	7.09±0.05	22.66±1.93	3.27±0.32
LH_3	0~15	6.03±0.05	15.14±0.73	13.22±1.03
	15~30	6.55±0.06	14.67±0.68	7.65±0.76
	30~45	6.73±0.04	19.78±1.02	7.13±0.45
	45~70	6.96±0.05	22.46±1.54	5.46±0.38
	70~100	7.13±0.07	21.34±1.88	5.13±0.42
	100~125	7.11±0.04	21.48±1.65	3.42±0.22

9.3.2.4 土壤颜色和形态特征

水改旱后，土壤色值保持基本不变或仅发生轻微变化，但表土的彩度（饱和度）却发生了一定的改变，土壤颜色呈现逐渐变淡的趋势，灰度减弱（表9-12）。水改旱引起土壤颜色的轻微变化可能是土壤有机质下降及氧化铁化学形态变化共同的结果。

水改旱可引起土壤结构体类型和大小的变化。水改旱后0~15 cm土壤的结构体逐渐由团块状、团粒状结构向块状转变，结构体大小也由LH_1的5~10 mm转变为LH_2和LH_3的20~50 mm和＞50 mm；15~30 cm土壤虽然同为块状结构，但水改旱后块状结构的大小明显增加，分别由LH_1的20~50 mm转变为LH_2和LH_3的＞100 mm；30 cm以下土壤均为棱柱状结构，但结构体的大小也由LH_1的＞100 mm转变为LH_2和LH_3的＞150 mm和＞200 mm。

水改旱也促进了土壤中裂隙的形成。调查发现，虽然研究土壤中可见的裂隙均在3~5 mm，但改旱后裂隙的数量有所增加。对于0~15 cm的土壤，裂隙密度平均由LH_1的2.4条/dm^2转变为LH_2和LH_3的5.3和11.3条/dm^2；对于15~30 cm的土壤，裂隙密度平均由LH_1的0条/dm^2转变为LH_2和LH_3的3.6和5.6条/dm^2。裂隙的增加可能与改旱后干湿交替强度增加有关。

水改旱也改变了表层土壤中鳝血斑和根孔状锈纹的形状和数量。在种稻条件下，黄斑田的表层和犁底层均有明显的鳝血斑和根孔状锈纹，前者呈斑块状分布在结构体表面，后者呈垂直状分布于结构体表面和结构体内。观察表明，对于长期种植水稻的农地（LH_1），表层土壤的鳝血斑大小多在10~30mm，平均约占结构面的34.5%；改旱后，LH_2和LH_3鳝血斑大小分别减小至2~6mm和<2mm，占结构体表面的数量也分别下降至6.3%和4.6%。研究土壤的表土层和犁底层根孔状锈纹的宽度均在0.5~2mm，但改旱根孔状锈纹的数量明显地减少：LH_1中表土层和犁底层根孔状锈纹的平均密度分别为173和67条/dm^2，LH_2中表土层和犁底层根孔状锈纹的平均密度分别为34和13条/dm^2，LH_3中表土层和犁底层根孔状锈纹的平均密度分别为11和5条/dm^2。对于没有改旱的土壤（LH_1），犁底层以下的根孔有明显的连续性；而改旱后，由于缺乏鳝血斑和根孔状锈纹形成的环境，且耕作过程导致鳝血斑和根孔状锈纹的连续破碎及其与土壤基质的混合，逐渐变得不明显。

水改旱后，除犁底层土壤结构体表面的氧化铁斑纹、氧化锰黑斑数量有明显的下降外，原潴育层位置的这些新生体变化较小（表9-14），这可能与原潴育层位置基本不受耕作的影响、改旱后水分变化相对较小且原先形成的氧化铁斑纹和氧化锰黑斑相对较为稳定有关。

表9-14　改旱对犁底层与潴育层土壤新生体的影响

土壤剖面	采样深度（cm）	氧化铁斑纹（占结构面%）	氧化锰黑斑（占结构面%）
LH_1	16~29	10.3±1.5	2.3±0.5
	29~45	27.6±4.2	5.6±0.6
	45~70	53.4±6.3	9.2±1.1
	70~100	38.6±3.4	20.4±2.3
	100~125	35.7±4.2	5.2±1.4
LH_2	15~30	8.4±1.4	1.5±0.3
	30~45	25.3±3.4	4.2±0.6
	45~70	49.6±6.3	7.6±1.2
	70~100	39.4±3.8	17.6±2.2
	100~125	36.2±3.7	6.1±1.3
LH_3	15~30	6.2±1.2	1.3±0.4
	30~45	26.1±3.6	6.2±1.1
	45~70	50.3±5.8	7.7±0.8
	70~100	37.1±3.2	16.2±2.1
	100~125	32.1±3.1	4.3±1.2

9.3.2.5 土壤氧化铁形态

种植水稻条件下，土壤发生强烈的氧化还原过程，水耕人为土氧化铁逐渐向下发生迁移，黄斑层位置的土壤氧化铁全量和游离态含量明显地高于表层土壤（表9－15）。结果表明，水改旱对土壤氧化铁全量和游离态含量及其剖面垂直分布模式的影响不大，但水改旱显著地降低了土壤中无定形氧化铁的含量，同时土壤铁的活化度也明显低于长期种植水稻的农地。

表9-15 水改旱对土壤氧化铁形态的影响

土壤剖面	采样深度（cm）	全铁（Fet）（g/kg）	游离铁（Fed）（g/kg）	无定形铁（Feo）（g/kg）	铁游离度（Fed/Fet）（%）	铁活化度（Feo/Fed）（%）
LH_1	0～16	43.2	15.2	8.63	34.76	57.45
	16～29	49.6	21.4	5.22	42.56	25.43
	29～45	71.8	25.3	1.79	36.23	7.13
	45～70	72.4	29.6	1.04	41.13	4.12
	70～100	77.6	27.7	0.68	34.77	3.65
	100～125	61.7	20.8	1.48	32.56	6.87
LH_2	0～15	44.6	17.8	5.43	38.76	31.23
	15～30	50.4	19.4	3.66	39.11	17.86
	30～45	68.9	26.3	1.27	37.68	5.23
	45～70	73.4	31.4	1.13	41.43	3.87
	70～100	75.2	26.3	0.46	35.12	1.89
	100～125	59.8	21.2	1.11	34.88	5.87
LH_3	0～15	42.7	18.4	3.27	42.77	18.67
	15～30	51.1	18.7	3.14	36.12	17.43
	30～45	64.9	24.6	0.78	38.67	3.42
	45～70	75.3	30.2	0.66	39.32	2.32
	70～100	76.8	32.3	0.38	41.34	1.32
	100～125	65.5	22.8	0.84	35.12	3.87

9.3.3 结论

研究表明，黄斑田返旱后，人为滞水水分状况消失，逐渐向潮湿水分状况转变，土壤水分条件已不能满足水耕人为土的诊断要求。原先形成于水耕表层的氧化铁新生体（如锈纹、锈斑、鳝血斑等）发生逐渐破碎、不连续、变小，最后逐渐消失；该土层的土色逐渐变浅，氧化铁的活化度明显减小。水耕氧化还原层（主要为潴育型）发生硬化，促使大柱状结构和大块状结构的形成；氧化铁也逐渐向晶态转变；但返旱对土壤剖面中氧化铁全量与游离态含量及其分布影响不大，对原潴育层位置的新生体类型和数量影响不明显。

9.4 丘陵地区水耕人为土返旱后土壤发生学性质的变化

近年来，有关土地利用方式或种植方式的改变对土壤（包括水耕人为土）养分的影响已做了较多的研究，但有关长期旱作是否会引起水耕人为土发生学性质的变化和土壤类型的改变还少有研究。本节以浙江省衢州市和丽水市丘陵区为例，研讨了长期水改旱对丘陵地区土壤发生学性质的影响，并应用中国土壤系统分类的诊断分类方法对水改旱后土壤类型的变化进行了初步探讨。

9.4.1 材料与方法

研究在浙江省衢州市和丽水市分别建立了水改旱系列土壤剖面，共采集8个土壤剖面（表9-16）。其中，在衢州市衢江区选采了4个土壤剖面，包括长期种植水稻的农田、水田改旱种植旱作（主要种植大豆、蔬菜、番薯等）13年和30年的农田，这些农田在改旱前都属于Q_2红土母质上形成的黄筋泥田（属于系统分类中的简育水耕人为土和发生分类中的淹育型水稻土），其分布相邻，地形（低丘）、成土母质（Q_2红土）一致。另在周围选择一个相同母质发育并一直旱作（没有种植水稻的历史）的黄筋泥（属系统分类中的湿润富铁土和发生分类中的红壤亚类）作为比较。这些土壤的聚铁网纹层出现在102～113 cm。

在丽水市遂昌县也采集了4个土壤剖面，包括长期种植水稻的农田、水田改旱种植旱作（种植油菜、蔬菜、番薯等）11年和23年的农田，这些农田在改旱前都属于洪积物母质上形成的洪积泥砂田（属于系统分类中的铁聚水耕人为土和发生分类中的潴育型水稻土），其分布相邻，地形（洪冲积平原）、成土母质（洪积物）一致。另在周围选择一个相同母质发育并一直旱作（没有种植水稻的历史）的洪积泥砂土（属系统分类中的潮湿雏形土和发生分类中的灰潮土）作为比较。为了便于比较，在土层划分上作了一些技术处理，对某些发生层次进行了细分，使相互比较的剖面层次采样深度尽可能一致。在衢江区采集的系列剖面中，0～15 cm（或0～14 cm）深度相当水田和旱地土壤的耕作层，15～25 cm（或14～25 cm）深度相当于水田土壤的犁底层和旱地土壤的B层上部；25～50 cm和50～100 cm相当于水田土壤的母质层（母土）和旱地土壤的B层主要部分。在遂昌县采集的系列剖面中，0～16 cm（或0～15 cm）深度相当水田和旱地土壤的耕作层，15～23 cm（或16～27 cm）深度相当于水田土壤的犁底层和旱地土壤的B层上部；23～49 cm和27～50 cm相当于水田土壤的渗育层和旱地土壤的部分B层；49～76 cm和50～75 cm相当于水田土壤的潴育层和旱地土壤的部分B层；75或76 cm以下为母质层。

表9-16　研究土壤剖面的基本情况

剖面系列	地点	剖面号	利用方式	土壤类型(发生分类)
1	浙江省衢州市衢江	QZ_1	长期水田	黄筋泥田
		QZ_2	水改旱13年	改旱前为黄筋泥田
		QZ_3	水改旱30年	改旱前为黄筋泥田
		QZ_4	长期旱作	黄筋泥
2	浙江省丽水市遂昌县	SC_1	长期水田	洪积泥砂田
		SC_2	水改旱11年	改旱前为洪积泥砂田
		SC_3	水改旱23年	改旱前为洪积泥砂田
		SC_4	长期旱作	洪积泥砂土

田间调查、剖面观察、分层土样的采集和土壤理化分析按中国土壤系统分类研究的相关要求进行。

9.4.2　结果分析

9.4.2.1　土壤水分条件的变化

研究的土壤剖面中，QZ_1和SC_1长期种植水稻，土壤水分状况属于人为滞水水分状况；QZ_4和SZ_4长期种植旱作，但二者因地形不同，其水分状况有所差异，前者属于湿润水分状况，后者属于潮湿水分状况。水田改作旱作后，土壤人为滞水状况不再存在，逐渐向湿润土壤水分状况和潮湿水分状况转变。

表9-17结果表明，在土壤调查和采样时，水改旱不同年份土壤剖面各土层的土壤含水率已与长期种植水稻的农田有明显的差异，含水率明显地下降。随水改旱年份增加，土壤含水率也随之下降，并逐渐接近于相应的长期种植旱作的对照土壤（QZ_4和SC_4）。

表9-17　土壤颗粒组成、容重、颜色、含水量和坚实度

土壤剖面	采样深度(cm)	砾石(g/kg)	细土颗粒组成(g/kg)			容重(g/cm^3)	颜色(润土)	含水率(%)	紧实度(kg/cm^2)
			砂粒	粉粒	黏粒				
QZ_1	0～14	45.6	303	400	297	1.20	7.5YR7/3	32.12	0.51
	14～25	32.3	324	375	301	1.38	7.5YR7/4	37.56	4.17
	25～50	21.2	290	347	363	1.47	5YR6/7	35.66	3.22
	50～100	20.6	293	348	359	1.49	5YR6/7	36.72	4.01
QZ_2	0～15	52.3	321	392	287	1.23	7.5YR7/4	19.78	0.74
	15～25	26.5	334	370	296	1.42	7.5YR7/8	21.33	8.87
	25～50	25.4	284	369	347	1.52	5YR6/8	24.54	4.13
	50～100	23.7	296	362	342	1.50	5YR6/8	25.4	4.55

（续表）

土壤剖面	采样深度（cm）	砾石（g/kg）	细土颗粒组成（g/kg）			容重（g/cm³）	颜色（润土）	含水率（%）	紧实度（kg/cm²）
			砂粒	粉粒	黏粒				
QZ_3	0～15	37.6	330	378	292	1.22	7.5YR6/4	18.65	0.71
	15～25	22.2	343	346	311	1.44	7.5YR7/8	19.65	10.46
	25～50	31.4	327	320	353	1.51	5YR5/8	22.13	3.94
	50～100	28.2	311	303	346	1.53	5YR5/8	23.55	3.88
QZ_4	0～16	45.4	318	345	337	1.29	5YR5/7	17.67	1.13
	16～25	42.3	296	336	368	1.42	2.5YR5/8	19.56	3.13
	25～50	21.3	287	339	374	1.53	2.5YR5/8	21.32	4.66
	50～100	16.8	291	354	355	1.48	5YR5/6	20.66	5.18
SC_1	0～15	75.6	453	365	182	1.21	7.5YR6/1	28.67	0.76
	15～23	121.2	477	324	199	1.39	2.5Y6/2	29.14	4.47
	23～49	86.7	428	326	246	1.36	10YR7/4	25.46	3.18
	49～76	68.7	454	333	213	1.42	10YR7/6	32.54	3.67
	76～100	154.3	534	262	204	1.36	7.5YR5/2	37.65	2.18
SC_2	0～16	84.5	447	359	194	1.28	7.5YR6/2	23.12	0.97
	16～24	114.3	459	328	213	1.36	10YR6/3	24.34	6.68
	24～46	95.6	436	308	256	1.38	10YR7/5	23.43	5.46
	46～73	84.5	432	332	236	1.49	10YR7/8	26.75	7.78
	73～100	153.4	479	298	223	1.41	7.5YR5/5	29.87	3.24
SC_3	0～16	85.6	452	369	179	1.30	7.5YR6/3	23.65	0.84
	16～22	94.5	458	336	206	1.37	10YR6/4	25.43	5.57
	22～45	74.5	431	322	247	1.35	10YR7/5	27.45	6.13
	45～74	74.5	429	340	231	1.47	7.5YR7/6	28.77	13.54
	74～100	176.5	477	305	218	1.39	7.5YR6/3	31.23	4.12
SC_4	0～16	113.2	503	344	153	1.33	7.5YR6/4	21.34	0.96
	16～27	103.2	496	336	168	1.35	7.5YR6/4	23.54	3.24
	27～50	54.6	473	353	174	1.39	7.5YR6/3	24.65	2.28
	50～75	95.6	488	332	180	1.47	7.5YR6/3	27.65	3.14
	75～100	132.4	563	270	167	1.43	10YR6/4	28.76	1.98

9.4.2.2　土壤颗粒组成和容重

有水耕种植水稻历史的土壤剖面（长期种植水稻的农田和水改旱农田）与长期旱作的土壤之间在颗粒组成上存在明显的差异，前者剖面上下黏粒含量差异明显，土壤剖面中25或23 cm以下有明显的黏化层（黏化率在1.2以上）。水耕人为土土壤剖面中黏粒含量的差异（耕层下降，心土层增加）可能与以下过程有关：一是黏粒从耕层沿孔隙随水分下渗移向剖面中部，田间观察也表明，水耕人为土剖面在25或23 cm以下的结构面上有明显的黏粒胶膜；二是灌溉水串灌引起的耕层黏粒流失。表9－17可知，水改旱农田与长期种植水稻的农田之间无论是砾石含量还是黏粒含量的剖面垂直分布特点都非常相似（表9－17），这表明在研究的时间尺度内，水改旱不会引起土壤质地的明显变化。

水田改旱后，表层土壤容重有轻微的增加，但其他土层的容重基本保持不变（表9－17）。总体上，长期种植水稻农田、水改旱农田及长期种植旱作农田的容重没有明显的差异。

9.4.2.3 土壤颜色和坚实度

长期种植旱作的农地土壤（QZ_4和SC_4）颜色与长期种植水稻的农田（QZ_1和SC_1）有明显的差异，总体上，前者润土的颜色比后者稍偏红，在色值上存在差异。水改旱后，土壤色值保持基本不变或仅发生轻微变化，但彩度（饱和度）却发生了较为明显的改变，土壤颜色呈现逐渐变淡的趋势，灰度减弱（表9－17）。水改旱引起土壤颜色的轻微变化可能是土壤有机质下降及氧化铁化学形态变化共同的结果（见下文）。

水改旱后土壤坚实度发生了明显地变化（表9－17）。对于衢江区采集的土壤系列（改旱前为简育水耕人为土），水改旱后，表层土壤的坚实度略有增加，并逐渐接近于长期种植旱作的对照土壤（QZ_4）。亚表层（相当于犁底层的位置）土壤坚实度变化非常明显，并随改旱时间的增加而明显地增加，其坚实度也明显高于长期种植旱作的对照土壤（QZ_4）。但水改旱对25～100cm土层（相当于该水耕人为土的母质层）的坚实度影响较小。对于遂昌县采集的土壤系列（改旱前为铁聚水耕人为土），水改旱后，表层土壤的坚实度略有增加，也逐渐接近于长期种植旱作的对照土壤（SC_4）。表层以下的所有土层（相当于犁底层、渗育层和潴育层的位置）土壤坚实度变化比表层更为明显，并随改旱时间的增加而明显地增加。水改旱后表层以下土层其坚实度一般都高于长期种植旱作的对照土壤（SC_4）。

水改旱土壤坚实度增加可能与土壤中氧化铁形态发生变化有关（见下文）。在水耕人为土形成和发展过程中，土壤中的氧化铁在不同土层中发生了垂直向迁移或在同一土层内部发生了局部移动，使氧化铁集中至某一土层或某些部位（通常在结构面表面上相对集中）。由于水耕条件下土壤较为潮湿，无定形氧化铁的比例较高，而较为充足的水分使得土壤之间的黏结较弱。但改旱后，土壤水分减少，土粒之间因土壤水分的降低发生收缩，在这一过程中氧化铁可胶结其他矿物质，形成较为坚实的结构体；同时无定形氧化铁也因脱水逐渐形成转变为晶态氧化铁，土壤颗粒因被氧化铁强烈胶结而硬化。水耕人为土中的潴育层因是氧化铁淀积层，水改旱后其硬化特别明显。

9.4.2.4 土壤 pH、交换性酸和盐基饱和度

水改旱后，土壤pH有下降的趋势，其中表层土壤尤为明显。这可能与改旱后垂直淋洗增强有关。若种植蔬菜和经济作物，化肥用量明显增高，可加速土壤的酸化。随着

土壤的酸化，土壤交换性酸增加，盐基饱和度下降（表9-18）。

表9-18　土壤化学性质与氧化铁形态

土壤剖面	采样深度(cm)	pH值	有机质(g/kg)	CEC(cmol/kg)	交换性酸(cmol/kg)	盐基饱和度(%)	全Fe(g/kg)	游离Fe(g/kg)	Fe游离度(%)	无定形Fe(g/kg)	Fe活化度(%)
QZ_1	0～14	5.87	26.3	11.74	5.60	52.3	46.36	26.72	57.64	6.13	22.94
	14～25	6.23	16.4	9.62	1.96	79.6	46.47	29.43	63.33	3.67	12.47
	25～50	6.68	6.8	8.96	1.36	84.8	46.87	34.84	74.34	2.48	7.12
	50～100	6.59	6.4	8.56	1.45	83.1	44.96	33.82	75.23	2.18	5.45
QZ_2	0～15	5.59	22.7	10.67	5.57	47.8	47.41	25.77	54.35	4.27	16.57
	15～25	5.88	14.8	8.94	4.51	49.6	46.78	30.68	65.58	3.48	11.34
	25～50	6.46	5.6	9.11	1.97	78.4	46.02	34.73	75.46	2.53	7.28
	50～100	6.53	4.7	8.77	2.12	75.8	47.12	35.22	74.75	2.23	6.33
QZ_3	0～15	5.47	20.6	10.13	5.92	41.6	41.20	24.17	58.67	3.67	15.18
	15～25	5.76	12.8	8.27	3.88	53.1	42.44	28.67	67.56	3.56	12.42
	25～50	6.28	5.2	8.66	2.39	72.4	44.47	32.66	73.45	2.67	8.18
	50～100	6.32	4.9	8.94	2.16	75.8	45.26	31.44	69.47	2.31	7.35
QZ_4	0～16	5.13	17.6	8.74	4.60	47.4	45.36	34.72	76.54	2.13	6.13
	16～25	4.87	5.8	6.68	4.66	30.3	49.35	40.63	82.33	1.84	4.53
	25～50	4.76	4.7	5.87	4.51	27.6	48.27	38.46	79.67	1.76	4.58
	50～100	4.55	5.1	6.22	5.57	22.8	47.26	36.33	76.87	1.12	3.08
SC_1	0～15	6.13	29.6	7.13	1.10	84.6	25.37	7.92	31.22	2.31	29.17
	15～23	6.24	21.4	6.28	0.91	85.5	32.65	11.32	34.67	2.68	23.67
	23～49	6.08	8.6	5.76	1.12	80.6	35.25	13.63	38.67	2.14	15.70
	49～76	6.44	7.4	5.34	0.51	90.4	42.90	22.84	53.24	2.03	8.89
	76～100	6.58	4.6	4.27	0.23	94.6	42.74	17.62	41.23	2.87	16.29
SC_2	0～16	5.78	24.8	6.66	1.63	75.5	24.63	8.43	34.23	1.64	19.45
	16～24	5.86	18.6	6.23	1.79	71.3	33.01	12.13	36.75	2.12	17.48
	24～46	5.78	7.7	6.14	1.79	70.8	36.85	14.17	38.45	1.69	11.93
	46～73	6.18	6.4	5.72	0.94	83.6	43.29	23.66	54.66	1.74	7.35
	73～100	6.23	4.7	5.11	0.53	89.7	42.07	19.58	46.54	2.23	11.39
SC_3	0～16	5.68	22.6	6.86	2.00	70.8	25.04	8.13	32.47	1.21	14.88
	16～22	5.74	15.8	7.11	2.02	71.6	30.11	11.67	38.76	1.17	10.03
	22～45	5.83	6.7	6.08	1.54	74.6	37.11	13.94	37.56	1.06	7.60
	45～74	6.02	5.3	5.47	1.07	80.5	49.60	25.51	51.43	1.73	6.78
	74～100	6.27	4.9	5.53	0.85	84.7	44.80	21.44	47.86	2.97	13.85

（续表）

土壤剖面	采样深度(cm)	pH值	有机质(g/kg)	CEC(cmol/kg)	交换性酸(cmol/kg)	盐基饱和度(%)	全Fe(g/kg)	游离Fe(g/kg)	Fe游离度(%)	无定形Fe(g/kg)	Fe活化度(%)
	0～16	5.67	22.3	6.18	2.06	66.6	35.26	12.61	35.76	1.76	13.96
	16～27	5.78	16.7	6.04	1.85	69.3	39.20	14.72	37.55	2.06	13.99
SC_4	27～50	5.93	7.3	5.89	1.43	75.8	36.59	15.89	43.43	2.23	14.03
	50～75	6.12	5.4	6.11	1.30	78.7	38.06	14.33	37.65	2.01	14.03
	75～100	6.34	5.8	5.88	1.04	82.3	38.78	13.31	34.32	1.67	12.55

9.4.2.5 土壤有机质、黏粒矿物类型和CEC

水改旱后，表层土壤有机质均发生轻微的下降，这可能与改旱后土壤通气性增强、促进有机物质的分解有关。用XRD对15～50 cm深度范围内的2个土层的胶体（＜0.002 mm）进行了黏粒矿物的定性分析。结果表明，QZ_4剖面的黏粒矿物以高岭石为主，其次为伊利石和蛭石；QZ_1、QZ_2和QZ_3等剖面的黏粒矿物虽然也以高岭石为主，含有伊利石和蛭石等矿物，但在XRD图谱中高岭石的衍射峰明显减弱。同时，蛭石的峰有增强的趋势，并可见少量的绿泥石。这可能是在水耕条件下发生了高岭石向蛭石、绿泥石等矿物的转化。SC_4剖面中的黏粒矿物以伊利石为主，其次为高岭石，伴有少量蛭石和蒙脱石；SC_1、SC_2和SC_3等剖面的黏粒矿物与SC4基本相似，但在XRD图谱中可见少量绿泥石，蛭石的衍射峰有所增强。

表9－18结果表明，水改旱后土壤表层的CEC因有机质的下降而呈现轻微下降，但表层以下土壤的CEC变化不明显。在衢江区采集的系列土壤中，水耕土壤或水改旱土壤（QZ_1、QZ_2、QZ_3）表层以下土壤的CEC高于一直种植旱作的土壤（QZ_4），这可能与黏粒矿物类型发生变化有关。而遂昌县采集的系列土壤中，这种差异并不明显。CEC的变化基本上与黏粒矿物类型相对应。

9.4.2.6 土壤氧化铁形态

种植水稻后，因长期人为水耕条件（干湿交替）引发强烈的氧化还原过程，水耕人为土氧化铁逐渐向下发生迁移，因此水耕人为土整个剖面的平均全铁含量，特别是平均游离氧化铁含量一般是低于相应的长期种植旱作的农田（QZ_4，SC_4），且水耕人为土全铁和游离氧化铁在剖面垂直向的差异明显高于对应的长期种旱作的农田（表9－18）。水耕人为土也因土体潮湿使土壤无定形氧化铁含量和铁的活化度高于对应的长期种植旱作的农田。表9－18结果表明，水改旱对土壤全铁和游离氧化铁含量及其剖面垂直分布模式的影响不大，但水改旱显著地降低了土壤中无定形氧化铁的含量，同时土壤铁的活化度也明显低于长期种植水稻的农田，但一般高于长期种植旱作的农地。

9.4.2.7　结构体、新生体和根孔

表9－19为衢江区系列土壤的部分土层结构体状况。水改旱可引起土壤结构体类型和大小的变化。水改旱后0～15 cm土壤的结构体逐渐由核状结构、团粒结构向团块状转变；15～25 cm土壤虽然同为块状结构，但水改旱后块状结构的大小明显增加，甚至超过了长期种植旱作的对照土壤（QZ_4）。

表9-19　衢江区系列土壤结构体表面氧化铁斑纹和结构体状况

土壤剖面	斑纹				结构体	
	0～15cm		15～25cm		0～15cm	15～25cm
	数量（占结构体表面%）	大小（mm）	数量（占结构体表面%）	大小（mm）		
QZ_1	15	3～5	10	2～5	核状、团粒状	块状（主要为20～50mm）
QZ_2	5	<2	5	2～5	团块状、核状	大块状（主要为>50mm）
QZ_3	<2	<2	<2	<2	团块状、核状	大块状（主要为>50mm）
QZ_4	0	/	0	/	团块状	团块状（主要为10～50mm）

注：0～15cm，相当于水耕人为土A层位置；15～25cm，相当于水耕人为土Ap层位置。

表9-20　遂昌县系列土壤结构体表面氧化铁斑纹的状况

土壤剖面	0～15cm		16～22cm		50～75cm	
	数量（占结构体表面%）	大小（mm）	数量（占结构体表面%）	大小（mm）	数量（占结构体表面%）	大小（mm）
SC_1	23	2～5	20	2～5	40	5～20
SC_2	10	2～5	15	2～5	35	5～20
SC_3	<5	<2	<10	2～5	25	5～10
SC_4	<2	<2	<5	<2	<10	5～10

注：0～15cm，相当于水耕人为土A层位置；16～22cm，相当于水耕人为土Ap层位置；50～75cm，相当于水耕人为土W层（水耕氧化还原层）位置。

无论是Q_2红土母质发育的水耕人为土还是洪积母质发育的水耕人为土，土体中都有明显的锈纹状根孔，呈垂直分布，数量由上至下下降。Q_2红土母质发育的水耕人为土中锈纹状根孔主要分布在犁底层和母质层的上部；而发育于洪积母质上的水耕人为土，犁底层、渗育型和潴育层都可见明显的锈纹状根孔。但对于长期种植旱作的土壤（QZ_4和SC_4），土体中虽然也有少量根孔隙，但因根孔表面缺乏氧化铁的淀积物，其与土壤基质的对比度不明显，从形态上看并不明显。对于没有改旱的水耕人为土，犁底层以下的根孔有明显的连续性；但水改旱后，因土体变干过程中产生少量裂隙，根孔的连续性受到了破坏，尤以犁底层的变化最为明显。

对于Q_2红土母质长期旱作的土壤，结构体表面不见铁斑纹，这可能与缺乏淹水还

原的环境有关；而对于洪积母质发育的长期旱作的土壤，从表土层至B层均可见少量铁斑纹，这与该土受地下水长期影响有关，但其数量明显低于相应的水耕人为土。水改旱后，土壤中结构体表面的氧化铁斑纹数量与大小都发生明显的变化（表9-19和表9-20），数量随改旱时间增加而下降，大小也有所下降。其中以表层土壤的变化最为明显。结构体表面氧化铁斑纹数量与大小的变化显然与水分条件与耕作有关，水改旱后，缺少了氧化铁斑纹形成的环境。而在旱耕条件下，反复的耕作促使在水耕环境下形成的氧化铁斑纹破坏、变小，最后与整个土体混合，逐渐变得不明显；而在水耕条件下这种被破坏的氧化铁斑纹因灌溉、排水，干湿交替得以重新恢复。而对于犁底层以下的土壤，氧化铁斑纹的减少可能与土体变干有关，土壤变干可使土体产生季节性的裂隙，原在水耕条件下形成的结构体发生一定的变化，结构体上的氧化铁斑纹也受到一定的破坏。

9.4.3 土壤的系统分类

根据以上对土壤性质的分析，可对研究土壤作如下划分：

在衢州市衢江区采集的系列剖面中，长期种植水稻的剖面QZ_1，无潜育层、灰色铁渗淋亚层和铁聚层，属简育水耕人为土；其无变性现象、无盐积累、无复石灰作用、无漂白层，可归属于普通简育水耕人为土亚类。长期种植旱作的剖面QZ_4，16cm以下符合低活性富铁层的要求（黏粒CEC在15.7~18.2cmol/kg），属于湿润富铁土亚纲，但其黏粒ECEC超过12cmol/kg，无富铝特性，无明显的黏化层，但其在剖面中102cm处可见聚铁网纹层，可归入网纹简育湿润富铁土亚类。而水改旱的2个土壤（QZ_2，QZ_3），由于人为滞水水分状况的消失和部分性质的变化，已不能满足水耕表层和水耕氧化还原层的要求，不适合划为水耕人为土。但因其黏粒矿物的变化，它们的黏粒CEC都在24cmol/kg以上，也不符合富铁土的要求，但其在长期水耕条件下，发生了黏粒的垂直迁移，形成了明显的黏化层，并一直保留在土壤剖面中。根据这些土壤的诊断层和诊断特性，可归为斑纹铁质湿润淋溶土亚类。

在丽水市遂昌县采集的系列剖面中，长期种植水稻的剖面SC_1，无潜育层、灰色铁渗淋亚层，有铁聚层，属铁聚水耕人为土；其无变性现象、无盐积累、无复石灰作用、无漂白层，可归属于普通铁聚水耕人为土亚类。长期种植旱作的剖面SC_4，除满足雏形层条件外，无明显的其他诊断表下层，属于潮湿雏形土亚纲，其有机质积累较低、土色较浅，无水耕现象、无盐分积累，可归为普通淡色潮湿雏形土亚类。而水改旱的2个土壤（SC_2，SC_3），由于人为滞水水分状况的消失和部分性质的变化，已不能满足水耕表层和水耕氧化还原层的要求，不适合划为水耕人为土。但因其在长期水耕条件下已发生了黏粒的垂直迁移，具有明显的黏化层，并一直保留在土壤剖面中。该土分布在洪积平原，受地下水的影响，土壤水分状况属于潮湿水分状况，但在中国土壤系统分类的淋溶土中没有设立相应的潮湿淋溶土，只设立冷凉淋溶土、干润淋溶土、常湿淋溶土和湿润淋溶土等亚纲，潮湿水分状况与常湿水分状况较为接近，结合该土的其他土壤诊断特性，暂把该土归为普通简育常湿淋溶土亚类。

9.4.4 结论

研究表明，水耕人为土返旱后，人为滞水水分状况消失，逐渐向潮湿或湿润水分状况转变。原先形成的水耕表层的氧化铁新生体（如锈纹、锈斑、鳝血斑等）发生逐渐破碎、不连续、变小，最后逐渐消失；该土层的土色逐渐变浅，土壤趋向酸化，氧化铁的活化度减小。水耕氧化还原层包括P（渗育层）和W（潴育型）层发生硬化，促使大柱状结构和大块状结构的形成；氧化铁也因缺水逐渐向晶态转变，同时引起土色的逐渐变化；但土壤剖面中氧化铁全量与游离氧化铁含量在“水改旱”过程中变化不明显。

水耕人为土返旱后，土壤诊断特性也发生了较大的变化，由于水分条件的改变和水耕表层与水耕氧化还原层性状的变化，水改旱土壤已不能满足水耕人为土诊断要求，也不同于相同母质发育并一直旱作（没有种植水稻的历史）的母土，成为新的土壤类型。

9.5 水耕人为土长期改旱后土壤类型演变的探讨

随着城市的扩展、农业产业结构的调整及部分地区水资源缺乏等原因，我国已有大面积的水耕人为土永久性地转变为蔬菜地和旱地等。稻田改为旱作后，改变了水耕人为土周期性的灌溉和排水的管理方式及土壤的水分、通气状况。研究表明（黄山等，2009；杨东伟等，2015），水田改为蔬菜地和旱地后土壤向酸性方向发展，土壤有机质和全氮有所降低，但有效磷呈增加。对典型地区水耕人为土长期改旱后土壤发生学性状态的研究表明（方利平等，2006；章明奎等，2013），改旱后人为调控的水分状况基本消失，土壤中铁、锰结晶与活化过程都将随之发生变化，水耕表层和水耕氧化还原层的特征将逐渐改变，土壤性状已不能满足水耕人为土的诊断要求。为了全面了解水耕人为土长期改旱后发生学特征的变化，明确改旱后土壤的分类地位，在我国长江三角洲和东南丘陵地区观察与采样分析了61对水耕人为土及其相应的返旱后形成的土壤，系统地研究了水耕人为土返旱过程中土壤发生学特征的变化特点，探讨了水耕人为土返旱后土壤类型演变及分类归属。

9.5.1 材料与方法

选择长江三角洲及其相邻的东南丘陵地区作为研究区，利用历次土地利用现状图、第二次土壤普查土壤图，结合田间实际调查访问，根据水耕人为土的类型及返旱种植蔬菜和旱地（下文统称为旱地）的年限，选定61对（122块）农田。研究涉及的水耕人为土类型包括铁聚水耕人为土、铁渗水耕人为土、潜育水耕人为土和简育水耕人为土，改旱农田改旱时间全在10年以上。田间调查、剖面观察与描述、分层土样的采集和土壤理化鉴定均按中国土壤系统分类研究的相关要求进行。土壤诊断层、诊断特性根据《中国土壤系统分类》的诊断标准和要求进行鉴定。在以上调查的基础上，选择代表性农田，采用打土孔取样的方法定点观察周年土壤的水分状况动态变化（每15 d观察一次），分析比较改旱后土壤水分的平衡特点和土壤水分状况及演变趋势；定位观察0~30 cm土层土壤温度的年内变化。研究涉及的分析数据量较大，限于篇幅本文只列出部分代表性分析观察结果。

9.5.2 结果与分析

9.5.2.1 水耕人为土长期改旱后土壤水分和温度的变化

（1）土壤水分状况。多地定点观察表明，水田长期改种旱作后，无论是铁聚水耕人为土、铁渗水耕人为土，还是简育水耕人为土和潜育水耕人为土，土壤含水量均比种植水稻农田明显下降，土壤失去了“人为滞水水分状况”。其中，对平原地区的这些土壤的表土层水分的影响明显大于深层土壤，水分下降程度在剖面上部高于下部；对丘陵地区的水耕人为土水分的影响涉及整个剖面，水分下降程度在整个剖面都很明显。水田长期改种旱作后，土壤水分状况主要受当地气象条件的影响，雨季土壤含水量明显高于干旱季节。

（2）地下水位。在浙江省境内选择了水网平原、河谷平原、滨海平原和丘间凹垄等4类地貌区，分别对比观察了铁渗水耕人为土、铁聚水耕人为土、简育水耕人为土和潜育水耕人为土的稻田与改旱10年后旱地的冬季地下水位的变化（每一类别的观察点为32~41个点位）。结果表明，水田改旱后，土壤地下水位均有明显下降。其中，水网平原的铁渗水耕人为土地下水位平均由63.4 cm下降为76.2 cm；河谷平原的铁聚水耕人为土地下水位平均由71.4 cm下降为89.2 cm；滨海平原的简育水耕人为土地下水位平均由85.3 cm下降为98.1 cm；丘间凹垄的潜育水耕人为土地下水位平均由31.3 cm下降为52.4 cm。地下水位的下降减弱了土壤剖面中氧化还原过程的强度与年内变化频率。

（3）土壤温度状况。浙江省多地0~30 cm土层定点周年观察结果表明，铁聚水耕人为土在水耕条件下表层土壤的温度在5.3~34.6℃，而改旱15年后的农田为4.7~38.2℃，年平均由18.2℃变为19.1℃，平均增加了0.9℃；简育水耕人为土表层温度在水耕条件下为7.4~36.9℃，改旱20年和35年后分别为7.2~39.7℃和7.1~40.2℃，年平均由18.8℃增加为20.0℃和19.9℃，分别增加了1.2℃和1.1℃。总体上，水改旱后，土壤温度略有增加，但变化较小；但改旱后土壤温度的季节性变化大于水田土壤。

9.5.2.2 水耕人为土长期改旱后土壤发生学性状的演变

（1）铁氧化物形态组成。选择了简育水耕人为土、铁聚水耕人为土、铁渗水耕人为土及潜育水耕人为土的水田与改旱10年以上的农田各4组对比土壤剖面（即各类水耕人为土的水田与旱地各4个剖面）进行了土壤氧化铁形态分析。结果表明，水田长期改种旱作后各土层的全铁、游离铁含量及铁的游离度无明显变化，但活性铁、络合态铁和铁的活化度显著地下降（表9-21）；氧化铁形态变化程度在潜育水耕人为土中明显大于铁聚水耕人为土和简育水耕人为土。

表9-21 水田改旱地后土壤氧化铁形态的变化

土类	发生层	全铁 (g/kg)		游离态铁 (g/kg)		活性铁 (g/kg)		络合态铁 (g/kg)		铁活化度(%)	
		水田	旱地	水田	旱地	水田	旱地	水田	旱地	水田	旱地
简育水耕人为土（*n*=4）	Ap1	31.24	33.24	14.55	14.65	5.32	2.13	0.53	0.25	34.66	14.23
	Ap2	32.88	33.24	16.12	15.98	4.78	2.55	0.26	0.17	28.79	16.12
	Br	35.43	33.65	20.23	21.18	2.34	1.34	0.17	0.14	12.13	6.23
	C	32.44	32.67	18.34	17.69	2.65	1.78	0.11	0.05	13.76	10.12
铁聚水耕人为土（*n*=4）	Ap1	35.43	34.65	16.33	17.34	6.45	3.22	0.75	0.36	37.68	17.86
	Ap2	36.57	37.66	19.87	19.89	5.23	2.65	0.34	0.17	25.42	13.44
	Br1	36.87	35.87	22.34	21.34	4.12	2.87	0.11	0.06	17.68	14.23
	Br2	38.32	37.66	29.78	28.56	1.87	1.54	0.13	0.06	6.34	5.22
	C	34.56	36.56	26.45	25.76	2.11	1.47	0.12	0.06	7.33	5.46
铁渗水耕人为土（*n*=4）	Ap1	33.76	33.76	16.78	15.87	7.12	3.26	0.83	0.47	41.23	19.87
	Ap2	37.65	35.56	18.65	15.77	5.76	2.56	0.56	0.43	29.87	15.76
	Br	38.56	37.78	19.43	18.56	2.34	1.44	0.21	0.17	12.43	7.34
	Bg	37.57	38.73	18.79	19.56	5.63	2.78	0.32	0.20	28.56	14.35
潜育水耕人为土（*n*=4）	Ap1	39.87	38.79	19.83	21.32	8.12	3.44	0.93	0.54	37.89	16.55
	Ap2	43.24	42.34	25.23	24.67	7.87	3.25	0.64	0.37	30.13	13.24
	Bg	38.45	37.98	17.45	17.77	7.22	3.13	0.72	0.41	38.89	16.76
	C	44.32	45.13	19.55	21.11	6.45	3.26	0.45	0.34	31.43	15.46

注：由于水耕人为土改旱后其相应的发生层也发生了变化，为了便于比较，在改旱土壤土层划分时作了一些技术处理，用原水耕人为土对应深度的土层类型确定相应的改旱后土壤剖面土壤层次。

（2）发生土层及结构与坚实度。改旱后，表土层（Ap1）厚度有增加趋势，而犁底层（Ap2）则变薄（表9-22）；表层土壤的结构体逐渐由团块状、团粒状结构向块状转变，结构体变大、水稳定性团聚体大小和数量下降。水改旱也促进了土体中裂隙的形成，裂隙的增加可能与改旱后干湿交替强度增加有关。水耕氧化还原层的土体明显硬化，其中丘陵区的水耕人为土变化尤为明显，硬化的土层主要为Br层（相当于发生层的渗育层和潴育型），也包括水耕表层中的犁底层；平原地区的硬化相对不明显。硬化可促使大棱柱状结构和大块状结构的形成。土壤剖面中裂隙宽度也明显增加。水改旱后，土壤色值保持基本不变或仅发生轻微变化，但表土的彩度（饱和度）却发生了一定的改变，土壤颜色呈现逐渐变淡的趋势。水改旱引起土壤颜色的轻微变化可能是土壤有机质下降及氧化铁化学形态变化共同的结果。

表9-22　水田改旱地后表土层和犁底层厚度的变化（cm）

土类	发生层	水田	旱地
简育水耕人为土（*n*=10）	Ap1	14.8	17.60
	Ap2	9.8	3.60
	Br	27.6	26.80
铁聚水耕人为土（*n*=10）	Ap1	15.1	18.50
	Ap2	9.7	3.20
	Br1	20.3	20.30
	Br2	37.5	37.30
铁渗水耕人为土（*n*=10）	Ap1	14.6	20.20
	Ap2	12.3	3.80
	Br	39.6	46.50
潜育水耕人为土（*n*=8）	Ap1	15.6	19.20
	Ap2	10.2	5.80
	Bg	54.3	52.50

（3）鳝血斑和铁锰斑纹。“鳝血斑”是水耕人为土由淹水向排水变化过程中亚铁被氧化淀积形成于水耕表层孔隙或土块裂面的棕红色的氧化铁有机物络合物，是水耕人为土熟化的标志，主要出现在铁聚水耕人为土的水耕表层和铁渗水耕人为土的耕作层。改旱后反复的耕作使这些在水耕条件下形成的鳝血斑逐渐减少，最后甚至消失。铁锰斑纹是土壤氧化还原交替作用的产物，一般是土壤氧化还原频率越高其数量越多。在种植水稻条件下，由于季节性的灌溉与排水，在土壤结构面上常可形成不同数量的铁锰斑纹和铁锈状根孔；改旱后由于缺乏氧化还原交替，缺失形成铁锰斑纹和铁锈根孔的条件，而反复的耕作破坏了这些在水耕条件下形成的铁锰斑纹和铁锈状根孔，因此，改旱后Ap1和Ap2层的结构面上氧化铁斑纹数量明显地减少甚至消失。而水耕氧化还原层（Br）因仍然存在氧化还原交替的环境且其基本上不受耕作影响，结构面上氧化铁斑纹数量变化较小，部分呈现轻微减少，而铁渗水耕人为土的Br层和潜育水耕人为土的Bg层的氧化铁斑纹数量略有增加，这可能与改旱后土壤地下水位下降，原来还原性较强的土层的氧化条件改善，亚铁被氧化淀积有关。土壤剖面中的锰斑的数量很少，一般见于水耕氧化还原层，改旱后相应土层中锰斑的变化不明显。

在植稻条件下，铁聚水耕人为土的表层和犁底层均有明显的鳝血斑和根孔状锈纹，前者呈斑块状分布在结构体表面，后者呈垂直状分布于结构体表面和结构体内。改旱后原水耕表层中的氧化铁新生体（如锈纹、锈斑、鳝血斑等）会发生破碎、不连续、变小，最后逐渐消失。

（4）土壤氧化还原电位及还原性物质。水改旱后，土壤氧化还原电位明显升高（表9-23）。淹水条件下，水耕人为土表土层的氧化还原电位在10~210mV；排水后在70~430mV；而改旱后土壤的氧化还原电位在450~600mV。对于潜育水耕人为土的潜育层，淹水条件下，其氧化还原电位在-30~-10mV；排水后在100~200mV；而相应的改旱土壤在450~550mV。与此同时，改旱后，土壤还原性物质含量也逐渐下降，植稻期间，土壤还原性物质含量在（0.33~8.56）$\times 10^{-5}$mol/L，水稻收获后测定的土壤还原性物质含量在（0.34~3.43）$\times 10^{-5}$mol/L，而改旱后的土壤中还原性物质含量在0~1.23$\times 10^{-5}$mol/L。种植水稻情况下，土壤氧化还原电位及还原性物质具有明显的季节性波动，而改旱后土壤氧化还原电位及还原性物质较为平稳。

表9-23　典型水耕人为土返旱后土壤氧化还原电位及还原性物质的变化

土类	发生层	氧化还原电位（mv）				还原性物质（10^{-5} mol/kg）			
		水稻		旱地		水稻		旱地	
		淹水期	非淹水	10~15年	>15年	淹水期	非淹水	10~15年	>15年
简育水耕人为土	Ap1	60	430	550	600	0.78	0.56	0.34	0.18
	Ap2	120	430	540	600	0.45	0.55	0.25	0.22
	C	450	440	560	600	0.33	0.34	0.12	0.00
简育水耕人为土	Ap1	50	460	560	580	2.45	1.76	0.32	0.17
	Ap2	210	500	540	560	1.65	1.23	0.48	0.24
	Br	350	430	560	580	1.13	0.76	0.29	0.33
	C	450	440	550	560	1.54	1.32	0.35	0.13
铁聚水耕人为土	Ap1	10	440	560	600	3.54	1.65	0.33	0.32
	Ap2	80	430	570	600	2.34	1.18	0.27	0.28
	Br1	110	430	550	580	1.54	1.32	0.34	0.24
	Br2	150	450	550	580	2.13	1.38	0.46	0.16
	C	80	430	570	580	1.54	0.87	0.27	0.11
铁渗水耕人为土	Ap1	20	400	530	550	3.54	1.54	0.43	0.32
	Ap2	50	370	550	580	2.88	0.98	0.28	0.29
	Br	10	250	500	550	4.65	1.65	0.37	0.43
	Bg	-30	200	450	500	5.67	2.43	0.76	0.55

（续表）

土类	发生层	氧化还原电位（mv）				还原性物质（10^{-5} mol/kg）			
		水稻		旱地		水稻		旱地	
		淹水期	非淹水	10～15年	>15年	淹水期	非淹水	10～15年	>15年
潜育水耕人为土	Ap1	10	200	500	600	5.45	1.76	0.54	0.53
	Ap2	50	170	450	500	4.34	2.34	0.37	0.42
	Bg	-80	100	400	450	8.56	3.43	0.65	0.55
	C	20	150	450	450	3.45	1.67	0.45	0.37

表9-24　水耕人为土改旱后可能形成的土壤

改旱前		改旱后
土类	亚类	亚类
潜育水耕人为土	弱盐潜育水耕人为土	水耕淡色潮湿雏形土、弱盐淡色潮湿雏形土
	铁渗潜育水耕人为土	水耕淡色潮湿雏形土、普通淡色潮湿雏形土
	铁聚潜育水耕人为土	水耕淡色潮湿雏形土、普通淡色潮湿雏形土
	普通潜育水耕人为土	普通简育滞水潜育土、水耕淡色潮湿雏形土
铁渗水耕人为土	漂白铁渗水耕人为土	水耕淡色潮湿雏形土、普通淡色潮湿雏形土、普通铁质湿润雏形土
	底潜铁渗水耕人为土	水耕淡色潮湿雏形土
	普通铁渗水耕人为土	斑纹铁质湿润淋溶土、普通铁质湿润雏形土
铁聚水耕人为土	漂白铁聚水耕人为土	铁质漂白湿润淋溶土、水耕淡色潮湿雏形土、普通淡色潮湿雏形土、普通铁质湿润雏形土
	底潜铁聚水耕人为土	水耕淡色潮湿雏形土
	普通铁聚水耕人为土	斑纹铁质湿润淋溶土、普通铁质湿润雏形土
简育水耕人为土	弱盐简育水耕人为土	弱盐淡色潮湿雏形土、石灰潮湿冲积新成土
	漂白简育水耕人为土	漂白暗色潮湿雏形土、普通铁质湿润雏形土、斑纹简育湿润雏形土、
	底潜简育水耕人为土	普通暗色潮湿雏形土、水耕淡色潮湿雏形土、普通淡色潮湿雏形土
	普通简育水耕人为土	斑纹铁质湿润淋溶土、普通暗色潮湿雏形土 石灰淡色潮湿雏形土、普通淡色潮湿雏形土 普通钙质湿润雏形土、普通铁质湿润雏形土 斑纹简育湿润雏形土、普通简育湿润雏形土、 普通湿润砂质新成土、斑纹湿润冲积新成土、 斑纹湿润冲积新成土、普通湿润正常新成土

9.5.2.3　水耕人为土返旱过程中土壤诊断层和诊断特性的变化

（1）人为滞水土壤水分状况。水改旱后，由于缺乏人为的灌溉，不存在灌溉水饱和的土壤水分状况，人为滞水土壤水分状况消失，土壤水分状况向与当地气候、地形有关的水分状况转变。在长江三角洲地区的平原地区，水改旱后土壤水分状况转变为潮湿土壤水分状况，少数转变为滞水土壤水分状况；而在山地丘陵区，主要转变为湿润土壤水分状况。

（2）水耕表层。水改旱后，由于灌溉和耕作方式发生了变化，水耕表层诊断特性也发生了显著的变化。一是表层土壤结构的变化：块状结构有增加的趋势、结构体变大；二是原水耕表层中的氧化铁新生体（如锈纹、锈斑、鳝血斑等）会发生破碎、不连续、变小，最后逐渐消失；三是部分土壤犁底层消失或逐渐变薄甚至消失；四是土色逐渐变浅；五是氧化铁化学形态发生变化，晶胶比增加；与此同时，犁底层与耕作层的容重比逐渐下降。在改旱时间较长的土壤中水耕表层的特征逐渐变得模糊。

（3）水耕氧化还原层。水改旱后，水耕氧化还原层发生了如下变化。硬化：以丘陵地区的水耕人为土尤为明显（有时变得异常坚硬），硬化的土层包括Br层和Ap2；平原地区的硬化相对不明显。一是硬化与缺水和氧化物胶结有关；硬化可促使大棱柱状结构和大块状结构的形成。二是氧化铁形态发生变化（无定形态减少）；同时引起土色的逐渐变化。三是氧化铁含量在“水改旱”过程中垂直迁移不明显；氧化物垂直分布模式变化较小。

9.5.2.4 水耕人为土返旱后土壤类型的演变规律

由于人为滞水水分状况消失和水耕表层与水耕氧化还原层性状的变化，水改旱土壤已不能满足水耕人为土的诊断要求。根据获得的61个典型剖面分析数据及相关资料，建立了长江三角洲和南方丘陵地区不同类别的水耕人为土改旱后对应的系统分类类别（表9-24）。结果表明，由于改旱前长期种植水稻，这些土壤改旱后仍然可保持较高的pH和盐基饱和度，矿物类型已不同于地带性土壤，没有检索出富铁土和铁铝土，主要检出的土壤类型为雏形土（占75%），其次为新成土（占12%）和淋溶土（占10%），少数为潜育土（占3%）。由于水耕人为土成土母质多样、分布的地理位置差异较大，水耕人为土改旱后对应的系统分类类别可涉及4个土纲、7个亚纲、11个土类和41个亚类。另外，由于改旱后土壤pH仍较高，即使在南方山地丘陵区也没有检索出相应的“铝质”“酸性”等土类。

9.5.3 讨论

根据对改旱后检索出的土壤类型与非改旱形成的同类土壤形态比较，发现大部分的这些土壤性状有较好的可比性。但对于由改旱检索出的“普通铁质湿润雏形土”和“普通湿润正常新成土”与正常条件下形成的“普通铁质湿润雏形土”和“普通湿润正常新成土”在形态上有明显的差异，前者存在因水耕条件下形成于“水耕氧化还原层”和（或）

“水耕表层”的“大量铁锰斑纹”物质，而后者缺乏这些形态特征。为此建议如下。

9.5.3.1 增设“残余水耕现象”和“残余水耕氧化还原层”的建议

建议在《中国土壤系统分类》中增加以下两个诊断层/诊断特性。

（1）残余水耕现象。因历史上种植水稻在耕作层残留的氧化还原特征。出现在0~18 cm范围，目前已无人为滞水土壤水分状况，但可见明显的锈纹、锈斑，其下部亚层（犁底层）土壤容重对上部亚层（耕作层）土壤容重≥1.05。

（2）残余水耕氧化还原层。是历史上种植水稻形成的水耕氧化还原层的残余土层，有明显的氧化铁、锰淀积物。其上界位于耕作层底部，厚度≥20 cm，有下列一个或一个以上氧化还原形态特征：①具有明显的氧化铁、锰淀积；②土体明显硬化；③目前已无人为滞水土壤水分状况。

9.5.3.2 增设“斑纹铁质湿润雏形土”及“斑纹湿润正常新成土”的建议

建议在《中国土壤系统分类》中增加以下两个亚类。

（1）在雏形土土纲的“铁质湿润雏形土”土类中的“普通铁质湿润雏形土”亚类前，增加“斑纹铁质湿润雏形土”亚类。检索要点是：其他铁质湿润雏形土中具有“残余水耕现象”和“残余水耕氧化还原层”的土壤。

（2）在新成土土纲的“湿润正常新成土”土类中的“普通湿润正常新成土”亚类前，增加“斑斑湿润正常新成土”亚类。检索要点是：其他湿润正常新成土中具有“残余水耕现象”的土壤。

9.5.4 结论

对我国长江三角洲和东南丘陵地区主要发生类别的水耕人为土及其相应的返旱后形成的系列土壤比较研究表明，水田改旱地显著地改变了土壤水分状况，土壤失去了“人为滞水水分状况”，平原地区的土壤水分状况主要转变为潮湿土壤水分状况，少数转变为滞水土壤水分状况；而在山地丘陵区主要转变为湿润土壤水分状况。水田改旱地后原水耕表层中的氧化铁新生体（如锈纹、锈斑、鳝血斑等）发生破碎、不连续、变小，最后逐渐消失；犁底层逐渐消失或变薄，土壤趋向酸化，土壤中氧化铁晶胶比增加；土体呈现硬化现象；水耕表层与水耕氧化还原层的特征发生退化。改旱后，水耕人为土主要向雏形土、新成土、淋溶土和潜育土演变，共涉及4个土纲、7个亚纲、11个土类和41个亚类，主要为雏形土（占75%），其次为新成土（占12%）和淋溶土（占10%），少数为潜育土（占3%）。研究建议在《中国土壤系统分类》中增设“残余水耕现象”和“残余水耕氧化还原层”等诊断层/诊断特性与“斑纹铁质湿润雏形土”及“斑纹湿润正常新成土”等土壤类别。

9.6 弃耕对山区梯田土壤质量和基础设施的影响

弃耕是指在耕地性质不变的前提下，耕地经营者因受经济、社会、自然、政策等因素影响，主观放弃耕种而使耕地处于闲置或未充分利用的状态。我国的弃耕方式较多，根据耕地利用状态的差异，可将弃耕分为显性弃耕与隐性弃耕，前者是指农户对耕地停止耕作致使耕地呈荒芜状态，后者是指农户有意识地减少对耕地的投入致使耕地利用不充分。按照弃耕时间的长短也可将弃耕分为全年性弃耕与季节性弃耕。我国的弃耕现象大致始于20世纪80年代，之后随社会经济的发展，我国一些地方特别是山区耕地已出现了大范围弃耕现象，局部区域有愈演愈烈的趋势。耕地弃耕成因复杂，地理区位、交通、社会经济条件、自然灾害、土地流转、农户对耕地保护意识等因素都可在一定程度上影响耕地的抛荒。制度、政策对耕地弃耕也有一定的影响，一些地方惠农政策的实施与农村生产状况的脱节也在一定程度上加剧了弃耕。种地利益比较低下是耕地弃耕的根本原因，农村人口减少是耕地弃耕的直接原因。大面积的弃耕在一定程度上影响了区域粮食安全和农业生产的稳定性，如何恢复弃耕地进行农业生产已成为近年一些地方政府和管理部门的重要工作。为有效推进弃耕地的复耕工作，需要准确评估弃耕行为对耕地质量的影响。为此，本节以浙江省山区梯田为对象，开展了相邻分布的在耕与弃耕梯田土壤质量的比较研究。

9.6.1 材料与方法

于2018—2019年冬季在浙江省杭州市、丽水市、台州市和温州市开展了弃耕对山区梯田土壤质量和基础设施影响的调查。调查是在咨询当地相关专业人员的基础上，选择了31个点位开展田间调查与采样工作。每一调查点位同时具有在耕与弃耕梯田，两者最远距离不超过50米，土壤类型和造田时间相同，地形地貌一致，弃耕前在耕与弃耕梯田利用方式基本相似，弃耕地的弃耕时间在3年以上。研究中把耕地类别分为老水田和新水田2类，前者造田和种植时间在30年以上；后者为近15年内新造的梯田。通过走访相关农户与实地观察相结合开展调查，调查内容包括弃耕年份、利用历史，农田周边灌溉、排水、道路等基础设施及地表状况。土壤调查包括表土性状采集分析和表土根系分布情况观察。土样采集深度为0～15 cm，每一样品由同一采样农田15个分样点混合而成。土样经室内风干后，用木棍碾压，过2 mm孔径土筛，用于pH值的测定。将通过2 mm孔径筛的土样用四分法取出一部分继续碾磨，使之全部通过0.25 mm孔径筛，供土壤性状分析。土壤有机质采用重铬酸钾容量法测定，矿物结合态碳用密度为1.85 g/cm^3 NaI溶液和筛分法相结合的方法分离，用重铬酸钾－浓硫酸外加热法测定其有机碳含量。土壤容重在田间观察时直接用容重圈测定。其他土壤性状采用常规法测定。

9.6.2 结果与分析

9.6.2.1 土壤质量变化

表9-25结果表明，弃耕对土壤性状有一定的影响，但老水田与新水田弃耕后土壤质量的变化有所差异。与在耕农田比较，弃耕后老水田土壤有机碳、全氮、碱解氮、有效磷、速效钾普遍呈现下降趋势，其中，土壤有机碳和全氮平均分别比在耕农田下降12.29%和17.90%，全氮的下降幅度大于有机碳，相应的土壤C/N比略有升高，由9.49上升至10.14，这可能与弃耕后土壤氮素投入缺失有关；同时，土壤有机碳的存在形态也发生了一定的变化，与矿物结合的有机碳比例比较由82.47%上升为87.64%，这可能与在耕农田有机质投入量高于弃耕地有关，山区梯田水稻秸秆基本还田，由于老水田肥力较高，秸秆还田的数量也较高。随着有机碳和全氮的下降，弃耕农田土壤碱解氮也有明显的下降，平均下降幅度为16.94%。弃耕后农田土壤 NH_4^+-N和 NO_3^--N等可溶性氮的下降幅度远大于碱解氮，平均分别为73.60%和23.25%，NH_4^+-N的下降幅度大于NO_3^--N，这与弃耕后缺乏化学肥料氮的补充、原土壤中氮发生淋失有关。弃耕后，老水田土壤中积累的磷和钾均发生了下降，土壤有效磷和速效钾弃耕地分别比在耕农田下降39.50%和21.07%。老水田弃耕后，土壤酸化有所减弱，pH比在耕农田平均提高了0.36个pH单位，土壤交换性酸平均下降了0.65 cmol/kg，降幅20.12%。弃耕后由于缺少耕作，表层土壤容重略有提高，提高幅度为7.32%。

表9-25 在耕与弃耕农田土壤性状的比较

质量指标	老水田（*n*=18）		新水田（*n*=13）	
	在耕地	弃耕地	在耕地	弃耕地
pH值	5.07±0.47	5.43±0.53	4.87±0.32	4.91±0.30
交换性酸（cmol/kg）	3.23±1.14	2.58±0.79	4.17±1.54	4.02±1.48
有机碳 (g/kg)	15.38±3.44	13.49±2.67	8.76±2.59	9.74±2.63
矿物结合态碳占比（%）	82.47±5.24	87.64±6.43	87.66±4.66	84.74±4.17
全氮 (g/kg)	1.62±0.21	1.33±0.14	0.73±0.13	0.66±0.11
碱解氮 (mg/kg)	124±18.65	103±13.64	65.24±8.97	75.42±9.33
NO_3^--N(mg/kg)	3.14±1.57	2.41±1.23	2.74±1.28	1.22±0.69
NH_4^+-N(mg/kg)	4.28±2.25	1.13±0.64	3.54±2.14	1.08±0.53
有效磷 (mg/kg)	14.28±3.55	8.64±2.41	9.87±2.68	5.42±1.43
速效钾 (mg/kg)	87.25±10.54	69.74±6.98	94.98±13.58	72.65±10.42
容重（g/cm^3）	1.23±0.11	1.32±0.08	1.29±0.12	1.37±0.14

与老水田不同，弃耕后新水田的土壤有机质和碱解氮呈现增加趋势，平均分别比在耕农田提高了11.19%和15.60%。原因可能是新造水田肥力较低，在耕种条件下由于频繁耕作有机质不易积累；但弃耕后由于杂草的生长补充了较多的有机物质，后者在非耕作条件下分解较弱，从而促进了土壤有机质的积累。表9－25中新水田中的在耕农田土壤中矿物结合态碳占比高于弃耕农田也说明在弃耕农田中积累的有机碳主要为不稳定的易矿化有机碳。而土壤有机碳的积累在一定程度上增加了微生物的活性，增加了碱解氮的数量。而弃耕后新水田中土壤全氮、有效磷、速效钾及NH_4^+－N和NO_3^-－N的变化与老水田基本一致。同样，新水田弃耕后由于缺乏耕作活动，土壤容重也有所增加。弃耕后新水田的土壤pH虽有增加，但增幅很小，平均只增加0.04个pH单位。

9.6.2.2　表层土壤根系的变化

实地观察表明，在弃耕时间较短的农田（小于5~6年），地表主要生长杂草；但对于长期弃耕的农田，地表可逐渐生长较多的灌木，其高度可在1米至数米不等，数量随时间增加，有的农田的树木树干直接可达3 cm以上。弃耕地中树木的生长也改变了土壤中根系的状况，弃耕初期，土壤中主要为杂草的细根，土壤剖面与在耕农田基本一致；随着弃耕时间的增加，土壤中的根系逐渐由杂草的细根转变为林木的中粗根，部分农田的林木根系可穿越犁底层，达到40~50 cm的土壤中，在一定程度上破坏了水田的犁底层。在大量生长灌木的农田中，若要恢复种植，需要挖除林木的根系，对农田有一定的破坏作用。

9.6.2.3　基础设施状况

调查发现，弃耕对基础设施的影响远大于对土壤质量的影响，弃耕后多数农田的灌溉沟渠、排水沟逐渐被泥砂淤积而变浅，甚至消失，逐渐失去的灌溉和排水功能。同时，长期弃耕农田的田埂和道路也因常年失修，逐渐破损，部分观察点的田埂已不复存在。由于梯田的特殊性，部分地区农田由于长期失管，梯田外围还存在被山洪冲毁的现象。

9.6.3　结论

以浙江省代表山区梯田为对象，开展了弃耕对山区梯田土壤质量及农田基础设施的影响。结果表明：

（1）弃耕后农田土壤全氮、有效磷、速效钾、NH_4^+－N和NO_3^-－N普遍呈现下降趋势，C/N比略有增加，土壤容重增加，土壤酸化减弱。

（2）弃耕后土壤有机质和碱解氮的变化在老水田与新水田之间有所差异，老水田土壤有机碳、碱解氮呈现下降趋势，新水田土壤有机质和碱解氮却呈现增加。

（3）弃耕后农田灌排系统逐渐损毁，表层中产生大量的树林根系，增加了农田复耕的成本。

总体上，弃耕对农田基础设施的影响大于对农田土壤肥力本身的影响。

9.7 长期非粮化利用对水田土壤碳库、酸度和容重的影响

农田土壤质量是农产品高产、稳产的基础，是“藏粮于土”的根本。近年来，随着土地流转的加速，土地经营中出现了较为严重的“非粮化”现象，部分农户将原本用于种植粮食作物的耕地转为种植经济作物或其他非粮作物，用于花卉业、茶叶和水果生产及发展生态农业、观光休闲农业，甚至直接变为建设用地等。“非粮化”不仅直接影响粮食播种面积、对粮食安全造成潜在威胁，同时破坏了水利设施、灌溉系统，更为重要的是某些利用方式也改变了土体构型。一旦因流转期限到期或中途停止经营，将这些“非粮化”多年的土地恢复为种植粮食的农田将非常困难，影响土地后续的粮食生产。土地利用方式对土地生产力的影响是多方面的，基础设施的改变、土层的变化较为直观，而土壤理化性状的改变较为隐蔽，不易察觉。有机碳、pH和容重是农业土壤的3个重要质量指标，控制着农地土壤物理、化学和生物学特性，对农作物生长有较大的影响。为了解“非粮化”生产对水田土壤质量的影响，本节在浙江省滨海平原、河谷平原、水网平原、丘陵地区4类地貌类型区分别选择淡涂泥田、培泥砂田、青紫泥田和红泥田等4种代表性水田，调查了水田长期经营蔬菜、水果、茶叶、毛竹等“非粮化”活动对土壤有机碳、酸碱度和容重的影响。

9.7.1 材料与方法

于2018—2019年冬季在浙江省内共观察了233个农田，并采集了相应农田的表层（0~20 cm）土样。根据分布区的地形地貌，把采样区分划为滨海平原、河谷平原、水网平原、丘陵地区4类地貌类型，相应的采样数分别为60、51、50和66个。为了便于比较，每类地貌区土壤类型相同，分别为淡涂泥田、培泥砂田、青紫泥田和红泥田。采集的土样为多点混合采样，每个样品由同一采样农田6~10个分样点混合而成。滨海平原的“非粮化”生产类型包括蔬菜、水果、苗木；河谷平原的“非粮化”生产类型包括水果、竹、茶叶；水网平原的“非粮化”生产类型包括水果、蔬菜、苗木；丘陵地区的“非粮化”生产类型包括茶叶、水果、竹及苗木。同时以长期种植水稻的农田作为对照。采样地“非粮化”生产的持续时间均在15年以上。土样经室内风干后，用木棍碾压，过2 mm孔径土筛，用于pH值的测定。将通过2 mm孔径筛的土样用四分法取出一部分继续碾磨，使之全部通过0.25 mm孔径筛，供有机质的测定。土壤有机质采用重铬酸钾容量法测定；pH用电位法测定（土液比1∶2.5浸提液）；颗粒态碳和矿物结合态碳用密度

为1.85 g/cm^3 NaI溶液和筛分法相结合的方法分离，用重铬酸钾－浓硫酸外加热法测定其有机碳含量。土壤容重在田间观察时直接用容重圈测定。用SPSS（V18.0）软件对所测数据进行统计与分析。

9.7.2 结果与分析

9.7.2.1 土壤酸碱度

除滨海平原种植苗木外，水田长期改为蔬菜地、果园、竹园、茶园和苗木地后，土壤均呈现酸化的趋势，表现为土壤pH值下降，交换性酸增加。滨海平原水田改为蔬菜地、果园后，土壤pH平均下降了0.89和0.60单位，土壤交换性酸平均增加了0.24和0.16 cmol/kg（表9－26）；河谷平原水田改为果园、竹园、茶园后，土壤pH平均下降了0.20、0.58和1.26单位，土壤交换性酸平均增加了0.16、1.02和2.98 cmol/kg（表9－27）；水网平原水田改为果园、蔬菜地和苗木地后，土壤pH平均下降了0.24、0.55和0.16单位，土壤交换性酸平均增加了0.31、0.56和0.17 cmol/kg（表9－28）；丘陵地区水田改为茶园、竹园、果园和苗木地后，土壤pH平均下降了1.06、0.96、0.40和0.54单位，土壤交换性酸平均增加了2.86、3.04、0.67和1.26 cmol/kg（表9－29）。其中，以茶园土壤酸化最为明显，其次为竹园、蔬菜地，果园和苗木地土壤酸化相对较轻。水田用于蔬菜地、果园、竹园、茶园和苗木等“非粮化”生产的土壤酸化现象在丘陵地区和河谷地区表现最为明显，而在滨海平原土壤酸化相对较弱。

表9-26 利用方式对滨海平原水稻土pH、有机质和容重的影响（淡涂泥田）

利用方式	水田（$n=23$）	蔬菜（$n=16$）	果园（$n=12$）	苗木（$n=9$）
pH值	7.13±0.36	6.24±0.42	6.53±0.39	7.69±0.29
交换性酸（cmol/kg）	0.08±0.07	0.32±0.17	0.24±0.13	0.05±0.04
有机碳 (g/kg)	9.11±2.35	6.70±2.24	10.37±3.52	5.36±2.33
矿物结合态碳 (g/kg)	7.45±1.69	5.77±2.14	8.16±2.28	4.03±1.54
颗粒态碳 (g/kg)	1.66±0.62	0.93±0.48	2.21±0.62	2.33±0.71
矿物结合态碳占比（%）	82.14±6.54	85.87±5.58	78.65±7.13	74.88±5.98
容重（g/cm^3）	1.16±0.14	1.14±0.12	1.32±0.08	1.34±0.07

表9-27 利用方式对河谷平原水稻土pH、有机质和容重的影响（培泥砂田）

利用方式	水田（$n=25$）	果园（$n=12$）	竹园（$n=6$）	茶园（$n=8$）
pH值	5.82±0.41	5.62±0.38	5.24±0.42	4.56±0.37
交换性酸（cmol/kg）	0.87±0.35	1.03±0.38	1.89±0.52	3.85±0.74
有机碳 (g/kg)	16.09±3.24	10.31±2.69	17.49±3.66	15.35±2.98
矿物结合态碳 (g/kg)	12.66±2.98	7.78±1.85	12.51±2.03	11.31±2.22

（续表）

利用方式	水田（$n=25$）	果园（$n=12$）	竹园（$n=6$）	茶园（$n=8$）
颗粒态碳 (g/kg)	3.43±0.65	2.53±0.57	4.98±0.75	4.04±0.72
矿物结合态碳占比（%）	78.65±6.59	75.35±5.23	71.46±4.98	73.56±5.72
容重（g/cm^3）	1.19±0.11	1.34±0.08	1.28±0.06	1.31±0.07

表9-28　利用方式对水网平原水稻土 pH、有机质和容重的影响（青紫泥田）

利用方式	水田（$n=21$）	果园（$n=8$）	蔬菜（$n=8$）	苗木（$n=13$）
pH 值	6.03±0.35	5.79±0.39	5.48±0.29	5.87±0.31
交换性酸（cmol/kg）	0.37±0.21	0.68±0.18	0.93±0.34	0.54±0.25
有机碳 (g/kg)	19.41±3.64	16.73±3.14	14.74±2.89	11.91±2.64
矿物结合态碳 (g/kg)	16.04±2.88	12.93±2.41	11.79±2.09	9.12±2.33
颗粒态碳 (g/kg)	3.37±0.87	3.80±1.12	2.95±0.67	2.79±0.71
矿物结合态碳占比（%）	82.54±4.87	77.35±5.24	79.87±4.98	76.54±5.31
容重（g/cm^3）	1.15±0.08	1.34±0.06	1.17±0.07	1.36±0.05

表9-29　利用方式对丘陵水稻土 pH、有机质和容重的影响（红泥田）

利用方式	水田（$n=18$）	茶园（$n=15$）	竹园（$n=10$）	果园（$n=15$）	苗木（$n=8$）
pH 值	5.58±0.42	4.52±0.32	4.62±0.29	5.18±0.38	5.04±0.34
交换性酸（cmol/kg）	0.98±0.53	3.84±1.97	4.02±1.87	1.65±0.57	2.24±0.77
有机碳 (g/kg)	15.74±3.14	16.80±3.02	12.33±2.65	7.85±1.68	6.69±0.87
矿物结合态碳 (g/kg)	13.78±2.21	12.31±2.85	9.28±2.16	6.18±1.67	5.32±1.98
颗粒态碳 (g/kg)	1.96±0.54	4.49±1.66	3.05±1.03	1.67±0.78	1.37±0.67
矿物结合态碳占比（%）	87.54±5.32	73.25±3.98	75.23±4.21	78.65±3.99	79.33±4.79
容重（g/cm^3）	1.21±0.06	1.36±0.05	1.34±0.06	1.38±0.04	1.33±0.07

9.7.2.2　土壤有机碳含量

水田用于蔬菜地、果园、竹园、茶园和苗木等“非粮化”生产后，土壤有机碳含量也发生了变化。总体上，水田用于蔬菜地、果园和苗木地后土壤有机碳多呈下降，而用于茶园和竹园后土壤有机碳变化较小，但不同地貌区的变化略有差异（表9-26~表9-29）。

滨海平原水田改为蔬菜地、苗木地后，土壤有机碳平均分别比水田下降26.45%和41.16%，而用于果园后有机碳略有增加，平均比水田增加13.83%（表9-26）。河谷平原水田改为果园、茶园后，土壤有机碳平均分别比水田下降35.92%和4.60%，而用于竹园后有机碳略有增加，平均比水田增加8.70%（表9-27）。水网平原水田改为果园、蔬菜地和苗木地后，土壤有机碳平均分别比水田下降13.81%、24.06%和38.64%（表9-28）。丘陵地区水田改为竹园、果园和苗木地后，土壤有机碳平均分别比水田下降21.66%、50.13%和57.50%；而水田用于茶园后土壤有机碳略有增加，平均比水田增加6.73%(表9-29)。

9.7.2.3　土壤有机碳组分

土壤中矿物结合态碳的变化趋势基本上与有机碳的变化相似。除个别情况外(滨海平原的果园)，水田用于蔬菜地、果园、竹园、茶园和苗木等“非粮化”生产后土壤矿物结合态碳也呈不同程度的下降。滨海平原水田改为蔬菜地、苗木地后，土壤矿物结合态碳平均分别比水田下降22.55%和45.91%，而用于果园后土壤矿物结合态碳略有增加，平均比水田增加9.53%(表9-26)。河谷平原水田改为果园、竹园、茶园后，土壤矿物结合态碳平均分别比水田下降38.55%、1.18%和10.66%(表9-27)。水网平原水田改为果园、蔬菜地和苗木地后，土壤矿物结合态碳平均分别比水田下降19.39%、26.50和343.14%(表9-28)。丘陵地区水田改为茶园、竹园、果园和苗木地后，土壤有机碳平均分别比水田下降10.67%、32.66%、55.15%和61.39%(表9-29)。除滨海平原的蔬菜地外，“非粮化”生产后土壤矿物结合态碳占有机碳的比例呈现下降趋势，说明矿物结合态碳的下降比有机碳的下降更为明显。由于矿物结合态碳是土壤中较为稳定的有机碳，矿物结合态碳占有机碳的比例的下降说明“非粮化”行为可明显影响水田土壤中的稳定性有机碳。

土壤中颗粒态碳的变化与有机碳和矿物结合态碳的变化不同。滨海平原水田用于蔬菜地、河谷平原水田用于果园、水网平原水田用于蔬菜地和苗木地、丘陵地区水田用于果园和苗木地后，土壤颗粒态碳呈现下降，而其他情况土壤颗粒态碳呈现增加(表9-26至表9-29)。颗粒态碳是土壤中活性较高的有机碳，其数量与有机碳进入土壤的数量有关，种植蔬菜表现为颗粒态碳下降与蔬菜地产生的枯落物较少有关，而苗木地、茶园、竹园和果园具有较高的枯落物，因而其土壤的颗粒态碳也较高。

9.7.2.4　土壤容重

除用于蔬菜生产外，水田用于其他“非粮化”生产后土壤容重均呈现明显的增加(表9-26~表9-29)。果园的增幅度在12.60%~16.52%，苗木的增幅度在9.92%~18.26%，竹园的增幅度在7.56%~10.74%，茶园的增幅度为12.40%。容重的增加导致了土壤孔度的增加和通气性的下降，影响了土壤的通透性；过高的容重也在一定程度上影响了作物根系的伸展。

9.7.3　结论

对浙江省滨海平原、河谷平原、水网平原和丘陵地区等4类地貌类型区代表性水田(淡涂泥田、培泥砂田、青紫泥田和红泥田)长期经营蔬菜、水果、茶叶、毛竹等“非粮化”活动对土壤有机碳、酸碱度和容重的影响表明：

（1）除滨海平原种植苗木外，水田长期改为蔬菜地、果园、竹园、茶园和苗木地后，土壤均呈现酸化的趋势，以茶园土壤酸化最为明显，其次为竹园、蔬菜地，果园和苗木地土壤酸化相对较轻；水田用于蔬菜地、果园、竹园、茶园和苗木等“非粮化”生产的酸化现象在丘陵地区和河谷地区表现最为明显，而在滨海平原酸化相对较弱。

（2）水田用于蔬菜地、果园和苗木地后，多数情况下土壤有机碳呈下降趋势，而用于茶园和竹园后土壤有机碳变化较小。“非粮化”生产后土壤矿物结合态碳的下降比有机碳的下降更为明显。“非粮化”生产后，土壤颗粒态碳的变化与有机碳进入土壤的数量有关。

（3）除用于蔬菜生产外，水田用于其他“非粮化”生产后土壤容重均呈现明显的增加，对土壤物理性状产生不利影响。

第10章

水稻土的酸化特征及水田改旱地土壤酸碱度变化的模拟

10.1 水稻土的酸化特征及其起因

土壤酸碱度是水稻土的重要特性，它可通过影响土壤养分的生物有效性、结构的稳定性、微生物的活性及有害物质的积累等多种方式对土壤肥力和农作物生长产生明显的影响。同时，土壤酸碱度也极易受工业污染、施肥、种植制度等的影响。在人工培肥和灌溉的影响下，水稻土中形成了特殊的酸碱缓冲体系，特别是土壤中的铁、锰氧化物被还原消耗质子可使溶液中的氢离子浓度下降，因此，长期种植水稻后土壤酸碱度一般是向中性方向发展。随着效益农业发展步伐的加快，种植结构、作物产量、施肥习惯、施肥水平等均发生了较大变化，种植制度和施肥结构的改变以及同期工业发展引起的酸雨极大地影响着水稻土的酸碱缓冲体系，引起土壤酸碱度的改变。为了全面了解浙江全省水稻土的酸化情况及其趋势，本节以浙江省水田土壤为例，对水稻土的酸化特征和原因进行分析。

10.1.1 研究材料与方法

采用两种方法研究浙江省水稻土的酸化情况和原因：一是结合近年来开展的耕地地力调查对浙江全省水稻土 pH进行统计分析，通过与第二次土壤普查结果进行比较，探讨全省水稻土的酸化趋势；二是采用实地定点调查的方法，研讨土壤酸化速率与原因。

10.1.1.1 全省水稻土酸碱度调查

土壤样品采集按照农业农村部耕地地力调查规范进行，平原区、大田作物每0.4~30 hm^2采一个混合样，丘陵区、大田园艺作物每2~5 hm^2采一个混合样。采样在作物收获后或播种施肥前进行，采用多点混合，每个样品取15~20个分样点。采样时间为2007—2009年。pH用土液比1∶2.5浸提液，电位法测定。共从浙江省收集到的分析数据集中筛选出32 441个水稻土的pH数据用于统计分析。样品基本覆盖了全省各地，地貌类型有丘陵、河谷平原、水网平原和滨海平原。

10.1.1.2 实地定点调查

实地调查分纵向与横向两个方面：纵向调查在一些县市的养分定位观察点或以往科研中有明确采样地点记录、有pH分析数据的地点进行，通过按原采样方法对田块进行重新采样、测定土壤pH，以比较土壤pH的变化，共选择了32个观察点；横向调查通过比较相邻位置、相同类型的水稻土（在第二次土壤普查属于同一制图单元）不同利用方式田块的土壤pH，比较不同土地利用方式对土壤酸度的影响，选择了杭州市萧山区、绍兴市绍兴县和湖州市吴兴区作为典型样区，调查水稻、蔬菜、苗木、桑树等利用方式的水稻土的土壤pH。

10.1.2 结果与分析

10.1.2.1 全省水稻土的酸碱度现状

浙江省水稻土耕作层土壤酸碱度有很大的空间变异。据全省32 441个样品统计表明，浙江省水稻土pH最低为3.30，最高为9.80，相差达6.50个pH单位，pH中值为5.70。水稻土pH的分布主要在4.5~6.5，其中，pH在4.5~5.5和5.5~6.5的水稻土占的样品比例分别为38.32%和39.97%，二者共占78.29%。pH在6.5~7.5和7.5~8.5的水稻土样品比例分别为13.85%和5.08%；而pH在＜4.5和＞8.5的样品比例分别为2.56%和0.21%。由此可见，浙江省水稻土以酸性土壤为主。

表10-1为不同地貌类型区水稻土的pH及其分级情况，除滨海平原土壤基本上以中性和微碱性为主外，其他区域的土壤基本上以酸性为主。酸度以丘陵区为最高，其次为河谷区，而水网平原区相对较低。土壤pH的分级组成也表明，滨海平原区和水网平原区水稻土pH在4.5以下和4.5~5.5的样品比例较低，pH＞6.5的样品比例较高（特别是滨海平原区）；相反，丘陵区水稻土的pH基本上在6.5以下。但无论是哪个土区，都存在着一定比例的酸化土壤，丘陵区、河谷平原区、水网平原区和滨海平原区pH在5.5以下的样品比例分别为62.63%、56.42%、18.37%和6.99%。这一结果表明，目前浙江省水稻土的pH既有明显的继承性，又有新的变化特点。丘陵区和部分河谷平原区是富铁、铝化土壤分布区，长期的脱硅、脱盐基结果使土壤在农用前已呈现明显的酸性，

开垦为耕地后其部分酸性特征仍然保留在土壤中。而水网平原区由于地势比周围低，在自然条件下由于接受了周围地区的盐基等物质，一般有较高的pH；但这一区域约有18.37%的土壤pH在5.5以下，说明长期的耕作施肥已导致了这一区域土壤的明显酸化。而滨海平原区的土壤成土母质含有一定的碳酸钙，在土壤形成初期，这些土壤一般呈现碱性，但目前已有的28.23%土壤pH在6.5以下，也说明了其有明显的酸化。

表10-1　不同地貌类型区水稻土的pH值及其分级情况

地貌	样本数	pH值		pH值分级比例(%)					
		范围	统计值	<4.5	4.5~5.5	5.5~6.5	6.5~7.5	7.5~8.5	>8.5
滨海平原	2 359	3.95~9.00	7.16±0.98	0.51	6.48	21.24	28.61	40.48	2.67
丘陵	10 766	3.30~8.45	5.47±0.68	4.53	58.10	29.92	5.80	1.65	0.00
河谷平原	7 371	3.02~8.70	5.54±0.71	3.89	52.53	34.84	6.44	2.25	0.04
水网平原	11 945	3.70~9.80	6.14±0.66	0.36	18.01	55.91	22.77	2.92	0.03

由表10-2可知，水稻土的酸化在全省各地市中已是一个普遍现象。各地区都有一定面积的水稻土的pH呈极强酸和酸性。从各地市水稻土pH的中值和平均值来看，除舟山地区水稻土平均pH呈中性外，其他地市的水稻土普遍呈酸性或强酸性。土壤pH以舟山为最高，其次为嘉兴、湖州、杭州、台州和宁波，金华、丽水、衢州和温州等地水稻土的pH低于其他地市。金华和丽水等两地的水稻土pH低于4.5的比例分别高达7.26%和12.71%；而它们的pH低于5.5的土壤比例分别高达67.64%和69.99%。衢州、绍兴和温州等地pH低于5.5的土壤比例也均在44%以上。

表10-2　各地市水稻土pH的分布

地区	样本数	pH值			pH<4.5的比例(%)	pH<5.5的比例(%)
		范围	中值	平均		
杭州	4 070	3.69~9.00	5.90	6.22	2.56	32.16
湖州	3 139	4.40~8.16	6.20	6.23	0.03	9.72
嘉兴	4 766	4.40~8.52	6.40	6.45	0.06	5.48
金华	3 749	3.80~8.24	5.20	5.24	7.26	67.64
丽水	1 243	3.30~8.20	5.20	5.15	12.71	69.99
宁波	1 312	3.60~9.00	6.00	6.39	3.20	29.04
衢州	2 456	3.60~8.20	5.50	5.57	3.88	47.75
绍兴	4 520	3.60~8.72	5.57	5.79	2.43	44.09
台州	2 667	3.70~9.00	6.10	6.37	0.79	28.30
温州	2 697	4.20~8.50	5.40	5.56	1.20	58.17
舟山	194	4.40~8.80	7.10	6.93	1.03	14.43

统计也表明，土壤质地对水稻土的pH也有轻微的影响，黏土、壤土和砂土的pH分别为6.07±0.92（n=8 240）、5.78±0.80（n=23 177）和5.66±0.86（n=1 026），总体上，砂土的pH较低，黏土的pH较高，这可能与砂土对酸的缓冲性较弱、容易酸化等有关。

10.1.2.2 全省水稻土酸碱度的历史变化

据浙江省第二次土壤普查（1980—1985）的调查（浙江省土壤普查办公室，1994），全省28 144个水稻土耕层土壤的pH频率分组比例为：pH在5.5~6.5的占58.20%；pH在6.5~7.5的占28.40%；pH在4.5~5.5的占10.10%；pH＜4.5和pH在7.5~8.5的分别占0.00%和3.30%；pH中值为6.09。与第二次土壤普查相比，目前水稻土耕作层土壤的酸化非常明显（表10-3）。从第二次土壤普查至今，土壤pH在5.5~7.5的比例显著下降，而pH小于5.5的比例却明显地上升，甚至出现了第二次土壤普查时还未有的pH在4.5以下的土壤。pH中值下降了0.39个pH单位（从6.09下降至5.70）。

表10-3 浙江全省水稻土pH的变化

观察时间	样本数	pH值分级组成（%）					
		>8.5	7.5~8.5	6.5~7.5	5.5~6.5	4.5~5.5	<4.5
第二次土普	28 144	0.00	3.30	28.40	58.20	10.10	0.00
耕地地力	32 441	0.21	5.08	13.85	39.97	38.32	2.56

一些地（市）的统计结果也表明（表10-4），与第二次土壤普查相比，除舟山市外，目前各地市水稻土pH在5.5~7.5的比例均明显下降，而pH在＜5.5的比例却明显地增加，呈现出明显的酸化趋势。舟山市水稻土pH变化较小，一方面与该地区主要以渔业为主，种植业在当地为非主导产业，施肥水平较低；另一方面，舟山市为海岛，受海水的影响，农田灌溉水和降水中含较高的盐基物质，水稻土盐基补充丰富，在一定程度上抵消了土壤的酸性物质。

表10-4 典型地市水稻土pH的变化

地点	观察时间	样本数	pH值分级组成（%）					
			>8.5	7.5~8.5	6.5~7.5	5.5~6.5	4.5~5.5	<4.5
温州市	第二次土普	3 264	0	0.8	15.7	71.1	12.4	0
	耕地地力	2 697	0	2.19	5.71	31.22	59.62	1.26
绍兴市	第二次土普	不详	0	1.39	15.69	78.83	4.05	0.04
	耕地地力	4 520	0	5.02	8.56	40.91	43.72	1.79

（续表）

地点	观察时间	样本数	pH 值分级组成（%）					
			>8.5	7.5~8.5	6.5~7.5	5.5~6.5	4.5~5.5	<4.5
衢州市	第二次土普	1 528	0.59	5.10	15.25	59.63	19.30	0
	耕地地力	2 456	0	1.67	8.02	37.50	48.66	4.15
舟山市	第二次土普	423	0	18.0	31.4	36.5	14.1	0
	耕地地力	194	3.85	26.92	15.38	37.18	16.67	0

表10－5为衢州市衢江区和柯城区历次调查的水稻土的pH值分布情况。从中可知，从第一次土壤普查（1958年）至第二次土壤普查（1982年）的24年中，水稻土的pH值不但没有下降，反而有增加的趋势；但第二次土壤普查以来，水稻土呈现明显的酸化。这一结果在一定程度上说明了水稻土的酸化主要发生在近30年内。

表10-5　衢州市衢江区、柯城区历次调查水稻土的pH的分布

观察时间	样本数	pH 值分级组成（%）				
		>7.5	6.5~7.5	5.5~6.5	4.5~5.5	<4.5
第一次土普*	不详	/	16.4	62.0	21.6	0
第二次土普*	不详	6.32	23.52	60.08	10.08	0
耕地地力	740	6.23	15.40	30.27	43.78	4.32

*资料引自：衢州市农业局、衢州市土壤普查办公室，衢州市土壤志，1985（未出版）

10.1.2.3　土壤的酸化速率

在调查的32个定位观察点中，有5个属于林地，土壤类型为红壤，分别位于绍兴市柯桥区兰亭镇和漓渚镇，平阳县昆阳镇、苍南县马站镇和龙泉市八都镇，在1993年的采样中，它们的表层土壤pH分别为5.12±0.02、5.89±0.07、5.67±0.05、5.03±0.05和4.87±0.04，2010年在相同地点的取样测定结果分别为5.03±0.11、5.58±0.12、5.75±0.08、4.92±0.04、4.72±0.05，17年内土壤pH变化量在－0.31~0.08，平均变化量为－0.10。这一结果说明，在非施肥的自然条件下，土壤也存在一定的酸化。

在其余的27个定位观察点中，分别有6、9、7和5个点位于浙江省的滨海平原、水网平原、河谷平原和丘陵地区。这些水稻土曾在1990年前后进行过土壤采样分析，于2010年在相同田块中重新取样测定pH。统计表明，近20年内滨海平原、水网平原、河谷平原和丘陵地区的这些水稻土pH变化量分别在－0.21~－0.87、－0.17~－0.68、－0.32~－0.88、－0.11~－0.48，平均分别为－0.42、－0.35、－0.49和－0.27个pH单位。土壤酸化速率以河谷平原为最高，其次为滨海平原，丘陵地区相对较低。27个定位观察点，土壤pH均出现了下降的趋势，下降量在0.11~0.88，平均下降量为0.39。

10.1.2.4 土地利用方式对土壤酸化的影响

对杭州市萧山区17组种植水稻与苗木、12组种植水稻与蔬菜的成对水稻土pH统计，种植苗木与种植水稻的pH差值在−0.38~0.21，平均为−0.09，总体上种植苗木的水稻土pH低于种植水稻的，但二者之间的pH差异并不明显；种植蔬菜与种植水稻农田土壤pH差值在−1.17~0.18，平均为−0.43，种植蔬菜的水稻土pH明显低于种植水稻的水稻土。对绍兴县14组种植水稻与蔬菜的成对水稻土pH统计，种植蔬菜与种植水稻农田土壤pH差值在−1.32~0.11，平均为−0.51，种植蔬菜的水稻土pH明显低于种植水稻的水稻土。对湖州市吴兴区11组种植水稻与桑树的成对水稻土pH统计，种植桑树与种植水稻的水稻土pH差值在−0.63~0.23，平均为−0.29，种植桑树的水稻土pH明显低于种植水稻的水稻土。由此可见，水稻改旱种植蔬菜、桑树和苗木后，土壤均有酸化的趋势，但种植苗木的水稻土酸化尚不明显，种植蔬菜和桑树的水稻土呈现明显的酸化，酸化程度以种植蔬菜的高于种植桑树的。

10.1.3 土壤酸化的原因分析

土壤酸化是指土壤中氢离子增加的过程或者说是土壤酸度由低变高的过程，它既是一个持续不断的自然过程，同时也深受人为活动的影响。自然状态下的土壤酸碱性主要受成土因子控制，其酸化的过程是十分缓慢，pH每下降一个单位往往需要上百年甚至上千年的时间，它是土壤酸碱度区域性差异的决定因素。在种植水稻条件下，因土壤中的铁、锰氧化物被还原消耗质子可使溶液中的氢离子浓度下降，因此，土壤酸化并不明显。但不合理的施肥和工业污染可加速土壤的酸化。近年来的研究表明，人为活动影响下的土壤酸化是我国农业土壤的普遍现象。Guo等（2010）的研究表明，在过去的20多年中，中国有90%的农田土壤发生了不同程度的酸化现象，土壤pH平均下降约0.5个单位，相当于土壤酸量在原有基础上增加了2.2倍。其中，以大棚蔬菜和果园为主的经济作物土壤酸化比大田粮食作物更为严重；即使过去被认为对酸化不敏感的华北石灰性、碱性土壤也同样出现了酸化现象。梁梅青等（2010）的研究表明，与背景土壤相比，赣南种植脐橙园的土壤pH平均下降了0.46个pH单位，其中紫色土下降了1.36个pH单位。程先富等（2008）对江西省兴国县农田土壤pH的研究表明，20年中农田土壤pH平均下降0.94个pH单位，主要为潴育型水稻土。曹丹等（2009）对江苏典型茶场代表性茶园土壤pH的监测表明，江苏茶园土壤酸化趋势严重，有67%的茶园0~20cm土壤酸化速率大于0.1个pH单位/年，其中33%的茶园土壤酸化速率大于0.2个pH单位/年，50%的茶园土壤pH低于4。王辉等（2005）南京市南郊高度集约化利用下蔬菜地土壤的调查表明，大棚蔬菜地土壤的pH比露天农田下降了0.30~0.87，比第二次土壤普查时的露天蔬菜地下降了0.12~0.52。本研究的调查表明，浙江全省水稻土的pH中值比第2

次土壤普查降低了0.39个pH单位，典型样区农田土壤pH值下降了0.11~0.88个pH单位（平均下降量为0.39）。浙江省水稻土土壤酸化的幅度基本落在以上文献报道的范围内，下降程度属于中等水平。

近30年来，浙江省水稻土pH的下降原因是多方面的：

（1）自然风化。浙江省地处亚热带，高温和高降水量的成土环境可引起土壤的强烈淋洗，促进了土壤的自然酸化，但这种酸化的速率一般较小。

（2）工业污染。近年来，浙江省社会经济快速发展，城市化、工业化进程不断加快，已经成为我国经济最发达的地区之一。工业迅猛发展导致的“三废”增加已经成为局部地区土壤急剧酸化的重要因素。采矿、化工、电镀、纺织、印染、造纸等工业废水进入土壤和工业废气中的SO_2、NOx等造成的酸性干湿沉降，以及固体废弃物中所含酸性物质通过大气扩散或降水淋滤后进入土壤，均可对土壤酸化产生了一定的影响。另一部分经过一系列的化学反应最后形成强酸H_2SO_4和HNO_3，雨水随之下降形成酸雨，促进了土壤的酸化。本研究对绍兴市柯桥区兰亭镇和漓渚镇，平阳县昆阳镇、苍南县马站镇和龙泉市八都镇的丘陵红壤调查也表明，这种酸化是客观存在的。

（3）化肥特别是生理酸性肥料的大量施用。长期的不合理施肥，特别是施用硫酸铵、氯化钾、氯化铵等酸性和生理酸性肥料，可以造成土壤酸化。近20年来，浙江省化肥用量已明显高于20世纪80年代，经济作物化肥超量施用非常明显。浙江省的氮肥以铵态氮肥为主，进入土壤后经过一系列的转化过程最终造成土壤H^+增加，导致土壤的酸化。Guo等（2010）的研究表明，氮肥过量施用是导致农田土壤酸化的主要原因。20世纪80年代以来，中国氮肥用量相当惊人，在占世界7%的耕地上消耗了全球35%的氮肥。

（4）水田改种旱作。近30多年来，浙江省土地利用方式发生了显著的变化，随着蔬菜、经济作物种植面积的不断扩大，大量的水田已由种植水稻逐渐演变为种植旱作，土壤酸碱缓冲体系发生了明显的变化。同时，水田改为菜地后，土地复种指数增加、土地利用率提高和化肥投入量增加等，加快了土壤的酸化。

此外，浙江省水稻土的阳离子交换量较低（15~20 cmol/kg），对酸的缓冲性较弱（李建国等，2005），土壤相对容易酸化。

10.1.4 主要结论

（1）浙江省水稻土pH有很大的变化，在3.30~9.80，相差达6.50个pH单位，以酸性为主。与第二次土壤普查相比，目前耕地土壤呈明显的酸化：pH在5.5以下的土壤比例明显地增加，而pH在5.5~7.5土壤的比例明显地下降。

（2）水稻土酸化在浙江全省各地市中已是一个普遍现象。各地区都有一定面积的耕地土壤pH呈极强酸和酸性。除滨海平原土壤基本上以中性至微碱性为主外，其他土区的土壤基本上以酸性为主，酸度以丘陵区为最高。

（3）定点观察表明，近30年内水稻土的pH下降量在0.17~0.83，下降速率蔬菜地>桑园地>苗木地。土壤酸化与长期施用高量化肥、环境污染和水稻种植旱作等有关。

10.2 水田改旱地土壤酸碱度变化的模拟

土壤的酸化速率与氮肥用量、肥料种类和土壤性质有关，许多研究把耕地土壤酸化归结为化肥的高量施用和大气酸沉降。但值得注意的是，我国南方地区自20世纪80年代以来耕地的酸化同时也伴随着土地利用方式的改变，特别是大面积的水田改为旱地、种植蔬菜和果树等经济作物。同一地区的水田土壤pH常常高于旱地土壤，这意味着土地利用方式的改变可能也是引起土壤酸化的原因之一。为此，本文采用室内模拟培养试验，观察研究了水田改露天旱地与大棚种植环境下土壤酸碱度的变化特点。

10.2.1 材料与方法

从浙江省选择了3类种植面积较大的典型农田土壤用于模拟研究。3类土壤分别为淡涂泥田、黄斑田和黄泥田，它们的成土母质分别为浅海沉积物、河湖相沉积物和酸性岩风化再积物，分别代表滨海平原、水网平原和丘陵山地的典型水稻土。采集土壤的深度为0~15 cm，土壤的基本性质见表10-6。

表10-6 试验前供试土壤理化性质

土壤	有机质 (g/kg)	黏粒 (g/kg)	粉砂 (g/kg)	砂粒 (g/kg)	CEC (cmol/kg)	$CaCO_3$ (g/kg)	pH值	游离铁 (g/kg)	无定形铁 (g/kg)
淡涂泥田	31.23	286	489	225	16.48	4.46	6.93	15.4	3.9
黄斑田	34.17	243	421	336	17.34	0	6.25	16.2	5.2
黄泥田	26.76	221	386	393	9.23	0	5.23	31.4	4.2

每类土壤各设3个处理，分别模拟种植水稻、露地旱作和大棚种植等的土壤环境，试验在温室中进行。选择长、宽和深分别为30 cm、25 cm和20 cm的塑料容器用于试验，容器底部设有排水装置，可控制排水。每一容器装土深度为15 cm，装土量13.5 kg，相当于容重1.20 g/cm^3。装土前土壤过5 mm土筛，每一类土壤装土各9盆（即每一处理各设置3个重复）。

试验初期，各塑料容器中土壤进行50 d的淹水处理，土表保持淹水层厚度为5 cm。之后，开始3种处理的试验，分别模拟种植水稻、露地旱作和大棚种植等土壤环境。试验过程中采用每45 d为一个周期模拟一年作物生长季的田间状况。每一周期分别添加相当于田间一年的酸性物质和由施肥等引起的盐分输入量。据Guo等（2010）的研究，华北冬小麦－夏玉米轮作、华南水稻－小麦轮作等“一年两熟”种植体系中氮肥大量施用每年所产生的酸量为20～30 kmol（H^+）/hm^2；蔬菜大棚等设施农业中过量施氮的年产酸量约为200 kmol（H^+）/hm^2；秸秆移出带走的盐基对土壤酸化的贡献为15～20 kmol（H^+）/hm^2。又据中国农业科学院的长期定位试验（孟红旗等，2013），施用化学氮肥处理实际酸化速率为4.0～6.7 kmol（H^+）/hm^2/a。结合浙江省水田、露天旱地和大棚蔬菜地氮肥施用水平（1∶1.20∶1.75），选择20、24和35 kmol（H^+）/hm^2（相当于10、12、17.5 mmol/kg土壤）为每年输入水田、露天旱地和大棚蔬菜地的酸量作为试验中每一周期添加的酸量。同时根据浙江省典型地区施肥水平每年残留在土壤中肥料量确定每一试验周期添加的盐量（为0.1、0.12和0.175 g/kg土壤）。添加的酸和盐分别用H_2SO_4和氮磷钾复合肥配制。3个处理的试验情况如下。

（1）模拟种植水稻环境：每个试验周期内分为4个时段（分别为16 d、6 d、16 d、7 d），分别模拟田间淹水－排水－淹水－排水的轮回。淹水期间土面以上保持5 cm的水层，排水期间排除土壤中的自由水；每一试验周期添加的酸和盐与灌溉水一并加入。

（2）模拟露地种植旱作环境：保持75%～85%的田间持水量，每15 d（即每一试验周期3次）模拟田间降水引起的排水，每次模拟降水量为120 mm。容器底部的排水装置保持开通，模拟降水采用一自动加液器添加，在1～2 d内完成，并保证土内无积水。每一试验周期添加的酸与盐量分期3次在模拟降水后加入土壤中（即添加前溶于少量水中）。

（3）模拟大棚种植环境：土壤水分保持75%～85%的田间持水量，无自由水通过土体。每一试验周期添加的酸与盐量在调节土壤水分时同时加入。为了了解水田改为旱地后土壤酸度的变化，在经过50 d淹水处理后的第一个周期内不添加酸和盐，即添加酸和盐从试验的第二个周期内开始。试验共进行了17个周期（相当于17年）。

在每一个试验周期结束时采集土壤样品。采集的土样用分析pH、交换性酸、盐分、CEC、NH_4^+-N、NO_3^--N、有机质、还原性物质、交换性铝、吸附态铝、酸溶性无机铝和络合态铝等。土壤pH和还原性物质采用原位（湿土）土壤直接测定；其中，pH值测定时调节土水比为1∶1；还原性物质用硫酸铝浸提剂提取测定。其他性质采用风干土测定。有机质采用重铬酸钾氧化法测定；交换性酸采用KCl交换－中和法测定；阳离子交换量（CEC）采用乙酸铵交换法测定；交换性盐基用乙酸铵交换，Ca、Mg用原子吸收光谱法测定，Na、K用火焰光度法测定。非交换性酸采用CEC与交换性盐基差值计算。土壤中各形态铝采用连续提取法进行提取，即：用1.0 mol/L KCl提取土壤中交换态铝；用1.0 mol/L NaOAc提取单聚体羟基铝；用1.0 mol/L HCl提取酸溶无机铝；用0.5 mol/L NaOH提取腐殖酸铝。

10.2.2 结果分析

10.2.2.1 水田改旱地引起的土壤酸度变化

3个土壤的模拟培养试验表明（图10-1），由于持续的酸性物质的输入，不同处理的土壤pH均呈下降的趋势。在水稻种植环境下土壤pH只呈现轻微的下降，至17个试验周期后，淡涂泥田从7.28下降至7.19，黄斑田从6.97下降至6.71，黄泥田从6.25下降至5.88；pH平均下降幅度：黄泥田（0.37）＞黄斑田（0.26）＞淡涂泥田（0.09）。露地种植旱作和大棚种植环境下土壤pH的下降明显大于水稻种植环境下的，并以大棚种植环境下土壤pH的下降最为明显。在露地种植旱作环境下，至17个试验周期后，平均土壤pH呈显著的下降。其中，淡涂泥田的pH从7.28下降至6.54，黄斑田从6.97下降至5.69，黄泥田从6.25下降至5.02；平均下降幅度：黄斑田（1.28）＞黄泥田（1.23）＞淡涂泥田（0.74）。在大棚种植环境下，至17个试验周期后，平均土壤pH也呈显著的下降。其中，淡涂泥田的pH从7.28下降至6.03，黄斑田从6.97下降至5.23，黄泥田从6.25下降至4.72；平均下降幅度：黄斑田（1.74）＞黄泥田（1.53）＞淡涂泥田（1.25）。3个土壤之间pH下降量的差异可能与土壤的缓冲性能不同有关，淡涂泥田因含有碳酸钙，其对酸的缓冲能力较强。

随着土壤pH的下降，土壤中交换性酸也随培养周期呈逐渐增加。至17个试验周期后，土壤交换性酸均比试验初期呈现显著增加。在水稻种植环境下，土壤中交换性酸增加幅度相对较小，至试验结束时，淡涂泥田交换性酸从0.00 cmol/kg增加至0.24 cmol/kg，黄斑田从0.28 cmol/kg增加至0.53 cmol/kg，黄泥田从0.65 cmol/kg增加至1.43 cmol/kg；平均增加幅度：黄泥田（0.78 cmol/kg）＞黄斑田（0.25 cmol/kg）＞淡涂泥田（0.24 cmol/kg）。在露地种植旱作环境下，淡涂泥田交换性酸从0.00 cmol/kg增加至0.47 cmol/kg，黄斑田从0.28 cmol/kg增加至1.43 cmol/kg，黄泥田从0.65 cmol/kg增加至4.27 cmol/kg；平均增加幅度：黄泥田（3.62 cmol/kg）＞黄斑田（1.15 cmol/kg）＞淡涂泥田（0.47 cmol/kg）。在模拟大棚种植环境下，淡涂泥田交换性酸从0.00 cmol/kg增加至1.36 cmol/kg，黄斑田从0.28 cmol/kg增加至3.16 cmol/kg，黄泥田从0.65 cmol/kg增加至7.34 cmol/kg；平均增加幅度：黄泥田（6.69 cmol/kg）＞黄斑田（2.88 cmol/kg）＞淡涂泥田（1.36 cmol/kg）。

随着土壤酸化程度的增加（表10-7），土壤交换性酸组成中交换性氢的比例逐渐下降，而交换性铝的比例却逐渐上升。这一结果表明，随着土壤酸化的增加，土壤中铝被逐渐释放，成为交换性酸的重要组成部分。在相同试验周期内，土壤中交换性铝占交换性酸的比例是大棚旱地＞露天旱地＞水田。

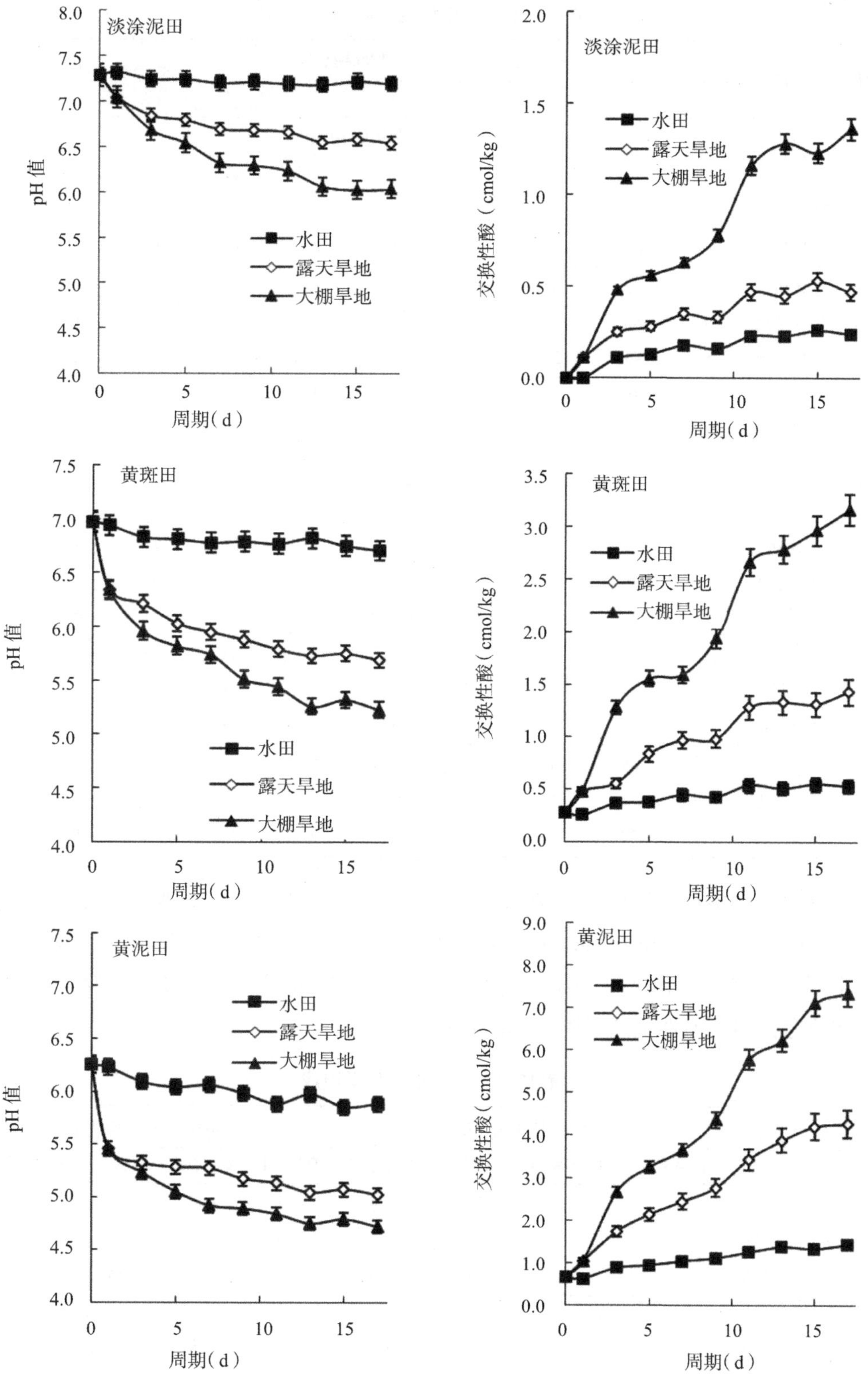

图10-1　不同模拟种植条件下土壤酸化随时间的变化

表10-7　土壤交换性铝和氢的组成(%)

土壤	处理	试验周期(d)									
		0	1	3	5	7	9	11	13	15	17
						交换性 H(%)					
淡涂泥田	水田	/	/	100	100	100	81	89	75	82	81
	露天旱地	/	100	79	74	56	64	52	36	28	22
	大棚旱地	/	100	38	43	28	23	16	13	12	14
黄斑田	水田	85	92	67	53	49	52	36	42	36	39
	露天旱地	67	56	52	43	32	27	36	22	18	15
	大棚旱地	76	43	26	24	18	13	11	10	7	5
黄泥田	水田	32	35	32	28	23	25	22	18	13	8
	露天旱地	31	28	24	22	18	15	16	12	7	5
	大棚旱地	27	21	14	11	8	6	7	5	4	3
						交换性 Al(%)					
淡涂泥田	水田	/	/	0	0	0	19	11	25	18	19
	露天旱地	/	0	21	26	44	36	48	64	72	78
	大棚旱地	/	0	62	57	72	77	84	87	88	86
黄斑田	水田	15	8	33	47	51	48	64	58	64	61
	露天旱地	33	44	48	57	68	73	64	78	82	85
	大棚旱地	24	57	74	76	82	87	89	90	93	95
黄泥田	水田	68	65	68	72	77	75	78	82	87	92
	露天旱地	69	72	76	78	82	85	84	88	93	95
	大棚旱地	73	79	86	89	92	94	93	95	96	97

土壤铝的化学形态组成分析结果表明(表10-8)，试验前后土壤中铝的化学形态发生了一定的变化，土壤酸化后，土壤中交换性铝和吸附态铝都显著地增加，酸溶态铝呈轻微下降，而络合态铝却呈现明显地减少。这一结果表明，酸化过程中发生了络合态铝、酸溶态铝向交换性铝和吸附态铝的转化。

表10-8　土壤铝的化学组成

土壤	处理	试验初期(mg/kg)				试验结束(mg/kg)			
		交换 Al	吸附态铝	酸溶无机铝	络合态铝	交换 Al	吸附态铝	酸溶无机铝	络合态铝
淡涂泥田	水田	0	0	143.6	78.7	5.34	3.56	138.6	53.9
	露天旱地	0	0	138.7	84.7	31.66	11.8	135.4	61.8
	大棚旱地	0	0	149.4	77.6	98.67	17.6	143.7	57.9
黄斑田	水田	1.54	4.21	121.6	95.4	24.32	7.56	112.8	78.9
	露天旱地	16.2	3.65	114.8	103.6	101.25	8.97	111.6	86.9
	大棚旱地	21.67	4.68	127.6	92.7	256.45	15.7	117.9	79.5

（续表）

土壤	处理	试验初期 (mg/kg)				试验结束 (mg/kg)			
		交换 Al	吸附态铝	酸溶无机铝	络合态铝	交换 Al	吸附态铝	酸溶无机铝	络合态铝
黄泥田	水田	34.23	14.65	1 843.6	1 135.7	112.34	23.6	1 801.7	1 078.6
	露天旱地	56.78	11.67	1 904.7	1 067.8	342.76	32.6	1 868.7	1 021.4
	大棚旱地	63.44	10.58	1 887.5	1 113.5	498.76	43.8	1 845.9	1 067.8

10.2.2.2　露天旱地与大棚种植地土壤酸化的差异

图10-1和表10-8的结果都表明，露天旱地与大棚种植地土壤酸化存在明显的差异，后者的酸化速率明显高于前者。大棚种植地土壤的pH明显低于露天旱地，而交换性酸却是大棚种植地土壤的明显高于露天旱地。

10.2.3　讨论

10.2.3.1　水田改旱地后土壤酸化的原因

由以上结果可知，水田改旱地后土壤呈现明显的酸化。图10-1表明，这种酸化作用在水田改为旱地初期已有显现。在没有酸性物质输入之前，一直保持水田环境下的土壤的pH几乎没有变化。而转变为旱地的土壤在最初的水田排水转变为旱地过程中土壤pH已发生了明显的下降。其中，淡涂泥田、黄斑田和黄泥田因排水引起的pH下降量分别达0.24、0.63、0.79。这种下降似乎与排水后土壤缓冲体系发生变化有关。由表10-9可知，水田转变为旱地后，土壤中还原性物质（主要为Fe^{2+}、Mn^{2+}）明显地减少，而NH_4^+-N也呈现下降，NO_3^--N增加。这些物质的变化表明了排水后土壤中发生了Fe^{2+}、Mn^{2+}和NH_4^+-N氧化，而氧化过程中可产生H^+，促进了土壤的酸化（于天仁等，1990）。

表10-9　水田转旱地后土壤中还原性物质的变化

土壤	处理	还原性物质（cmol/kg）		NH_4^+-N(mg/kg)		NO_3^--N(mg/kg)	
		试验前	试验后	试验前	试验后	试验前	试验后
淡涂泥田	水田	0.32	0.36	3.23	3.54	2.54	2.63
	露天旱地	0.32	0.05	3.23	1.76	2.54	4.56
	大棚旱地	0.32	0.05	3.23	1.76	2.54	4.56
黄斑田	水田	0.74	0.71	5.47	4.87	1.56	1.76
	露天旱地	0.74	0.14	5.47	2.58	1.56	3.88
	大棚旱地	0.74	0.14	5.47	2.58	1.56	3.88
黄泥田	水田	0.93	0.96	3.64	3.47	2.89	3.11
	露天旱地	0.93	0.18	3.64	2.13	2.89	4.65
	大棚旱地	0.93	0.18	3.64	2.13	2.89	4.65

10.2.3.2 露天旱地与大棚种植地土壤酸化差异的原因

大棚种植地土壤酸化明显高于露天旱地，这与大棚种植地施肥量大，但土壤缺乏雨水的淋洗、盐分大量积累有关（表10-10）。土壤中盐分浓度的提高，可促进土壤胶体表面的交换铝向土壤溶液迁移，增加了土壤溶液中铝的浓度，从而导致土壤pH的下降。另外，大棚蔬菜系统中酸性物质输入量较高也是导致其酸化更大的原因。

表10-10 土壤中水溶性盐含量（g/kg）

土壤	处理	试验周期(d)					
		0	1	5	9	13	17
淡涂泥田	水田	0.43	0.45	0.44	0.52	0.56	0.63
	露天旱地	0.43	0.42	0.57	0.73	0.82	0.89
	大棚旱地	0.43	0.43	0.76	1.14	1.38	2.04
黄斑田	水田	0.33	0.33	0.38	0.27	0.43	0.46
	露天旱地	0.33	0.31	0.43	0.42	0.54	0.63
	大棚旱地	0.33	0.28	0.58	0.98	1.33	1.78
黄泥田	水田	0.35	0.38	0.37	0.44	0.51	0.48
	露天旱地	0.35	0.34	0.52	0.56	0.62	0.63
	大棚旱地	0.35	0.32	0.73	1.14	1.55	2.09

10.2.4 结论

模拟试验研究表明，不同利用方式下土壤酸化速率有很大的差异，露地种植旱作和大棚种植环境下土壤pH的下降明显大于水稻种植环境，大棚种植环境下土壤酸化速率明显高于露天旱地，表明水田改旱地可加剧土壤酸化。水田改旱地后土壤中还原性物质氧化可能是改旱后土壤酸化加剧的主要原因，高量施肥和盐分积累是大棚种植地土壤pH进一步下降的原因。

第11章

大棚果园水稻土深层土壤的干化和硬化特征

近年来，随着我国农业产业结构的不断调整，水果种植面积和产量稳步提升，新近发展的果园多选择在原来的水稻田中。由于自然灾害频繁，雨水分布不均，露天种植水果管理风险较大，果质难以控制，因此，水果大棚种植已经成为近年发展优质果品的途径，并有了飞速发展。大棚种植水果可有效推广应用先进技术，减轻种植业投资风险，有效利用冬季自然光能，生产优质水果。大棚种植采用人工灌溉替代了自然降水，减弱了自然降水对土壤水分的影响。肥水管理是大棚水果生产中非常重要的管理内容，但管理者一般只关注表层土壤水分和养分状况，同时为了节约用水，灌溉主要以调控表层土壤水分为主，较少考虑对深层土壤水分的补充。果树不同于一年生或多年生农作物，树龄长达几十年，根系在土壤中延伸空间大且分布深，需要有助于根系伸展的良好土壤立体性状。但田间调查发现，随着棚龄的增加，大棚中的果树衰老较快，盛果期较短，易发生落叶现象。已有研究表明，由于大棚长期处于封闭环境，土壤易出现盐化、酸化、板结等生产问题，近年来有关长期大棚种植对土壤生态环境的影响已有较多的报道，但多数研究关注的对象是表层土壤性状，有关长期大棚种植对深层土壤性状的影响缺乏研究。不同于蔬菜等浅根作物，果树根系分布较深，深层土壤性状也会影响果树对水分和养分的吸收及影响果树的生长、生产。为探索大棚果树衰老机理，本章在浙江省丘陵、水网平原、河谷平原和滨海平原区选择不同质地、不同种植情况的44个果园，以露天果园为对照，分析研究了长期大棚种植果树对不同深度土壤水分状况及其季节变化和土壤紧实度的影响，探求果园土壤质量演化趋势，为果园科学化管理提供理论依据。

11.1 材料与方法

研究共在浙江省丘陵、水网平原、河谷平原和滨海平原区分别选择12个、8个、12和12个果园。其中，丘陵、河谷平原和滨海平原区的果园各包括质地分别为沙壤土、壤土和黏土的果园各4个，水网平原区的果园只包括质地为壤土和黏土的果园各4个(水网平原无砂壤土)。供试果园基本情况见表11-1，各地貌区每类质地的果园均由对照(露地)、5~10年棚龄、10~15年棚龄和＞15年棚龄一个果园组成；用于研究的大棚果园面积在1 000~3 000 m^2。同类地貌区相同土壤质地的4个果园位置相近(间距小于1 000m)，土壤类型相同，均为水稻土。研究果园均位于亚热带，年均降水量在1 200~1 500mm，年均温度在16.0~17.5℃，属于湿润气候。

表11-1 供试果园信息

地貌区	质地	地区	土壤类型	果树种类
丘陵	黏土	金衢盆地	黄筋泥田	柑橘
	壤土	金衢盆地	红泥田	柑橘
	沙壤	金衢盆地	红砂田	柑橘
河谷平原	黏土	杭州市	泥质田	葡萄
	壤土	杭州市	培泥砂田	葡萄
	沙壤	杭州市	泥砂田	葡萄
水网平原	黏土	嘉兴市	黄斑田	桃
	壤土	绍兴市	青粉泥田	梨
滨海平原	黏土	温州市	淡涂黏田	葡萄
	壤土	宁波市	淡涂泥田	葡萄
	沙壤	杭州市	淡涂砂田	葡萄

11.1.1 土壤含水量和紧实度测定

于2020年11月，在以上选择的每一大棚的中心位置选择代表性果树，在果树的树冠下挖掘80cm深的垂直剖面，从上至下分为0~15、15~30、30~45、45~60、60~75cm等5个土层，分别取样用烘干法测定土壤含水量，用SC900型土壤紧实度仪测定每一层土壤的紧实度(重复4次，取平均值)。土壤容重采用容重圈测定；土壤总孔度采用容重计算，无效孔度采用吸力平板仪测定。

11.1.2 土壤含水量的季节变化观察

于2019年11月至2020年10月，从丘陵和水网平原区各选择露天和＞15棚龄的黏质土壤果园各一个，在果园中心位置选择50 m^2区块，每月1次在果树的树冠下用土钻取样，分别获得0~15、15~30、30~45、45~60、60~75、75~90、90~105 cm 7个土层的土样，用烘干法测定土壤含水量。

11.2 结果与分析

11.2.1 土壤水分变化

图11-1和图11-2为2019年11月测定的供试44个果园土壤剖面中含水量的垂直变化。结果表明，位于低丘区果园土壤含水量的垂直差异最为明显，从表土向下发生明显的持续下降；水网平原、河谷平原和滨海平原区果园土壤的含水量虽然也呈现垂直向下降低，但变化幅度相对较小。对于露天果园（对照），无论是地处低丘还是水网平原、河谷平原和滨海平原，土壤含水量表现为：黏土果园＞壤土果园＞沙壤质果园。

图11-1和图11-2的观测结果表明，低丘区大棚果园土壤含水量垂直变化与其他果园不同，为此把供试果园分为低丘区果园和平原区果园（包括水网平原、河谷平原和滨海平原）2类，分别计算相同土壤深度的不同棚龄土壤相对于对照（露地）的含水量平均降低比例，结果列于表11-2。与对照相比，随着棚龄的增加，相同深度土层土壤含水量表现为下降趋势，总体上0~15 cm土层土壤含水量的下降幅度较小，且沙壤质和壤土果园的变幅略高于黏土果园；15 cm以下土层土壤含水量的下降幅度明显增加，但不同地貌区果园土壤含水量随棚龄变化的情况有所差异。对于低丘区果园，无论是沙壤质还是壤土或黏土果园，随着棚龄增加，15 cm以下土层土壤含水量均发生明显下降。土壤含水量下降幅度随土层深度增加而增加的趋势（表11-2）。而平原区果园中，随着棚龄的增加，0~30 cm土层的含水量变化较小，且黏土果园的变化大于沙壤质和壤土果园；30~60 cm土层土壤含水量发生明显下降，60 cm以下土层土壤含水量几乎没有变化，这可能与平原地区土壤水分受地下水影响有关（即地下水的补充使得60 cm以下土层土壤含水量下降较小）。

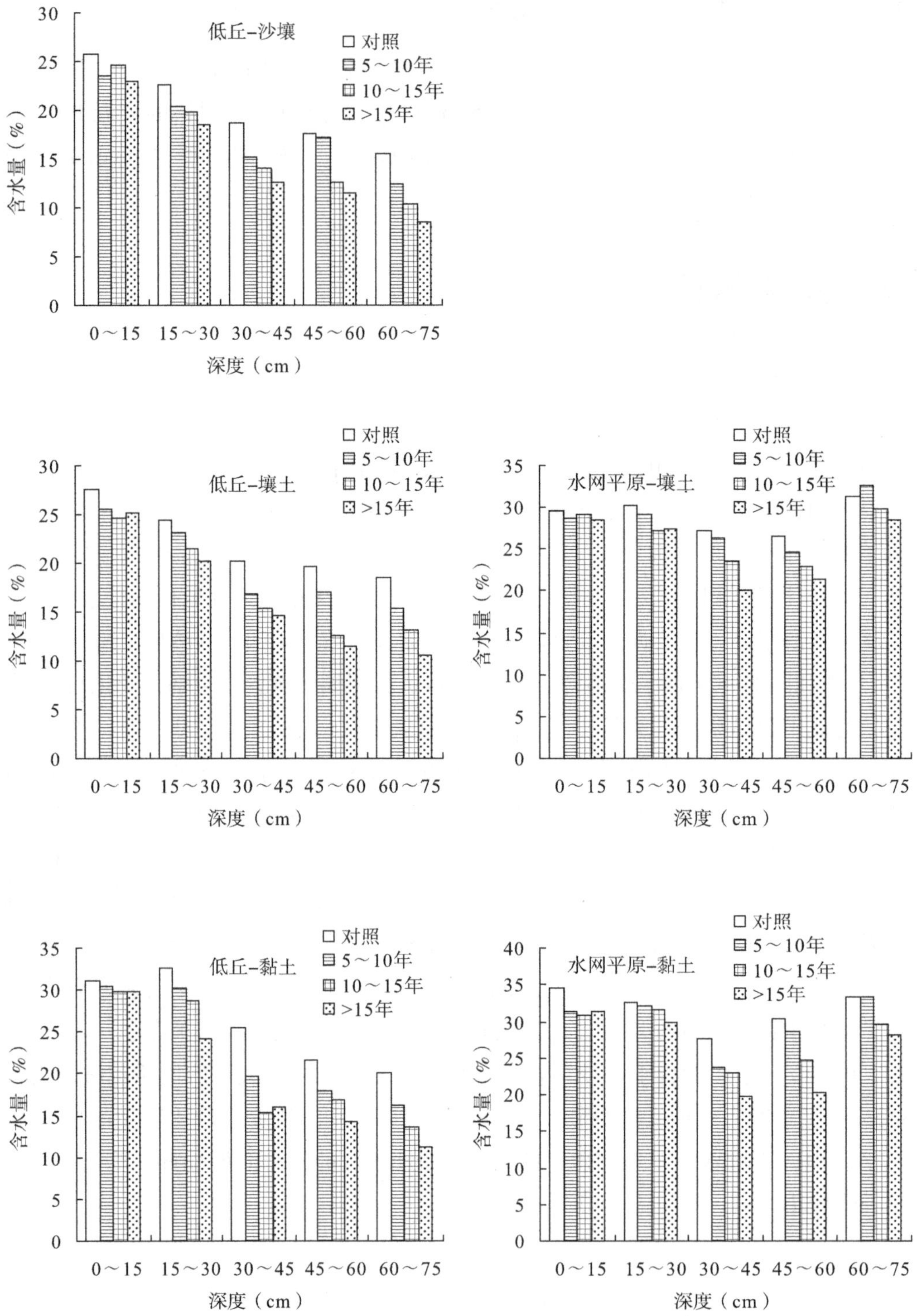

图11-1　低丘和水网平原不同质地果园土壤含水量垂直分布随棚龄的变化

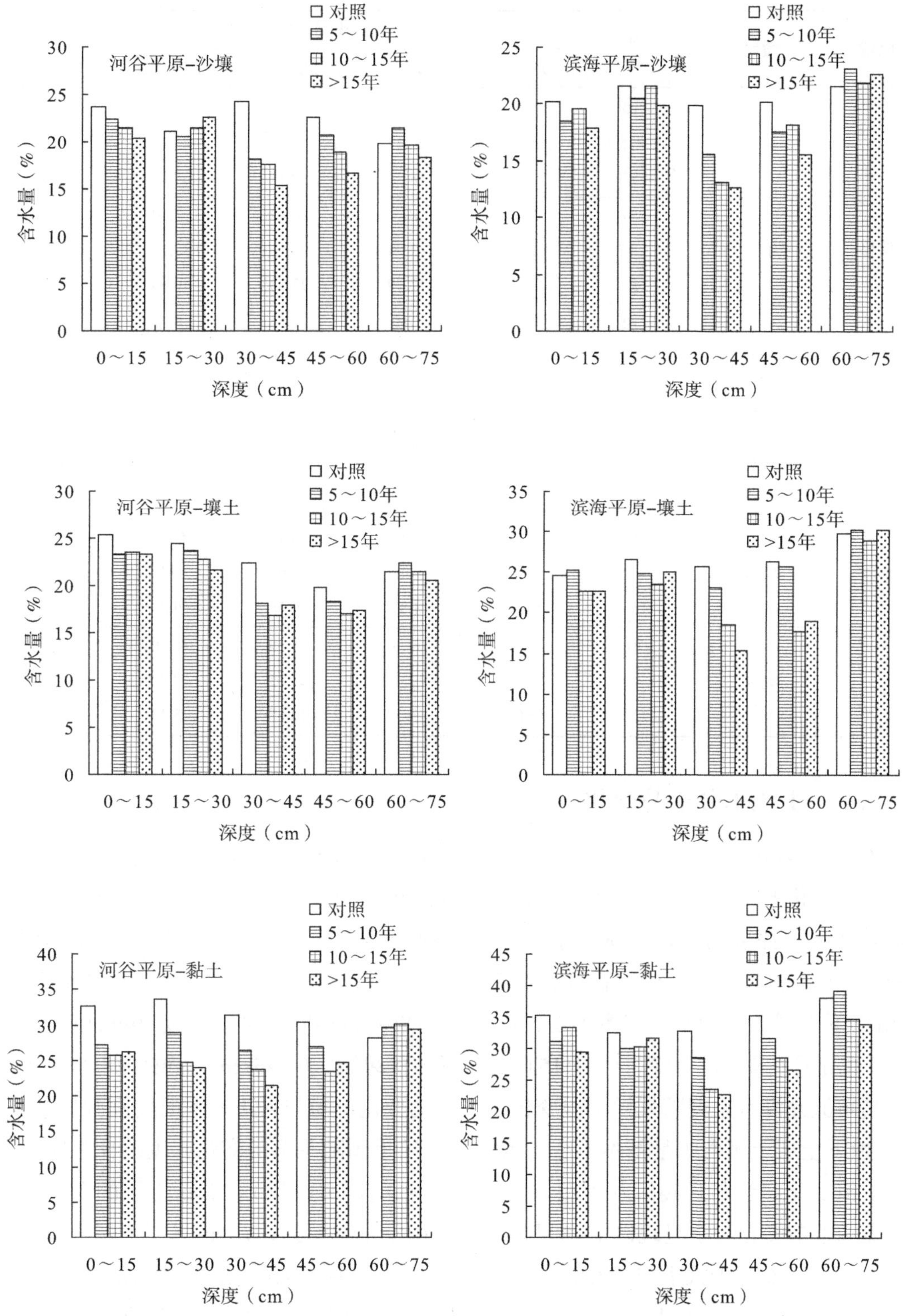

图11-2　河谷平原和滨海平原不同质地果园土壤含水量垂直分布随棚龄的变化

表11-2 大棚种植后果园土壤含水量的相对变化（相对于露天果园的相对下降比例，%）

地貌	质地	棚龄（年）	土壤深度（cm）				
			0～15	15～30	30～45	45～60	60～75
低丘	沙壤	5～10	8.18	9.71	18.28	2.28	20.40
		10～15	3.86	12.27	24.29	28.39	33.31
		>15	10.51	18.23	32.17	34.21	45.40
	壤土	5～10	7.63	5.18	16.42	13.10	17.31
		10～15	10.85	12.04	23.96	35.72	28.59
		>15	9.08	17.79	27.88	40.94	43.15
	黏土	5～10	1.87	7.69	22.56	16.74	19.36
		10～15	4.00	12.22	39.86	21.71	32.77
		>15	3.71	26.00	37.31	33.86	44.14
平原	沙壤	5～10	6.54	3.95	22.99	10.66	−7.56
		10～15	6.20	−0.99	30.56	12.71	−0.26
		>15	12.56	0.57	36.53	24.44	1.35
	壤土	5～10	3.03	4.42	10.79	5.83	−3.34
		10～15	5.58	9.43	22.04	20.44	2.62
		>15	6.62	8.87	28.78	19.82	3.82
	黏土	5～10	12.50	7.79	14.29	8.89	−2.97
		10～15	12.24	12.41	23.35	19.88	4.42
		>15	15.04	13.33	30.05	25.48	7.23

11.2.2 土壤水分季节变化

图11-3为丘陵和水网平原区选择的露天和＞15年棚龄的4个黏质果园土壤含水量季节性变化的观察结果。结果表明，不同深度土层的含水量季节变化有明显的差异，一般是随土层深度的增加土壤含水量的变化幅度逐渐下降。丘陵区露天果园（对照）0～60 cm土层的含水量均有明显的季节变化，均呈现以4—8月最高，与雨季基本一致；75 cm以下土层土壤含水量基本不变，即丘陵区果园自然降水可对深度60 cm以上土层土壤含水量产生影响。而对于大于15棚龄的丘陵区果园，0～45 cm土层的含水量呈现波动，其高值并没有呈现随气候干湿变化，其波动变化可能与人工灌溉时间和强度有关；45 cm以下土层土壤含水量基本不变。水网平原区果园随季节的变化幅度略比丘陵区果园小，但变化趋势与丘陵区基本相似，其中露天果园（对照）0～75 cm土层的含水量均有明显的季节变化，也呈现以4—8月最高，与雨季基本一致；75 cm以下土层土壤含水量基本不变。而对于大于15棚龄的水网平原区果园，0～45 cm土层的含水量呈现波动，其高值主要出现在8—10月，这可能与平原区大棚果园土壤含水量相对较高，一般季节

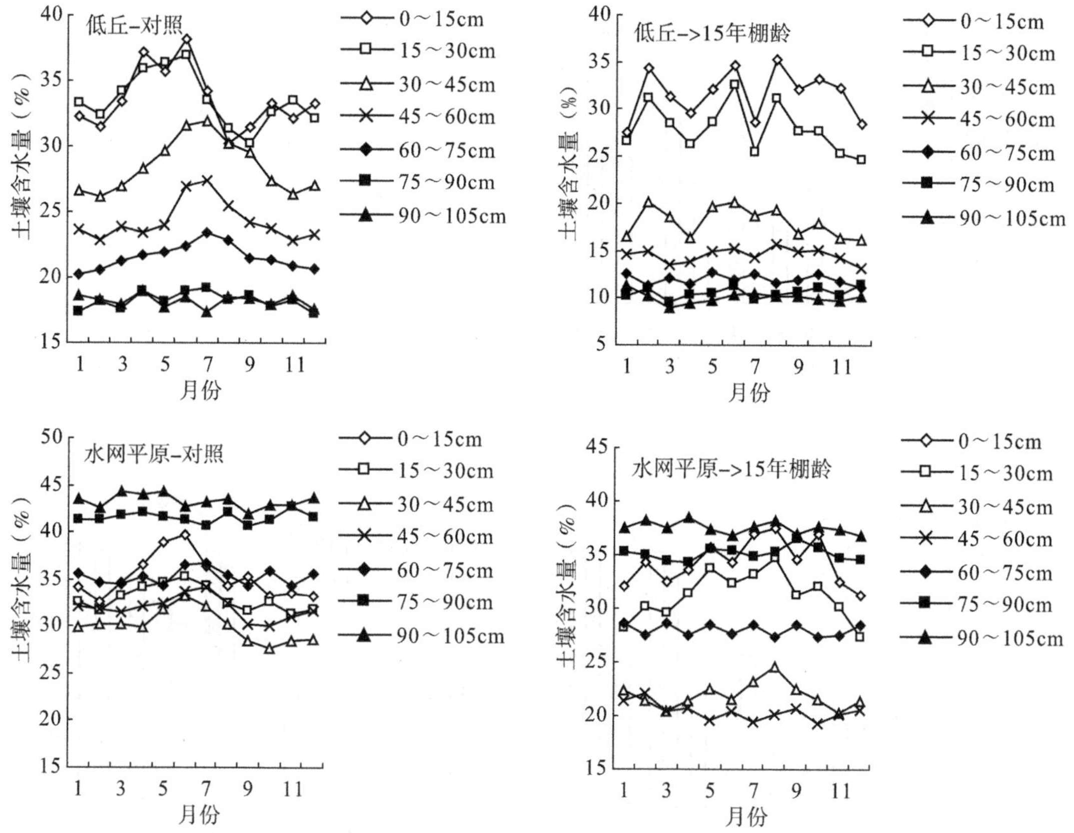

图11-3　露天和大棚条件下低丘和水网平原果园土壤剖面含水量的季节变化

灌水量较小，对土壤含水量影响较小，而在干旱季节（8—10月）灌水量较高，明显提高了土壤的含水量。

11.2.3　土壤紧实度变化

土壤紧实度又叫土壤硬度或土壤穿透阻力，是指土壤抵抗外力的压实和破碎的能力，过高的紧实度会影响果树根系的伸展及对土壤养分的吸收。图11-4和图11-5为供试44个果园土壤紧实度的垂直变化。结果表明，在露天种植条件下（对照），土壤紧实度随土层深度的增加而增加，0~15 cm土层因经常耕翻，土壤紧实度较低，至15 cm以下土壤紧实度迅速增加。土壤紧实度一般是：黏土＞壤土＞沙壤。除个别情况外，大棚种植后各深度土层土壤紧实度均明显高于露天果园土壤（对照），并随大棚种植时间的增加而增加，表明大棚种植可明显增加土壤的紧实度。

对于低丘区果园，无论是沙壤土果园还是壤土和黏土果园，大棚种植均可明显增加至15 cm以下所有土层的紧实度（图11-4）；而对于水网平原、河谷平原和滨海平原区果园，大棚种植对土壤紧实度的影响以15~45 cm的土层最为明显（图11-4、图11-5），

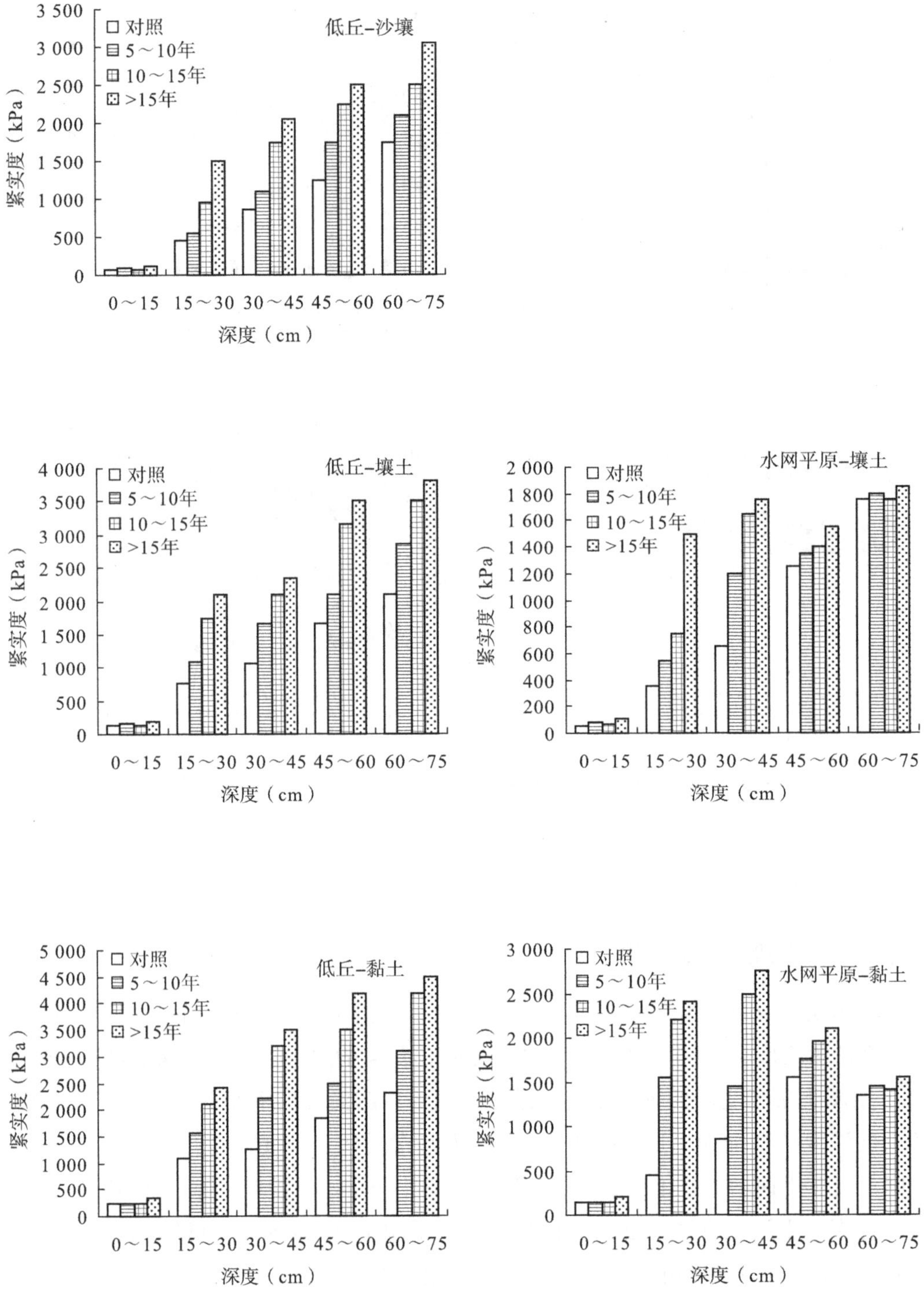

图11-4　低丘和水网平原不同质地果园土壤剖面紧实度分布随棚龄的变化

其次为对45~60 cm的土层，对60~75 cm土层的影响较小。这种影响方式与以上土壤含水量的变化基本一致。即大棚种植后土壤紧实度的增加主要是土壤含水量下降的结果

（陈秀琴等，2018）。

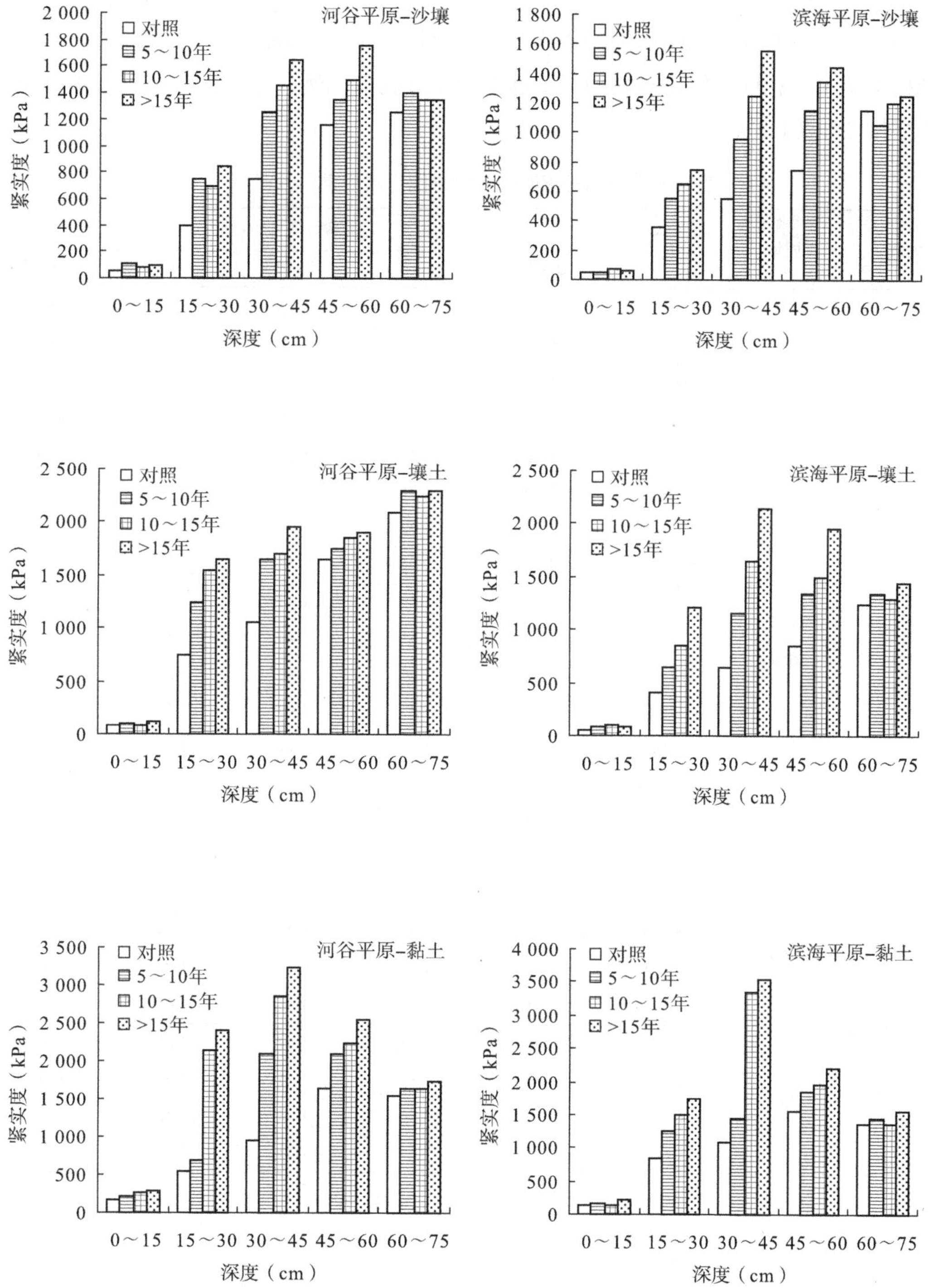

图11-5　河谷平原和滨海平原不同质地果园土壤剖面紧实度分布随棚龄的变化

11.2.4 土壤容重及孔隙分布

表11-3的结果表明，大棚种植均可明显增加0~45 cm土壤的容重，随棚龄的增加而增强，其中对15~30 cm土层容重的影响最为明显。但对45 cm以下土层影响较小。大棚种植降低了总孔度，但相对增加了土壤中的无效孔隙比例，非毛管孔隙占总孔隙的比例明显增加（表11-4）。

表11-3 不同种植时间大棚果园土壤容重（g/cm^3）

地貌	质地	棚龄（年）	土壤深度（cm）				
			0~15	15~30	30~45	45~60	60~75
低丘	沙壤	对照	1.29	1.31	1.42	1.56	1.59
		5~10	1.32	1.33	1.41	1.54	1.61
		10~15	1.33	1.35	1.43	1.57	1.60
		>15	1.35	1.42	1.45	1.56	1.58
	壤土	对照	1.13	1.29	1.38	1.44	1.48
		5~10	1.19	1.31	1.39	1.41	1.50
		10~15	1.22	1.32	1.42	1.43	1.49
		>15	1.26	1.35	1.41	1.42	1.48
	黏土	对照	1.22	1.28	1.45	1.53	1.63
		5~10	1.28	1.33	1.46	1.54	1.66
		10~15	1.30	1.34	1.44	1.51	1.62
		>15	1.31	1.37	1.46	1.52	1.63
滨海平原	沙壤	对照	1.24	1.27	1.45	1.52	1.54
		5~10	1.23	1.32	1.44	1.53	1.53
		10~15	1.26	1.31	1.47	1.52	1.58
		>15	1.25	1.34	1.46	1.54	1.53
	壤土	对照	1.09	1.29	1.38	1.46	1.48
		5~10	1.17	1.28	1.41	1.43	1.51
		10~15	1.15	1.34	1.39	1.45	1.49
		>15	1.16	1.32	1.43	1.46	1.51
	黏土	对照	1.14	1.33	1.47	1.52	1.57
		5~10	1.19	1.35	1.51	1.54	1.56
		10~15	1.21	1.36	1.52	1.53	1.55
		>15	1.19	1.38	1.51	1.51	1.57

表11-4　不同种植时间大棚果园土壤总孔度和非毛管孔隙(%)

地貌	质地	棚龄(年)	土壤深度(cm)														
			0～15			15～30			30～45			45～60			60～75		
			总孔度	非毛管孔隙	非毛管孔隙/总孔隙	总孔度	非毛管孔隙	非毛管孔隙/总孔隙	总孔度	非毛管孔隙	非毛管孔隙/总孔隙	总孔度	非毛管孔隙	非毛管孔隙/总孔隙	总孔度	非毛管孔隙	非毛管孔隙/总孔隙
低丘	沙壤	对照	51.32	35.13	68.45	50.57	37.20	73.56	46.42	40.73	87.74	41.13	37.17	90.37	40.00	37.32	93.30
		>15	49.06	34.45	70.22	46.42	35.94	77.42	45.28	41.71	92.12	41.13	37.17	90.37	40.38	37.68	93.31
	壤土	对照	57.36	40.62	70.82	51.32	38.79	75.58	47.92	42.08	87.81	45.66	41.37	90.60	44.15	41.30	93.54
		>15	52.45	38.97	74.30	49.06	39.01	79.51	46.79	43.06	92.03	46.42	42.08	90.65	44.15	41.30	93.54
	黏土	对照	53.96	39.09	72.44	51.70	39.58	76.56	45.28	39.71	87.70	42.26	38.22	90.44	38.49	35.87	93.19
		>15	50.57	38.57	76.27	48.30	38.92	80.58	44.91	40.37	89.89	42.64	38.57	90.45	38.49	35.87	93.19
滨海平原	沙壤	对照	53.21	36.54	68.67	52.08	38.88	74.65	45.28	39.71	87.70	42.64	38.57	90.45	41.89	39.13	93.41
		>15	52.83	37.25	70.51	49.43	37.80	76.47	44.91	41.37	92.12	41.89	37.87	90.40	42.26	39.49	93.45
	壤土	对照	58.87	41.74	70.90	51.32	38.79	75.58	47.92	42.08	87.81	44.91	40.68	90.58	44.15	41.30	93.54
		>15	56.23	41.78	74.30	50.19	39.90	79.50	46.04	42.39	92.07	44.91	40.68	90.58	43.02	40.21	93.47
	黏土	对照	56.98	41.34	72.55	49.81	38.10	76.49	44.53	39.03	87.65	42.64	38.57	90.45	40.75	38.04	93.35
		>15	55.09	40.93	74.30	47.92	38.62	80.59	43.02	39.67	92.21	43.02	38.92	90.47	40.75	38.04	93.35

11.3 结论

大棚种植采用人工灌溉替代自然降水影响了土壤中水的平衡和物质循环。为了解长期大棚种植果树对深层土壤性状的影响，在浙江省丘陵、水网平原、河谷平原和滨海平原选择不同质地、不同棚龄的果园，以露天果园为对照，比较分析了长期大棚种植果树对不同深度土壤水分状况及其季节变化和土壤紧实度的影响。结果表明，长期大棚种植可导致果园深层土壤含水量和紧实度发生明显的变化。大棚种植条件下，丘陵果园30 cm以下土层和水网平原、河谷平原和滨海平原30~60 cm土层土壤含水量趋向下降，下降程度随棚龄增加而增加；同时，大棚种植降低了深层土壤水分的季节变化。大棚种植条件下，果园深层土壤紧实度明显增加，土壤紧实度的增加在黏土果园比壤土和沙壤土更为明显。研究认为长期大棚种植可导致果园深层土壤干（燥）化与硬化，在一定程度上影响果树根系的伸展和对水分的吸收。

参考文献

曹丹，张倩，肖峻，等，2009. 江苏省典型茶园土壤酸化速率定位研究 . 茶叶科学，29（6）：443-448.

陈浩，魏立本，王亚麒，等，2019. 烤烟不同种植施肥模式对土壤养分、酶活性及细菌多样性的影响 . 南方农业学报，50（5）：982-989.

陈明智，吴蔚东，李东海，等，2008. 水田改种香蕉园土壤养分含量及酶活性变化 . 安徽农业科学，36（13）：5540-5541，5560.

陈晓娟，吴小红，刘守龙，等，2013. 不同耕地利用方式下土壤微生物活性及群落结构特性分析——基于 PLFA 和 MicroRespTM 方法 . 环境科学，34（6）：2375-2382.

陈秀琴，杜国强，杨德军，2018. 大柳塔矿区农田砂壤土含水率对土壤紧实度的影响及模型研究 . 生态与农村环境学报，34（1）：74-80.

陈旭晖，2001. 贵州土壤养分含量的变化与施肥管理 . 植物营养与肥料学报，7（2）：121-128.

程先富，陈梦春，郝李霞，等，2008. 红壤丘陵区农田土壤酸化的时空变化研究 . 中国生态农业学报，16（6）：1348-1351.

丁昌璞，徐仁扣，2011. 土壤的氧化还原过程及其研究法 . 北京：中国科学技术出版社 .

董红敏，李玉娥，陶秀萍，等，2008. 中国农业源温室气体排放与减排技术对策 . 农业工程学报，24（10）：269-273.

方利平，章明奎，2006. 利用方式改变对水稻土发生学特性的影响 . 土壤通报，37（4）：815-816.

傅伯杰，陈顶顶，马克明，1999. 黄土丘陵区小流域土地利用变化对生态环境的影响——以延安市羊圈沟流域为例 . 地理学报，54（3）：241-246.

龚子同，陈鸿昭，王鹤林，1996. 中国土壤系统分类高级单元分布规律 . 地理科学，4：289-297.

国靖，2020. 黄海森林公园土地利用方式对土壤有机碳稳定性及微生物群落多样性的影响 . 南京：南京林业大学 .

韩华平，陈志元，2010. 苏北沿海地区设施蔬菜连作障碍防控综述 . 上海农业科技，(6)：94-96.

韩书成，濮励杰，陈凤，等，2007. 长江三角洲典型地区土壤性质对土地利用变化的响应——以江苏省无锡市为例 . 土壤学报，44（4）：612-619.

和文祥，朱铭莪，童江云，等，1997. 有机肥对土壤脲酶活性特征的影响 . 西北农业学报，6（2）：73-75.

黄静，吴祥云，单宝奇，等，2015. 不同土地利用方式对风沙土酶活性的影响 . 干旱区研究，32（2）：221-228.

黄敏，梁荣祥，尹维文，等，2018. 典型设施环境条件对土壤活性磷变化的影响 . 中国环境科学，38（5）：1818-1825.

黄山，芮雯奕，彭现宪，等，2009. 稻田转变为旱地下土壤有机碳含量及其组分的变化特征 . 环境科学，30（4）：1146-1151.

纪立东，郭鑫年，孙权，等，2020. 宁夏引黄灌区不同土地利用方式土壤微生物群落多样性研究 . 生态环境学报，29（3）：516-524.

贾远航，靳振江，袁武，等，2019. 会仙岩溶湿地、稻田与旱地土壤细菌群落结构特征比较 . 环境科学，40（7）：3313-3323.

孔玉华，韩梦娟，张志华，等，2019. 3 种人工林表层土壤溶解性有机质含量的季节变化 . 中国水土保持科学，17（2）：44-52.

李艾芬，范文俊，陆建中，等，2010. 浙江省嘉兴市郊水稻土酸度比较研究 . 土壤，42（4）：644-647.

李冰，李玉双，陈琳，等，2019. 沈北新区不同土地利用类型土壤过氧化氢酶活性特征及其影响因素分析 . 沈阳大学学报，31（6）：465-473.

李辉信，胡锋，蔡贵信，等，2004. 水田、旱坡地改种蔬菜后土壤养分含量的变化 . 土壤，36（6）：678-681.

李建国，章明奎，周翠，2005. 浙江省农业土壤酸缓冲性能的研究 . 浙江农业学报，17（4）：207-211.

李娜，黄金，耿玉清，等，2019. 青海湖湖滨不同土地类型土壤酶活性的研究 . 北京林业大学学报，41（10）：49-56.

李庆逵，1992. 中国水稻土 . 北京：科学出版社，1-60.

李太魁，朱波，王小国，等，2013. 土地利用方式对土壤活性有机碳含量影响的初步研究 . 土壤通报，44（1）：46-51.

李欣，陈小华，顾海蓉，等，2021. 典型农田土壤酶活性分布特征及影响因素分析 . 生态环境学报，30（8）：1634-1641.

李志鹏，潘根兴，张旭辉，2007. 改种玉米连续3年后稻田土壤有机碳分布和13C 自然丰度变化 . 土壤学报，44（2）：244-251.

梁梅青，薛珺，范玉兰，等，2010 . 赣南脐橙园土壤酸化特征研究 . 中国南方果树，39（4）：6-8.

刘纪远，匡文慧，张增祥，等，2014. 20世纪80年代末以来中国土地利用变化的基本特征与空间格局 . 地理学报，69（1）：3-14.

刘纪远，宁佳，匡文慧，等，2018. 2010—2015年中国土地利用变化的时空格局与新特征 . 地理学报，73（5）：789-802.

刘骞，郭博雅，伍秀瑜，等，2021. 松嫩平原盐碱土区不同土地利用方式对土壤碳、氮及酶活性的影响 . 福建农业学报，36（8）：956-963.

刘洛，2012. 中国土地利用变化对农田生产潜力影响 . 长沙：湖南农业大学 .

孟红旗，刘景，徐明岗，等，2013. 长期施肥下我国典型农田耕层土壤的 pH 值演变 . 土壤学报，50（6）：1109-1116.

宁建美，李贵松，吴林士，2009. 松阳县茶园土壤酸化的现状及改良措施 . 茶叶，35（3）：169-171.

潘霞，陈励科，吴龙华，等，2013. 水稻生产改为蔬菜或葡萄栽培对土壤养分的影响研究——以浙江富阳为例 . 农业环境科学学报，32（11）：2206-2213.

乔赵崇，赵海超，黄智鸿，等，2019. 冀北坝上不同土地利用对土壤微生物量碳氮磷及酶活性的影响 . 环境生态环境学报，28（3）：498-505.

全国土壤普查办公室，1998. 中国土壤 . 北京：中国农业出版社 .

单正军，蔡道基，任阵海，1996. 土壤有机质矿化与温室气体释放初探 . 环境科学学报，16（2）：150-154.

申卫收，林先贵，张华勇，等，2008. 不同栽培条件下蔬菜塑料大棚土壤氮磷生物转化特征 . 农业工程学报，24（2）：199-204.

沈宏，曹志洪，2000. 不同农田生态系统土壤碳库管理指数 . 生态学报，20（1）：663-668.

师刚强，倪师军，施泽明，2008. 不同土地利用状况对土壤肥力的影响——以内江市白马镇为例 . 安徽农业科学，36（24）：10554-10556.

施林林，2007. 水稻土与旱地土壤酶活性和有机质 FT-IR 特征比较研究 . 扬州：扬州大学 .

唐咏，梁成华，刘志恒，等，1999. 日光温室蔬菜栽培对土壤微生物和酶活性的影响 . 沈阳农业大学学报，30（1）：16-19.

陶涛，叶明，刘冬，等，2011. 无机解磷细菌的筛选、鉴定及其溶磷能力研究 . 合肥工业大学学报（自然科学版），34（2）：304-308.

田静，盛茂银，汪攀，等，2019. 西南喀斯特土地利用变化对植物凋落物 - 土壤 C、N、P

化学计量特征和土壤酶活性的影响 . 环境科学，40（9）：4278-4286.
王欢，2017. 高效解磷菌对土壤微生物的影响及时空分布特性 . 天津：天津科技大学 .
王辉，董元华，安琼，等，2005. 高度集约化利用下蔬菜地土壤酸化及次生盐渍化研究——以南京市南郊为例 . 土壤，37（5）：530-533.
王晓彤，许旭萍，王维奇，2019. 炉渣与生物炭施加对稻田土壤铁还原菌群落结构及甲烷排放影响 . 中国环境科学，39（6）：2495-2505.
王媛媛，2014. 磷酸盐对水稻土中异化铁还原菌丰度和群落结构的影响 . 咸阳：西北农林科技大学 .
王振芬，2019. 三江平原湿地不同土地利用方式对土壤养分及酶活性的影响 . 水土保持研究，26（2）：43-48.
吴风芝，刘德，王东凯，等，1998. 大棚蔬菜连作年限对土壤主要理化性状的影响 . 中国蔬菜，4：5-8.
吴志丹，江福英，尤支明，等，2016. 亚热带茶园土壤酸度特征研究——以福建省武夷山市为例 . 中国环境科学，36（1）：181-189.
谢仕祺，林正全，陈玉蓝，等，2021. 不同土壤调理剂对植烟土壤养分及细菌群落的影响 . 河南农业大学学报，55（3）：523-530.
徐明岗，于荣，王伯仁，2006. 长期不同施肥下红壤活性有机质与碳库管理指数变化 . 土壤学报，43（5）：723-729.
徐琪，1980. 中国太湖地区水稻土 . 上海：上海科学技术出版社 .
姚槐应，何振立，黄昌勇，2003. 土地利用历史对红壤微生物多样性的影响 . 水土保持学报，17（2）：51-54.
姚玉才，邱志腾，杨良觎，等，2018. 贵州省典型水耕人为土的发生学性状与系统分类研究 . 土壤通报，49（2）：253-259.
于天仁，陈志诚，1990. 土壤发生中的化学过程 . 北京：科学出版社，133-157.
郁鑫，王旭东，2018. 黄土高原不同耕作方式对土壤理化性质及作物产量的影响 . 安徽农业科学，46（5）：144-146.
臧威，孙剑秋，王鹏，等，2009. 东北地区四种农作物根际磷细菌的分布 . 中国生态农业学报，17（6）：1206-1210.
张甘霖，龚子同，2012. 土壤调查实验室分析方法 . 北京：科学出版社，1-243.
张华勇，尹睿，黄锦法，等，2005. 稻麦轮作田改为菜地后生化指标的变化 . 土壤，37（2）：182-186.
张启利，朱慧芹，汪松柏，等，2017. 水田改茶园技术措施和经验总结 . 茶业通报，39（4）：166-167.

章明奎，邱志腾，2021. 贵州省水耕人为土的形成、分类与分布规律 . 农学学报，11（7）：44-50，76.

章明奎，邱志腾，毛霞丽，2018. 长期水耕植稻对水稻土耕层质地的影响 . 水土保持学报，32（6）：249-253.

章明奎，邱志腾，杨良觎，2019. 历史时期宁绍平原稻作环境与现代水耕人为土的形成 . 土壤通报，50（1）：1-7.

章明奎，杨东伟，2013. 南方丘陵地水改旱土壤发生学性质与类型的变化 . 土壤通报，44（4）：786-792.

章明奎，周翠，方利平，2006. 蔬菜地土壤磷饱和度及其对磷释放和水质的影响 . 植物营养与肥料学报，12（4）：544-548.

赵小蓉，林启美，孙焱鑫，等，2001. 玉米根际与非根际解磷细菌的分布特点 . 生态学杂志，20（6）：62-64.

浙江省土壤普查办公室，1994. 浙江土壤 . 杭州：浙江科学技术出版社 .

中国科学院南京土壤研究所土壤分类课题组，中国土壤系统分类课题协作组，1995. 中国土壤系统分类（修订方案）. 北京：中国农业科技出版社，1-52.

周际海，郜茹茹，魏倩，等，2020. 旱地红壤不同土地利用方式对土壤酶活性及微生物多样性的影响差异 . 水土保持学报，34（1）：327-332.

周礼恺，张志明，1980. 土壤酶活性的测定方法 . 土壤通报，11（5）：154-155.

朱鹤健，1985. 水稻土 . 北京：农业出版社 .

朱兆良，文启孝，1992. 中国土壤氮素 . 南京：江苏科学技术出版社 .

訾伟，王小利，段建军，等，2013. 喀斯特小流域土地利用对土壤有机碳和全氮的影响 . 山地农业生物学报，32（3）：218-223.

CAMBARDELLAM R，ELLIOTT E T，1992. Particulate soil organicmatter changes across a grassland cultivation sequence. Soil Science Society of American Journal，56：777-778.

CHEN L M，ZHANG G L，EFFLAND W R，2011. Soil characteristic response times and pedogenic thresholds during the 1000-Year Evolution of a Paddy Soil Chronosequence . Soil Science Society of America Journal，75（5）：1807 - 1820.

CHEN X P，KONG W D，HE J Z，et al.，2008. Do water regimes affect iron-plaque formation andmicrobial communities in the rhizosphere of paddy rice?. Journal of Plant Nutrition and Soil Science，171（2）：193-199.

CHONG C W，PEARCE D A，CONVEY P，et al.，2010. High levels of spatial heterogeneity in the biodiversity of soil prokaryotes on Signy Island，Antarctica. Soil Biology and Biochemistry，42（4）：601-610.

DIMITRIU P A，GRAYSTON S J，2010. Relationship between soil properties and patterns of bacterial b-diversity across reclaimed and natural boreal forest soils.microbial Ecology，59（3）：563-573.

FIERER N，LAUBER C L，RAMIREZ K S，et al.，2012. Comparativemetagenomic，phylogenetic and physiological analyses of soilmicrobial communities across nitrogen gradients. The ISME Journal，6：1007-1017.

GAO Y，HEA N P，YU G R，et al.，2014. Long-term effects of different land use types on C，N and P stoichiometry and storage in subtropical ecosystems：A case study in China. Ecological Engineering，67：171-181.

GINGRICH S，NIEDERTSCHEIDERM，KASTNER T，et al.，2015. Exploring long-term trends in land use change and aboveground human appropriation of net primary production in nine European countries. Land Use Policy，47：426-438.

GRANT C，BITTMAN S，MONTREALM，et al.，2005. Soil and fertilizer phosphorus：Effects on plant P supply andmycorrhizal development. Canadian Journal of Plant Science，85（1）：3-14.

GREGORICH E G，ELLERT B H，1993. Light fraction andmacro-organicmatter inmineral soil. In：Carterm R（ed）. Soil Sampling andmethods of Analysis. Canadian Society of Soil Science，397-407.

GRIFFITHS R I，THOMSON B C，JAMES P，et al.，2011. The bacterial biogeography of British soils.Environmentalmicrobiology，13（6）：1642-1654.

GROSSO F，BAATH E，DE NICOLA F，2016. Bacterial and fungal growth on different plant litter inmediterranean soils：Effects of C/N ratio and soil pH. Applied Soil Ecology，108：1-7.

GUO H C，WANG W B，LUO X H，et al.，2015. Characteristics of rhizosphere and bulk soilmicrobial communities in rubber plantations in Hainan island，China. Journal of Tropical Forest Science，27：202-212.

GUO Z，HAN J，LI J，et al.，2019. Effects of long-term fertilization on soil organic carbonmineralization andmicrobial community structure. PLoS One，14（1）：e0211163.

GUO J H，LIU X J，ZHANG Y，et al.，2010. Significant acidification inmajor Chinese croplands. Science，327：1008-1010.

HAQUEM I，BASAK R，2017. Land cover change detection using GIS and remote sensing techniques：a spatio-temporal study on Tanguar Haor，Sunamganj，Bangladesh. The Egyptian Journal of Remote Sensing and Space Sciences，20（2）：251-263.

HOMER C，DEWITZ J，JIN S，et al.，2020. George Xian，Conterminous United States land cover change patterns 2001–2016 from the 2016 National Land Cover Database. ISPRS Journal of Photogrammetry and Remote Sensing，162：184-199.

JANSA J，MOZAFAR A，KUHN G，et al.，2003. Soil tillage affects the community structure ofmycorrhizal fungi inmaize roots. Ecological Applications，13：1164-1176.

KATO S，HARUTA S，CUI Z J，et al.，2005. Stable coexistence of five bacterial strains as a cellulose-degrading community. Applied and Environmentalmicrobiology，71：7099-7106.

KUMAR S，PAHWA S K，PROROIL A K，1981. Changes in some physic-chemical properties and activities of iron and zinc submergence of some rice soils.Journal of Indian Society of Soil Science，29：204-207.

LEFROY R D，BLAIR C，STRONG WM，1993. Changes in soil organicmatter with cropping asmeasured by organic carbon fractions from 13C natural isotope abundance. Plant and Soil，155-156：399-402.

LEGRAND F，PICOT A，COBO-DIAZ J F，et al.，2018. Effect of tillage and static abiotic soil properties onmicrobial diversity. Applied Soil Ecology，132：135-145.

Li X，Zhang H H，Sunm L，et al.，2020. Land use change from upland to paddy field inmollisols drives soil aggregation and associatedmicrobial communities. Applied Soil Ecology，146：103351.

LIN Y B，YE YM，WU C F，et al.，2020. Changes inmicrobial community structure under land consolidation in paddy soils：A case study in eastern China. Ecological Engineering，145：105696.

LIU J P，GUO Q B，2015. A spatial panel statistical analysis on cultivated land conversion and Chinese economic growth. Ecological Indicators，51：20-24.

LIU X W，ZHAO C L，SONG W，2017. Review of the evolution of cultivated land protection policies in the period following China's reform and liberalization. Land Use Policy，67：660-669.

LOPES L D，FERNANDESM F，2020. Changes inmicrobial community structure and physiological profile in a kaolinitic tropical soil under different conservation agricultural practices. Applied Soil Ecology，152：103545.

MA L，GUO C，LU X，et al.，2015. Soilmoisture and land use aremajor determinants of soilmicrobial community composition and biomass at a regional scale in northeastern China. Biogeosciences，12：2585-2596.

MARKLEIN A R，HOULTON B Z，2012. Nitrogen inputs accelerate phosphorus cycling rates across a wide variety of terrestrial ecosystems. New Phytologist，193：696-704.

MCBRATNEY A, FIELD D J, KOCH A, 2014. The dimensions of soil security. Geoderma, 213 (1): 203-213.

MEYFROIDT P, LAMBIN E F, ERB K, et al., 2013. Globalization of land use: Distant drivers of land change and geographic displacement of land use. Current Opinion in Environmental Sustainability, 5: 1-7.

MOESKOPS B, BUCHAN D, VAN BENEDEN S, et al., 2012. The impact of exogenous organicmatter on SOM contents andmicrobial soilquality. Pedobiologia, 55: 175-184.

PEDRINHO A, MENDES L W, MERLOTI L F, et al., 2019. Forest-to-pasture conversion and recovery based on assessment ofmicrobial communities in Eastern Amazon rainforest. FEMSmicrobiology Ecology, 95 (3): 236.

SAIKH H, VARADACHARI C, GHOSH K, 1998. Changes in carbon, nitrogen and phosphorus level due to deforestation and cultivation: a case study in Simlipal National Park, India. Plant and Soil, 198: 137-145.

SCHOMBERG H H, WIETHOLTER S, GRIFFIN T S, et al., 2009. Assessing indices for predicting potential Nmineralization in pedogenically distinct soils under different tillagemanagement systems. Soil Science Society of American Journal, 73 (5): 1575-1586.

SHI X, HU H W, WANGJ, et al., 2018. Niche separation of comammox Nitrospira and canonical ammonia oxidizers in an acidic subtropical forest soil under long-term nitrogen deposition. Soil Biology and Biochemistry, 126: 114-122.

SILVA E O, MEDEIROS E V, DUDA G P, et al., 2019. Seasonal effect of land use type on soil absolute and specific enzyme activities in a Brazilian semi-arid region. Catena, 172: 397-407.

SPARLING G P, 1992. Ratio ofmicrobial biomass carbon to soil organic carbon as a sensitive indicator of changes in soil organicmatter. Australia Journal ofSoil Research, 30: 195-207.

SUN L, XUN W, HUANG T, et al., 2016. Alteration of the soil bacterial community during parentmaterialmaturation driven by different fertilization treatments. Soil Biology & Biochemistry, 96: 207-215.

SUN R, ZHANG X X, GUO X, et al., 2015. Bacterial diversity in soils subjected to long-term chemical fertilization can bemore stablymaintained with the addition of livestockmanure than wheat straw. Soil Biology & Biochemistry, 88: 9-18.

TAKAHASHI T, PARK C Y, NAKAJIMA H, et al., 1999. Ferric iron transformation in soils with rotation of irrigated rice-upland crops and effect on soil tillage properties. Soil

Science and Plant Nutrition，45（1）：163-173.

WU Y P，DING N，WANG G，et al.，2009. Effeets of different soil weights，storage times and extractionmethods on soil phospholipid fatty acid analyses. Geoderma 150：171-178.

XUE DONG，YAO HUAIYING，et al.，2008. Soilmicrobial Community Structure in Diverse Land Use Systems：A Comparative Study Using Biolog，DGGE，and PLFA Analyses.Pedosphere，18（5）：653-663

XUN W B，HUANG T，ZHAO J，2015. Environmental conditions rather thanmicrobial inoculum composition determine the bacterial composition，microbial biomass and enzymatic activity of reconstructed soilmicrobial communities. Soil Biology and Biochemistry，90：10-18.

YANG Y Y，LIU Y S，LI Y R，et al.，2018. Quantifying spatio-temporal patterns of urban expansion in Beijing during 1985-2013 with rural-urban development transformation. Land Use Policy，74：220-230.

YU P J，TANG X G，ZHANG A C，et al.，2019. Responses of soil specific enzyme activities to short-term land use conversions in a salt-affected region，northeastern China. Science of the Total Environment，687：939-945.

ZHANG M，MUHAMMAD R，ZHANG L，et al.，2019. Investigating the effect of biochar and fertilizer on the composition and function of bacteria in red soil. Applied Soil Ecology，139：107-116.

ZHANG M K，HE Z L，2004. Long-term changes in organic carbon and nutrients of an Ultisol under rice cropping in southeast China. Geoderma，118：167-179.

ZHAO S，QIU S，XU X，et al.，2019. Change in straw decomposition rate and soilmicrobial community composition after straw addition in different long-term fertilization soils. Applied Soil Ecology，138：123-133.

ZHEN M M，WANG C，LI W X，et al.，2019. Soil nutrients drive function and composition ofphoC-harboring bacterial community in acidic soils of southern China. Frontiers inmicrobiology，10：2654.

出版统筹：杭州科达书社